"한국 교회는 신앙과 관련된 일에 열심이지만, 신앙에 관한 일을 깊고 넓게 생각하고 제대로 알아가는 일에는 그리 열심이지 않았다. 이제 균형을 잡아야 한다. 인간의 지성과 이성을 과신하는 지성주의는 멀리해야 하지만, 지성과 이성을 적대시하는 반지성주의도 버려야 한다. 이 책은 일상에서 영성과 지성을 온전하고 균형 있게 회복해야 할 까닭이 무엇인지를, 한국 교회 신앙 형성에 영향이 큰 미국 교회를 통해 탁월하게 보여 준다."

_ 강영안, 서강대 철학과 교수

"복음주의는 현대 기독교에서 가장 강한 영향력을 발휘하고 있다. 특히 개인전도, 교회성장, 도덕갱신, 대중문화, 해외선교 등의 분야에서 괄목할 만한 성과를 나타낸다. 하지만 지성의 영역에서는 심각한 취약점을 드러낸다. 복음주의와 지성의 관계를 고민하는 그리스도인은 반드시 이 책을 읽어야 할 것이다."

_ 박명수, 서울신대 교회사 교수, 「근대복음주의의 주요 흐름」 저자

"놀의 진심 어린 호소는 강력하고 탁월하며, 우리 복음주의자들은 무릎을 꿇고 이 책을 독파해야 한다. 우리의 응답에 복음주의의 미래가 달려 있다."

_ 오스 기니스(Os Guinness), 「소명」 저자

"복음주의권의 기념비가 될 만한 '시대를 위한 책'에서 놀은 열정과 탁월한 학문을 결합하여 그리스도인들이 지성으로 하나님을 섬기고자 한다면 맡은 바 책임을 다해야 한다고 주장한다."

_ 조지 마스덴(George M. Marsden), 「기독교적 학문 연구@현대 학문 세계」 저자

"본지가 올해의 책으로 선정한 마크 놀의 「복음주의 지성의 스캔들」은 우리가 '현대 복음주의자들이 주도면밀하고도 창의적이며 효과적으로 지성에 주의를 기울였던 신앙운동과 그 지도자들의 영적 후예'임을 다시 한 번 일깨워준다."

_ "크리스채너티 투데이"

"복음주의자인 이웃 사람과 친해지고 싶은 사람에게 「복음주의 지성의 스캔들」보다 더 좋은 지침서는 없을 것이다. 마크 놀은 내가 아는 한 이 주제에 대한 최고의 안내자이기도 하다."

_ 마틴 마티(Martin E. Marty), "커먼윌"(*Commonweal*)에서

"마크 놀은 미국 복음주의에 관한 중요한 비판서를 썼다. 이 책을 읽으면, 복음주의 운동이 정말로 미국 문화에 그렇게 나쁜 영향을 미쳤는지, 인기를 끌려고 그렇게 노력했는지, 지성뿐 아니라 영혼까지 잃어버릴 정도로 문제가 심각한 신앙을 조장했는지 궁금해진다."

_ 로버트 우스나우(Robert Wuthnow)

"모든 미국사가들이 정독해야 하는 책이다. 읽는 이로 하여금 다루는 분야와 주제에 관해 이토록 치열하게 사고하도록 만드는 책은 거의 없기 때문이다."

_ 존 버틀러(Jon Butler), "복음주의연구회보"(*Evangelical Studies Bulletin*)에서

"한 복음주의 지식인이, 복음주의권이 지성을 무시하는 일종의 이단에 빠져 있다고 진단했다."

_ 피터 스타인펠즈(Peter Steinfels), "뉴욕 타임즈"(*New York Times*)에서

Mirabile mysterium declaratur hodie, innovantur naturae:
Deus homo factus est, id, quod fuit, permansit, et quod non
erat, assumpsit, non commixtionem passus neque divisionem.

놀라운 신비가 오늘 선포되었다. 모든 자연은 새로워졌다.
하나님이 사람이 되셨다. 자신의 본성을 그대로 가지고 계시면서도
그 본성이 아닌 것을 취하셨다. 그 둘이 섞이지도 나뉘지도 않았다.

야코프 한들(Jacob Handl, 1550-1591)
"미라빌레 미스테리움"(Mirabile mysterium)

복음주의
지성의
스캔들

IVP(InterVarsity Press)는
'캠퍼스와 세상 속의 하나님 나라 운동'을 지향하는
IVF(InterVarsity Christian Fellowship)의 출판부로서,
'생각하는 그리스도인'을 위한 문서 운동을 실천합니다.

The Scandal of the Evangelical Mind
Copyright ⓒ 1994 by Wm. B. Eerdmans Publishing Co.
Originally published in English under the title
The Scandal of the Evangelical Mind by Mark A. Noll
Published by Wm. B. Eerdmans Publishing Co.
2140 Oak Industrial Drive NE, Grand Rapids, Michigan 49505, U.S.A.
All rights reserved.
Translated and used by permission of Wm. B. Eerdmans Publishing Co.,
through arrangement of rMaeng2, Seoul, Korea.

Korean Edition ⓒ 2010 by Korea InterVarsity Press
352-18 Seokyo-Dong, Mapo-Gu, Seoul, Korea 121-838

본 저작물의 한국어판 저작권은
알맹2 에이전시를 통하여 Wm. B. Eerdmans Publishing Co.와
독점 계약한 한국기독학생회출판부에 있습니다.

복음주의
지성의
스캔들

마크 A. 놀

일러두기
이 책의 성경구절은 새번역 성경에서 인용했습니다.

차례

한국어판 서문 13
서문 25

1부. 스캔들
1. 오늘날의 스캔들 29
2. 이 스캔들이 중요한 까닭 59

2부. 스캔들은 어떻게 일어났는가?
3. 복음주의 지성의 형성: 부흥운동, 혁명, 문화적 통합 95
4. 복음주의적 계몽주의 123
5. 근본주의라는 지적 재앙 153

3부. 스캔들의 의미
6. 정치에 관한 성찰 199
7. 과학에 관한 사고 231

4부. 희망?
8. 복음주의의 지적 부흥은 진행 중인가? 273
9. 십자가라는 걸림돌 307

감사의 말 323
해설 327
인명 찾아보기 331
주제 찾아보기 339
성구 찾아보기 357

휘튼 칼리지의 교수들과 이사들에게

한국어판 서문

한국 IVP에서 「복음주의 지성의 스캔들」을 출간하게 된 것을 영광으로 생각한다. 미국에 초점을 둔 책이긴 하지만, 책에서 다루는 많은 내용은 전 세계에 있는 그리스도인들에게도 적용될 수 있을 것이다. 이 책은, "천지를 창조하신" 분을 예배하고 "예수 그리스도 안에서 만물이 존재하며" 그분 안에 구원이 있음을 믿는 이들이 어째서 최상의 신앙이 요구하는 만큼 진지하게 지성의 삶을 추구하지 않는가를 설명하려 한다. 이 책은 그리스도를 따르는 이들로 하여금 지성으로 그분을 사랑하도록 격려하려는 목적을 지니고 있다. 한국의 그리스도인들이 이러한 노력을 기울이는 데 도움이 된다면, 이 책은 번역될 가치가 있을 것이다.

이 책이 미국에서 처음 출간된 이후 미국의 복음주의자들은 진정한 기독교 지성을 추구하는 일과 관련된 몇몇 주목할 만한 변화를 경험했다. 여기서는, 최근에 미국에서 일어난 변화가 한국에 있는 형제자매들에게도 자극과 경고가 될 수 있으리라는 기대를 갖고, 특히 지성에 영향을 미치는 몇몇 변화에 대해 이야기하고자 한다.

1994년 출간 당시 책에 기록한 내용 중 많은 부분이 현재의 상황에서도 그대로 유효하다. 기독교계 전반이 그러하듯, 복음주의자로 알려진(혹은 침례교인, 근본주의자, 환원주의자, 성결교인, '성서 교회', 대형교회, 오순절교인 등의 용어와 밀접한 관련이 있는) 미국인들은 계속해서 지성을 활용하는 데 어려움을 겪고 있다. 전체적으로 보아 미국의 복음주의자들이 많은 미덕을 보여 주며 여러 부분에서 성공을 거두지만, 생산적인 사고를 가로막는 걸림돌은 여전히 견고하게 남아 있다.

이런 걸림돌에는 행동과 결단을 강조하고 **바로 지금** 완전에 도달할 수 있다고 주장하는 즉각주의(immediatism)와, 실제 상황에 주도적으로 대처하는 것과 지지자를 획득하는 것을 혼동하는 대중주의, 성서적·신학적·윤리적 문제에 관한 한 과거(아무리 어렵게 얻은 것이고 신중하게 주장된 것이라 하더라도)보다는 현재(아무리 성급하게 형성된 것이라 하더라도)나 자신의 판단을 우선시하는 반전통주의, 육신적·지상적·물리적·물질적 실체의 모든 양상을 (하나님이 이런 실체의 기원이 되시며 지금도 섭리하심에도 불구하고) 섣불리 영적인 것으로 환원하는 이원론 등이 포함된다. 그뿐 아니라 여전히 미국의 복음주의자들은 장기적인 지성의 발전을 촉진하는 기관을 지원하기보다 전도나 인도주의적 구호 프로그램을 재정적으로 후원하는 것을 훨씬 더 선호한다.

따라서 미국 복음주의 사고의 심각한 문제점은 그대로 남아 있다. 여전히 복음주의자들은 주의를 흩어놓는 종말론적인 공상에 과민반응하여 종말에 관한 책을 구입하는 데는 돈을 쏟아 붓지만, 현재의 문제를 진지하게 분석하는 일에는 지원이 인색하다. 또한 미국의 복음주의자들은, (때로는 좌파의 그러나 훨씬 더 많은 경우 우파의) 정치화된 신앙(politicized faith)에 손쉬운 먹잇감이 되어 왔다. 이런 식의 정치화된 신앙은 반대자들을 악마로 취급하면서 정치적 동맹자들의 극악한 잘못은 눈감아 주는 당파성으로 인해 복음에 기초한 기독교적 원리를 부차적인 것으로 취급해 버렸다. 뿐만 아니라 육신과 괴리된 영성이라는 이상에 사로잡혀서 어려운 상황 속에서도 열심히 노력하는 소설가와 시인이 활동할 공간을 마련해 주지 못했다. 그리고 여전히 많은 복음주의자가 '창조 과학'을 장려하는 것이 자연주의적 과학 철학에 저항하는 최선의 방법이라고 생각하는, 지적 자살에 가까운 실수를 저지르고 있다. 다시 말해서, 미국의 복음주의자들은 지적인 삶에 관한 한 예전의 문제를 그대로 안고 있다.

그렇지만 최근의 복음주의 역사에서는 많은 긍정적인 신호도 나타난다. 복음주의 지성을 여전히 당혹스럽게 하는 심각한 장애물이 그대로 남아 있다는 점을 부인하지는 않지만, 중요한 발전의 징후도 뚜렷이 나타난다.

첫째 징후는, 복음주의자와 로마 가톨릭교도들 사이에 교류가 확대됨으로써 지성을 복음주의적으로 활용하는 일에 극적인 발전을 이룰 수 있었다는 점이다. 한때는 싸움을 벌이던 두 진영이 점점 많은 대화를 나눔에 따라 학문을 비롯한 여러 문제에 관해 서로 유익을 얻을 수 있었다. 1960년대까지도 둘 사이에 냉전이 존재했지만, 그 이후 상황이 급속히 변해서 이제는 가톨릭교도나 복음주의자 모두 상대방의 도움 없이 지내는 것을 상상할 수 없다. 복음주의자들은 가톨릭교도들에게 열정과 헌신, 지적 소비주의의 문화 속에서 살아남는 방법을 가르쳐준 한편, 가톨릭교도들은 복음주의자들에게 전통에 대한 감각, 헌신, 인간 현존의 중대한 문제에 관한 수세기에 걸친 성찰을 가르쳐주었다.

최근 몇 년간 복음주의자들이 교회론, 전통, 지성의 삶, 성례전, 문화신학, 미학, 철학적 신학, 역사 의식의 약점에 관해 스스로나 다른 복음주의자들에게 주의를 환기하려 한 것은 대부분 '자연법'과 같은 가톨릭 전통의 요소를 선택적으로 수용한 결과였다. 가톨릭 사상가의 개인적인 주장이나 방법론, 결론에 대해 개신교인들이 어떤 생각을 갖고 있든지, 점점 더 많은 복음주의자가 교황 요한 바오로 2세로부터 시작하여 교황 베네딕트 16세로 이어지는 가톨릭 지성인들 전반의 말과 행동에 경의를 표하고 주의를 기울인다. 아울러 이런 경향은 더 나은 지적 결실을 맺는 데 중요한 기여를 한다.

둘째 징후는, 기독교 학문을 강화하기 위한 특별 기금 프로젝트들이 생겨났다는 점이다. 그런 프로그램 가운데 가장 중요한 것은 '복음주의 학문을 위한 퓨 프로그램'(Pew Programs in Evangelical Scholarship)이었으며, 오랫동안 가톨릭 기관인 노트르담 대학교를 통해 운영되었다. 지금은 종료된 프로그램이지만, 당시에 그것은 복음주의자의 기독교적 사고를 발전시키도록 지원하는 미국 역사상 가장 집중적인 노력이었다. 이런 프로그램은 대학 및 교수들을 위한 연구 기금과 대학원생을 위한 장학금을 제공했고, 다양한 경력과 분야의 기독교 학자들을 위한 세미나를 마련했다. 노트르담의 퓨 프로그램은 의도적으로 '복음주의'라는 말을 유연하게 정의했기 때문에, 많은 복음주의자의 참여를 이끌어 낼 수 있었을 뿐 아니라 복음주의자가 아닌 다른 그리스도인들과의 강력한 유대를 확립하는 데도 성공했다. 복음주의 대학을 졸업한 수십 명의 학생이 대학원 교육을 받을 수 있었고, 복음주의자인 수십 명의 대학원생들이 유수한 학교의 박사 과정에서 공부할 수 있었으며, 수많은 학자가 중요한 저서를 쓰는 일에 도움을 받았다[예를 들어, 스티븐 에반스(C. Stephen Evans)의 「역사적 그리스도와 신앙의 예수」(*The Historical Christ and the Jesus of Faith*), 리처드 헤이스(Richard Hays)의 「신약의 윤리적 비전」(*The Moral Vision of the New Testament*, IVP 역간), 브룩스 홀리필드(E. Brooks Holifield)의 「미국의 신학」(*Theology in America*), 로저 런딘(Roger Lundin)의 「에밀리 디킨슨과 믿음의 예술」(*Emily Dickinson and the Art of Belief*), 라민 사네(Lamin Sanneh)의 「서구와의 만남」(*Encountering the West*), 데일 반 클레이(Dale Van Kley)의 「프랑스대혁명의 종교적 기원」(*The Religious Origins of the French Revolution*), 제프리 웨인라이트(Geoffrey Wainwright)의 「레슬리 뉴비긴: 신학적 전기」(*Lesslie Newbigin: A Theological Life*), 니콜라스 월터스토프(Nicholas Wolterstorff)의 「하나님의 담화」(*Divine Discourse*), 그리고 내가 쓴 「미국의 하나님: 조나단 에드워즈로부터 에이브러햄 링컨까지」(*America's God: From Jonathan Edwards to Abraham Lincoln*) 등]. 이 모두와 그 밖의 많은 결과물이 이 프로그램의 성과였다. 노트르담의 퓨 프로그램은 복음주의자들이 더 나은 학자가 되도록 만들어 주었으며, 복음주의권의 유대 관계를 확대함으로써 기독교 학문 전반을 발전시켰다.

셋째 징후는, 기독교 철학이 계속해서 부흥한다는 점이다. 20세기 중엽 소수의 대담한 칼뱅주의자들과 독립적인 복음주의자들로부터 시작되어 로마 가톨릭교도들의 적극적인 협력을 통해 자극을 받은 미국의 기독교 철학자들은 몇십 년째 모든 분야에 걸쳐 최고 수준의 연구를 수행해 왔다. 복음주의자들은 이러한 기독교 철학의 재부상을 주도한 것은 아니지만, 각 단계마다 핵심적인 참여자 역할을 해 왔다. 복음주의 대학원생과 소장 전문가들에게 철학은 미국의 거의 모든 지역과 고등교육의 거의 모든 단계마다 지적 엄밀성과 그리스도인으로서의 자기 정체성에 충실한 강력한 네트워크가 존재하는 학문 분과가 되었다.

이 같은 재부상은 연구 결과물을 통해서도 나타난다. 예를 들어, 영어권의 근대 철학 분야 철학자와 신학자들 사이에서는 진지한 정통 신학이 제안되는 경우가 예외적일 정도로 높은 비율로 나타난다. 기독교 철학회(Society of Christian Philosophers)에서 발간하는 학술지인 "신앙과 철학"(*Faith and Philosophy*)도 지적으로 매우 심도 있는 논문과 서평을 정기적으로 발표하고 있다. 지속적인 영향력을 지닌 기독교 철학 분과는 복음주의자들에게 자극과 격려와 모범이 되며, 대학원의 멘토를 공급하고, 학문 활동에서 기독교 내부의 다양성을 추구할 기회를 주는 등 많은 유익이 되었다. 다른 학문 분과들—역사와 시가예술, 경제학, 정치학, 사회학, 음악, 물리학을 비롯한—에도 활발한 그리스도인들의 네트워크가 존재하지만, 그 어떤 것도 기독교 철학자들만큼 큰 발전을 이루거나 많은 기독교 전통이 어울려 생산적인 결과물을 내놓지는 못했다.

희망을 엿볼 수 있는 넷째 징후는 복음주의 대학들이다. 미국 복음주의의 역사적 발전 과정 때문에, 복음주의권의 고등학문 기관은 분파적인 고립지대로 기능하는 경우가 많았다. 공적으로 전면에 나서기보다는 고립되어 순수성을 지향하는 경우가 많았고, 카리스마 있는 지도자의 부침과 궤를 같이하는 경우도 있었다. 이런 특성이 기독교적 목적에 해롭기만 한 것은 아니었지만, 지성의 삶에 관해서는 제약이 될 수밖에 없었다. 그러나 지난 반세기 동안 점점 많은 복음주의 성향의 고등학문 기관들—칼리지, 대학교, 신학교, 심지어 성서 학교들까지—이 분파적 확신에 더하여 '기독교 공동의 신념'(Mere Christianity)을 추구하기 시작했다. 점점 더 많은 학교가 자기 교파의 젊은 세대를 사회화하는 것 이상을 목표로 삼기 시작했고, 학문 활동을 그리스도인의 합법적인 소명으로 장려하기 시작했으며, 좋은 학문 없이는 좋은 교육이 불가능하다는 것을 깨닫게 되었다.

대학교 수준의 연구를 강화하려는 베일러 대학교(텍사스 주 와코 소재)의 특별한 노력은 복음주의자들에게 격려가 되었으며, 캘빈 칼리지(미시건 주 그랜드 래피즈 소재)에서 운영하거나 협력하는 다채로운 프로그램 역시 그러했다. 그러나 그 밖에도 수많은 소규모 기독교 칼리지와 대학교들이 새로운 프로그램을 시작하고, 교수진을 확충하고, 연구소를 설립하고, 학회를 개최하고, 연구 교수좌를 위한 기금을 만드는 등, 여러 가지 방식으로 학교의 지적 수준을 향상시키기 위한 노력을 기울여 왔다. 이런 학교들 중 다수는 기독교 대학 협의회(Council of Christian Colleges and Universities)의 회원이기도 하다. 워싱턴에 소재한 이 단체 역시 회원 학교들의 지적인 노력을 지원하기 위해 열심히 노력해 왔다. 북미의 복음주의 고등교육은 미국 종교의 분파적인 성격으로부터 자양분을 얻기도 하고 제약을 받기도 한다는 점에서 여전히 분산된 노력이기는 하다. 그러나 이런 교육기관들도 진지한 지적 활동을 후원하려는 방향으로 점점 더 나아가고 있다.

복음주의 대학에서는 미국 지성계 전반에 대해서뿐만 아니라 과학 분야에 대해서도 희망의 징조가 나타난다. 과거에는, 특히 경험 과학으로 위장한 조야한 철학적 자연주의로부터 학생들을 보호하기 위해 진화론에 대한 전쟁이 필요했을지도 모른다. 그러나 안타깝게도, 이 싸움을 통해 정확하고 학문적인 연구가 필요한 물음이 유신론자와 세속주의자에 의해 지나치게 단순화된 대중 선동에 좌우되는 공개 논쟁으로 바뀌고 말았다. '창조 과학'을 위한 투쟁이 여전히 계속되면서, 자연에 대한 진지한 연구와 성서에 기초한 진지한 학문은 계속해서 큰 손실을 입고 있다. 그러나 감사하게도 몇 가지 긍정적인 영향력이 나타난다. "과학과 기독교 신앙에 대한 전망"(Perspectives on Science and Christian Faith)이라는 학술지를 발간하는 미국과학협회(American Scientific Affiliation)를 비롯한 오래된 단체들은 기독교와 과학의 관계에 관한 수준 높은 연구를 계속 장려한다. 또한 바이오로고스 재단(BioLogos Foundation)과 같은 새로운 단체들도 이런 일을 하고 있다. 이 단체는 현대 과학의 연구와 정통적인 기독교 신학이 어떻게 서로에게 도움이 될 수 있는지 보여 주기 위해 노력한다.

복음주의 지성의 미래 대해 긍정적으로 보게 하는 여섯째 징후는, 미국의 다원주의적인 일반 대학교에서 그리스도인의 존재가 훨씬 더 많이 부각된다는 점이다. 이는 복음주의 신앙을 가진 학생들이 복음주의권 대학보다 일반 대학에서 고등교육을 받는 경우가 훨씬 더 많기 때문에 중요하다. 단적인 증거는, 학과에서 지도적인 지위를 지닌 그리스도인 교수의 수가 크게 늘었다는 사실이다. 이러한 믿는 교수들이 다양한 방식으로 일하며 항상 조화를 이루는 것은 아니지만, 그들의 존재 자체가 희망의 징후다. 1960년의 상황과 현재의 상황을 비교해 보면 더 나은 방향으로 변화했음을 분명히 알 수 있다. 당시에 스스로 신자라고 기꺼이 밝히던 정상급 학자들이 수수에 불과했다면, 지금은 많은 분야에서 수많은 학자를 거명할 수 있을 것이다. 이런 인물들과 공부하거나 그들의 저작을 읽거나 그저 그들의 존재를 아는 것만으로도 복음주의자들은 그들의 활동을 모범으로 삼게 된다.

다원주의적인 일반 대학교들에서 확인할 수 있는 또 다른 징후는 양적으로 대단하지는 않지만 매우 의미 있다. 개교회나 교단들이 많은 대학교에서 기독교 연구소를 운영하며, 그중 일부는 상당한 성과를 거두고 있다. 버지니아 대학교, 미시건 주립대학교, 일리노이 대학교, 코넬 대학교, 미네소타 대학교 등에 위치한 자립 연구소들은 학생들의 지적·영적 성장을 지원한다. 수많은 캠퍼스에서 해마다 열리는 베리타스 포럼(Veritas Forums)은 복음주의자를 포함한 많은 그리스도인이 만나 참고문헌을 공유하고 서로 격려할 수 있는 기회를 제공한다.

다원주의적인 일반 대학교에서는, 여러 캠퍼스 사역 단체 역시 복음주의적인 신앙 생활을 촉진한다. 특히 대학원과 교수 사역에 집중하는 기독학생회(InterVarsity Christian Fellowship)의 활동은 희망을 품을 특별한 이유를 제공한다. 기독학생회의 대학원생 및 교수 사역은 이들의 활동이 아니었다면 믿는 학자로서 고립감을 느꼈을 복음주의(와 그 외의) 학생과 교수들에게 기독교적 자양분과 네트워크를 제공함으로써, 크게 드러나지는 않지만, 복음주의 지성계를 발전시키는 데 그 어떤 지속적인 전국 단위의 프로그램보다 큰 기여를 하고 있다.

복음주의자들이 더 큰 지적 책임감을 갖게 하는 데 도움을 주는 일곱째 징후는 출판계에서 나타난다. "퍼스트 싱스"(*First Things*), "커먼윌", "북스 & 컬쳐"(*Books & Culture*), "터치스톤"(*Touchstone*) 등과 같은 진지한 정기간행물들은 지적인 차원과 기독교적인 차원에서 의미 있는 방식으로 현대 생활의 중요한 이슈를 다룬다. 이들이 선명한 복음주의적인 관점을 견지하는지 다른 신앙 전통의 관점을 견지하는지에 관계없이, 이런 잡지들의 활동은 신앙 공동체들이 단순히 현대 세계에 대해 반응하는 데 그치지 않고 나아갈 길을 생각하는 것이 얼마나 중요한지를 잘 보여 준다.

기독교적이거나 거의 기독교적이거나 혹은 기독교 친화적이라고 칭할 만한 진지한 책들도 점점 더 많이 출판되고 있다. 전후 복음주의의 탄생에 산파 역할을 한 어드먼즈(Eerdmans), 베이커(Baker), IVP(InterVarsity Press) 등의 출판사들은 탁월한 활동을 지속해 왔다. 이들 출판사 외에도 수많은 종교적·상업적 출판사와 대학출판부도 복음주의자들이 저술하거나 복음주의자들이 큰 관심을 가질 만한 주제를 진지하게 다룬 책들을 펴내고 있다.

이상의 일곱 분야의 발전은 복음주의 지성을 강화시켰다. 그러나 현재의 상황을 평가하고자 할 때는 현실론도 필요하다. 복음주의적인 기독교 지성은 몇 가지 개선이 이루어졌지만, 이런 개선이 기독교 지성의 완전한 부흥을 가리키지는 않는다. 그러나 개선이 이루어진 것만은 분명하다.

이런 발전이 고무적인 주된 이유는 신학적이다. 미래에 대한 복음주의 지성의 희망은 고전적 삼위일체 기독교의 자원으로부터 솟아난다. 이 자원이 미처 사용되지 않거나 잘못 사용될지라도, 개인이나 단체가 믿음 안에서 사랑하시는 성부와 구속하시는 성자와 만물을 유지하시는 성령 하나님을 의지할 때마다 이 자원은 강력한 힘을 발휘할 것이다. 사실 복음주의 기독교는 다양한 형태로 세계 전역에서 발전한다. 북미의 기독교 인구 중 복음주의자의 비율은 계속 증가한다. 복음주의적 삶이 존재하는 한 복음주의 학문에도 희망이 있다.

이런 희망을 품을 수 있는 본질적인 이유는, 복음주의자들이 신앙의 주춧돌이라고 주장하는 성서의 메시지 안에서 찾을 수 있다. 복음주의자들은 성서를 굳게 믿으며 예수 그리스도의 변화시키시는 사역을 강조한다. 성서는 (다른 모든 기독교 신자와) 복음주의자들에게 예수 그리스도 안에서 창조 세계가 기원했으며, 만물이 그리스도 안에서 유지되고, 하나님이 그리스도 안에서 그분의 구원의 뜻을 나타내 보이셨으므로 모든 물질적인 창조 세계(다시 말해서, 학문의 모든 주제)가 존엄하다고 가르친다. 그러므로 성서의 가르침은 학문을 위한 영감의 근원이 되는 것이 당연하다.

"그는[말씀이] 태초에 하나님과 함께 계셨다. 모든 것이 그로 말미암아 창조되었으니, 그가 없이 창조된 것은 하나도 없다"(요 1:2-3).

"그 말씀은 육신이 되어 우리 가운데 사셨다. 우리는 그의 영광을 보았다. 그것은 아버지께서 주신, 외아들의 영광이었다. 그는 은혜와 진리가 충만하였다"(요 1:14).

"그 아들은 보이지 않는 하나님의 형상이시요, 모든 피조물보다 먼저 나신 분이십니다. 만물이 그분 안에서 창조되었습니다. 하늘에 있는 것들과 땅에 있는 것들, 보이는 것들과 보이지 않는 것들, 왕권이나 주권이나 권력이나 권세나 할 것 없이, 모든 것이 그분으로 말미암아 창조되었고, 그분을 위하여 창조되었습니다. 그분은 만물보다 먼저 계시고, 만물은 그분 안에서 존속합니다"(골 1:15-17).

학문의 발전을 위해서는 활발한 연구 활동, 더 나은 재정 지원, 당면 과제에 대한 전략적인 접근이 다 중요하다. 그러나 어느 시대에나 복음주의자와 다른 모든 그리스도인에게 학문을 위한 가장 큰 희망은 일차적으로 이런 것에 있지 않다. 기독교 학문을 위한 희망은 기독교 신앙 자체에 있으며, 결국 예수 그리스도 안에 있다. 그러므로 복음주의자들이 우리가 주장하는 바대로 **복음**의 사람들이라면, 우리의 지적인 구원도 멀리 있지 않다.

예수 그리스도가 세상과 그 안에 있는 모든 것을 지탱하시는 분이라고 말하는 성서를 믿는다고 고백하기에, 복음주의자들은 세상과 그 안에 있는 모든 것을 이해하려는 노력에 전심을 다하고 이를 부끄러워하지 않으며 혼란스러워하지 않아야 한다. 그리고 예수 그리스도 때문에 그렇게 할 수 있다. 비록 대부분의 복음주의자가 이런 신념을 공유하지 않거나 완전하고도 포괄적인 구원을 베푸시는 주님을 신뢰하는 것의 지적인 함의를 깨닫지 못할지라도, 복음주의는 당연히 그런 결론에 이를 수밖에 없다. 한 마디로, 예수 그리스도께 초점을 맞추는 신앙 안에는 지적 진지함, 지적 성실함, 지적 엄밀함에 대한 본원적인 소망이 존재한다. 이를 삼단논법으로 말하자면 이와 같다.

복음주의자는 예수를 사랑한다.

예수가 만물의 핵심이다.

복음주의자는 만물을 연구하기를 원해야 한다.

2009년 12월 23일

노트르담 대학교 프랜시스 매커내니 역사학 교수

마크 놀

서문

이 책은 상처 입은 연인이 보내는 편지다. 나는 지성을 사랑하지만 복음주의 개신교인들의 사랑을 통해 그리스도에 대한 믿음으로 이끌린 사람으로, 상처 받는 일이 일상이 되어버린 자리에 있음을 발견한다. 나는 지난 20년간, 미국에서는 복음주의자인 동시에 지식인으로 살아가는 것이 불가능하다고 생각해 왔다. 그러나 이 글은 복음주의 운동을 떠나며 쓰는 편지가 아니라 여전히 복음주의 신앙을 고백하는 사람으로서 지성계를 대표해 호소하는 편지다.

복음주의자로서 지성의 문제를 다룬 책이지만, 예상과 달리 아주 지적이진 않다. 이 책은 학문적 해설과 설교와 가설이 뒤섞인 역사에 대한 성찰이며, 정보를 주기보다는 행동을 추구할 것이다. 주를 통해 충분한 학문적 논의가 이루어진 글을 소개했는데, 그중 일부는 나의 연구서이기도 하다. 몇 개의 장은 이미 강연으로 소개한 내용이지만, 이 책을 위해 모두 새로 썼다.

서로 싸우며 때로는 상처―이 책의 주제인―를 입히기도 했던 휘튼 칼리지의 동료들에게, 감사와 존경의 마음을 담아 이 책을 바친다.

1부

스캔들

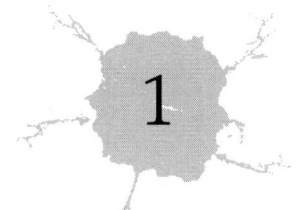

1

오늘날의 스캔들

복음주의 지성이라고 할 만한 것이 별로 없다는 것, 이것이 바로 복음주의 지성의 스캔들이다. 북미 전역에 퍼져 있는 복음주의 개신교인들은 예수 그리스도의 구원 메시지를 전하기 위해 엄청난 희생을 감수하기도 하고, 열린 마음으로 가난한 이에게 넉넉히 베풀기도 하며, 어려움에 처한 사람들을 돕는 일에 앞장서기도 하고, 드러내지 않고 수많은 교회와 선교단체들을 후원하는 등 다양한 분야에서 귀한 사역을 감당하고 있다. 그러나 이러한 모든 미덕에도 불구하고 미국의 복음주의자들은 사고하는 면에서는 모범이 되지 못한다. 그리고 이런 상황은 벌써 몇 세대째 계속되고 있다.

미국의 복음주의자들은 대중적인 차원에서는 큰 성공을 거두었지만 진지한 지성을 지켜 가는 데는 실패했다. 그들은 복음이라는 단순한 진리를 믿는 수백만의 신자를 돌보는 일에는 열성을 다했지만, 대학교와 예술, 그 밖의 다른 '고급' 문화의 영역들은 거의 다 포기해 버렸다. 더 진보적이며 문화적으로도 상류에 속하는 일부 복음주의자들의 경우에도 복음주의 지성은 매우 미약하다. 주린 자를 먹이고 검소하게 살고 대량 살상 무기를 없애는 데는, 여러 부류의 복음주의자들이 기꺼이 열정을 바치려 한다. 그러나 이런 일들은 지성이 활력을 얻는 데 도움을 주지 못한다. 복음주의자들은 수십 개의 신학교와 대학교, 수백 개의 라디오 방송국, 놀라울 정도로 다양한 수천 개의 선교 단체들을 운영하지만, 단 하나의 연구 중심 대학도 운영하지 못하며, 현대 문화와의 깊이 있는 학문적 소통을 목적으로 하는 정기간행물 역시 단 하나도 펴내지 못하고 있다.[1]

복음주의자들이 지성에 주의를 기울이지 않는다는 사실에는 몇 가지 의아한 점이 있다. 현대 복음주의는 자신들이 성서가 하나님의 계시된 말씀이라는 확신을 고수한다는 점을 분명히 하고 있다. 또한 대부분의 복음주의자는, 성서가 자연을 지으시고, 인간의 제도(가정, 일, 정부)를 유지하시고, 조화와 창조성과 미의 근원이 되시는 하나님을 분명히 계시한다고 믿는다. 그러나 이렇게 성서를 잘 믿는 복음주의자들이 자연과 사회와 예술을 분석하는 일에는 소홀하다.

역사적인 맥락에서도 의아하기는 마찬가지다. 현대 복음주의자들은 주도면밀하고도 창의적이며 효과적으로 지성에 주의를 기울였던 신앙운동과 그 지도자들의 영적 후예다. 원래의 개신교 전통(루터교회, 개혁교회, 성공회)은 지성을 활성화시켰고, 탁월하고도 철저하게 기독교적 지성 활동을 뒷받침할 수 있는(그리고 많은 경우 실제로 뒷받침한) 신학적 원리를 계발하기도 했다. 미국의 상황에 더 밀착해서 살펴보자면, 청교도들 그리고 존 웨슬리(John Wesley)나 조나단 에드워즈(Jonathan Edwards)와 같이 18세기의 복음주의 대각성운동을 이끈

---

[1] 현대의 복음주의 문화에 대한 평가에 관해서는 Nathan O. Hatch의 연구, 특히 "Strengthening American Protestant Evangelical Scholarship"(미간행 메모, 1989년 경)과 (Michael Hamilton과 함께 쓴) "Can Evangelicalism Survive Its Success?" *Christianity Today*, Oct. 5, 1992, pp. 20-31로부터 큰 도움을 받았다.

지도자들 그리고 19세기 북미의 충실한 복음주의자들—몇 사람만 들자면, 감리교의 프랜시스 애즈버리(Francis Asbury), 장로교의 찰스 하지(Charles Hodge), 회중파의 모지즈 스튜어트(Moses Stuart), 캐나다 장로교회의 조지 먼로 그랜트(George Monroe Grant) 등이 있다—모두 열성적이면서도 엄격한 지적 활동이 하나님을 영화롭게 하는 길이라고 주장했다. 그들 중 지성이 하나님을 영화롭게 하는 유일한 방법이거나 최선의 방법이라고 생각한 사람은 아무도 없다. 그러나 그들 모두 복음주의 그리스도인이었기 **때문에** 지성이 중요하다고 생각했다. 하지만 현대의 복음주의자들은 그들의 선조들과 달리 하나님 안에서 종합적으로 사고하려 하거나 기독교적 관점에서 지성의 역량을 최대한 발전시키려고 노력하지 않았다.

우리 복음주의자들은 오히려 한때 해리 블래마이어즈(Harry Blamires)가 영국의 신학적 보수주의자들에 대해 묘사했던 바로 그 상황에 처해 있다.

> 세속적인 지성과 달리, 기독교적 지성은 사회·정치·문화의 영역에서 일관되고도 분명한 영향력을 행사하지 못하고 있다.···주로 철저하게 개인적인 매우 협소한 영역을 제외하면, 현대 세계에서 우리 그리스도인들은 지적 활동을 하려 할 때 세속적인 지성이 만들어 놓은 준거틀과 세속적인 가치 평가가 반영된 기준들을 그대로 받아들인다. 기독교적 지성이라는 것은 존재하지 않는다. 이미 개척된 길이나 세워 놓은 경계표가 있어서 우리가 그리스도인 지성인으로서 편안하게 활동할 만한 담론의 장 같은 것은 없다.···이따금 중요한 발언을 통해 영향을 미친다는 것마저 부인할 수는 없지만, 현재 수많은 저술가가 현대 세계와 현대인에 관해서 기독교적으로 성찰할 만한 담론의 장 같은 것은 존재하지 않는다.[2]

---

2) Harry Blamires, *The Christian Mind: How Should a Christian Think?* (London: SPCK, 1963), pp. 4, 7. 「그리스도인은 어떻게 사고해야 하는가?」(두란노).

블래마이어즈의 말은 영국의 전통적인 그리스도인들보다 미국의 복음주의자들에게 더 잘 맞는 듯하다. 물론 제2차 세계대전 이래로 복음주의 개신교인들의 지적 활동에 일종의 부흥이 일어나기도 했다. 그러나 복음주의 지성이 큰 진보를 이루었다고 결론 내리는 것은 망상일 뿐이다. 최근의 성과는 그다지 대단한 것이 아니었다. 고급 문화 전체에 대해서는 말할 것도 없이, 기독교 사상이 북미의 복음주의자들에게 미친 전반적인 영향력은 미미하다. 복음주의 일각에서는 기독교 지성을 계발하기 위한 첫걸음을 내딛었을지도 모른다. 적어도 우리는 그러한 지성을 계발하기 위해 무엇을 해야 하는가에 관해 이야기하기 시작했다. 그러나 갈 길은 멀기만 하다.

용어 정의   그러나 먼저 '미국', '지성(적인 삶)', '복음주의', '반지성주의' 등 이 책에서 사용하는 중요한 용어를 주의 깊게 정의해 둘 필요가 있다.

미국

북미의 기독교 역사를 연구할 때 캐나다를 포함시키는 것이 상당히 가치 있는 시도이긴 하지만, 이 책에서 '아메리카'(America)는 대부분 미국을 뜻한다[따로 언급하는 경우를 제외하고는 America를 '미국'으로 번역했다—역주]. 이후의 논의에서 캐나다를 포함시키려고 한 경우가 종종 있기는 할 것이다.[3] 그러나 캐나다 복음주의 지성계의 구조와 관행은 미국의 경우와 매우 다르기 때문에 둘을 묶어 논의하기는 어렵다. 물론 그렇게 할 경우 캐나다 복음주의자들이 미국 복음주의가 겪는 지적인 위험을 어떻게 피해 왔는지, 그리고 어떤 점에서 캐나

---

3) 나는 *A History of Christianity in the United States and Canada* (Grand Rapids: Eerdmans, 1992)에서 이런 식의 비교 연구에 어떤 장점이 있는지 보여 주려고 한 바 있다. 「미국·캐나다 기독교 역사」(CLC).

다 복음주의자들은 미국의 복음주의자들보다 지성을 계발하는 데 더 큰 어려움을 겪는지 살펴볼 수 있는 이점이 있기는 하다.[4]

지성

'지성'이라는 말을 사용할 때, 일차적으로 신학 자체를 염두에 둔 것은 아닙니다. 이후에 주장하겠지만, 오늘날의 복음주의 신학자들은 몇 가지 이상한 어려움을 겪는 것 같다. 그들의 연구가 복음주의권에서 마땅히 지녀야 할 영향력은 상당 부분 축소되어 있다. 복음주의 전통과 현대의 학문적 담론의 기준에 충실한 신학을 제시하려는 노력이 복음주의 지성에 문제가 되는 것은 아니다. 사실 몇몇 하위 전통에 속한 복음주의 신학자들, 즉 윌리엄 에이브러햄(William Abraham), 도널드 블로쉬(Donald Bloesch), 가브리엘 패커(Gabriel Fackre), 리처드 마우(Richard Mouw), 토머스 오든(Thomas Oden), 제임스 패커(J. I. Packer), 클락 피눅(Clark Pinnock), 로날드 사이더(Ronald Sider), 데이비드 웰즈(David Wells), 윌리엄 윌리먼(William Willimon) 등의 최근 연구를 통해 북미의 복음주의자들은 풍성한 신학적 결실을 맛보고 있다. 성서학 분야에서도 복음주의자들이 탁월한 성과를 내놓고 있다고 말할 수 있다. 일반적으로 복음주의 성서학자들이 최고의 복음주의 신학자들만큼 자주 혹은 효과적으로 그들의 통찰을 더 넓은

---

4) 매우 중요한 시기인 19세기에 대한 비교 분석 자료로는, Michael Gauvreau, *The Evangelical Century: College and Creed in English Canada from the Great Revival to the Great Depression* (Montreal and Kingston: McGill-Queen's University Press, 1991)과 Marguerite Van Die, *An Evangelical Mind: Nathanael Burwash and the Methodist Tradition in Canada* (Montreal and Kingston: McGill-Queen's University Press, 1989)를 보라. 또한 미국에서도 중요한 이슈였던 현대적인 종합대학으로의 전환 과정에 대한 연구서로서는, George A. Rawlyk, ed., *Canadian Baptists and Christian Higher Education* (Montreal and Kingston: McGill-Queen's University Press, 1988)을 보라. 고등교육 기관 사이의 제도적 차이점에 관해서는 D. C. Masters, *Protestant Church Colleges in Canada* (Toronto: University of Toronto Press, 1966)와 John G. Stackhouse, Jr., "Respectfully Submitted for American Consideration: Canadian Options in Christian Higher Education", *Faculty Dialogue* 17 (Spring 1992): pp. 51-71를 보라.

학문 분야에까지 확장시키지는 않지만 말이다.[5]

이 책에서 나는 복음주의 '지성'이라는 말을, 경제학과 정치학, 문학 비평과 문예 창작, 역사학과 철학, 언어학과 과학사, 사회 이론과 예술을 비롯한 현대 학문의 전 영역에서 그리스도인답게 사고하려는 노력, 분명한 기독교적 틀 안에서 사고하려는 노력이라는 의미로 사용한다. 여러 학문 분과는 지성의 계발이 이루어지는 현대적인 범주 역할을 한다. 그러나 중요한 것은 단순히 복음주의자들이 현대 학계에서 어떻게 성공할 것인가 하는 문제가 아니라, 물리적 세계의 본질과 작용 방식, 정부나 경제와 같은 사회 구조의 특성, 과거의 의미, 예술 창작의 본질 그리고 우리 외부에 존재하는 세계를 인식하는 데 영향을 미치는 요소들에 대해 그리스도인답게 사고한다는 것은 무엇을 의미하는가 하는 문제다. 이런 영역에서 그리스도를 위해 지성을 사용하는 데 실패하고 있다는 것이 문제며, 이 문제는 20세기에 들어서 더욱 심각해졌다. 이 실패가 바로 복음주의 지성의 스캔들이다.

복음주의

그런데 '복음주의'란 무엇인가? 북미 복음주의권의 범위를 확정하려는 최근의 노력은 이 책에서 다루는 주제의 시급성을 어떻게 더 부각시킬 수 있을까?

'복음주의'는 기독교 내의 다른 분파들, 예를 들어, 가톨릭이나 정교회, 장로교, 성공회, (내적으로는 다양함에도 불구하고 방언과 같은 은사를 통해 그 경계가 비교적 분명한) 오순절파처럼 하나의 '분파'가 아니며 결코 그런 적도 없었다. 오히려 '복음주의'는 언제나 변화하는 운동인 동시에 잠정적인 동맹이었으며 여러

---

[5] 성서학자들의 최근 경향에 대한 더 자세한 평가로는 Mark A. Noll, *Between Faith and Criticism: Evangelicals, Scholarship, and the Bible*, 2d ed. (Grand Rapids: Baker, 1991)을 보라.

인물의 지속적인 영향력으로 존재해 왔다. 그러므로 복음주의에 관한 모든 논의는 언제나 현실에 대한 기술인 동시에, 다양하고도 복잡한 움직임과 조직들을 체계적으로 기술하려는 노력일 수밖에 없다.

복음주의 운동의 바탕이 된 흐름은 18세기 중엽부터 상당히 분명히 나타나기 시작했다. 이 시기에 조지 휫필드(George Whitefield)와 존 웨슬리, 조나단 에드워즈, 니콜라스 폰 친첸도르프(Nicholas von Zinzendorf)와 같은 지도자들은 북유럽과 북미에서 교회의 부흥을 위해 노력했으며, 이를 통해 '복음주의'가 생겨났다. 복음주의에 대한 일반적인 정의들 중 가장 유용한 것은 영국의 역사가 데이비드 베빙턴(David Bebbington)의 정의다. 그는 회심주의(삶을 변화시키는 종교적인 체험으로서의 '신생'을 강조하는), 성서주의(궁극적인 권위로서의 성서에 의존하는), 행동주의(믿음을 전하는 것에 관심을 갖는), 십자가 중심주의(십자가 위에서 이루신 그리스도의 구속 사역을 강조하는)를 복음주의의 핵심 요소로 꼽았다.[6] 그러나 이러한 복음주의 운동들은 응집력 있고, 제도적으로 잘 구성되어 있고, 쉽게 규정할 수 있고, 잘 통합되어 있으며, 분명하게 구별되는 그리스도인 집단을 만들어 내지는 못했다. 오히려 이러한 복음주의 운동의 역사를 살펴보면, 다양한 단체와 지도자, 기관, 목표, 관심사, 반대자, 야심 등이 더 분명히 드러날 때도 있었고 그렇지 못할 때도 있었으며, 더 큰 영향력을 행사할 때도 있었고 그렇지 못할 때도 있었다. 어떤 시점에는 복음주의적 특성을 강조했던 기관들이 다른 시점에서는 강조하지 않을 수도 있다. 그러나 이러한 운동을 제도적으로 표출해 내는 교파나 지역 교회, 자발적인 조직들은 언제나 존재했다.[7]

---

6) David Bebbington, *Evangelicalism in Modern Britain: A History from the 1730s to the 1980s* (London: Unwin Hyman, 1989), pp. 2-19.
7) 미국의 '복음주의자들'을 어떻게 정의할 것인가 하는 문제와 관련된 복잡한 이슈들을 다룬 최상의 연구들로서는, George M. Marsden, "The Evangelical Denomination", *Evangelicalism and Modern America*, ed. Marsden (Grand Rapids: Eerdmans, 1984), Douglas A. Sweeny, "The Essential Evangelicalism Dialectic: The Historiography of the Early Neo-Evangelical Movement

사회과학자들이 불과 5년 전부터 시작해 온 몇 가지 정밀한 조사 결과에 따르면 한 가지 사실은 분명한 것 같다. 현재 복음주의자들은, 미국과 캐나다에서 가장 크고 활발한 집단이다. 미국의 경우 최근의 전국적인 조사에 따르면, 4,001명의 응답자 중 30퍼센트 이상이 복음주의 교단, 즉 초자연적인 신생의 필요성을 강조하고 하나님의 계시인 성서에 대한 믿음을 고백하며 선교와 개인 전도를 통한 복음 전파를 장려하고 예수께서 죽으심과 부활로 이루신 구원을 강조하는 교단에 소속되어 있었다.[8] 백인이 주를 이루는 복음주의 개신교 교파에 소속된 사람의 수만 해도 로마 가톨릭교도 수와 거의 맞먹었고, 메인라인 개신교 교파의 교인 수보다는 훨씬 더 많았다.

뿐만 아니라, 이 조사에 따르면 복음주의 교단에 속한 이들 중 신앙생활에 적극적인 사람의 비율도 로마 가톨릭교도나 메인라인 개신교인의 경우에 비해 훨씬 높았다. 개인적인 헌신, 교회 참여도, 기도, 사후의 삶에 대한 믿음, 그 밖에 신앙과 실천에 대해 물었을 때, '백인 복음주의자'의 61퍼센트 이상 그리고 '흑인 개신교인'의 63퍼센트 이상이 종교 활동에 가장 적극적인 집단에 속한 것으로 나타났다. 이러한 비율은 메인라인 개신교인이나 로마 가톨릭교도, 정교회 교인, 유대인, 신흥 종교 신자들에 비해 훨씬 높은 것이다. 다시 말해, 복음주의자들은 미국 인구에서 상당한 비중을 차지할 뿐만 아니라, 미국에서 가장 활동적으로 신앙생활을 하는 사람들이다.

---

and the Observer-Participant Dilemma", *Church History* 60 (March 1991): pp. 70-84, Donald W. Dayton & Robert K. Johnston, ed., *The Variety of American Evangelicalism* (Knoxville: University of Tennessee Press; Downers Grove, IL: InterVarsity Press, 1991)에 실린 Dayton과 Johnston의 글, David Dockery, ed., *Are Southern Baptists Evangelicals?* (Nashville: Broadman, 1993)에 실린 여러 논문 등이 있다.

8) John Green (University of Akron)과 James Guth (Furman University), Lyman Kellstedt (Wheaton College), Corwin Smidt (Calvin College) 등이 행한 "Akron Survey of Religion and Politics in America" (1992)에서 인용. 이 조사에 따르면 인구 중 25.7퍼센트는 '백인 복음주의자'였으며, 7.8퍼센트는 대부분 복음주의자로 분류할 수 있는 '흑인 개신교인'이었다.

최근의 심층적인 조사에 따르면, 캐나다 인구 중 복음주의 신앙을 가진 사람의 비율이 대부분의 전문가가 생각했던 것보다 훨씬 높았다. 미국에서 이루어진 대부분의 조사와 달리, 캐나다에 대한 이 연구에서는 흥미롭게도 가톨릭교도와 개신교인을 한데 묶어서 조사했다. 이에 따르면, 전체 인구 중 13퍼센트(그중 1/4은 가톨릭교도)는 스스로 복음주의자라고 밝혔으며 신앙생활에 적극적이며 헌신적이었다. 반면 인구의 11퍼센트(그중 절반은 가톨릭교도)는 성서와 그리스도의 인격과 사역, 개인적인 구원의 필요성 등에 대한 복음주의 신앙을 가지고 있지만 공식적인 교회 생활에는 가끔씩만 참여한다고 말했다.[9]

이 책과 관련하여 가장 주목을 끄는 조사 결과는, 미국과 캐나다에서 주일에 예배를 드리는 사람 대다수는 복음주의 신앙을 가지고 있으며 복음주의의 실천 규범을 따르지만, 두 나라 중 어디에서도 그들이 지성계에서 중요한 역할을 해 내지 못하는 것처럼 보인다는 점이다. 20세기 중엽 영국의 한 로마가톨릭교도가 영국 내에서 가톨릭이 급성장한 1백여 년의 시간을 회고한 후 했던 말이 북미의 복음주의자들에게도 똑같이 적용될 수 있을 것 같다. "한편으로는 교회가 엄청나게 성장했지만, 다른 한편으로는 영향력을 거의 다 잃어버리고 말았다."[10]

반지성주의

복음주의자들을 단순히 '반지성주의자'라고 말할 수 있을까? 그럴 수 있을지 모르지만, 용어 자체에는 문제가 있다. 복음주의, 오순절파, 근본주의,

---

9) 이 조사의 예비 보고서가 "God Is Alive: Canada Is a Nation of Believers라는 글로 소개되었다", *Maclean's*, Apr. 12, 1993, pp. 32-50. 주요 연구자는 Andrew Grenville (Angus Reid Group)과 George A. Rawlyk (Queen's University, Kingston, Ontario)였다.

10) Ronald Chapman, "The Optimism of the 1840s", *Tablet*, Dec. 18, 1954, John Tracy Ellis, *American Catholics and the Intellectual Life* (Chicago: Heritage Foundation, 1956), p. 36에서 재인용.

경건주의 운동을 역사적으로 분석할 때, 그 추종자들에게 일단 '반지성주의자'라는 딱지를 붙이고 나서 다른 사항에 대해 검토하려는 경향이 강했다. 일부 고전적인 연구서에서도 이와 유사한 태도가 나타난다. 예를 들어, 로널드 녹스(Ronald Knox)의 탁월한 연구서인 「열광주의」(Enthusiasm)는 (은혜가 본성을 완성하는) 로마 가톨릭의 사고 방식과 (은혜가 본성을 파괴하고 이를 대체하는) '열광주의'의 접근 방식을 대조한다. '열광주의자'(그의 이론에서 대부분의 복음주의자는 이 범주에 든다)에 관해 녹스는 이렇게 말했다. "그는 하나님이 지성을 통해 우리에게 말씀하신다는 개념을 문자적으로는 받아들일지 모르지만 이를 실제로 적용하는 것은 두려워한다."[11]

미국의 상황에서 보자면, 퓰리처상을 수상한 리처드 호프스태터(Richard Hofstadter)의 책 「미국의 반지성주의」(Anti-Intellectualism in American Life)는 '복음주의적 성향'을 미국 반지성주의의 일차적인 원인 중 하나로 지목한 바 있다. 호프스태터에 따르면, 복음주의자들이 지성을 비워 버리기로 한 데는 일반적인 논법이 있었다.

> 먼저 종교적인 믿음은 대개 논리나 학문으로 전파되지 않는다는 반박하기 어려운 명제로부터 시작한다. 이로부터 (그리스도의 심판이나 역사적 증거에 관한) 믿음은 배우지 못한 사람들이 가장 잘 전파한다는 생각에 이른다. 그리고 이는 그런 사람들이 가진 지혜나 진리는 학식과 교양을 갖춘 지성인들의 지식보다 우월하다는 생각으로 이어진다. 사실상 학식이나 교양은 믿음을 전파하는 데 걸림돌이라 여겨진다. 그리고 인간의 가장 중요한 책무는 믿음을 전파하는 것이기 때문에, 가장 기초적인 덕목에 대해 '어린아이처럼 무지한' 사람들이 논리와 학문에 중

---

11) R. A. Knox, *Enthusiasm: A Chapter in the History of Religion, with Special Reference to the Seventeenth and Eighteenth Centuries* (New York: Oxford University Press, 1950), p. 3.

독된 사람들보다 강점을 갖고 있다는 것이다. 따라서 이렇게 대담한 결론을 내리는 것을 주저하긴 하겠지만, 인간의 성품으로 볼 때 겸손한 무지가 교양 있는 지성보다 훨씬 낫다고 생각한다. 많은 문제점을 안고 있음에도, 기본적으로 이러한 명제는 미국의 복음주의와 민주주의에 특히나 잘 맞아떨어졌다.[12]

녹스나 호프스태터가 묘사한 반지성주의적 태도는 미국 복음주의 역사에 항상 존재했다. 그러나 이에 대한 설명은 지나치게 단순화한 것일지도 모른다. 실제로 복음주의자들은 성령의 직관과 세상 학문의 방법론을 대조하는 경우가 많았다. 그러나 진정한 기독교는 이러한 대조를 정당화할 근거를 제공할 수도 있으며, 이를 정당화한다고 해서 반드시 호프스태터와 녹스의 주장처럼 지적으로 파괴적인 결과가 초래되는 것도 아니다. 아무튼 미국의 복음주의자들이 안고 있는 문제는, 단순히 반지성주의적 편견이 존재한다는 것만이 아니라 잘못된 종류의 지성을 적극적으로 추구한다는 점이다. 다시 말해, 여러 가지 지적인 활동 중에서 어떤 것은 기독교와 잘 맞을 수도 있고 어떤 것은 그렇지 않을 수도 있다. 나는 이 책에서 미국의 복음주의 지성의 스캔들은 그리스도를 위해 바보가 되기를 자청하는 '반지성주의적' 열망이 그 원인이기도 하지만, 기독교에 어울리지 않는 지식을 추구하는 태도에서 기인하기도 한다는 사실을 보여 주고자 한다.

스캔들의 양상   복음주의 지성의 스캔들은 적어도 세 가지 양상, 즉 문화적, 제도적, 신학적 양상을 띤다. 이후에 더 자세히 논하기 전에 각각에 대해 간략하게 언급해 둘 필요가 있겠다.

---

12) Richard Hofstadter, *Anti-Intellectualism in American Life* (New York : Vintage, 1962), pp. 48-49 n.8에서 인용. '복음주의적 성향'에 관해서는 pp. 55-80를 보라.

문화적 양상

간단히 말하자면, 복음주의 정신은 행동주의적이고 대중주의적[populist: 역사적으로 이 말은 19세기 말 미국에서 광범위한 경제적·정치적 개혁 입법을 주장한 중서부 및 남부 농업개혁가연합의 정치운동이었던 인민주의운동과 밀접한 관련을 맺는다. 저자 역시 6장에서 윌리엄 제닝스 브라이언(William Jennings Bryan)과 관련하여 이 운동을 간접적으로 언급한다. 그러나 인민주의라는 말이 과도하게 정치적인 의미를 담고 있기 때문에 이 책에서는 정치적인 맥락에서 사용된 경우를 제외하고는 대중주의로 번역하였다—역주]이며, 실용주의적이고 공리주의적이다. 복음주의는 당장의 시급한 책무를 매우 강조하기 때문에 폭넓고 깊이 있는 지적인 노력의 여지를 거의 허용하지 않는다. 그뿐 아니라 이전 세대에는 복음주의자들에게 큰 도움이 되었던 지적인 방식들이 20세기에는 무용지물이 되었다. 캐나다 학자인 클리퍼드(N. K. Clifford)는 이러한 문제점을 적절하게 요약한 바 있다. "복음주의 개신교 지성은 복잡함을 즐긴 적이 한 번도 없다. 종교나 정치 문제에 대해 대대적인 운동을 펼치는 데는 탁월한 재능을 보였지만, 그럴 때마다 문제를 지나치게 단순화하면서 비판적인 분석이나 진지한 반성을 자극한다거나 격려하는 태도는 보여 주지 못했다. 이 같은 사고 방식의 한계점들은 상대적으로 단순했던 개척지 농경 사회에서는 명백히 드러나지 않았다."[13]

최근에 출판된 매우 훌륭하지만 동시에 우리를 매우 불안하게 만든 두 권의 책은 복음주의 지성의 약점을 잘 보여 준다. 두 책 모두 위스콘신 대학교에서 가르치는 역사학자들이 쓴 것이다. 로널드 넘버스(Ronald Numbers)의 책 『창조론자들』(*The Creationists*, Knopf, 1992)은, '창조론'이라 알려진 대중적인 신념—지구의 나이가 1만 년 이하라는 이론—이 처음에는 제칠일안식일예수재

---

13) N. K. Clifford, "His Dominion: A Vision in Crisis", *Sciences Religieuses/Studies in Religion* 2 (1973): p. 323.

립교회의 창립자인 앨런 화이트(Ellen White)의 글에서 소박하게 시작되었지만 20세기에 산불처럼 번져 성서를 믿는 전 세계 수천만 명의 복음주의자들과 근본주의자들이 받아들인 복음 진리가 된 과정을 설명한다. 폴 보이어(Paul Boyer)의 「시간이 끝나는 날: 현대 미국 문화 속의 예언」(*When Time Shall Be No More: Prophecy Belief in Modern American Culture*, Harvard University Press, 1992)은, 성서를 믿는 미국의 그리스도인들—역시 대부분 복음주의자이거나 근본주의자인—사이에 극단적인 묵시론이 놀라울 정도로 큰 인기를 끌고 있음을 보여 준다. 보이어는, 그리스도인들이 오래 전부터 세상의 종말에 관심을 가져왔지만 최근에 복음주의자들은 현재의 사건들을 종말에 대한 성서적 예언이 이루어진 것으로 확신하고 이 주제에 한층 더 집착한다고 결론을 내린다.

과연 복음주의자들 사이에서 이런 사고 방식이 아직도 지배적일까 하는 의혹을 갖고 있다면 1991년의 걸프전을 떠올릴 필요가 있다. 전쟁이 터진 지 몇 주가 되기도 전에 복음주의 출판사들은 최근의 중동 위기를 종말에 대한 성서적 예언의 직접적인 성취로 해석하는 책들을 쏟아내기 시작했다.[14] 이런 책들의 결론은 다양했지만, 한결같이 중동에서 일어나는 일에 대해 최선의 도덕적 판단을 내리는 방법은 실제로 중동에서 무슨 일이 일어나는지를 주의 깊게 연구하는 것이 **아니라는** 당황스러운 신념을 고수했다. 복잡다단한 중동 문화나 얽히고설킨 이 지역의 20세기 역사를 신중하게 분석하는 대신, 일종의 성서 공부를 통해 성서의 가장 난해하고 크게 논쟁이 되는 구절에 관심을 기울이게 했다. 뿐만 아니라 이런 구절을 해석할 때도, (인간의 모든 상황에 적용되는 하나님의 공의라는 기준과 같이) 너무나 분명히머 복음주의자들과 그 밖의 신학

---

14) 엄청난 판매 부수를 올린 베스트셀러로는 John F. Walvoord, *Armageddon, Oil, and the Middle East Crisis* (1974; revised Grand Rapids: Zondervan, 1990)와 Charles Dyer, *The Rise of Babylon: Sign of the End Times* (Carol Stream, IL: Tyndale House, 1991)가 있다. 「바빌론의 출현과 말세의 징조」(생명의말씀사).

적으로 보수적인 그리스도인들이 폭넓게 동의하는 성서의 핵심 주제들에 대해서는 거의 관심을 두지 않았다. 복음주의적 대중들은 이런 책에 어떤 반응을 보였을까? 그들은 이런 책들 중 몇 권을 출판 직후 종교 분야 베스트셀러 순위의 꼭대기에 올려놓았다.[15]

넘버스와 보이어 둘 다 그들이 다루는 주제에 대해 우호적인 입장에서 동정적인 태도로 책을 쓴 일급 학자들이다. 두 사람 다 반종교적인 선동에 열을 올리지는 않는다. 그러나 그들의 책은 슬픈 이야기를 들려준다. 넘버스는, 20세기 이전에는 책임 있는 기독교 학자 중 그 누구도 지지한 적이 없었던, 치명적인 결함을 지닌 성서 해석이 어떻게 과학에 대한 미국 복음주의자들의 생각을 지배하게 되었는지 설명한다. 보이어도 마찬가지로 건전하지 못한 성서 해석이 어떻게 세상의 사건들에 대한 20세기 복음주의자들의 생각을 지배했는지 보여 준다.

이 두 책은 실로 기독교의 기본 가르침에 별로 반감을 갖고 있지 않은 전문 역사학자들이 철저한 연구를 통해 써낸 것이다. 이들은 모두 복음주의권이 지성을 사용하여 세상에 대해 주의 깊게 사고하는 법을 몰라서 헤매는 모습을 그리고 있다. 이 두 저자의 묘사에 따르면, 자기 비판, 지적 치밀함, 복잡성에 대한 인식 등을 결여한 복음주의자들은 종말론적 공상이라는 바람에 완전히 휩쓸려 버렸고, 대중적인 과학이라는 미숙한 열정에 사로잡혀 있다. 사실 넘버스와 보이어는 그 이상을 보여 준다. 그들은 성서를 존중한다고 생각하는 수백만의 복음주의자들이 사실은 과학이나 세상의 사건들에 관한 문제와 관련하여 더 깊고 넓으며, 역사적으로 인정받고 확립된 성서 해석과 근본적으로 모순되는 방식으로 성서를 읽고 있음을 보여 준다.

---

15) *Publishers Weekly*, Feb. 1, 1991, p. 61; Feb. 15, 1991, p. 96; Mar. 1, 1991, p. 30; Mar. 15, 1991, p. 64; Apr. 19, 1991, p. 72.

넘버스와 보이어가 묘사하는 문화는, 세상에 대한 주의 깊은 사고가 한 번도 두드러지게 나타나지 않았던 문화다. 물론 성서를 확실하게, 자세히, 정확하게 이해하기 위해 노력해 온 문화이기도 하다. 그러나 세상을 이해하는 데는 그리고 성서가 주는 지혜로 세상에 관한 지식을 비추어 보는 데는 노력을 기울이지 않았던 문화였다. 이것은 지적인 문제이지만, 미국의 독특한 복음주의 문화가 역사적으로 발전되는 과정에서 나타난 문제이기도 하다. 이 책의 대부분은 어떻게 그런 문화가 형성되었는지를 밝혀 내려는 노력이다.

제도적 양상

복음주의 지성의 스캔들의 제도적인 측면은 칼리지와 신학교를 살펴보면 가장 분명히 드러나지만 그 밖의 다른 지적인 노력에서도 확인할 수 있다. 예를 들어, 복음주의자들은 언제나 복음전파, 교류, 교육, 홍보, 논쟁 등을 위해 정기간행물을 적절하게 사용해 왔다. 19세기 내내 그리고 20세기 초까지, 주목할 만한 지적인 노력들은 비록 주류가 되지는 못했지만 복음주의 언론에서 상당한 비중을 차지했다.[16] 그러나 20세기에는 복음주의 언론에서 학문적인 요소들의 비중이 급감하여 거의 사라질 지경에 이르렀다. 다른 종교 전통과 대조해 보는 것이 좋겠다. 종교 외부에서 만들어졌든 특정한 종교적 의도를 가지고 만들어졌든 간에, 지난 20년 동안 수많은 학술지가 새롭게 발간되었다. 이 학술지들의 목적은 현대 문화의 중요한 특징을 정말로 진지하게(또한 때로는 익살스럽게) 분석하는 것이었다. 이런 학술지의 예로는, "루터란 포럼"(*Lutheran Forum*), 가톨릭 쪽의 "뉴 옥스피드 리뷰"(*New Oxford Review*)와 "더 크라이시스"(*The Crisis*), 신학 학술지인 "프로 에클레시아"(*Pro Ecclesia*), 정치와

---

16) Mark A. Noll, "The Princeton Theological Review", *Westminster Theological Journal* 50 (Fall 1988): pp. 283-304를 참조하라.

시사를 다루는 "퍼스트 싱스"(*First Things*) 등이 있다. 이와 대조적으로 같은 시기에, 한때는 자연, 현대 문화, 예술 등에 대한 지적인 성찰에 적어도 지면의 일부를 할애했던, 복음주의권의 정기간행물들—"리폼드 저널"(*Reformed Journal*), *HIS*, "이터너티"(*Eternity*) 등—은 폐간되고 말았다. 1956년 지성적 지도력을 세워 가겠다는 야심찬 목표를 가지고 창간된 "크리스채너티 투데이"는 10여 년이 지나자 폐간을 면해야 한다는 이유만으로 뉴스와 중급 정도의 종교적 논평을 담은 잡지로 바뀌고 말았다. 그 결과 현재는, 일반 대중을 대상으로 하는 "애틀랜틱"(*Atlantic*)이나 "뉴욕 북리뷰"(*New York Review of Books*), "뉴욕 타임즈 선데이 매거진"(*New York Times Sunday Magazine*), "워싱턴 포스트 주말판"(*Washington Post's National Weekly Edition*)같은 잡지처럼, 자연, 과학, 정치, 예술 등에 대한 진지한 성찰을 목적으로 하는 복음주의적 정기간행물이 미국이나 캐나다에는 단 하나도 존재하지 않는 상황이다.[17]

복음주의 언론계가 처한 어려움보다 훨씬 더 심각한 문제는 복음주의 고등 교육계 안에서 기독교적 사고가 이루어지기 어렵다는 점일 것이다. 그러나 이런 어려움은 복합적이다. 복음주의 고등 교육계를 이루는 수많은 성서학교(Bible schools), 교양 중심 칼리지(liberal arts colleges), 신학교가 매우 다양한 형태를 띠기 때문이다. 이러한 교육 기관들은 특정한 종교적 목적 하에 설립되었으며, 그 목적을 성취하는 데 성공한 학교들도 많고, 일부 학교들은 주목할 만한 성공을 거두기도 했다. 그러나 이 교육 기관들은 거의 예외 없이 세상, 사회, 예술의 본질에 대해 철저한 기독교적 연구를 증진하는 것을 목표로 삼지 않았다. 처음부터 목표로 삼지 않은 것이니 이렇게 완전히 놓쳐 버린 것

---

17) 복음주의자들이 *Christian Scholar's Review*나 InterVarsity Christian Fellowship의 대학원생 분과에서 펴내는 *Crucible*처럼 더 일반적인 차원에서 세상을 진지하게 지적으로 분석하고자 하는 몇몇 계간지를 발행하고 있기는 하다. 또 복음주의 신학교에서 펴내는 수많은 계간지 중 일부, 특히 밴쿠버의 리젠트 칼리지에서 발행하는 *Crux*는 약간의 문화적인 분석을 담고 있다.

도 놀랄 일은 아니다.

분산된 교육의 열정 복음주의 문화가 분산된 데 있다. 이로 인해 다양한 교육 기관이 생겨났지만 그 깊이는 놀랄 정도로 얕다.[18] 복음주의자들은 고등 교육에 막대한 투자를 하지만, 수백 개의 칼리지와 신학교로 자원이 분산되어 그중 단 한 군데서도 신학이나 그 밖의 다른 분야에서 연구 교수진을 확보할 여건을 마련하지 못하고 있다. 이 문제는 중복 투자의 병폐로 인해 더 복잡해진다. 빌 브라이트(Bill Bright), 오럴 로버츠(Oral Roberts), 제리 팔웰(Jerry Falwell), 팻 로버슨(Pat Robertson)과 같은 대중적 권위를 지닌 인물들은 기존의 교육이 시대의 요구에 부응하지 못한다고 생각하여, 교육 단체의 공식적인 인준을 받지 못했음에도 모두 대담하게 기독교 칼리지를 설립했다. 복음주의적 사고가 천박하고 부적절하며 당파적이라고 보는 이들이 그렇게도 많다는 사실 역시 그리 놀랄 일은 아니다.

칼리지는 연구 중심 대학교(research universities)와 그 목적이 다르다. 가장 중요한 점은, 칼리지는 전적으로 다른 보상 체계 하에서 운영된다는 것이다. 복음주의 칼리지에서, 교수들은 대개 학부생을 가르치는 일을 맡고, 일반적으로 기독교적인 방식으로 가르친다. 이런 교육 기관들의 목표는 일반적인 지침을 제공하고 일반적인 방향을 설정해 주고 일반적인 개론을 가르치는 것이다. 즉, 지적인 의제를 설정하는 것이 아니라 다른 곳에 있는 우수한 학자들의 연구 성과를 종합하는 것이다. 기독교칼리지연합(Christian College Coalition)이나

---

18) 복음주의 칼리지들에 대한 탁월한 분석으로는 Nathan O. Hatch, "Evangelical Colleges and the Challenge of Christian Thinking", *Reformed Journal*, Sept. 1985, pp. 10-18이 있다. 이 글은 Joel A. Carpenter & Kenneth W. Shipps, eds., *Making Higher Education Christian: The History and Mission of Evangelical Colleges in America* (Grand Rapids: Eerdmans, 1987)에 다시 게재되었다. 이 책 역시 복음주의권의 고등 교육이 안고 있는 제도적인 문제점에 관한 중요한 통찰을 담고 있다. Kenneth W. Shipps, "Church-Related Colleges and Academics", *New Directions for Higher Education* 79 (Fall 1992): pp. 29-42에서는 그 책에서 다루었던 주제를 시의적절하게 보완하여 논의했다.

기독교칼리지협회(Christian College Consortium) 같은 단체들은 어떤 책무는 대단히 잘 수행하고 있지만, 일반적인 개론과 수준 높은 학문 사이의 간극을 좁히는 데는 별 도움을 주지 못한다. 이들이 협회 측의 이익만을 대변하기 때문이다. 그들의 목표는 학문 자체가 아니라, 강한 학교든 약한 학교든 소속 칼리지들을 지원하는 것이다.

분명히 일부 복음주의 칼리지들, 예를 들어, 캘빈(Calvin), 메시아(Messiah), 리디머(Redeemer), 샘퍼드(Samford), 스튜벤빌(Steubenville), 휘튼 등은 제2차 세계대전 이후 폭넓은 교양 교육과 기독교적 방향 설정이라는 일반적인 목표 외에도 학문적 연구를 장려하는 데 상당한 발전을 이루었다. 그러나 이런 학교들이 일급 학문을 보유하는 곳이 되기 위해서는 가야 할 길이 너무나 멀다. 복음주의 신념에 공감하는 프린스턴(Princeton)의 사회학자 로버트 우스나우(Robert Wuthnow)는 최근 한 논문에서 복음주의 칼리지의 문제점을 지적한 바 있다. 우스나우는 현대 지성의 심층 구조가 주로 그리스도인이 아니거나 기독교에 적대적인 사람들의 연구 성과에 의한 것임을 지적했다. 마르크스, 베버, 뒤르켕, 프로이트와 같은 19세기 이론가들이 현대 대학의 지적인 관행을 확립했다. 그리스도인들은 유익하든 유해하든 그들의 유산을 통해 형성된 틀 안에서 고등 학문을 연구하고 있다.[19] 밀튼 프리드먼, 페르디낭 드 소쉬르, 페르낭 브로델, 에드워드 톰슨, 토머스 쿤, 자크 데리다 등과 같은 20세기 주요한 이론가들의 경우도 마찬가지다. 이들 중 그 누구도 자신의 연구가 어떠한 기독교적 함의를 갖는지에는 관심이 없다. 그러나 학계의 담론을 주도하는 의제를 설정한 것은 바로 그들이었다.

불충분한 자원 복음주의 칼리지들이 일급의 학문을 추구하는 일을 가로

---

19) Robert Wuthnow, "The Costs of Marginality", *The Struggle for America's Soul: Evangelicals, Liberals, and Secularism* (Grand Rapids: Eerdmans, 1989), pp. 158-176.

막는 요소는, 현대 지성계의 구조만이 아니다. 학문적 자원이 너무나 다양하게 분산되어 있다는 것도 중요한 요인이다. 대부분의 전문 학문 분과의 경우 전국적으로 유명한 10여 개의 연구 중심 대학교가 지적인 혹은 다른 종류의 수문장 역할을 하고 있다. 복음주의자들이 학문적으로 검증을 받고자 한다면 이 관문을 통과해야 한다. 하지만 그들이 분명한 기독교적 관점에서 학문적 지형을 재평가하려는 작업을 충실하고 설득력 있게 하려 해도, 주요한 연구 중심 대학교들이 지닌 자원과는 비교도 안 되는 자원으로 시작해야 한다. 우스나우의 말처럼, "분명한 복음주의적 학문을 발전시키기 원하는 사람들은 상당히 불리한 위치에서 시작할 수밖에 없다. 휘튼 칼리지나 캘빈 칼리지의 학문적 야심이 아무리 강하다 해도, 리버티 대학교(Liberty University)의 모금 능력이 아무리 대단하다 해도, 프린스턴이나 하버드의 학자 한 사람이 받는 수십억 달러의 기금과 비교하면 그들이 사용할 수 있는 자원은 심히 빈약하다고 말할 수밖에 없다."[20]

예산 규모가 크지 않은 소규모의 교육 기관들도 학생들의 삶을 변화시키는 영향력을 행사할 수 있다. 그러나 원래부터 이런 학교들은 세상과 우리 자신에 대한 사고를 변화시킬 수 있는 끈질기고 창의적인 연구를 위해 설립된 기관이 아니다.

신학교 대 칼리지 복음주의권 고등 교육이 안고 있는 또 다른 제도적인 문제는 신학교와 칼리지 사이의 역할 분담과 관련이 있다. 복음주의 신학교들 중에는 견실한 자원과 상당한 학생수를 보유한 학교가 10여 개에 이르며, 그보다 다소 규모가 작은 학교도 수십 개에 이른다. 이 학교들은 19세기 첫 30년 동안 설립된 신학교들의 후예다. 앤도버(1808년), 프린스턴(1812년), 예일(1822년)은 그 수가 급격히 증가하던 미국인들을 섬길 목회자를 훈련하는 일에 주도

---

20) 같은 책, p. 64.

적인 역할을 담당했다.[21] 남북전쟁 즈음에 이르러 미국의 거의 모든 주요 교단이 목회자 양성을 위해 신학교를 설립했지만, 남북전쟁 이전에는 이 신학교들이 미국의 모든 학교 중에서 학문적으로 가장 앞선 교육을 제공했다. 그러나 남북전쟁 이후 현대적인 대학교들이 등장하면서 신학교는 지적으로 뒤처지고 말았다. 1900년경에 이르면 대학교들의 고급 학문은 신학교의 학문적 수준을 훨씬 뛰어넘게 된다.

신학교는 그때나 지금이나 맡은 일을 잘 해 왔다. 그리스도인 일꾼을 위한 효과적인 훈련장 역할을 했고, 캐나다와 미국의 선교사들을 길러 위대한 사명을 수행할 수 있게 했다. 신학교는 칼리지나 대학교와 분리되어 있으며 많은 경우 교단의 직접적인 통제를 받는 미국이 만들어 낸 독특한 기관이다. 이런 신학교들은 북미의 기독교에 심대한 영향을 미쳤다.

그러나 신학교의 존재는 좀더 일반적인 지성 영역에 문제를 안겨 주기도 했다. 만약 신학교가 신학을 전문적으로 다루면서 세상에 대한 체계적인 기독교적 성찰을 장려한다면, 복음주의 칼리지가 할 수 있는 종교적 역할은 무엇이 남게 될까? 칼리지는 성서학이나 신학적 주제에 초점을 맞추는 작은 신학교가 되어야 할까? 계시가 다른 학문 영역에 어떤 영향을 미치는지에 관한 신학적 성찰이나 사고는 신학교의 몫으로 남겨 두어야 하는 것일까? 오늘날까지도 복음주의 신학교의 교수들은 모든 복음주의 전문 교육 기관에서 가르치는 사람 중 가장 철저한 훈련을 받은 사람들이며, 복음주의권에서 그들의 저작은 복음주의 대학에 있는 교수들이 쓴 글보다 훨씬 널리 읽힌다.

기독교적 사고의 문제는 신학교 교수들의 학문적 자질에서 기인하지 않

---

21) Glenn T. Miller, *Piety and Intellect: The Aims and Purposes of Ante-Bellum Theological Education* (Atlanta: Scholars Press, 1990)과 William C. Ringenberg, *The Christian College: A History of Protestant Higher Education in America* (Grand Rapids: Eerdmans, 1984), pp. 20-24에 부친 Mark A. Noll의 서문.

는다. 제2차 세계대전 이래로 그들의 자질은 꾸준히 향상되었다. 오히려 문제가 되는 것은 신학과 다른 학문 분과의 관계다. 미국식 신학교 체계에서는 성서와 신학 분야의 전문가들이 광범위한 다른 학문 분과에서 훈련받은 사람들과 동떨어진 제도 안에서 연구 활동을 할 수밖에 없다. 성서와 신학을 가장 진지하게 연구하는 이들이 다른 학문 분과들과 나란히 연구 활동을 펼칠 수 있는 영국과 유럽 대륙의 대학교와 같은 기관이 미국의 복음주의자들에게는 없다.[22] 미국에서는 성서 학교, 기독교 칼리지, 복음주의 신학교, 세속적 연구 중심 대학교로 사분된 편제가 중요하게 여겨진다. 예를 들어, 독립적인 성서 학교와 칼리지, 신학교는 현대적인 연구 중심 대학교에 만연했던 세속화의 압력으로부터 적어도 어느 정도는 제도적인 보호를 받을 수 있었다. 그러나 그런 식으로 신앙을 지키기 위해 치러야 했던 대가도 분명히 있었다.

그 대가로 최고 수준의 신학적 성찰과 예술이나 과학에 대한 성찰이 융합될 수 있는 기회를 잃고 만 것이다. 복음주의 신학교에 탁월한 성서학자들이 봉직하기도 한다. 그러나 이 학자들은 (광범위하고 일반적인 것을 가르쳐야 하는) 복음주의 칼리지나 (협소하지만 심층적인 것을 연구하고 가르쳐야 하는) 연구 중심 대학교에 있는, 그들과 필적할 정도로 훌륭한 그리스도인들과 교류할 기회가 없다. 복음주의 교육 기관에서 가르치는 교수들은 그리스도인이 아닌 학자나 복음주의 개신교인이 아닌 학자들과 교류할 기회를 갖지 못하는 어려움까지 겪어야 한다. 다른 생각을 가진 이들이 곁에 없을 때는, 의도가 아무리 좋아도 상대의 논점을 오해하기 쉽다.

제도적으로 분리된 기관이 있을 때 자율성을 보장받을 수 있고 사회적으

---

22) 캐나다에서는 교회와 국가의 분리에 별로 신경 쓰지 않는 분위기와 더불어 특정 교파와의 연관성을 자처하는 많은 대학이 있었던 선례 덕분에, 미국과 달리 신학과 다른 학문 분과를 통합하는 기독교 학문이 가능할 수 있었다. 캐나다의 그리스도인들이 이러한 제도적인 기회를 제대로 활용했는지의 여부는 따로 연구해 볼 만한 문제다.

로 더 안전할 수도 있다. 그러나 그럴 경우 신학자들과 성서학자들, 다른 분과의 학자들이 서로 끊임없이 교류하고 연구하는 기독교 지성의 이상적인 모습은 잃어버리고 만다. 다른 분과의 학자들은 성서학자들에게 현대 학문의 해석들을 전해 줄 수 있으며, 그들의 연구 성과를 기독교적 가르침에 적용해 보는 창의적인 모험을 가능하게 해준다. 양자는 모든 사고의 영역에 연구의 틀을 제공하는 근원적인 물음이나 철학적인 전제에 대해 함께 성찰해 볼 수도 있다. 그리고 적어도 이론상으로는, 오직 한 분이신 참된 하나님의 주되심 아래에서 온 세상에 대해 최고의 성찰을 하겠다는 목적 하에 이러한 작업이 이루어질 수도 있다.

이런 이상은 복음주의권 안에서 미약하나마 실현되었다. 그러나 이것은 다양한 교육 기관의 학자들이 자신의 연구 성과를 공유하며 제도적인 장벽을 넘어 다른 이들(자신과 같은 부류의 복음주의자들, 다른 부류의 복음주의자들, 다른 부류의 그리스도인들, 그리스도인이 아닌 학자들)과 교류할 때에만 가능한 일이었다. 그러나 대개의 경우 복음주의 학계의 분리된 구조는 복음주의권 내에서 분파적 정서를 조장할 뿐이었다. 서로 경계가 뚜렷한 교육 기관들을 유지하려는 제도가 성공적으로 자리잡음으로써, 역사, 자연, 예술, 사회에 관해 심층적이면서도 기독교적으로 사고하려는 시도는 좌절되었다.

학자의 부족 지성의 스캔들을 제도적인 측면에서만 설명하는 것으로는 복음주의 고등 교육의 문제점을 다 해명해 낼 수 없다. 몇 세대 동안 복음주의 공동체가 지성을 길러내는 데 실패했기 때문에 또 다른 문제가 발생했다. 이러한 실패의 요인에 관하여 샘퍼드의 교무처장인 윌리엄 헐(William Hull)은 "비극적인 불균형 때문에 미국에서 가장 우세한 종교가 지적인 전투력을 거의 상실하고 말았다"라고 말했다. 헐이 설명한 대로, "기독교 정신을 학문의 중심부까지" 침투시키겠다는 열망을 실현하기 위한 현실적인 노력이 필요하다. 학교의 행정을 맡은 이들과 교회 안의 지식인들은, 헐이 자신의 학교에서 이런 목표를 분명히 하고자 했을 때 마주칠 수밖에 없었던 냉혹한 현실을 직시해야 한다.

> 교원 채용 분야에서 오래 일해 오면서 나는 그리스도인 학자들로 한 대학교의 교수진 전체를 구성할 수 있을 정도로 제대로 자격을 갖춘 후보자들이…충분히 많지 않다는 확신을 갖게 되었다.…교회가 지적인 책임을 설득력 있게 정의해 내지 못했고, 교인들 중 재능 있는 이들을 불러내어 지금까지 무시되어 온 학문에서의 청지기 사명을 감당하게 만들지 못했으며, 동료 학자들을 붙여 주어 어려운 학문의 장에서 신뢰할 만한 성과를 내놓을 수 있도록 돕지 못했다는 점을 지적하는 것으로 충분할 것이다. 기독교와 학문의 통합을 평생의 소명으로 삼기로 결단한 극소수의 사람들도 대개는 교회나 학계로부터 소중한 격려를 거의 받지 못한 채 혼자서 결심한 것이다. 아이러니하게도, 기독교 학자로서의 소명에 관심을 가졌던 소수의 사람도 결국 대학원 수준의 신학 연구를 위해서는 다시 신학교에 들어갈 수밖에 없다. 그리고 신학교에서는 기독교를 가르칠 수 있는 자격을 갖춘 사람들만 과도하게 많이 만들어 내는 반면, 95퍼센트의 다른 학문 분과를 기독교 신앙과 연결시켜 가르칠 수 있는 사람들은 극소수밖에 길러내지 못한다.…우리 대학교 교수로 임용할 수 있는 잘 훈련된 기독교 학자들로 이루어진 대규모 조직이 어딘가에 존재할 것이라는 착각에 빠져서는 안 된다.[23]

대학원 학자로서의 엄밀함과 그리스도인으로서의 자기 이해를 갖추고 가르치고 연구할 수 있는 교원을 확보하는 문제는, 복음주의 고등 교육 기관들이 직면한 또 다른 어려움과 직결된다. 칼리지와 신학교에서 가르치는 일을

---

23) William E. Hull, "Toward Samford as a Christian University–Occasional Papers of the Provost", Samford University, Birmingham, AL, July 15, 1990, pp. 2-5.

할 수 있도록 사람들을 훈련시키는 대학원 교육 과정에서는, 일급 복음주의적 사고의 전제 조건이라 할 기독교적 관점을 갖추도록 하는 일에 거의 한결같이 무관심하다. 복음주의 신학교에서 최상급의 학위를 마친 몇몇 신학자를 예외로 하면, 복음주의(혹은 가톨릭) 교육 기관의 교수들은 복음주의 칼리지나 신학교에서 가장 중요하게 생각하는 문제에 거의 관심을 두지 않는 학교에서 마지막 학위를 마친 셈이다. 서구 세계 어디에서도 개신교적·복음주의적 방식으로 규정된 기독교적 학문을 발전시키는 것을 일차적인 목적으로 삼는 대학원 교육 기관—즉, 복음주의 고등 학문 기관에서 가르치는 데 필요한 교육을 제공하는 학교—을 찾아볼 수 없다. 감사하게도, 하나님과 이 세상에 대한 가톨릭적 혹은 유대교적 이해에 깊은 관심을 가지고 있는 로마 가톨릭과 유대교 기관은 몇 군데 있으며, 복음주의 학자들이 이런 기관을 활용하기도 한다. 그러나 대부분의 복음주의 고등 학문 기관에 있는 교수들이 자신이 가르치는 최상급 교과목에서 하나님과 세상의 관계에 대한 깊이 있고 수준 높은 질문을 던진다면, 그것은 부적절하다는 취급을 받거나 편견에 찬 시선을 받고 말 것이다. 하지만 복음주의 교육 기관으로 부름을 받은 이상, 이들에게는 학생들을 지도하고 이런 질문에 대한 연구 결과를 내놓아야 할 책임이 있다.

요컨대, 복음주의 지성의 스캔들은 북미의 복음주의 고등 학문 제도가 지닌 문제점으로부터 기인했다. 어떤 복음주의자가 그리스도인의 구체적인 책무로서 세상에 대한 깊이 있고도 철저한 연구를 수행해야 한다고 확신하더라도, 어디에서 그런 책무를 수행할 수 있을지는 결코 자명한 문제가 아니다.

신학적 양상

마지막으로, 복음주의 지성의 스캔들에는 신학적인 차원이 있다. 기독교 공동체 전체가 여러 세대에 걸쳐 지성, 자연, 사회, 예술—하나님이 창조하시고 그분 자신의 영광을 위해 유지하시는 모든 영역—에 진지한 관심을 기울이지 않는다면, 그것은 분명히 죄일 것이다. 오스 기니스는 최근 이 문제에 주목할 것을 촉구한 바 있다. 그의 인상적인 말은 길게 인용할 가치가 있다.

> 1820년대와 1830년대 이래로 복음주의자들은 반지성주의라는 심각한 죄를 범해 왔다. 그 수가 많고 사회에 대한 열정과 복음을 향한 영적 열정을 가지고 있었기 때문에, 우리는 너무나 오랫동안 반지성주의에 대한 문화적 대가를 치르지 않았다. 그러나 이제 문화적 대가를 치르기 시작했다. 그리고 대부분의 복음주의자가 단순히 생각을 포기해 버린 것을 본다. 예를 들어, 20세기에는 진지한 복음주의적 공적 철학 같은 것이 없었다.····우리의 마음과 영으로만이 아니라 우리의 생각으로 주 하나님을 사랑하지 않는 것은 언제나 죄였다.····우리는 이 죄에 대해 경건을 핑계로 삼았으며, 이를 죄가 아닌 다른 것이라고 우겨 왔다.····복음주의자들은 기독교적으로 사고하지 않고 그리스도의 지성을 계발하지 않은 것에 대해 회개해야 한다.[24]

복음주의 지성의 스캔들은 어떤 방향에서 보더라도 스캔들일 수밖에 없다. 이는 한 하위 문화 전체의 역사적인 경험에서 기인한 스캔들이며, 복음주의 교육 제도로 인한 스캔들이다. 무엇보다도 우리를 사랑하시는 하나님의 선하신 선물을 업신여기는 것이기 때문에 스캔들이다. 이 책에서는 왜 스캔들이 북미에서 이런 모습으로 나타났는지, 그리고 어떻게 해야 그 해독을 최소화할 수 있는지를 보여 주고자 한다.

---

[24] "Persuasion for the New World: An Interview with Dr. Os Guinness", *Crucible* 4, 2 (Summer 1992): p. 15.

주장들

이어지는 각 장에서는 미국의 복음주의자들이 20세기 말에 상대적인 지적 빈곤을 경험하는 이유에 대한 몇 가지 주장을 펼칠 것이다. 그중 가장 일반적인 주장은, 적어도 18세기 중엽부터 미국의 복음주의는 일차적으로 정서적이며 조직 확장을 추구하는 운동으로 존재해 왔다는 것이다. 북미에서 복음주의 신앙을 강력하게 만들어 준 부흥운동이 바로 그 지적인 역량을 약화시켰다. 미국 역사에서 가장 위대한 복음주의 지성이며 지난 몇 세기 동안의 기독교사에서 가장 창의적인 사상가 중 하나였던 조나단 에드워즈의 생애가 이 같은 주장을 뒷받침해 준다. 그 자신은 복음주의 사상가로서 놀라운 활약을 했지만 에드워즈는 지적인 후계자를 남기지 못했다.

그러나 미국 역사의 특정 시기에 위치했기에, 복음주의는 18세기 말과 19세기 초에 실로 정교한 지적 체계를 발전시켰다. 그 체계는 18세기의 미국 독립혁명과 민주주의 운동에서 취한 요소들을 역사적 개신교 교리와 결합시킨 것으로, 그 결과 지성에 대한 복음주의 특유의 접근 방식이 출현했다. 그 특징은 상식 철학(the philosophy of common sense), 공화주의적 도덕 관념, 프랜시스 베이컨의 과학, 신학에서의 증거주의적 추론의 경향 등이다. 이 체계에는 중요한 지적 결함이 있었지만, 안정된 사회를 건설하는 데 몰두해 있는 미국인들에게는 이런 결함이 눈에 띄지 않았다(혹은 그다지 중요하지 않았다). 19세기 중엽에서 말에 이르러 복음주의자들이 새로운 사회적·지적 상황에 대응하려고 했을 때 이 체계의 결점은 좀더 분명해졌다. 근본주의, 세대주의적 전천년설, 더 나은 성결의 삶 운동(the Higher Life movement: 19세기 말 미국 개신교의 신앙 운동으로 현재의 웨슬리 신학, 케직 운동과 더불어 성결교회의 교리를 형성하는 데 결정적인 영향을 미쳤다—역주), 오순절주의 등은 모두 19세기 말의 종교적 위기에 대응하는 복음주의의 생존 전략이었다. 각각은 서로 다른 방식으로 기독교 신앙의 핵심적인 요소를 보존했다. 그러나 이들은 모두 지적으로는 재앙이 되고 말았다.

여러 각도에서 이 재앙을 검토해 볼 수 있겠지만, 이어지는 각 장에서는 이를 복음주의의 정치 사상과 과학에 대한 복음주의의 태도로 나누어서 논의하도록 하겠다. 이 두 분야는 복음주의적 반지성주의 때문이라기보다는 잘못된 방식의 지적인 관심 때문에 20세기 복음주의자들이 어려움을 겪었던 부분이다. 두 세대가 지난 후에야 19세기 말의 지적인 재앙은 회복되기 시작했다. 그러는 사이 새로운 문화적·지적 문제가 대두했으며, 이에 대해 복음주의 지적 전통에서 제공해 줄 수 있는 자원은 거의 없었다.

이렇게 요약해 놓고 보니 이 책의 주장이 너무 암울한 듯하다. 그러나 그와 더불어 밝은 빛도 나타날 것이다. 복음주의적 사고의 퇴조를 불러온 역사적 상황이 사실은 복음주의의 갱신 가능성을 유지시킨 조건이었다는 점은, 기독교라는 더 큰 역설을 놓고 볼 때 작은 역설에 불과하다. 그 가능성이 바로 마지막 두 장의 주제다. 마지막 두 장에서는 먼저 지성을 무시하는 태도를 극복하려는 복음주의자들의 최근 노력에 대해 검토할 것이며, 그 다음 스캔들의 파괴적인 영향력에 맞설 수 있는 복음주의 전통 내의 자원들에 대해 이야기할 것이다. 이러한 자원들 중 가장 강력한 것은 또 다른 스캔들이다. 이를 기꺼이 받아들이려는 이들에게는 이 스캔들이 전혀 다른 의미를 가지지만 말이다. 그것은 바로 복음주의 지성의 스캔들을 극복하게 해줄 십자가라는 걸림돌이다.

현대 미국 복음주의자들의 지적 현실에 대한 가장 철저한 기독교적 분석은 전혀 예상치 못한 곳에서 나왔다. 레바논의 외교관이자 학자, 동방정교회 교인인 찰스 말릭(Charles Malik)은 1980년에 휘튼 칼리지에 있는 빌리 그레이엄 센터(Billy Graham Center)의 개원식에서 연설을 해 달라는 초청을 받았다. 그날 개원식에 참석한 이들 중 말릭의 연설이 그렇게 예리한 통찰을 담고 있으리라고 예상한 사람은 거의 없었을 것이다. 나도 그 자리에 있었지만, 그가 기독교 지식인으로서 믿음의 친구들에게 던진 그 간결한 선언을 내가 10년 이상 역사를 연구하면서 재확인하게 되리라고는 당시로서는 생각도 못 했다. 말릭의 연설은 수단이 아니라 목적의 문제에 직접적으로 초점을 맞추었기 때문에 더욱 강력했다. 아주 부드럽고 너그러우면서도 매우 당당한 태도로, 말릭은 우리 복음주의자들의 잘못을 직접적으로 질타했다. 첫째로, 그는 현대의 대학이 안고 있는 문제점을 지적했다. "서양 문명이 직면한 모든 문제, 즉 만연한 초조함과 불안, 은총과 아름다움과 영혼의 고요와 평안의 부족, 다양한 인격적 결함과 타락, 가정과 사회적 관계의 문제, 경제와 정치 문제, 매체의 문제, 학교와 교회의 문제, 국제 질서의 문제 등의 핵심에는, 다시 말해 서양 문명의 위기의 핵심에는 지성의 현 상황과 대학교의 정신에 관한 문제가 자리잡고 있다." 계속해서 말릭은, 현대 생활의 딜레마란 곧 대학들이 연구해야 할 지적 딜레마이기 때문에 그리스도인들이 지적인 책무가 얼마나 중대한지를 깨닫는 것은 너무나 중요하다고 주장했다. "문제는 영혼을 구원할 뿐만 아니라 지성을 구원하는 것이다. 온 세상을 구원하고도 세상의 지성을 잃어버린다면, 얼마 안 가서 세상을 구하지 못했음을 깨달을 것이다. 실제로는 세상을 잃어버렸음을 알게 될 것이다."

말릭은 복음주의자들의 공헌에 대해서도 이야기했다. 그는 일부 복음주의자들의 공헌을 결코 무시하지 않았다. 그러나 그의 연설은 지적인 책무의 본질을 아주 설득력 있게 묘사했다.

미국의 복음주의 기독교가 직면한 가장 심각한 위험은 폭넓고 깊이 있는 지성에 충분히 관심을 돌리지 않는 반지성주의다. 사상과 정신의 역사를 수년에 걸쳐 충분히 배우지 않는 한 깊이 있는 지성은 불가능하다. 사람들은 서둘러 대학을 졸업하고, 돈을 벌거나 교회를 섬기고 복음을 설교하기 시작한다. 그들은 여러 해 동안 과거의 위대한 지성 및 영혼들과 대화를 나누고 그리함으로써 사고하는 능력을 원숙하게 하고 날카롭게 하며 확대하는 것이 무한히 가치 있는 일임을 알지 못한다. 그 결과 창의적인 사고의 장을 포기하고 적에게 넘겨주고 말았다. 복음주의자들 중에서 자신의 학문과 연구에 관하여 위대한 세속적, 자연주의적, 무신론적 학자들과 당당히 맞설 수 있는 사람이 얼마나 될까? 복음주의 학자들 중 역사, 철학, 심리학, 사회학, 정치학 분야의 위대한 세속적 권위자들이 전범으로 삼는 자료로 인용되는 사람이 얼마나 될까? 당신의 지식과 사고 전체에 지대한 영향을 미친 유럽과 미국의 위대한 대학들에서 당신의 사유 방식이 지배적인 사유 방식이 될 일말의 가능성이라도 있는가?

반지성주의라는 이 심각한 위기를 극복하기 위해서는 전혀 다른 정신이 필요하다.…당신이 지금 이런저런 분야에서 충격을 일으킬 만한 연구를 시작하더라도 하버드와 튀빙엔, 소르본의 학자들을 따라잡으려면 적어도 한 세기가 걸릴 것이다. 그리고 그때가 되면 그 대학들이 어디에 가 있을지 한번 생각해 보라! 복음주의자들은 자신을 위해서만이 아니라 예수 그리스도를 더 효과적으로 전하기 위해, 지성계의 변방에 계속 머물러 있을 수 없다.[25]

이 책은 말릭의 현명한 지적을 뒷받침하는 역사학적인 주석이다. 말릭의 말이 정확히 옳다고 확신하면서, 즉 복음주의자들이 예수 그리스도께 충성하기 위해서는 역사에서 해 온 것보다 더 책임 있는 지적 활동을 보여 주어야 한다고 확신하면서 나는 이 책을 썼다.

---

25) Charles Malik, *The Two Tasks* (Westchester, IL: Cornerstone, 1980), pp. 29-34.

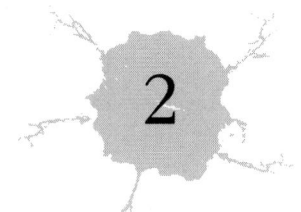

이 스캔들이 중요한 까닭

그래서 어쨌다는 말인가? 이런 태도가 복음주의자들의 전형적인 반응인지도 모른다. 미국의 복음주의자들은 대학을 설립하기보다는 방송국을 만드는 데 훨씬 더 열을 올린다. 그래서 어쨌다는 말인가? 복음주의자들은 행동주의 때문에 지성을 함양하는 데 거의 관심을 두지 않는다. 그래서 어쨌다는 말인가? 복음주의적 대중주의는 반지성주의로 흘러가는 경우가 많다. 그래서 어쨌다는 말인가? 기독교의 본질이라는 관점에서 볼 때, 지성이 쇠약해지는 것은 무엇 때문에 문제가 되는가?

복음주의자들이 지성을 함양하지 않은 데 대해 회개해야 한다는 주장에 반대하는 여러 의견도 진지하게 고려해 볼 가치가 있다. 첫째로, 북미의 기독교 역사가 신자들이 지성을 무시하는 것이 얼마나 유익한지를 보여 준다고 생각할 수 있다. 미국에서 복음주의자들은 문제를 해결하고 성과를 내는 데 몰두해 왔다. 그리고 이런 전략이 결과적으로 성공하지 않았던가? 지난 몇백 년 동안 유럽의 교회들이 활력 없는 형식주의에 빠지고 만 반면에 그리고 학문과 교양을 동경했던 미국의 메인라인 교회들이 지난 몇십 년 동안 극적으로 쇠락해 온 반면에, 복음주의자임을 자처하는 미국인들은 그 수가 늘고 목소리도 커졌으며 사회 곳곳에서 두드러지게 활동하고 있다. 다른 이들이 지성에 신경 쓰는 동안, 우리 복음주의자들은 선교와 개혁을 위해 발로 뛰었다. 오늘날 전 세계 교회의 상황을 볼 때 우리가 더 나은 길을 택했음이 분명하지 않은가?

현재 학계의 상황을 고려할 때 반론은 그 무게를 더한다. 정치적인 암투, 명백한 세속화, 권력을 사고파는 행태, 사상 전투 등이 학계의 현실이며 이는 최근 몇 년 동안 날카로운 공적 비판의 대상이 되고 있다.[1] 복음주의가 이를 **피한** 것은 잘한 일이다. 비록 복음주의자들은 지성계의 변방에서 고립된 채 살고 있지만, 그래도 배가 오도 가도 못하는 격랑의 바다에 갇힐 위험은 모면했다. 유명한 종합대학교에서도 여전히 UCLA(University of California, Los Angeles)의 킨지 홀(Kinsey Hall)을 장식하고 있는 문구를 그대로 내버려두었다. "시편 119:18. 내 눈을 열어서 주의 율법에서 놀라운 것을 보게 하소서"(개역개정) 같은 것 말이다. 그러나 연구 중심 대학교의 현실은 이전 세대의 경건을 거의 조롱하는 지경에 이르고 말았다.

이런 주장에 기독교적 감수성이 더해질 때―예를 들어, 최근 밸퍼레이조 대학교(Valparaiso University)의 마크 쉔(Mark Schwehn)이 교육 중심의 고등 교육을 변호하면서 펼쳤던 주장처럼―그 설득력은 한층 강해진다.[2] 연구 자체를 목

---

1) 이러한 비판에 대한 사례로는 Arthur Schlesinger, Jr., *The Disuniting of America* (New York: Norton, 1992), Page Smith, *Killing the Spirit: Higher Education in America* (New York: Penguin, 1991), Dinesh DiSouza, *Illiberal Education: The Politics of Race and Sex on Campus* (New York: Free Press, 1991), Allan Bloom, *The Closing of the American Mind: How Higher Education Has Failed Democracy and Impoverished the Souls of Today's Students* (New York: Simon & Schuster, 1987)를 보라.
2) Mark R. Schwehn, *Exiles from Eden: Religion and the Academic Vocation in America* (New York: Oxford University Press, 1993).

적으로 삼는 것보다 학생이라는 인격체를 돌보는 것이 더 가치 있으며, 최신의 사상을 뽐내는 것보다 역사적으로 뿌리 깊은 종교적 신념을 가르치는 것이 더 낫다는 쉔의 주장은 부인하기 어렵다.

이런 주장이 설득력을 갖는다는 것은, 그만큼 기독교적 학문 연구의 중요성에 대한 주장이 더 정확하고 엄밀해야 함을 뜻한다. 기독교적 학문에 대해 주장할 때 그 핵심은 일차적으로 학문적인 책임감을 갖자는 말이 아니며, 혼란에 빠진 현대의 대학들처럼 연구 성과 자체를 맹목적으로 추구하자는 말도 아니다. 요점은, 기독교라는 포괄적인 실체 자체가 우리가 사는 세상에 대한 분명한 기독교적 성찰을 요구한다는 것이다. 이는 사회 이론이나 과학사, 다른 역사적 변화들, 몸, 예술, 문학 등에 대한 성찰도 포함한다. 기독교적 학문을 추구한다고 해서 가르치는 일을 경시하거나, 엘리트주의적으로 보통 사람들의 통찰을 무시하거나, 전문 지식을 가진 사람들만 접근할 수 있는 예술지상주의를 추구하자는 말은 아니다. 오히려 더 폭넓고 깊이 있는 지성을 추구함으로써, 인격 지향적이며 가르침에 초점이 있고 일반 대중에게 영감을 줄 수 있는 지적인 삶과 경쟁하기보다는 그것을 보충하자는 뜻이다.

그러나 기독교적 학문을 장려해야 한다는 주장에 대한 가장 진지한 반론은 성서로부터 나온다. 아이와 같은 마음을 칭찬하시거나 세상의 지혜를 상대화하는 예수님의 말씀을 들을 때 우리는 차분히 자신을 돌아보지 않을 수 없다. 마태복음 11:25-26에서 예수님은 "하늘과 땅의 주님이신 아버지, 이 일을 지혜 있고 똑똑한 사람들에게는 감추시고, 어린아이들에게는 드러내어 주셨으니 감사합니다. 그렇습니다. 아버지, 이것이 아버지의 은혜로운 뜻입니다"라고 기도하셨다. 사도 바울은 무조건 지식을 추구하는 것에 대해 더 강력하게 비판한다. 그는 고린도 교인들을 향해 세상의 지혜를 추구하지 말아야 할 이유를 예리하게 지적했다. "형제자매 여러분, 여러분이 부르심을 받을 때에, 그 처지가 어떠하였는지 생각하여 보십시오. 육신의 기준으로 보아서, 지혜 있는 사람이 많지 않고, 권력 있는 사람이 많지 않고, 가문이 훌륭한 사람이 많지 않았습니다. 그런데 하나님께서는, 지혜 있는 자들을 부끄럽게 하시려고 세상의 어리석은 것들을 택하셨으며, 강한 것들을 부끄럽게 하시려고 세상의 약한 것들을 택하셨습니다. 하나님께서는 세상에서 비천한 것들과 멸시받는 것들을 택하셨으니 곧 잘났다고 하는 것들을 없애시려고 아무것도 아닌 것들을 택하셨습니다"(고전 1:26-28).

고등 학문이 신앙에 덫이 되는 경우가 많았다는 부인할 수 없는 사실 때문에 이런 구절의 설득력은 한층 강화된다. 우선, 인간의 상황이나 세상의 구조에 관한 지식인들의 결론은 기독교 신앙을 약화시키는 경우가 많았다. 그러나 지식 자체보다 기독교에 더 해로운 것은 학식에 대한 자랑이다. 1969년에 한 대학생들의 모임에서 마틴 로이드존스(Martyn Lloyd-Jones)는 "여러분이 지적으로 존경받기 위해 기를 쓴다면, 금세 신앙의 위기를 맞고 말 것입니다"라고 단호하게 말했다.[3] 섬세하지는 않지만 어렵게 터득한 지혜를 담고 있는 말이다. 학문의 세계는 하나님에 대한 반역을 일삼는 곳이다. 실로 지적 성취라는 교만은 겸손한 믿음을 위협한다. 지식인들은 복음의 "어리석음"을 신뢰하는 대신 자신의 지혜에 의지하려는 유혹에 빠지기 쉽다. 학문의 중요성에 대해 주장할 때, 반드시 이에 대한 반론도 진지하게 고려해야 한다.

그러나 그와 동시에 **기독교적 학문의 중요성을 기독교적으로 주장할** 때, 신앙 자체에 근거해서 교만하지 않은 지식의 추구가 가능함을 보여 줄 수 있다. 바울은 "세상의 어리석은 것들"을 지지하는 이 구절을 마무리하면서 이렇게 주장한다. "이리하여 아무도 하나님 앞에서는 자랑하지 못하게 하시려는 것입니다"(29절). 그리고 고린도 교인들에게 그리스도 안에 "하나님으로부터 오

---

3) Iain H. Murray, *D. Martyn Lloyd-Jones: The Fight of Faith, 1939-1981* (Edinburgh: Banner of Truth, 1990), p. 608에서 재인용.

는 지혜"가 있음을 깨닫고(30절), "주님을 자랑[하는]" 습관을 기르라고 권면한다(31절).

학문이 인간의 다른 행위보다 교만한 마음을 심어 주는 경향이 클지 모르지만, 이는 상대적으로만 그러하다. 자신의 회사를 뽐내는 기업가들이나 자녀를 뽐내는 부모들, 자신이 기른 토마토를 뽐내는 농부, 자기 나라를 뽐내는 애국자들, 이들 모두 자신이 쓴 책을 뽐내는 학자들과 마찬가지로 애착을 갖는 대상보다 하나님께만 속한 절대적인 영광을 우선시하라는 부르심을 받았다.

기독교적 학문에 대한 기독교적 주장은 학문이 궁극적이거나 유일한 가치를 지닌다고 가정하지도 않는다. 오히려 고린도전서 12:14-26에 나오는 바울의 가르침을 따라서 지성에 헌신한 그리스도인은, 자신이 지성을 존중하듯 다른 신자들이 소명으로 받은 일들도 똑같이 존중한다. "눈이 손에게 말하기를 '너는 내게 쓸 데가 없다' 할 수가 [없다]"는 사도 바울의 말처럼, 학자는 배우지 못한 신자들을 향해 "너는 내게 쓸 데가 없다"라고 말할 수 없다. 그 반대의 경우도 마찬가지다.

미국의 복음주의 문화는 반대의 극단으로 치달았다. 회심을 강조한 나머지 은혜 안에서의 점진적인 성장을 배제해 버렸고, 창조 세계에서 하나님을 묵상하는 대신 직접적인 성령의 체험에만 초점을 맞추었으며, 권위 있는 견해에 맞서 대중적인 지혜를 귀하게 여겼고, 세상에는 관심을 거의 두지 않고 천국에만 매혹되었으며, 초자연적인 것에 몰두하는 반면 자연적인 것은 무시해 왔다. 기독교적 학문에 대한 기독교적 주장은 이러한 극단적인 태도가 역전되어야 한다고 말하지 않는다. 예를 들어, 초자연적인 것을 배제하고 자연적인 것만 추구하거나, 미래를 배제하고 현재에만 몰두해야 한다고 주장하지 않는다. 오히려 몸의 지체들처럼 서로 의지해야 한다고 말한다. 미국 역사에서 가차없이 나누고 대립시켰던 요소들을 재결합시켜야 한다고 말한다. 그리고 지성을 비롯한 인간 삶의 모든 영역에서 겸손한 활동을 통해 주권적인 그리스도를 높여드릴 수 있음을 기꺼이 인정한다.

그리스도를 섬기는 지성을 길러내는 일이 중요하다는 사실은, 이 일의 실용적인 의미를 인식함으로써, 또 두 가지 다른 역사적 논증의 중요성에 주의를 기울임으로써, 그리고 가장 중요하게는 하나님과 세상, 우리 자신에 관한 진리에 주목함으로써 일반적으로 더 잘 이해될 수 있다.

유용성   우리는 두 가지 물음을 통해, 지성에 주의를 기울이는 것이 매우 실용적인 이유를 알 수 있다. 무엇이 참인가와 지성에 관해 교회가 무엇을 해 왔는가의 문제는 제쳐두고라도, 현대 세계의 신자들은 그리스도인들의 **사고**가 아주 실용적인 중요성을 지닌 문제임을 깨달아야 한다.

첫째 물음은 정말로 실제적인 함의가 있는 물음이다. 누가 우리의 교사, 즉 우리와 우리 자녀들에게 삶에 대해 가르쳐 주는 사람이 될 것인가? 우리 세계에서 이 일을 맡겠다고 자처하는 두 주요 기관은 학문이나 교양 교육 기관과 미국의 대중 매체들이다. 대학은 세상을 바라보는 거대한 패러다임을 제시하는 사상가들을 키워낸다. 한 가지 예만 들어 보겠다. 의료 윤리나 공정한 의료 서비스와 관련된 문제는 대단히 복잡하다. 또한 직간접적으로 모든 점에서 기독교적인 가치관과도 연관된다. 그러나 우리는 이런 문제에서 파생되는 문제들에 대해 오랜 시간 깊이 있게 생각하는 습관을 기르지 못했다. 밴더빌트 대학교(Vanderbilt University) 의료공학과의 학과장인 토머스 해리스(Thomas Harris)는 이런 무관심으로 인해 발생하는 문제점을 간결하게 짚어 낸 바 있다. "나는 복음주의적이며 보수적인 기독교가 이런 문제점들, 특히 고등교육계 안에서 논의되는 문제점들을 이해하지 못하게 될까 두렵다."[4] 오늘날 다른 많은 문제들도 마찬가지다. 어려움을 겪고 있는 구공산권 국가들과의 외교에 지침이 되는 원리에 대해서나 현재 모든 학문 영역에서 당혹스러워하는 인간의 인지 능력과 관련된 복잡한 문제들에 대해, 인간의 존엄성에 너무나 큰 의미를 지닌 직업을 제공하는 프로그램을 지원(하거나 폐지)하는 기준에 대해, 20세기 말 전 세계의 평화로운 문명을 유지하는 데 가장 명백한 위협이 되는 인종 갈등을 해결하는 수단에 대해 복음주의자들은 제대로 답변하지 못한다. 현대 세계에 그리스도의 참된 사랑을 전하고 싶다면, 이 모든 문제와 관련하여 그리스도인들은 두 가지 일을 해야 한다. 첫째로 이런 문제들 자체를 심층적으로 연구해야 하고, 둘째로 기독교적인 신념에 깊이 뿌리내린 연구를 해야 한다.

대중문화의 세계는 학계나 전문 두뇌 집단의 세계와는 전혀 다른 것 같다. 그러나 대중문화 역시 대학만큼이나 우리 일상 생활에 필요한 가르침을 많이 제공한다. 데이비드 레터먼(David Letterman)이나 조지 루커스(George Lucas)와 엠티비(MTV)의 제작자들, 할리우드를 쥐고 흔드는 사람들은 심오한 지적 영향력을 지닌 현란한 자극들을 끊임없이 제공한다. 우리는 각자 지성을 계발하고 있으며, 그것을 통해 삶의 모든 영역에 대해—기독교의 회심뿐만 아니라 정치적인 입장에 대해서도, 성서의 의미뿐만 아니라 돈의 의미에 대해서도, 죄의 결과뿐만 아니라 민주주의의 결과에 대해서도—논리적인 판단을 내린다. 이런 논리적인 판단을 내릴 때 누가 우리를 가르쳐 줄 것인가? 누가 우리를 진리와 빛으로 이끌 것인가? 복음주의자들이 더 광범위한 지성계를 진지하게 받아들이지 않는다면, 이는 마치 우리의 지성이 하나님과 하나님의 종이 아니라 현대의 칼리지에서 가르치는 관습과 매디슨 가(Madison Avenue: 광고회사와 방송국이 밀집해 있는 뉴욕의 거리—역주)의 생각에 의해 결정되기를 원한다

---

4) Louis A. Moore, "CLC's 1993 Seminar on Medical Ethics", *Light: The Christian Life Commission of the Southern Baptist Convention*, May-June 1993, p. 1에서 재인용.

고 말하는 것과 마찬가지다. 아무런 행동을 하지 않음으로써 결과적으로 이런 행동을 취하게 된다면, 우리가 믿는 종교의 핵심 진리와 모순되는 문화적 세력—지적인 세력을 포함한—에 의해 우리 삶이 결정되기를 원한다고 말하는 셈이다.

이와 연관된 둘째 물음은, 우리가 세상에서 어떻게 살고자 하는지 묻는다. 이 또한 대단히 지적인 문제다. 세상에서 어떻게 살 것인지는 상당 부분 우리가 세상에 대해 어떻게 생각하는지에 달려 있다. 현대의 그리스도인들은 이것을 아주 쉽게 생각하면서 그저 대중문화가 가르쳐 주는 본능을 따르는 경우가 많다. 즉, 삶은 쾌락과 자기 표출, 더 큰 안락함을 위한 기회들로 존재한다고 생각한다. 그러나 반대로 그리스도인들이 그와 반대되는 극단적인 태도를 취하면서 우리가 거쳐 가는 이 세상은 하늘 너머 본향에 이르는 길을 준비하는 그림자일 뿐이라고 생각할 수도 있다. 이런 생각이 전적으로 잘못된 것은 아니다. 영원에 대한 그리스도인의 믿음은 믿음의 가장 중요한 요소 중 하나다. 그러나 동시에 하나님 때문에 사는 삶, 하나님을 위해 사는 삶이 어떤 것인지 생각해 보지 않는다면 그것은 존재의 모든 영역을 경시하는 것과도 같다. 반대로 이 세상에서의 삶을 하나님이 주신 선물로 받아들이며 존재를 더 깊이 이해할 때 하나님도 더 깊이 이해할 수 있게 된다는 태도로 살아가기 위해서는, 헌신적이며 끈기 있는 영적 활력과 더불어 헌신적이며 끈기 있는 사고도 필요하다.

1921년에 장로교 성서학자인 그레셤 메이천(J. Gresham Machen)은 사고가 실제 생활에 미치는 영향에 대해 신중한 주장을 펼쳤다. 그의 말은 그가 살았던 덜 복잡했던 시대에도 적합했지만, 현재의 상황을 예견이라도 한 듯 오늘날에도 적합하다. "저항할 수 없을 정도의 논리적인 힘을 통해 기독교가 무해한 망상 이상의 그 무엇도 될 수 없도록 만들어 버리는 관념들이 이 나라와 전 세계의 모든 사상을 좌지우지하도록 내버려둔다면, 우리가 아무리 개혁가처럼 열정을 다해 설교하더라도 여기저기서 길을 잃은 몇 사람을 회심시키는 데 그치고 말 것이다.…지금은 학문적인 사색에 불과한 것이 내일은 군대를 움직여 제국을 몰락시키는 막대한 영향력을 행사하게 될 것이다."[5]

과거의 교훈 두 가지 다른 역사적인 논증을 통해서도, 기독교가 지속적인 활력을 유지하는 데 지성이 얼마나 중요했는지를 증명할 수 있다. 첫째 논증은 특별히 복음주의 개신교인들을 향한 것으로, 개신교가 풍성한 지적 전통을 유산으로 물려받았다는 역사적 사실과 관련이 있다. 둘째는 종교개혁 전후의 기독교 운동으로부터 얻은 교훈에 관한 것으로, 더 일반적인 논증이라 할 수 있다.

개신교에서의 선례

지적으로 진지한 노력을 기울이는 것이 지금까지 복음주의 전통에 속한 개신교인들의 규범적인 모습이었음을 보여 주는 이전의 역사가 없었다면, 현대 미국의 복음주의 지성의 상태를 두고 스캔들이라고 하는 어려울 것이다. 물론, 개신교 역사는 이를 잘 보여 준다. 개신교 운동 전체의 지적인 역사는 어마어마한 범위를 다루는 매우 어려운 주제다. 그러므로 여기서는 지성을 무시하는 20세기 복음주의자들의 태도가, 지성을 중시하고 지성을 위해 마땅한 노력을 기울여 온 개신교의 유구한 역사를 볼 때 정상적이지 않다는 점을 보여 줄 수 있을 만큼만 간략히 언급하는 것이 좋겠다.

16세기에 종교개혁이 시작되었을 때 사람들은 개신교가 지성을 갱신하

---

5) J. Gresham Machen, "Christianity and Culture", *Princeton Theological Review* 11 (1913): p. 7. 이에 관한 논의는 George Marsden, "Understanding J. Gresham Machen", *Princeton Seminary Bulletin*, n.s., 11 (1990): pp. 46-60를 보라.

는 게 아니라 지성에 종말을 고할 거라고 생각했다.[6] 초대교회에 뿌리를 내리고 중세 내내, 때로는 압도적인 탁월함으로 그리고 때로는 가까스로, 살아남았던 그 지성에 기독교가 관심을 기울여 온 유구한 전통을 종식시킬 것이라고 생각했다.[7] 개혁자들의 첫 후계자들 일부는 역사적으로 가톨릭 교회와 유럽의 전통적인 교육 기관들이 밀접한 관련을 맺고 있었다는 이유로 지성과 관련된 기획 자체를 의문시했다. 또한 모든 신자를 제사장으로 보는 개신교의 새로운 믿음 역시 지적인 전문가의 필요성을 약화시킨 것으로 여겼다. 성령께서 온 교회 안에서 활동하신다는 개신교의 믿음은 학문에 특별한 노력을 기울일 필요성을 부인하는 것으로 여겼다. 그저 '오직 성서만으로' 충분하지 않은가? 성령의 내적 증거를 소유했다면 굳이 더 배워야 할 필요가 있는가? 이런 이유로 적어도 어떤 사람들에게는 종교개혁이 철저하게 반지성주의적 운동인 것처럼 보였다.

하지만 개신교 지도자들은 온전한 그리스도인의 삶을 위해서는 지적 활동도 필요하다는 반론을 펼쳤다. 그들은 더 성서적인 영성을 기르기 위해서는 지성에 더 철저한 관심을 기울여야 한다는 것을 깨달았다. 결코 에둘러 말하는 법이 없었던 마르틴 루터는 1529년에 자녀의 교육을 등한시하는 부모들을 반박하는 책을 쓰겠다고 약속했다. 그 책에서 그는 "부모가 아니라 자기 자녀를 먹어 삼키는 비열한 돼지이며 지독한 짐승에 불과한 상스럽고 비천하

---

6) 이 주제에 관련된 참고문헌으로는 Mark A. Noll, "The Earliest Protestantism and the Reformation of Education", *Westminster Theological Journal* 43 (1980): pp. 208-230를 보라.
7) 이 유구한 역사에 관해서는 L. Miller, ed., *Classical Statements on Faith and Reason* (New York: Random House, 1970), pp. 3-69를 보라. 이 유구한 역사에 대한 통찰력 넘치는 최근의 논의로는 Robert L. Wilkin, "The Christian Intellectual Tradition", *First Things*, June/July 1991, pp. 13-18를 보라. (이 책의 주제와 밀접한 관련이 있는) 개신교 시대까지 논의를 확장한 책으로는 Colin Brown의 연구서 *Philosophy and the Christian Faith: A Historical Sketch from the Middle Ages to the Present Day* (Chicago: InterVarsity Press, 1969)와 *Christianity and Western Thought*, vol. 1 (Downers Grove, IL: InterVarsity, 1990)을 보라.

며 저주받아 마땅한 부모들을 끝까지 쫓아다닐 것이다"라고 말했다.[8] 루터는, 사람은 성서의 말씀과 그 말씀이 뿌리를 내리고 있는 세상의 본질 둘 다를 이해해야 하기 때문에 지성을 계발하는 일이 절대적으로 필요하다고 주장했다. 그뿐 아니라 모든 신자의 제사장직을 주장하기 위해서는 교육을 덜 강조할 것이 아니라 더 강조해야 했다. 교육의 범위를 가장 일반적인 수준까지 확대해서 보통 사람들이 다 교육을 받을 수 있어야만 했다. 사실 유럽의 경우는 개신교와 함께 보편적 교육으로의 전환이 시작되었다. 개신교 지도자들은 모든 사람이 자신이 사는 세계와 기독교의 가르침을 통해 제시된 영적 세계를 이해해야 할 책임이 있다고 주장했기 때문이다.

이렇게 교육을 옹호한 결과 개신교인들은 모든 종류의 학교를 설립하는 데 열심이었다. 개신교 학교가 강한 곳은 개신교 종교개혁이 강한 영향력을 미치는 곳이었다.[9]

아마도 기독교적 사고를 증진시키려는 개신교의 노력이 가장 큰 영향력을 발휘했던 곳은 장 칼뱅의 제네바였을 것이다.[10] 칼뱅은 제네바 시절 초기부터 지성을 훈련하는 동시에 마음을 감화하기 위해 노력했다. 칼뱅의 신학은 지성주의적이지 않았다. 그는 지성이 복음을 받아들이기 전에 성령께서 마음을 변화시키셔야 한다고 믿었다. 또한 하나님이 지성을 비롯한 삶의 모든 영역에서 그분의 주권을 드러내신다고 주장했다. 그러나 또한 하나님의 성령께서 세상을 창조하신 것은 사람으로 하여금 그 세상을 연구하도록 하시기 위함이라고 믿었다. 그는 성령께서 불신자들에게도 자연의 운행과 세상

---

8) Robert C. Schultz, ed., "Sermon on Keeping Children in School", *Luther's Works*, American ed., vol. 46 (Philadelphia: Fortress, 1967), p. 211.
9) 오래되기는 했지만 여전히 탁월한 연구서인 Karl Holl, *The Cultural Significance of the Reformation* (Cleveland: World, 1969)이 이 점을 간접적으로 주장하고 있다.
10) 최근에 나온 훌륭한 연구서로는 Susan E. Schreiner, *The Theater of His Glory: Nature and the Natural Order in the Thought of John Calvin* (Durham, NC: Labyrinth Press, 1991)이 있다.

속의 인간 관계를 이해할 수 있도록 해주신다고 믿었다. 그러므로 그리스도인의 지성을 계발하여 하나님이 일하시는 영역인 삶 전체를 이해하기 위해서는 이러한 성령의 활동에도 꾸준히 주의를 기울여야 했다. 칼뱅은 가정 교육을 옹호했으며, 제네바의 젊은이들을 위해 교육의 기회를 확대했고, 고급 학문을 가르치기 위한 대학을 설립했다. 유럽 전역의 개신교인들이 이 대학에 와서 공부했다. 이들은 복음 메시지 자체만이 아니라 고전어, 의학, 자연 세계 등에 대해서도 그리고 오늘날 정치학과 사회학이라 부르는 학문에 대해서도 매우 진지하게 공부했다.

분명 칼뱅은 손쉽게 하나님에 대한 묵상으로부터 세상에 대한 지적인 연구로 넘어간 것이 아니었다. 그는 하나님이 "지혜 있는 자들을 부끄럽게 하시려고 세상의 어리석은 것들을 택하셨다"는 것을 알고 있었다. 윌리엄 부즈마(William Bouwsma)의 말처럼, 그는 "인간 이성의 한계"를 주장했고 "인간 경험의 모순적인 실체들"을 인정했다.[11] 언제나 그랬듯이, 칼뱅은 인간의 지혜를 거부하는 듯한 성서 구절을 붙잡고 만족스러운 결론에 도달했다고 여길 때까지 씨름했다.

"어리석은 것"이라는 말이 그저 어리석기만 하다는 뜻은 아니다. 그리고 마치 인간보다 금수에 더 가깝지 않으면 그리스도인이 될 수 없기라도 한 것처럼, 인문적 교양에 정통한 사람이 자신의 지식을 포기해야 한다는 뜻도 아니고, 명민한 지성을 타고난 사람이 우둔해져야 한다는 말도 아니다. 기독교 신앙을 고백할 때 우리는 사고가 아니라 악에 대해 어린아이같이 되어야 한다(고전 14:20). 그러나 그리스도를 배우고자 할 때 그 누구도 자신의 지적인 자원이나 자신의 학문에 의

---

11) William J. Bouwsma, *John Calvin: A Sixteenth-Century Portrait* (New York: Oxford University Press, 1988), p. 161. 「칼빈」(나단).

지하지 못하게 하라. 그 누구도 교만이나 싫어하는 마음으로 가득 차 자기가 들은 바를 시험해 보기도 전에 섣불리 거부하지 못하게 하라.[12]

하나님의 주권에 대한 강조와 진지한 지성의 추구를 결합한 칼뱅의 태도는 남부 독일, 네덜란드, 스코틀랜드, 잉글랜드의 일부 지역 등 다른 유럽의 개신교 지역에도 영향을 미쳤다. 이전 시대에 토마스 아퀴나스가 유럽의 가톨릭 지역에 영향을 미쳤던 것처럼, 이들 지역에서는 종교개혁 신앙이 사상의 발전에 중요한 영향을 미쳤다. 목표는 삶의 모든 영역을 기독교적 사고의 인도 아래 두고, 삶에서 제기되는 각각의 물음에 대해 기독교적 관점에서 대답하는 것이며, 고전이나 로마 가톨릭 학문의 대가로부터 칼뱅의 개신교적 성서 이해와 양립할 수 있는 것을 추출해 내는 것이었다.[13]

그 결과 개신교인들은 과학자로서 자신의 연구를 통해 하나님께 찬양을 드리라는 권면을 받았다.[14] 이렇게 함으로써 초기 개신교인들은 하나님이 자연 세계를 탐구하도록 만드셨으며 이를 탐구함으로써 그분의 영광을 드러내게 하셨다는 자신의 믿음을 표출했다. 적어도 초기 개신교인들 중 일부 정치인과 신학자들은 정부와 관련해서도 동일한 종류의 과업을 실행에 옮겼다.

---

12) John Calvin, *Concerning Scandals*, trans. John W. Fraser (Grand Rapids: Eerdmans, 1978), pp. 18-19.
13) 고대인들이나 종교적 반대자들의 사고에서 선별하여 종교개혁을 위한 교회의 노력과 일치하는 것을 찾으려 했던 종교개혁자들의 노력에 관한 최근의 연구로서는 Jacob Klapwijk, Sander Griffioen, Gerben Groenewoud, eds., *Bring into Captivity Every Thought: Captia Selecta in the History of Christian Evaluations of Non-Christian Philosophy* (Lanham, MD: University Press of America, 1991)를 보라.
14) 종종 논쟁이 되는 이 주제에 관한 균형 잡힌 연구로는 Gary B. Deason, "Reformation Theology and the Mechanistic Conception of Nature"와 Charles Webster, "Puritanism, Separatism, and Science"를 보라. 두 글은 모두 David Lindberg, Ronald L. Numbers, ed., *God and Nature: Historical Essays on the Encounter between Christianity and Science* (Berkeley: University of California Press, 1986)에 실려 있다. 「신과 자연: 기독교와 과학, 그 만남의 역사」(이화여자대학교출판부).

그들은 정치, 사회 조직에 성서에서 발견한 정의의 규범이 반영되도록 노력했을 뿐만 아니라, 개인, 국왕, 의회 간의 상충하는 권리를 검토하여 민주주의와 공화국의 존재에 관한 이론을 확립하는 데 기여했다.[15] 그들은 사회에서의 삶이 하나님의 선하심을 반영하도록 최선을 다했다.[16]

또한 첫 2, 3세기 동안 개신교는, 때로는 그와 상반되는 금욕주의적 경향에 직면하는 때도 있기는 했지만, 수준 높은 예술이 융성할 수 있는 여건을 마련했다. 탁월한 음악가였던 바흐(J. S. Bach)에게 위대한 작품의 주제를 제공해 주었고,[17] 그 원리에 근거하여 자연과 도시와 가정의 풍경을 숭고하게 그려낸 미술가들이 이룬 유파의 든든한 지원 세력이기도 했다.[18] 그리고 바바라 르왈스키(Barbara Lewalski)의 말대로 "성서라는 기록된 말씀에 대한 깊이 있고 창의적인 응답을 장려하고 인간의 마음을 꼼꼼하게 들여다볼 것을 요구함으로써" 강력한 시적 상상력을 불러일으키는 시학(詩學)을 발전시켰다.[19] 다시 말해서, 과학, 공공 생활, 예술, 그 밖의 다른 분야에서 초기의 개신교인들은 기독교적 지성을 계발하기 위해 노력했다.

미국 복음주의자들의 직계 선조들, 즉 북미에 정착한 영국의 개신교인들 역시 이 점에서는 마찬가지였다. 그들은 잉글랜드의 국가 교회를 정화하고, 나라를 정화하고, 자신을 정화하려고 애썼기 때문에 청교도라 불린다. 플리머

---

15) Quentin Skinner, *The Foundations of Modern Political Thought*, vol. 2: *The Reformation* (Cambridge: Cambridge University Press, 1978).
16) W. Fred Graham, *The Constructive Revolutionary: John Calvin and His Socio-Economic Impact* (Atlanta: John Knox, 1972). 「건설적인 혁명가 칼빈: 사회와 경제에 끼친 영향」(생명의말씀사).
17) Jaroslav Pelikan, *Bach among the Theologians* (Philadelphia: Fortress, 1986)를 보라.
18) 어떻게 개신교적 이론이 그러한 예술에 영감을 불어넣었는가에 관한 뛰어난 설명으로는 E. John Walford, *Jacob van Ruisdael and the Perception of Landscape* (New Haven: Yale University Press, 1992)를 보라.
19) Barbara Kiefer Lewalski, *Protestant Poetics and the Seventeenth-Century Religious Lyric* (Princeton: Princeton University Press, 1979), 426. Lewalski는 John Donne, George Herbert, Henry Vaughan, Thomas Traherne, Edward Taylor와 같은 시인을 그 예로 든다.

스, 보스턴, 뉴헤이븐, 그 밖의 북미 여러 곳에 이주한 잉글랜드의 청교도들은 모국에서 좌절당한 자신, 교회, 사회를 정화하려는 노력을 지속하기 위해 북미로 이주해 왔다. 청교도들의 여러 놀라운 특징 중에서 가장 눈에 띄는 한 가지는 기독교 지성을 계발하려는 열정이었다.[20]

어떤 점에서 청교도들은 지성에 대해 기본적으로 이중적인 태도를 견지했다. 그들은 초기 개신교인들이 지녔던, 하나님의 은혜의 초자연적인 성격과 그 은혜가 세상에서 작동할 때 드러나는 하나님의 자유에 대한 확신을 고스란히 간직했다. 그들은 인간이 예측할 수 있는 신을 경배하지 않았다. 동시에 청교도들은 삶 전체를 하나님이 은혜로 주신 선물이라 생각했다. 그들은 사회적·교회적·신학적 관심을 인위적으로 분리하여 별개의 범주에 넣지 않았다. 청교도의 관점은 종합적이었다. 공적 행위에도 종교적 의미가 있다고 보았으며 종교적 행위에도 공적 의미가 있다고 보았다. 청교도들은 인간의 행위에 선과 악이 모두 나타날 수 있다고 생각했기 때문에 신학적 판단과 일상생활의 사건 사이에 장벽을 쌓듯이 그 둘을 분리하는 태도를 용인할 수 없었다. 그들은 선과 악의 싸움, 하나님과 사탄의 싸움은 삶의 모든 영역에 영향을 미치기 때문에, 더 광범위한 사회에서 이루어지는 결정 역시 교회라는 좁은 울타리 안에서 행해지는 결정과 동일한 도덕적 의미를 지닌다고 주장했다. 요컨대 청교도들은 삶의 영역을 구분하거나 교회 외부의 일에 대해 종교적인 판단을 하지 않으려는 것을 거부했다. 청교도들은 기독교적인 틀 안에서 세상을 이해하려 할 때 생겨나는 신학적 난제들을 애써 평가절하하지 않았다.

---

20) 이에 관련된 엄청난 수의 문헌 중에서 지성에 대한 청교도의 관심을 조명한 유용한 책으로는 Patrick Collinson, *The Elizabethan Puritan Movement* (London: Jonathan Cape, 1967), Christopher Hill, *Society and Puritanism in Revolutionary England* (New York: Schocken, 1967), Edmund S. Morgan, *The Puritan Dilemma: The Story of John Winthrop* (Boston: Little, Brown, 1968), Leland Ryken, *Worldly Saints: The Puritans As They Really Were* (Grand Rapids: Zondervan, 1986, 「청교도―이 세상의 성자들」, 생명의말씀사) 등이 있다.

그들은 꾸준히 노력했다. 근래 이 주제에 관한 최고의 학자인 존 모건(John Morgan)은, 청교도들이 한쪽에는 성서와 영감을 다른 한쪽에는 학문과 전통적 지식을 두고 양쪽을 대립시킨 것이 아니라, "영성과 철학의 섬세한 균형을 신중하게 유지하려는 훨씬 더 어려운 길을 택했다"고 말했다. 그들은 "열정과 학문의 변증법"을 추구했다. 그리스도의 참된 제자처럼 사고하려고 애썼던 사도 바울의 노력 속에서 "열정과 인간의 학문을 완전히 혼합하지 않고 양자 사이의 균형을 이루려는 실존적인 탐색의 완벽한 선례를 발견했다."[21]

하나님의 성품과 인류에 대한 그분의 자기 계시에 관한 확신이 청교도의 종합적인 관점을 뒷받침했다. 청교도들이 도덕적으로 철저하려고 했던 것은 "그분의 존재와 지혜, 능력, 거룩하심, 공의, 선하심, 진리에서 무한하고 영원하며 변하지 않는 영이신" 하나님에 대한 믿음 때문이었다.[22] 그러므로 하나님은 그분의 은혜를 받은 피조물이 그분께 되돌려드리는 모든 사랑, 헌신, 열정, 신앙을 받으시기에 합당한 분이다. 뿐만 아니라 청교도들은 성서가 인류를 향한 하나님의 권위 있는 계시이며 그 안에 개인적·교회적·사회적 삶의 질서를 세우기에 필요하고도 충분한 지침이 담겨 있다고 믿었다. 청교도들은 개인의 구원, 교회의 구조, 정치 조직이 복잡하게 얽힌 정교한 언약 체계를 발전시켰다. 청교도들은 이 언약을 성서가 기술하는 하나님의 계획에 대한 충실한 해설이라 생각했다. 청교도들은 하나님이 은혜롭게 성서에 자신의 뜻을 계시하셨기 때문에 삶의 모든 측면이 하나님의 영광을 위해 질서를 잡을 수 있다고 확신했다.

청교도주의의 독특성은 종교개혁 신학과 세상에 대한 포괄적인 시각을 결합하고자 노력했다는 점에 있다. 청교도들은 대륙의 종교개혁자들의 증언

---

21) John Morgan, *Godly Learning: Puritan Attitudes towards Reason, Learning, and Education, 1560-1640* (New York: Cambridge University Press, 1986), pp. 77, 292, 306.
22) 「웨스트민스터소요리문답」(*Westminster Shorter Catechism*)(1647), 문 4.

과 그들 자신의 성서 연구를 통해, 생명력 있는 개인적인 종교는 이 땅의 모든 선의 원천이라 확신하게 되었다. 동시에 정치, 사회, 문화, 경제, 예술, 교회 등 삶의 모든 영역에서 하나님께 복종해야 한다고 확신했다. 이러한 마음의 종교와 삶의 모든 영역에 대한 포괄적 관심 사이의 청교도적인 종합은, 대륙의 개신교 유산에 의지하고 있긴 하지만, 영어권의 종교개혁에서 이를 가장 완벽하게 표현해 냄으로써 미국 문명의 발전에 독특한 기여를 했다.

이후 복음주의자들의 지성에 청교도들이 기여한 핵심적인 면은, 그들이 신학적인 입장뿐만 아니라 지성도, 교회에 관한 견해뿐만 아니라 사회에 관한 원리도, 영성뿐만 아니라 세계관도 제시했다는 점이다. 지성과 관련된 특정한 문제에 대해서는 청교도들이 틀렸을 수도 있다. 예를 들어, 그들은 자신들의 특정한 성서 해석 방식이 성서의 메시지 자체와 동일시될 수도 있다는 과도한 확신을 가지고 있었다. 또한 그들은 자신들의 지혜를 의문시했던 퀘이커교도나 가톨릭교도, 침례교도, 아메리카 원주민들에게 자신들의 특정한 해석을 강요하기 위해 강제력을 사용하기도 했다는 점에서 비난받아 마땅하다. 하지만 이러한 잘못을 인정하더라도, 청교도들이 포괄적인 지성의 일환으로 자신들의 신념을 고수하고 이를 실천했다는 사실에 대해서는 여전히 높이 평가해 볼 수 있다. 따라서 존 밀턴(John Milton), 존 번연(John Bunyan), 앤 브래드스트릿(Anne Bradstreet), 에드워드 테일러(Edward Taylor)와 같은 청교도들을 통해 청교도의 미학을 발견할 수 있고,[23] 존 윈스럽(John Winthrop), 윌리엄 브래드퍼드(William Bradford), 올리버 크롬웰(Oliver Cromwell)과 같은 통치자들을 통해 청교도 정치학의 기본 원리를 확인할 수 있으며,[24] 많은 목회자와 행정관을

---

23) Perry Miller, Thomas H. Johnson, eds., "Poetry" and "Literal Theory", *The Puritans: A Sourcebook of Their Writings*, 2 vols., rev. ed. (New York: Harper & Row, 1963), pp. 2:545-684.
24) Robert S. Paul, *The Lord Protector: Religion and Politics in the Life of Oliver Cromwell* (Grand Rapids: Eerdmans, 1964), Timothy H. Breen, *The Character of the Good Ruler: Puritan Political*

통해 선명하게 기술된 청교도 사회 이론도 발견할 수 있다. 뿐만 아니라 청교도들은 노동과 기업 윤리, 여가, 성과 사랑, 흔히 세속적인 삶이라 부르는 많은 다른 영역에 관한 분명한 이론을 전개하기도 했다.[25]

이러한 기독교 사고의 표현은 청교도의 신학과 교회론, 경건에 뿌리를 내리고 있었지만, 이는 더 명시적으로 '종교적인' 범주를 훌쩍 넘는 것이었다. 다시 말해서 우리는 청교도들을 통해 기독교 지성의 결실을 목도하게 된다.

현대 복음주의자들은 청교도의 후예들이다. 그러나 어떤 이유에서인지 복음주의자들인 우리는 청교도 식으로 하나님 아래서 종합적으로 사고하는 태도, 기독교적 영향력이 최대한 발휘되는 지성을 갖지 못하고 있다. 다른 역사적 논증을 살펴보면, 지성을 경시하는 태도가 믿음의 성격 자체에도 영향을 미치는 이유를 알 수 있다.

일반적인 역사의 교훈

지적인 노력을 열심히 한다고 해서 저절로 건강한 교회가 되는 것은 아니다.[26] 사실은 학문의 추구가 복음 선포나 하나님의 율법의 요구 사항을 회피하는 수단이 되는 경우도 종종 있었다. 또한 지성에 관한 진지한 관심이 눈에 띄게 나타나지 않아도 잠깐 동안은 생명력 넘치는 기독교가 유지되기도 했다. 그러나 일반적으로 오랜 시간을 바라볼 때는 사정이 다르다. 기독교 신앙이 든든히 뿌리내린 곳, 문화 깊숙이 침투하여 개인의 삶을 바꾸고 제도를 변화시키는 곳, 한 세대 이상 하나님의 은혜에 대한 살아 있는 증언을 지속할

Ideas in New England, 1630-1730 (New Haven: Yale University Press, 1970).
25) 이런 주제에 관해서는 Ryken의 *Worldly Saints*가 특히 유용하다.
26) 여기서 논의하는 '교훈'에 관해서는 Mark A. Noll, "Christian World Views and Some Lessons of History", *The Making of a Christian Mind: A Christian World View and the Academic Enterprise*, ed. Arthur Holmes (Downers Grove, IL: InterVarsity, 1985)에서 길게 논한 바 있다.

수 있는 곳, 그런 곳에서는 거의 예외 없이 그리스도인들이 하나님의 영광을 위해 지성을 계발하려고 열심히 노력한다는 것을 알게 된다.

교회사의 거의 모든 영광스러운 순간들을 돌아보면, 깊이 있는 그리스도인의 삶, 오래 지속되는 기독교의 영향력, 기독교적 사고에 대한 헌신이 긴밀하게 연결되어 있었다는 것을 발견할 수 있다. 반면 교회사의 수많은 사례를 통해, 영성과 더불어 의식적인 사고의 자리를 마련하지 못했을 때 어떤 불행한 결과가 초래되었는지도 알 수 있다. 위험에 이르는 길이 언제나 같지는 않지만, 지성을 무시한 결과는 동일하다. 기독교 신앙이 쇠락하여 추악한 오류에 빠지거나 그저 사라져 버려 존재하지 않게 된다.

교회사에서 영속적인 영향을 미친 기독교 운동들은 한결같이 가장 진지하고 종합적인 차원의 사고를 발전시켜 왔다. 분명 그러한 운동들이 지적인 노력만으로 일어난 경우는 거의 없고, 대부분 하나님의 은혜에 대한 심층적이며 내적인 응답으로부터 생겨났다. 그러나 그런 운동이 발전해 갈 때는 그리스도인들이 세상 전체를 어떻게 바라볼 것인가에 대해 큰 관심을 나타내기 시작한다. 기독교 지성에 진지한 관심을 기울이는 것이다.

우리는 종교개혁의 사례를 통해 이를 알 수 있다. 대략 주후 350년에서 1400년에 이르는 동안 거의 모든 기독교적 가치를 만들었(다고 해도 과언이 아닐 정도였)던 중세의 수도원 운동의 경우도 마찬가지다.[27] 수도원 개혁의 위대한 열기들—6세기의 베네딕트 수도회, 10세기의 클루니 수도원의 수사들, 13세기의 도니미크 수도회와 프란체스코 수도회—도 모두 공통점이 있다. 이들은 모두 하나님에 대한 진지한 묵상을 장려했고, 하나님을 떠난 인간의 절망적인 상태를 인정했으며, 사람들이 내면을 향하도록 성서와 그리스도의 자비를

---

27) 이에 대해서는 Christopher Dawson, *The Formation of Christendom* (New York: Sheed & Ward, 1967), chap. 11, "The Foundation of Europe: The Monks of the West"와 David Knowles, *The Evolution of Medieval Thought* (New York: Random House, 1962)를 보라.

묵상하게 했다. 이들은 모두 영웅적인 선교 활동을 장려했고 어려움에 처한 사람들을 도왔다. 그리고 모두 주를 섬기는 행위로서 진지한 학문 탐구를 장려했다.

이른바 암흑기 동안의 수사들의 지적 활동은 너무나 잘 알려져 있다. 유럽에서 학문의 빛이 희미하게 깜빡이고 있을 때, 수도사들은 귀중한 성서 사본과 여러 기독교 문헌을 보존해 냈다. 수사들은 언어에도 큰 관심을 기울였다. 수도원의 수사들과 재속 수사들은 결국 유럽의 위대한 칼리지가 될 학교들을 설립했다. 다시 말해서, 수사들은 아무도 관심을 기울이지 않을 때도 지성을 보존해 냈다. 그렇게 함으로써 그들은 하나님의 은혜로 교회를 보존했다.

수사들의 지적 활동은 토마스 아퀴나스(1225년경-1274년)의 작품에서 절정에 이른다.[28] 아퀴나스는 도미니크 수도회의 수사로, 찬송가를 작곡하고, 성서 주석을 쓰고, 설교를 하고, 이슬람교인들에 대한 설교 지침서를 마련하고, 그리스도께서 하신 일을 묵상하며 오랜 시간을 보내고, 거의 혼자 힘으로 체계적인 기독교 사상을 재구성해 냈다. 그의 가장 뛰어난 공헌은, 유럽에서 새롭게 재발견되어 세상을 이해할 수 있는 최선의 지침으로 널리 인정받았던 아리스토텔레스의 가르침을 기독교 신앙에 적용한 것이었다. 이 모든 일을 위해 토마스는 엄격한 지적인 노력을 기울였다. 체스터턴(G. K. Chesterton)은 이 모든 것이 "삶을 찬양하기 위해, 존재를 찬양하기 위해, 세상의 창조주이신 하나님을 찬양하기 위해"서였다고 말했다.[29]

아퀴나스나 그와 비슷한 생각을 가진 수사들의 연구 활동은 너무나 귀중한 유산을 남겼다. 그는 우리가 감각을 통해서 얻는 지식과 성서 안에서 발견

---

28) Ralph M. McInerny, *St. Thomas Aquinas* (Boston: G. K. Hall, 1977)와 Etienne Gilson, *The Christian Philosophy of St. Thomas Aquinas* (New York: Random House, 1956)를 보라.
29) G. K. Chesterton, *Saint Thomas Aquinas* (Garden City, NY: Doubleday, 1956), p. 105. 「성 토마스 아퀴나스」(홍성사).

하는 진리를 조화시킬 수 있는 본보기를 보여 주었다. 또한 주의 만찬과 같은 믿음의 신비에 대한 이론적인 설명을 제시했다. 그리고 그리스도인이 아닌 이들의 지성과 신자로서의 선교적 사명 둘 다를 중시하는 변증학의 본보기를 보여 주었다. 아리스토텔레스의 사유 형식이 학문적 담론을 지배하던 시대에, 아퀴나스는 아리스토텔레스가 '그리스도인처럼 말하게 하는' 법을 가르쳤고 그렇게 함으로써 기독교 신앙의 관념적인 능력을 보존해 냈다.

토마스 아퀴나스가 이 문제에 대한 궁극적인 답이 되지는 못했다. 예를 들어, 루터와 칼뱅은, 그가 성서를 통해 얻을 수 있는 하나님에 관한 지식보다 자연으로부터 배울 수 있는 하나님에 관한 지식을 지나치게 강조했다고 생각했다. 그러나 아퀴나스가 세워 놓은 신앙 체계를 통해서 여러 세대의 신자들은 지성을 통해 하나님께 영광을 돌리라는 격려를 받았다. 그렇게 함으로써 그는 오늘날까지도 폭넓은 기독교 교회를 지탱해 주는 지성에 대한 관점을 수립했다.

개신교 종교개혁과 더불어 중세의 수도원 운동은 지성을 기르는 데 힘썼기 때문에 교회 역사에서 가장 영향력 있는 운동이라 할 수 있다. 이 두 운동은 각각 인간의 경험 전체에 대한 분명한 기독교적 사고를 발전시키고자 했다. 수도원 운동과 종교개혁에 대한 정당한 비판을 개진하는 것도 가능하지만, 그 운동들이 준 긍정적인 교훈이 더 중요하다. 그것은 곧 그리스도인의 신실함, 성서에 대한 몰두, 복음 전파에 대한 열정, 그리스도인으로서 전인적인 섬김에 대한 헌신 등이다. 그러나 가장 중요한 교훈은 사고의 기독교화 혹은 기독교 지성을 확립하기 위한 노력이었을 것이다. 그러므로 이 두 운동이 그리스도 안에서 지성을 새롭게 하기 위해 기도하는 오늘날의 신자들에게도 여전히 강력한 메시지를 전해 준다고 할 수 있다.

기독교 역사를 통해 그리스도를 위한 지성을 길러낼 때 어떤 결실을 맺는지 볼 수 있다면, 그런 활동을 무시할 때 어떤 위험이 생기는지도 알 수 있다. 이 점에 대해서는 경고의 말 한 마디면 충분하다. 단순한 경건을 비판하는 지식인을 따르거나 그리스도인의 체험을 옹호하면서 지성을 공격하는 이들을 따르면 위험에 처할 수밖에 없다. 복음은 전인을 향한 부름이다. 몸의 각 지체에 주어진 다양한 책무에 관한 성서의 가르침만 보더라도, 각기 다른 시대와 장소에 속한 그리스도인들이 서로 다른 것을 강조하는 것은 지극히 당연하다. 상호보완적인 몸의 각 부분—여기서는, 경건과 지성—이 서로 부딪칠 때는 위험이 찾아온다.

중세 시대의 흥미로운 저항 운동 중 하나가 알비파(Albigenses)의 저항 운동이다. 이들의 역사는 기독교 집단이 지성을 무시할 때 얼마나 쉽게 비기독교적 사고에 빠지게 되는지를 잘 보여 준다. 알비파라는 이름은 12, 13세기에 그들이 번성했던 프랑스 남부의 지명으로부터 유래했다. 이들은, 중세 시대에 육신이 오염되지 않도록 더럽히지 않으려고 노력했던 '순결한 이들'이라는 뜻의 카타리파(Cathari)의 한 분파였다.[30]

의심할 나위 없이 알비파는 모범적인 모습을 보여 주었다. 여러 공식적인 가톨릭 교회와 달리, 알비파는 도덕이나 목회적 돌봄에 매우 진지한 태도를 보였다. 알비파는 하나님의 율법을 따르는 것이 얼마나 가치 있는 일인지 알았다. 그들의 금욕적인 행위는 그들보다 덜 양심적이었던 교인들을 부끄럽게 했고, 그리하여 그들은 거의 2백 년 동안 프랑스 남부의 보통 사람들에게 존경을 받았다. 그러나 이 운동은 13세기에 알비 십자군과 종교 재판을 통해 궤멸되고 말았다.

이 글에서 알비파를 중요하게 언급하는 까닭은 그들이 공식적인 지적 활동을 원칙적으로 무시하였기 때문이다. 무엇보다도 그들은 도덕주의자들이었고, 그들에게는 흠 없이 사는 것이 중요했다. 도덕에 몰두하는 알비파의 태

---

30) Steven Runciman, *The Medieval Manichee* (Cambridge: Cambridge University Press, 1947).

도가 얼마나 철저하게 지성의 계발을 배제했는가를 깨닫기 전에는, 12세기 말이라는 시대적인 배경 속에서 이 같은 열망이 온전히 칭찬받을 만했던 것처럼 보인다. 설령 여유가 있다 하더라도 그들은 공식적인 사상 따위에는 전혀 관심이 없었다. 공식적인 학문에 주의를 기울이는 것은 금욕적인 삶을 추구하기 위한 노력을 허비하는 것과 마찬가지였다.

그러나 이런 식으로 지성을 포기했기 때문에 이들은 마니교(Manichaeism)라는 고대의 이단으로 경도되고 말았다. 고전기 이래 다양한 형태로 존재해 왔던 마니교는 영의 삶과 육신의 삶을 날카롭게 분리한 이원론적 신념 체계였다. 알비파는 물질 자체를 문제시했고, 구속이란 육신으로부터 영을 해방시키는 것을 의미했다. 이러한 신념 때문에 알비파는 성서를 우의(寓意)적으로 해석할 수밖에 없었다. 구약의 예언자들이 신자들에게 이스라엘에 공의를 세우라고 촉구했을 때 그것은 문자적 의미 그대로 말한 것이 아니다. 그리스도께서는 결코 실제로 육신의 몸을 취하지 않으셨다. 하나님 나라는 전적으로 천상적인 것이며 이 세상에서 각 신자의 일상 생활 속에 시작되는 것이 아니다. 알비파는 마니교적 세계관에 사로잡혀 있었기 때문에 성서를 왜곡할 수밖에 없었다. 그들은 성서의 말씀과 사상을 매우 소중히 여겼다. 그러나 예언자와 사도들, 예수의 세계관과 상반되는 세계관을 채택했기 때문에, 자신들의 세계관과 성서를 조화시키기 위해 성서의 말씀과 사상을 재해석할 수밖에 없었다. 그 결과 윤리에 대한 진지한 태도에 관하여서는 교회에 중요한 교훈을 주었지만, 지성의 계발을 무시하는 원칙 때문에 복음에 부합하지 않는 세계관에 빠지고 말았다.

17, 18세기의 경건주의 운동 역시 지성을 기독교의 자원으로 취급하지 않을 때 어떤 위험에 빠지게 되는지를 보여 준다. 종합적으로 볼 때, 경건주의는 좋은 것이었다. 프랑스와 남부 유럽 여러 지역의 가톨릭교도들뿐 아니라 독일과 네덜란드, 잉글랜드, 아메리카의 개신교인들을 비롯한 교회의 여러 부

분에 절실하게 필요했던 활력을 불어넣었기 때문이다.[31] 그러나 경건주의는 위험스러운 극단으로 치닫기도 했다.

경건주의의 핵심은 신자들의 관심을 형식적이며 교의적인 엄격함으로부터 살아 있는 기독교 체험으로 돌리는 데 있었다. 이것은 시의적절한 운동이었다. 당시 교회는 종교개혁과 반종교개혁이라는 정화운동이 끝난 후 형식주의로 굳어지고 있었기 때문이다. 경건주의자들은 귀한 것들을 많이 남겼다. 특히 필립 야콥 슈페너(Philipp Jakob Spener)와 아우구스트 헤르만 프랑케(August Hermann Francke)의 놀라울 정도로 열정적인 사역과 그들이 베를린 인근의 할레에 세웠던 수많은 기관이 그 예다. 일반적으로 경건주의자들은 모든 신자의 제사장직에 대한 진지한 반성을 새롭게 촉구했으며, 평신도들로 하여금 다시 성서를 진지하게 연구하도록 이끌었고, 많은 사회적 자선 활동을 장려했다.

지성의 영역에 대한 경건주의의 문제점은 그 과도함에 있었다. 경건주의자들은 기독교가 신념 체계일 뿐만 아니라 삶이라는 진리를 재발견했다. 그러나 일부 경건주의자들이 신념 체계에는 전혀 관심을 기울이지 않고 기독교 신앙을 삶으로만 보기 시작했을 때 문제가 생겨났다. 이는 실천에 매혹되어 영적 체험에 깊이 잠기고 신앙의 심리적 차원에 몰두하게 한다. 계시라는 객관적인 실체는 거의 무시하는 경우도 많았다. 18세기에 경건주의자들에게 훈련을 받은 임마누엘 칸트는 하나님이 인간의 경험으로 알 수 없는 방식으로는 이 세상에서 활동하실 수 없다는 사상을 주장하고 나섰다.[32] 19세기 초 프

---

31) 이에 관한 탁월한 연구로는 F. Ernest Stoeffler, *The Rise of Evangelical Pietism* (Leiden: E. J. Brill, 1965, 「경건주의 초기 역사」, 솔로몬), Stoeffler, *German Pietism during the Eighteenth Century* (Leiden: E. J. Brill, 1973), Stoeffler, ed., *Continental Pietism and Early American Christianity* (Grand Rapids: Eerdmans, 1976), W. R. Ward, *The Protestants Evangelical Awakening* (Cambridge: Cambridge University Press, 1992) 등을 보라.

리드리히 슐라이어마허(Friedrich Schleiermacher)로 대표되는, 경건주의자들에게 훈련을 받은 기독교 신학자들 중 일부는 '의존의 감정'이 기독교의 토대라고 주장하기 시작했다. 교회가 늘 그리스도인의 경험에 대해 어느 정도 이야기해 온 것이 사실이지만 그것은 복음의 객관적 성격과 생생하게 연합된 경험이었다. 이 객관성이 신앙의 핵심으로 간주되고 말았다는 경건주의자들의 주장은 옳았다. 그러나 그들 중 일부는 다시금 **경험**이 신앙의 전부라고 주장하는 극단적인 태도를 취했다.

종교적인 삶을 극단적으로 강조하게 된 경건주의자들은 기독교적 사고에는 거의 관심을 기울이지 않았다. 감정에 몰두하느라 하나님과 그분의 피조물 사이의 관계에 대해 철저하게 사고할 시간이 없었다. 이 지경에 이르면 기독교라는 틀 안에 남아 있는 감정과 고정된 중심 없이 운석들처럼 궤도를 이탈하는 감정을 구별하기가 어려워진다. 경건주의는 17, 18세기의 교회에 다시금 활력을 불어넣는 데 중요한 역할을 담당했다. 그러나 제어되지 않은 경건주의는 종교적 체험에 매혹된 신학적 자유주의의 발전에도 크게 기여했다. 또한 모호한 자연의 신비주의가 하나님과 세상에 대한 정통 가르침을 대체했던 19, 20세기의 인본주의적 낭만주의의 발전에도 일정한 역할을 했다. 그리고 경건주의는 더 정통적인 신자들로 하여금 전도와 연구, 사회 봉사에 나서게 하는 대신 자신의 신앙 상태에 병적으로 집착하게 만들기도 했다.

이러한 극단으로 흐른 경건주의는 현대의 신자들에게 복합적인 교훈을 전해 준다. 경건주의는 기독교에 필수적인 어떤 기여를 했다. 그러나 갱신의 필수적인 수단이었던 것이 신앙의 전부가 되어 버릴 때, 그리스도인의 삶의 한 부분이 전부를 압도해 버릴 때, 문제가 발생한다. 기독교적 사고에 대한 경

---

32) Franklin L. Baumer, *Modern European Thought: Continuity and Change in Idea, 1600-1950* (New York: Macmillan, 1977)을 보라. 특히 낭만주의, Immanuel Kant와 F. E. D. Schleiermacher에 관한 논의에 주목하라.

건주의자의 공격은 특별한 어려움을 야기했다. 즉, 신앙이 약화되어 감정으로 환원되고 말았으며, 그 신앙이 외부의 철학자들에게 사로잡혀 위험스러운 근대주의로 타락하고 만 것이다. 교회사에서 벌어진 이런 상황에 적절하게 반응하기 위해서는, 경건의 필요성을 부인할 것이 아니라 더 철저한 기독교 지성을 발전시킴으로써 더 넓은 틀에서 경건주의자들이 주창했던 교정책을 수용해야 한다.

**진리와
지적인 이단**

기독교에 지성이 필요한 이유는 실용적인 차원이나 역사적인 논증을 통해 정당화될 수 있지만, 자연과 사회, 인간에 관한 연구는 실용적이지 않은 이유로도 정당화될 수 있다. 지성을 함양해야 하는 이유는, 일차적으로 그 실용적인 혜택 때문이 아니라 하나님과 그분의 사랑의 사역의 본질 때문이다.

그리스도인으로서 우리가 가장 중요하게 고려해야 하는 것은 실용적인 결과나 역사의 중요성이 아니라 진리 자체다. 학문이 중요한 것은 바로 세상이 중요하기 때문이다. 여기서 세상이란, 물질과 지금까지 인간이 만든 모든 조직을 다 포함한다. 그리스도인이 지성을 함양해야 하는 가장 중요한 이유는, 이를 통해 우리가 사물이 스스로 존재하지 않는다는 것을 암묵적으로 인정하기 때문이다. 분명한 기독교적 학문은 이를 인정하는 것을 전제로 삼지만, 우리의 삶을 결정적으로 지배하는 학문의 대부분은 이를 부인한다. 무언가를 연구할 때 우리는 그것에 대해서도 배우지만, 그 이상으로 그것을 만드신 분에 대해서도 배운다.

이러한 사실을 가장 분명하게 표현했던 사람은 미국의 복음주의자 조나단 에드워즈였다. 다음 장에서는 그의 지적 유산에 대해 살펴볼 것이다. 아이러니하게도, 후대의 미국 복음주의자들은 그를 포기해 버렸다. 겨우 열세 살이었을 때 어린 조나단 에드워즈는 거미줄의 모양과 조직, 목적에 관한 장문의 글을 썼다. 거미줄의 물리적인 성격에 대해 우리가 알 수 있는 많은 사실이 있다. 그러나 에드워즈에 따르면, 거미가 거미줄을 자을 때 궁극적으로 보여 주는 것은 "모든 필요한 것을 공급하실 뿐만 아니라 모든 피조물, 심지어는 벌레의 즐거움과 오락까지도 돌보시는 창조주의 풍성한 선하심"이다.[33] 나이가 든 후에 에드워즈는 이 주제를 본격적으로 다루었다. 참된 지식이란 우리의 사고를 실재와 추상적으로 대응시키는 것이 아니라 "우리의 관념과 하나님의 관념을 일치시키고 조화시키는 것"이다.[34] 세상을 연구하는 것에 대한 그러한 신념이 어떤 의미를 갖는지도 명백하다. 에드워즈는, 사람들이 연구하는 대상을 만드신 분도 하나님이고 사람이 세상을 이해할 수 있는 능력을 주신 분도 하나님이기 때문에, "모든 예술과 과학은 더 완벽해질수록 더 신성을 발현하고 신성과 부합하고 신성의 일부인 것처럼 보이게 된다"라고 주장했다.[35] 한마디로, 에드워즈는 우리가 지성을 활용해야 하는 궁극적인 이유는 하나님과 세상에 사랑을 베푸시는 그분의 방식을 알기 위해서라고 했다.

그리스도인에게 지성이 중요한 이유는 하나님이 중요하기 때문이다. 결국 누가 자연 세계를 만들고, 자연에 대해 더 많이 알 수 있도록 과학이 발전할 수 있게 해주었는가? 누가 인간이 상호작용하는 우주를 만들어서, 정치학, 경제학, 사회학, 역사의 재료를 제공해 주었는가? 누가 조화, 형식, 이야기 양식의 원천이며, 이를 통해 모든 예술, 문학이 가능하도록 만들어 주었는가? 누가 인간의 지성을 창조해서 자연과 인간의 상호작용, 미의 실체를 이해하

---

33) Jonathan Edwards, "Of Insects" (1723년경), *The Works of Jonathan Edwards: Scientific and Philosophical Writings*, ed. Wallace E. Anderson (New Haven: Yale University Press, 1980), p. 158.
34) Jonathan Edwards, "Notes on the Mind", 같은 책, pp. 341-342.
35) Jonathan Edwards, "Outline of 'A Rational Account'", 같은 책, p. 397.

고 철학과 심리학을 통해 이런 주제에 관한 이론을 만들 수 있게 해주었는가? 순간순간 자연 세계와 인간이 상호작용하는 세계, 존재의 조화를 유지하는 분이 누구인가? 순간순간 우리 지성 안에 있는 것과 우리 지성을 넘어선 세계 안에 있는 것을 연결시켜 주는 분은 누구인가? 이 모든 물음에 대한 답은 똑같다. 하나님이 그렇게 하셨고, 지금도 그렇게 하신다.

복음주의자들이 연구 중심 대학교를 하나도 세우지 못했고 그들 중에 노벨상 수상자가 한 명도 없다는 사실은 별로 혹은 전혀 중요하지 않다. 하지만 복음주의자들이 연구 중심 대학교의 존재 목적이 되는 작업, 노벨상을 통해 인정을 받는 일을 하지 않는다는 사실은 아주 중요하다. 그 이유는 무엇일까? 서양 문화에서 위대한 고등 학문 기관들은 서양 문화의 **지성**으로서의 역할을 담당하기 때문이다. 이들이 중요한 것을 결정하고, 존중받는 연구 절차를 규정하며, 세상의 실제적인 문제를 분석하기 위한 의제를 설정하고, 항구적으로 논의되는 주요 주제를 다룰 어휘를 제공하며, 널리 읽히고 전 세계의 사고에 수십 년 동안 지속적인 영향을 미칠 책들을 만들어 내기 때문이다. 이 기관들의 존재를 아는 사람들뿐 아니라 우리 모두를 위해 이런 일을 하기 때문이다.

현대의 연구 중심 대학교들이 수행하는 기초적인 지적 활동들을 '세상'에 내어주어도 기독교의 대의에는 근본적인 위해가 되지 않는다고 생각하는 복음주의자들도 스스로 정통적인 그리스도인이라 생각할 것이다. 그러나 그들은 현대의 마니교도, 영지주의자, 가현주의자일 뿐이다.

마니교

앞서 살펴보았듯이, 마니교는 세상을 두 개의 철저히 분리된 영역, 즉 빛의 자녀들과 어둠의 자녀들로 나눈다. 복음주의자들은, 우리가 그리고 오직 우리만이 진리를 가지고 있으며 신자가 아닌 이들이나 복음주의자가 아닌 그리스도인들은 거짓을 행할 뿐이라고 생각함으로써 마니교적 태도를 조장하는 경우가 많았다. 그러나 성서는 그런 생각은 잘못이라고 말한다. 창세기 4장에 따르면 음악, 경작, 귀금속 공예술 같은 것들은 가인의 후예들이 처음으로 발전시킨 것이지만, 이스라엘의 자녀들은 이러한 인간의 기술을 기꺼이 활용했다. 마찬가지로 신약 성서에서 사도 바울 역시 세상의 지혜를 기꺼이 사용하겠다는 태도를 보여 준다. 사도행전 17장에 기록된 대로 그는 아테네 사람들에게 기독교를 전하기 위해 그리스 철학자들의 말을 선택적으로 인용했다. 이러한 성서의 선례들은, 더 폭넓은 지성계의 교훈에 비판적이며 선택적이고 분별 있는 관심을 기울이는 한, 큰 유익을 얻을 수 있다는 것을 현대 복음주의자들에게 보여 준다.

영지주의

영지주의는 그리스도의 시대 직후 지중해 세계에서 성행했던 다양한 신비주의적 종교를 일컫는 말이다. 영지주의자들 사이에서도 믿음 체계와 관행은 매우 다양했다. 그러나 물질을 본질적으로 악한 것이라 보고 두려워한 점과 (열정적인 금욕주의나 무절제한 방종으로 나타나는) 윤리적 극단주의 경향은 같았다. 그들은 비밀스러운 제의를 행하고 이를 통해 숙련된 신자가 입문자에게 하나님과 세상에 관한 중요한 지식을 난해한 형식으로 전수했기 때문에 영지주의자(즉, 특별한 지식을 지닌 사람들)라 불렸다. 복음주의자들이 자연 세계의 창조나 역사적 사건의 진행, 미래에 펼쳐질 일에 관한 특권적인 정보를 획득하기 위해 난해한 암호를 해독하듯이 성서를 다룬다면, 그들은 영지주의적 태도를 드러내는 것이다. 불행히도 이런 성향 때문에 복음주의자들은 자연이나 역사, 더 폭넓은 인간 세계에 관한 진지한 연구뿐만 아니라 성서마저도 가벼이 여기는 잘못에 빠지고 만다.

성서는 그보다 더 나은 방법을 가르쳐 준다. 한 분이신 참된 하나님을 따르는 이들은 성서에서 특별한 정보를 뽑아냄으로써가 아니라 세상을 바라봄으로써 하나님이 만드신 세상에 대한 지식을 얻어야 한다고 성서는 반복적으로 분명하게 말한다. 시편 기자는 "낮은 낮에게 말씀을 전해 주고, 밤은 밤에게 지식을 알려 준다.…그 소리 온 누리에 울려 퍼지고, 그 말씀 세상 끝까지 번져 간다"라고 선언했다(시 19:2, 4). 그러나 이것은 귀를 귀울여야 들리는 말씀이다. 사도 바울은 잘못된 교사들로 하여금 결혼과 특정 음식을 먹는 것을 금하게 만들었던 "미혹하는 영과 귀신의 가르침을" 따르는 신약 교회의 경향에 반대하며, 교회를 향해 혼인과 음식물은 (그와 더불어, 자연의 모든 영역까지도) "믿는 자들과 진리를 아는 자들이 감사함으로 [받게]" 하시려고 하나님이 만드신 것이라고 말했다. 더 나아가서 그는 "하나님께서 지으신 모든 것이 선하매 감사함으로 받으면 버릴 것이 없나니, 하나님의 말씀과 기도로 거룩하여짐이라"라고 말했다(딤전 4:1-5, 개역개정).[36]

성서는 언제나 지성을 함양하기 위한 가장 깊이 있고 원대한 동기를 제공해 줄 것이다. 그러나 하나님이 예정하신 대로 세상을 이해하기 위해서는 성서를 바르게 활용하는 것과 더불어 세상도 바르게 연구해야 한다. 유럽의 개신교인들이 만들어 낸 기독교 신앙에 관한 초기 진술 중 하나인 벨직 신앙고백(Belgic Confession, 1561)은 이 둘이 어떻게 조화롭게 결합될 수 있는지를 가장 잘 설명한다. 이 신앙고백은 개신교인들을 위해 하나님이 주신 '두 권의 책'이라는 오래된 사상을 새로운 방식으로 제시한다.

우리는 두 가지 방법으로 [하나님을] 안다. 첫째로, 창조, 창조 세계를 유지하심, 우주의 통치를 통해 하나님을 알 수 있다. 이는 우리 눈앞에 펼쳐진 가장 고귀한

---

36) 자연 세계의 중요성을 암시하는 성서 본문 중에서 (하나님이 아직 타락하지 않은 인류에게 농업, 가정, 경제, 종교적 영역에 관한 책임뿐만 아니라 동물의 이름을 짓는 것과 같은 지적인 책무를 부여하시는) 창 2:4-25과 (회막을 만들고 그에 필요한 설비를 갖출 책임을 맡은 이들이 이 일을 수행하기 위해 하나님의 영을 받는) 출 31:1-11은 특히나 흥미롭다.

책으로, 그 안의 크고 작은 모든 피조물은 매우 다양한 성격을 지니고 있으며 우리로 하여금 보이지 않는 하나님의 속성, 즉 바울이 말한 대로 그분의 영원하신 능력과 신성을 묵상하게 한다(롬 1:20). 이 모든 것은 사람들을 납득시키기에 충분하며 그리하여 그 누구도 변명하지 못하게 한다. 둘째로, 하나님은 자신의 거룩하고 신적인 말씀을 통해 우리에게 더욱 분명하고 온전히 자신을 알려 주신다. 다시 말해서, 그분의 영광과 우리의 구원을 위해 이생에서 알아야 할 모든 것을 알려 주신다.[37]

하나님이 은혜롭게 우리에게 주신 '두 번째 책'에 무엇이 들어 있는지 이해하기 위해 우리는 그 책을 펼쳐서 읽어 보아야 한다.

가현주의

가현주의는 영지주의 사상을 교회로 끌어들인 고대의 이단이었다. 가현주의의 오류는, 물질 세계는 그 본질상 절망적으로 오염되었기 때문에 예수는 진짜 몸을 가지시고, 배고픔과 목마름을 겪으시고, 아픈 이를 만지시고, 십자가에서 인간으로서의 고통을 당하신 것처럼 '보였을'(헬라어로 *dokeō*) 뿐이라는 믿음이었다. 복음주의자들이 무조건적으로 '이 세상은 내 집이 아니기에' 세상과 인간 사회의 구조, 인간의 창의적인 잠재성 등에 대해 연구하는 것은 전혀 중요하지 않다고 말할 때 그들은 가현주의적인 경향에 빠진 것이다. 마찬가지로, 일상의 존재를 마치 현실처럼 보이기만 하는 것으로, 보이지 않는

---

[37] *Belgic Confession*, article 2. 여기서는 *Reformed Standards of Unity*, 2d ed. (Grand Rapids: Rose, 1952), pp. 57-58의 번역을 사용했다. '두 권의 책'이라는 개념에 관한 일반적인 논의로는 James R. Moore, "Geologists and Interpretation of Genesis in the Nineteenth Century", *God and Nature*, ed. David C. Lindberg, Ronald L. Numbers (Berkeley: University of California Press, 1986), pp. 322-325를 보라.

영적 세계의 영원하고 변치 않는 실체를 가리는 가면에 불과한 것으로 대하는 태도 역시 가현주의적이다. 이러한 태도는 기독교의 핵심, 특히 "그 말씀은 육신이 되어 우리 가운데 사셨다. 우리는 그의 영광을 보았다. 그것은 아버지께서 주신 외아들의 영광이었다. 그는 은혜와 진리가 충만하였다"라는 말씀을 근본적으로 오해하고 있음을 폭로할 뿐이다(요 1:14). 기독교는 육체적 실존을 아주 진지하게 다루는 종교다. 도무지 믿기지 않는다는 듯이, 바울은 고린도 교인들을 향해 "여러분의 몸이 그리스도의 지체라는 것을 알지 못합니까?"라고 묻는다(고전 6:15). 기독교는 우리 육신의 몸이 살고 있는 세계에 관한 열성적인 연구를 방해하기보다 오히려 자극해야 하는 종교다.

저명한 초대교회 역사가인 켈리(J. N. D. Kelly)는 기독교에 침입한 영지주의에 대해 이야기하면서 가현주의적 경향이 지닌 중대한 위험을 이렇게 적절하게 요약했다. "일반적으로 그들은 물질을 무시하고 역사에 무관심했기 때문에 (더 좁고 통상적인 의미에서의) 영지주의자들은 말씀의 성육신이라는 근본적인 기독교 교리의 가치를 온전히 이해하지 못했다."[38] 성서를 믿는 복음주의자들로 하여금 육신의 영역을 진지하게 바라보라고 격려하는 것은 바로 육신이 되신 하나님의 말씀이다. 이 영역에 대해 배우는 것은 바로 하나님이 자신을 가장 온전히 드러내신 영역에 대해 배우는 것이기 때문이다.

그러나 다시 한 번 한계를 분명히 지적해 둘 필요가 있다. 학문은 그리스도인의 삶에서 가장 중요한 일이 아니다. "육신의 기준으로 보아서 지혜 있는 사람"(고전 1:26)을 많이 불러모으지 않았던 기독교로서는, 신자가 학자들의 질문을 추구하지 않고도 모범적인 삶을 살고 죽음을 맞이할 수 있다는 것이 자

---

38) J. N. D. Kelly, *Early Christian Doctrines* (New York: Harper, 1978), pp. 27-28. 「고대 기독교 교리사」(맥밀란).

명해 보인다.

그러나 지성은 여전히 중요하다. 지성은 하나님이 우리로 매일 살아가도록 만들어 주신 영역 중 하나다. 그리스도인들이 활동할 수 있는 정당한 영역이다. 지성의 활동은 그리스도의 몸 안에서 이루어지는 활동 중 하나이며, 사도 바울이 가르친 대로 그 몸의 모든 지체는 존중받을 자격이 있다. 지성은 다른 영역과 마찬가지로 존중받을 자격이 있으며, 복음주의자들은 다른 사업에 역량을 쏟는 만큼 지성을 기르는 데도 힘써야 한다. 복음주의자들이 그리스도인으로서 최고의 야구선수나 변호사, 은행가, 자동차 수리공, 청소부, 양로원 관리자, 3학년 교사가 되는 것이 올바른 일이고 하나님이 우리를 그런 사람이 될 수 있도록 만들어 주셨다는 사실을 인정한다면, 왜 그리스도인으로서 지성을 발전시키기 위해 철저히 노력하는 것 역시 올바른 일이라는 것을 믿기 어려워하는 것일까?

그 해답은 복음주의의 역사에서 찾을 수 있다. 복음주의자들에게는 지성을 하나님께 영광을 돌리는 삶의 영역으로 간주하지 않는 특징이 있다. 왜냐하면 적어도 미국에서는 복음주의의 역사가 지적이기보다는 실용주의적이며, 대중주의적이고, 은사주의적이며, 기술주의적이었기 때문이다. 과거에 우리는 지성의 의미를 탐구하기보다는 신앙을 옹호하는 데 훨씬 더 열심이었다. 우리는 경건을 지성에 관심을 기울이는 것까지 포함하는 태도로 정의하기보다 주도면밀한 사고와 상반된 내적 상태로 정의하는 경향이 있었다. 특정한 기독교의 기준에 따르자면 이러한 경향은 변호의 여지가 없겠지만, 미국의 복음주의자들이 이런 태도를 취하고 지성을 경시해 온 데는 그럴 만한 역사적인 원인이 있다.

2부

스캔들은 어떻게 일어났는가?

3

복음주의 지성의 형성:
부흥운동, 혁명, 문화적 통합

반복하거니와, 종교개혁기 동안 주요 개신교 지도자들, 특히 루터와 칼뱅은, 로마 가톨릭의 교리적 독단을 공격하는 것을 넘어 교육 자체를 의심하기에 이르렀던 대중주의적이며 반지성주의적인 운동에 대항해 고등 교육의 절대적인 필요성을 옹호했다. 17세기 북미에 개신교를 이식하는 데 기여했던 청교도들 역시 학문 활동에 적극적으로 참여하기를 주장했다.

복음주의의 유산이 종교개혁으로부터 시작되어 영국의 청교도들을 통해 전해졌다면, 그 유산은 어떻게 된 것일까? 16세기 종교개혁가들과 17세기 청교도들의 두드러진 특징이었던 지성을 존중하는 태도가 왜 현대의 복음주의자들 사이에서는 더 이상 폭넓게 나타나지 않는 것일까? 복음주의 역사에서 그 답을 찾을 수 있다. 캐나다 복음주의의 발전을 요약한 역사가 마이클 고브로(Michael Gauvreau)의 말은 미국 상황에도 그대로 적용된다. "복음주의 신조는 대서양을 가로지르며 동시다발적으로 일어난 부흥운동, 혁명, 계몽주의라는 격변 속에서 만들어졌다."[1] 첫째, 현대 미국의 복음주의자들은 부흥운동의 산물이다. 둘째, 우리는 교회와 국가의 분리라는 미국적 상황으로부터 혜택을 받은 사람들이다. 그런데 이런 상황이 다른 측면에서는 축복이 되었지만 지성의 경우에는 그다지 유익하지 못했다. 셋째, 우리는 독립전쟁의 결과로 이루어진 기독교와 미국적 가치의 문화적 통합을 계승한 사람들이다. 마지막으로, 우리의 지적 기질은 20세기 초 근본주의 운동으로부터 심대한 영향을 받았다. 이러한 영향들은 모두 두 가지 상반되는 의미를 지닌다. 그 각각은 기독교 신앙의 본질을 이루는 무언가를 보존했지만, 동시에 지성을 통해 하나님을 섬기는 것을 긍정하는 개신교의 전통적인 확신을 약화시켰다.

이 장에서는 부흥운동, 교회와 국가의 분리, 미국적 가치관과 기독교적 가치관의 광범위한 문화 통합에 대해 검토한다. 이 같은 주제들은 그 자체만으로도 충분히 다룰 만한 가치가 있다. 그러나 이런 주제들에 주목함으로써 당면한 난제를 이해할 수 있다. 조나단 에드워즈는 복음주의 개신교의 가장 심오한 진리에 근거하여 자신의 사상을 발전시켰기 때문에 미국에서 가장 위대한 복음주의 지성이 될 수 있었다. 그러나 에드워즈는 미국에서 복음주의 지성의 퇴락을 불러올 한 프로그램을 복음주의 개신교의 본질이라 여기며 열정적으로 주창했다.

에드워즈의 역할에 대해 살펴본 후 다음 장에서는 복음주의가 계몽주의를 어떻게 도용했는지 자세히 검토해 볼 것이다. 이는 두 번째 난제, 즉 어째서 복음주의 개신교가 미국 문명의 지배적인 문화적 세력이 되었던 바로 그 시기에 복음주의 지성은 미국에서 퇴조하고 말았는가 하는 문제에 대해 조명해 줄 것이다. 마지막으로, 5장에서는 근본주의 시대를 논의함으로써, 일련의 혁신적인 신학들이 역사적 기독교의 본질적인 측면을 구해 낸 대가로 지성을

---

1) Michael Gauvreau, *The Evangelical Century* (Montreal and Kingston: McGill-Queen's Press, 1991), p. ix.

크게 손상시켰음을 확인해 볼 것이다.

부흥운동   기독교 교회에는 언제나 부흥의 시기가 있었기에 미국에도 부흥의 시기가 있었다는 사실은 전혀 새로울 것이 없다. 새로웠던 점이라면, 18세기 중엽 이후 미국인들에게는 부흥이 교회의 본질과 목적을 규정하는 가장 중요한 주제로 떠오르게 되었다는 것이다. 미국에서는 1740년대 제1차 대각성운동과 19세기 초 제2차 대각성운동을 거치면서 부흥운동이 핵심으로 부상했다. 제1차 대각성운동에서는, 청중을 매료시키는 달변가였던 영국 출신의 조지 휫필드의 생생한 설교와 조나단 에드워즈의 살아 있는 믿음에 대한 학문적인 옹호, 수많은 목회자와 평신도의 참여 등이 결합되어 놀라운 영적 갱신이 나타났다. 이 부흥운동이 중요했던 몇 가지 이유가 있지만, 기독교적 사고에 미친 장기적인 영향과 관련해서는 중요한 점이 두 가지 있다. 첫째는 부흥운동이 새로운 형태의 리더십을 촉진했다는 점이다. 이는 직접적이며 개인적이고 대중적인 리더십이었으며, 확립된 위계 내에서 설교자의 지위보다는 청중의 관심을 끌어낼 수 있는 설교자의 능력에 훨씬 더 의존하는 리더십이었다. 둘째는 부흥운동이 교회의 전통적인 권위를 약화시켰다는 사실이다. 교회의 삶이 여전히 중요했지만, 그리스도께로 나아가겠다는 개인의 결단만큼 중요하지는 않았다. 이 두 요소의 복합적인 결과 자체는 지성의 삶과 아무런 관련이 없었다. 명민한 조나단 에드워즈는 부흥운동의 가장 탁월한 옹호자였다. 그러나 부흥운동은 결국 기독교적 사고에 심대한 영향력을 미칠 개인주의와 즉각주의라는 씨앗을 뿌렸다.

여러 면에서 미국 복음주의 역사에 결정적인 영향을 미친 인물은 18세기의 부흥운동가였던 조지 휫필드다. 최근 해리 스타우트(Harry Stout)가 펴낸 훌륭한 전기가 보여 주듯, 정서적인 반응을 이끌어내는 것을 목표로 한 대중적인 휫필드의 설교 스타일은 그의 구체적인 신학(칼뱅주의)과 교파적 배경(성공회), 신분(성직자) 등이 잊힌 후에도 한참 동안 미국의 복음주의를 형성하는 데 영향을 미쳤다.[2] 대니얼 팰즈(Daniel Pals)는 휫필드의 활동을 이렇게 요약한 바 있다. "그가 성공할 수 있었던 까닭은 지성에 대해 매우 대중적인 태도를 가지고 있었기 때문이다. 휫필드의 거의 모든 설교에는 기독교의 핵심 진리를 단순화시키겠다는 철저하게 민주주의적인 결단이 두드러졌으며, 그로 인해 가장 폭넓은 대중적 호소력을 지닐 수 있었다."[3]

휫필드의 시대에도 그랬고, 이후 2백 년이 지난 지금까지도 계속 그래 왔다. 가장 광범위한 영향력을 지니고 가장 주목받는 복음주의자들은 대중적인 설교자들이었으며, 그들은 많은 청중에게 단순한 메시지를 전달할 수 있는 능력 때문에 그런 영향력을 발휘할 수 있었다. 19세기의 찰스 피니(Charles Finney)와 드와이트 무디(D. L. Moody)가 그랬으며, 20세기의 빌리 선데이(Billy Sunday), 빌리 그레이엄(Billy Graham), 오럴 로버츠(Oral Roberts), 케네스 코플랜드(Kenneth Copeland), 지미 스웨거트(Jimmy Swaggart), 제리 팔웰, 존 스토트(John Stott), 마틴 로이드존스가 그랬다.

이 같은 자기 정체성이 주는 유익은 무시할 수 없다. 부흥운동가들이 규정하는 종교는 개인 구원의 문제를 가장 중요하게 다룬다. 그렇다고 해서 소외된 인종이나 가난한 이들의 문제를 무시해 버리는 경향이 있다는 말은 아니다. 하나님의 능력에도 주의를 기울인다. 그러나 반제도주의적인 도덕과 대중주의적인 직관, 민주주의적인 성서주의가 주는 이점이 있다면, 그로 인한 심각한 약점 역시 존재한다.

---

2) Harry S Stout, *The Divine Dramatist: George Whitefield and the Rise of Modern Evangelism* (Grand Rapids: Eerdmans, 1991).
3) Daniel L. Pals, "Several Christologies of the Great Awakening", *Anglican Theological Review* 72 (1990): 426.

미국에서 복음주의가 대중주의적인 부흥운동에 의해 규정되었다는 사실에는 한 가지 중요한 유익이 있다. 서유럽의 종교 발전과 전혀 다른 방식으로, 미국의 복음주의자들은 민주적인 개인주의의 규범에 의해 움직이던 사회에서도 자신들의 메시지를 계속 유효한 것으로 만들 수 있었다. 그러나 지성에는 문제가 있었다. 미국의 상황을 바라보며, 기독교 지성을 원한다면 부흥운동을 피해야 한다고 결론 내릴지도 모른다. 그러나 부흥운동이 없다면 그리스도인의 수는 크게 줄고 말 것이다.

식민지 시대의 대각성운동에서 기인한 개인주의적이며 즉각주의적인 경향은 제2차 대각성운동으로 알려진 미국 건국 초기의 부흥운동에 의해 더욱 가속화되었다.[4] 제임스 맥그레이디(James McGready), 바튼 스톤(W. Barton Stone)과 같은 용맹한 개척지의 설교자들과 예일의 학장이었던 티모시 드와이트(Timotyh Dwight)와 같은 동부 해안의 존경받는 목회자들의 헌신을 통해 제2차 대각성운동은 매우 이교적이었던 미국을 복음화하는 수단이 되었다. 1740년대에서 1800년대 초를 거치면서 제도적인 연결고리는 더욱 느슨해졌고 전통을 존중하는 태도는 더욱 약화되었다. 국교제 사회로부터 이어져 온 리더십에 의존하던 회중교회 같은 교파들은 건국 초기에 그 영향력이 크게 축소되었다. 감리교회와 침례교회처럼 복음을 전하기 위해 혁신적인 부흥운동의 기술을 활용하던 교단들이 번성하기 시작했다.

미국 초기에 감리교인과 침례교인 그리고 그와 비슷한 생각을 가진 혁신자들에 의해 수많은 미국인이 회심하게 된 것은, 미국의 기독교 역사에서 가장 위대한 이야기 중 하나라 할 수 있다. 1790년에 자신이 기독교 교회의 교

---

4) 제2차 대각성운동으로 뭉뚱그려지는 부흥운동 전체에 대한 만족스러운 연구는 아직 없다. 특정 지역에 관한 훌륭한 설명으로는 Terry D Bilhartz, *Urban Religion and the Second Great Awakening: Church and Society in Early National Baltimore*(Rutherford, NJ: Fairleigh Dickinson University Press, 1986)와 John B Boles, *The Great Revival, 1787-1805: The Origins of the Southern Evangelical Mind* (Lexington: University Press of Kentucky, 1972)를 보라.

인이라고 말한 사람은 미국 전체 인구의 10퍼센트 정도에 불과했다. 그러나 남북전쟁 시기까지 그 비율은 두세 배 증가한다. 부흥운동가들의 활발한 노력 덕분이었다.[5]

그러나 부흥운동이 지성에 부정적인 영향을 미친 까닭은 바로 이 운동의 반전통주의 때문이다. 부흥운동은 사람들에게 전통적인 학문을 비롯하여 전통을 탈피하는 방법으로서 그리스도께 나아올 것을 촉구했다. 그들은 스스로의 힘으로 믿음의 걸음을 내딛을 것을 요구했다. 그렇게 하면서 신자들에게 다른 사람으로부터는 아무것도 받아들일 수 없다는 인상을 심어 주는 경우도 많았다. 그리스도인의 삶에서 가치 있는 모든 것, 즉 개인의 신앙뿐만 아니라 신앙에 관련된 모든 지혜와 이해, 확신까지 개인의 선택으로부터 나와야 했다. 19세기 켄터키 출신 부흥운동가 두 사람의 중요한 논평은 전통에 대한 거부를 가장 잘 보여 주는 사례다. 칼뱅의 말을 인용하며 로버트 마샬(Robert Marshall)과 톰슨(J. Thompson)에게 반론을 제기하자, 그들은 이렇게 답했다. "우리는 개인적으로 장 칼뱅의 글을 알지도 못하며, 우리가 하나님의 진리에 관한 그의 견해에 동의할 수 있는지도 확신하지 못하겠다. 그리고 어찌되었든 우리는 신경 쓰지 않는다."[6]

그뿐 아니라 부흥운동가들은 청중에게 믿음을 즉시 붙잡으라고 도전하는 경우가 많았다. 그들은 수백 년 동안 교회에서 일어난 일은 **지금** 믿음과 관련해서 해야 하는 일과 무관하다고 주장했다. 19세기의 가장 유력한 부흥운동가들 중 하나였던 찰스 피니는 회심의 최상의 모습에 대해 설명하면서 이

---

5) 이에 대한 최근의 논쟁적인 연구로는 Roger Finke, *The Churching of America, 1776-1990: Winners and Losers in Our Religious Economy* (New Brunswick, NJ: Rutgers University Press, 1992)가 있다.
6) Nathan O Hatch, *The Democratization of American Christianity* (New Haven: Yale University Press, 1989), p. 174에서 재인용.

를 분명히 했다. "죄인으로 하여금 그가 해야 할 일을 깨닫게 해주면 그는 즉시 자세를 잡고 **그 일을 한다**."[7]

꼭 이런 식으로 부흥을 추구할 필요는 없다. 그러나 남북전쟁 이전의 미국에서는 그랬다. 결국 복음주의 교회에서 우위를 차지하게 된 부흥운동 형식은 행동주의적, 즉각주의적, 개인주의적 부흥운동이었다. 그런 부흥운동은 그리스도라는 대의를 위해 수많은 사람을 동원할 수 있었다. 그러나 전통을 경멸하면서 개인의 능력에 초점을 맞추고 이어져 온 지식을 불신하는 미국식 부흥운동은 지성을 상당 부분 무력화시키고 말았다.

**교회와
국가의 분리**

19세기 초 미국 복음주의자들의 독특한 점은, 부흥운동을 장려했다는 것만이 아니다. 그들은 전례 없는 수준의 종교적 자유를 누렸다는 독특성도 지녔다. 교회와 국가의 분리를 통해 공식화된 이러한 종교적 자유는, 건국 초기에 부흥운동가들이 활동할 수 있는 틀을 마련해 주었다.[8] 교회가 모든 면에서 정부로부터 자유롭다는 것은 매우 좋은 일이었지만, 국교제로부터의 자유는 기독교적 사고에 역설적인 결과를 초래했다.

"연방 의회는 국교를 정하거나 자유로운 신앙 행위를 금지하는 법률을 제정할 수 없다"라고 규정한 미국 연방헌법 수정조항 제1조는 1791년에 발효되었다. 현재의 기준으로 볼 때 그 당시 교회와 국가가 상당히 뒤섞여 있었던 것 같지만, 이 조항은 미국의 종교적인 삶에 심대한 영향을 미치게 된다. 1791년 미국의 열네 개 주(1791년에 버몬트가 연방에 가입했다) 중에서 다섯 주가 세

---

7) *Lectures on Revivals of Religion*, ed. William G. McLoughin (Cambridge: Harvard University Press, 1960; orig. 1835, 「찰스 피니의 부흥론」, 생명의말씀사), p. 380. 강조는 Finney의 것.
8) 이에 대한 일반적인 연구로는 Thomas J Curry, *The First Freedoms: Church and State in America to the Passage of the First Amendment* (New York: Oxford University Press, 1986)가 있다.

금으로 목회자들을 지원했으며, 이들 다섯 주 외에 다른 일곱 주에서는 주 공무원에 대한 종교 심사를 지속했다. 버지니아와 로드 아일랜드에서만 현재 미국인들이 당연하게 생각하는 '교회와 국가의 분리', 즉 정부가 세금으로 교회를 지원하지 않고 공공 생활에 참여하는 데 아무런 종교적 제한 조건을 가하지 않는 상태를 누리고 있었다. 극소수의 예외적인 사례를 빼면, 로드 아일랜드와 버지니아에서 종교의 자유를 옹호했던 이들조차도, 의회나 대통령이 국가 기도의 날을 선포하는 것이나 연방 정부에서 기도로 회의를 시작하는 것, 법률로 군목을 임명하고 정부 자금으로 이들을 지원하는 것 등에 대해서는 반대하지 않았다.

그와 동시에 이 신생 국가는 교회와 국가의 공식적인 유대 관계를 종식시키는 전례 없는 비국교화 조치를 취했다. 정부의 폭정 가능성에 대해 크게 두려워하던 이 시기에, 점점 더 많은 미국인이 종교는 하나님과 개인 사이의 양심에 관한 문제이므로 정부는 어떤 수준에서도 이에 간섭해서는 안 된다고 주장했다. 또한 교회와 국가가 분리되어야 하는 데는 영적인 이유도 있다고 말하는 사람이 점점 늘었다. 뉴잉글랜드의 침례교회 지도자였던 아이작 배커스(Isaac Backus, 1724-1806)도 그런 사람 중 하나였다. 미국 혁명을 지지했던 배커스는 이 기간 중 매사추세츠와 코네티컷 주를 향해 왜 국교제도를 유지해서 침례교인에게 그리고 회중교회 교인이 아닌 사람에게 다른 이들의 양심을 억압하는 기독교 교파를 지원하도록 강요하는지 물었다(두 주는 독립 혁명이 끝난 후에도 회중교회에 대한 국교로서의 지위를 유지했다—역주). 배커스는, 식민지인들은 자유를 얻기 위해 영국과 맞서 싸웠는데 왜 식민지는 그 거주민들에게 종교의 자유를 허락하지 않느냐고 물었다.[9]

---

9) *Isaac Backus on Church, State, and Calvinism; Pamphlets, 1754-1789*, ed. William G. McLoughlin (Cambridge: Harvard University Press, 1968).

좀더 실제적인 차원에서, 연방 정부를 수립하기 위해서는 종교 문제를 개별 주에 일임해야 한다는 의견이 점점 더 세를 얻었다. 제임스 매디슨(James Madison)과 같은 지도자들은 제헌 회의와 연방헌법 수정조항 제1조를 제정한 첫 번째 의회에서, 종교 문제는 매우 복잡한 문제이며 큰 갈등을 일으키는 원인임을 깨달았다. 특정한 신앙을 국교로 삼으려 할 경우 다른 교파에 속한 신자들의 폭력적인 저항을 불러올 수도 있었다. 그러나 종교의 중요성을 부인하려 할 경우에는 국가의 건전성이 그 신앙의 건전성에 달려 있다고 여전히 믿는 수많은 사람을 심히 불쾌하게 만들 수도 있었다. 건국 부조들(Founding Fathers)이 택한 타협점은 이슈를 피해 가는 것이었다. 모든 사람을 위한 헌법을 만들고자 한다면, 어떤 식으로든 정부가 종교 문제에서 손을 떼게 만들어야 했다. 건국 부조들은 이 문제를 개별 주에 맡김으로써, 연방 종교라는 것을 결정할 필요 없이 연방 정부를 수립할 수 있으리라고 기대했다.

그 결과에 대해 최근 사회학자인 로저 핑크(Roger Finke)는 "종교적 규제 철폐"라고 말했다. 연방 정부는 어떤 특정 교파도 지원하기를 거부했고, 이것이 교회에 미친 영향은 그야말로 엄청났다. 교회는 이제 당시 유럽에서는 거의 보편적으로 행해졌던 것처럼 교구민에 대한 책임을 할당받는 것이 아니라 교인을 얻기 위해 **경쟁**해야 했다. 각 교파는 개개인에게 직접 호소해야 했다. 각 사람에게 하나님께 주의를 돌려야 한다고 설득해야 했고, 다른 교회가 아니라 **자신들의** 교회에서 그렇게 해야 한다고 설득해야 했다. 교회는 주로 부흥운동의 기법, 즉 개인을 설득하고 그들로 하여금 죄를 깨닫게 하며 교인으로 등록하게 하는 것을 목표로 하는 직접적이며 열정적인 선교를 통해 이 같은 책무를 완수했다. 핑크가 묘사하듯, 이러한 과정을 통해 "개인의 입맛에 맞추는 종교 시장"이 출현했고 "종교는 결국 개인의 결정에 달린 문제가 되고 말았다. 종교는 여전히 개교회의 지원, 통제, 보상에 의존하는 집단적인 현상이었지만, 개방된 시장에서는 **개인의** 회심과 신앙을 강조한다. 다시 한 번, 종교적인 결정은 다양한 선택이 주어지는 종교 시장에서 개인이 내리는 결정이 되고 말았다. 그리고 다양한 인구 구성과 종교적 규제의 결여는 시장의 다양성을 보장해 주었다."[10]

이 같은 부흥운동과 비국교화의 결합은 이루 말할 수 없을 정도로 중요한 결과를 낳았다. 긍정적으로 분석하자면, 이 둘의 결합은 미국 교회에 새로운 역동성, 대위임령을 수행하는 데 필요한 새로운 효율성, 사람들에게 복음을 전하게 하는 새로운 활력을 가져다주었다. 부정적으로 분석하자면, 부흥운동과 비국교화의 결합은 원칙보다 실용주의적인 관심을 더 우선시하게 되었음을 의미했다. 교회가 요구한 것은 새로운 신자라는 결과였다. 신자가 없으면 교회는 문을 닫을 수밖에 없었다. 그러므로 결과를 산출해 내는 것이 다른 모든 관심사를 압도할 수밖에 없었다.

또한 부흥운동과 비국교화의 결합은 신자들을 실용주의적 변증학과 기능주의적 신학으로 경도되게 했다. 이제 그들은 이렇게 물었다. 교회 성장에 가장 도움이 되는 신학은 무엇일까? 사회 안에서 교회의 대의를 가장 강력하게 펼칠 수 있는 신학은 무엇일까?

이러한 상황은 결국 지성에 크나큰 어려움을 가져다주었다. 미국의 복음주의자들은 기독교가 진리임을 결코 의심하지 않았다. 기독교 원리가 삶의 모든 부분을 조명해 주어야 한다는 것 역시 의심하지 않았다. 그러나 미국 혁명으로부터 남북전쟁에 이르는 시기에 그들은 진리의 문제를 실용성의 문제로 만들어 버리고 말았다. 어떤 메시지가 가장 효과적일까? 사람들이 가장 듣고 싶어 하는 것은 어떤 이야기일까? 사람들을 회심시키고 그들을 바로 우리 교회로 이끌기 위해서는 어떤 말을 해야 할까? 결과에 대한 과중한 압력 때문

---

10) Roger Finke, "Religious Deregulation: Origins and Consequences", *Journal of Church & State* 32 (Summer 1990): pp. 609-625, 인용문은 p. 625.

에, 하나님과 자연, 하나님과 사회, 하나님과 아름다움, 하나님과 인간 지성의 구조 등에 대해 사고하는 데는 시간이나 열정을 거의 사용할 수 없었다. 황야를 개척하고 야만적인 사회를 문명화해야 하는 실용주의적 과제가 시급했던 미국 건국 초기의 맥락에서는, 기독교적 학문이라는 전통적인 이슈나 기독교 지성에서 가장 중요한 문제들은 대개 적실성이 없다고 여겨졌다.

**기독교와
문화의 통합**

복음주의 사상을 되짚어 보면 이유는 달라도 그 결과는 똑같다는 것을 알 수 있다. 여기서의 이슈는 복음주의자들이 미국이라는 신생 국가에서 일어난 사건과 그 나라의 이념을 어떻게 활용했는가 하는 점이다. 다시 한 번 우리는 역설적인 상황을 다룬다. 복음주의자들은 자신의 기독교적 신념을 미국적 이상과 잘 조화시켰기 때문에 미국 건국 초기에 성공을 거둘 수 있었다. 이를 위해 놀라운 수완도 발휘했고 실용적인 지성이라 부를 만한 것도 보여 주었다.[11] 그러나 그와 동시에 기독교적 신념과 미국적 이상을 무비판적으로 조화시키려 했기 때문에, 복음주의자들의 공식적인 사상인 자연, 사회, 역사, 예술에 관한 사고는 미국의 초기 역사 내내 약화되고 말았다.

1835년 프랑스인 알렉시스 드 토크빌(Alexis de Tocqueville)은 미국을 장기간 여행한 후 「미국의 민주주의」(Democracy in America)를 출간했는데, 이 책에서 그는 "이 세상에서 미국만큼 기독교가 사람들의 영혼에 큰 영향을 미치는 나라는 없다"라고 말했다. 그러나 토크빌이 충격을 받았던 것은, 그것이 미국 기독교의 영향력 때문만이 아니라 그 특징 때문이기도 했다. 그는 "프랑스에서는 거의 언제나 종교적인 기풍과 그와 정반대인 자유의 기풍을 봐 왔다. 그

---

11) Daniel Calhoun, *The Intelligence of a People* (Princeton: Princeton University Press, 1973)은 이런 종류의 사상이 지닌 일반적인 강점과 약점을 잘 설명하고 있다.

러나 미국에서는 이 둘이 긴밀하게 연합되어 있으며 이 둘이 한 나라를 함께 지배하고 있음을 발견했다"라고 말했다.[12]

토크빌은 여기서 핵심적인 문제를 건드린다. 기독교 공동체가 귀족적이고, 엘리트주의적이며, 전통적인 경우가 많고 교회가 점점 보통 사람들로부터 소외되던 유럽과 달리, 미국의 기독교 교회는 대중주의적이며, 민주주의적이고, 자유주의적이었으며, 보통 사람과 동일시하는 경향이 강했다.

복음주의자들이 어떤 과정을 거쳐 이렇게도 철저하게 그리고 어떤 시각에서 보자면 너무나도 성공적으로 미국적 이상과 보조를 같이했는가는 상당히 복잡한 문제다. 그러나 단순화하기 위해 네 가지 영역에서 이야기해 볼 수 있다. 복음주의자들은 (1) 공화주의 정치 이론을 채택했고, (2) 이를 자신들의 민주주의적 사회 이론으로 삼았으며, (3) 경제적 자유주의를 수용했고(이상의 세 가지에 대해서는 이번 장에서 논의할 것이다), (4) 기독교의 목적에 맞게 계몽주의를 길들였다(이에 대해서는 다음 장에서 자세히 검토할 것이다). 이 각각의 분야에는 공통된 과정이 확인된다. 복음주의자들은 문화를 더 효과적으로 복음화하거나 개혁하기 위해 미국 문화 전반으로부터 어떤 개념들을 채택했다. 각각의 경우에 그리스도인들이 문화적 언어로 말하면서 개인을 회심시키고 사회를 변화시키는 방식으로 복음을 제시할 수 있는 한 그러한 채택은 성공적이었다. 그러나 치러야 할 대가도 있었다. 남북전쟁 이전의 사회 규범과 너무나도 철저하게 조화를 이룬 기독교적 사고는, 미국 복음주의 문화의 전성기에는 건전해 보였을지 모르지만 사실 그렇게 건전하지도 않았고 영속성을 지니지도 못했다.[13]

---

12) Alexis de Tocqueville, *Democracy in America*, ed. Thomas Bender (New York: Modern Library, 1981), pp. 182, 185. 「미국의 민주주의」(한길사).
13) David F. Wells, *No Place for Truth; or, Whatever Happened to Evangelical Theology?* (Grand Rapids: Eerdmans, 1993)는 최근 상황에서 이러한 적응의 대가로 어떤 희생을 치러야 했는가에

공화주의 정치 이론

두 가지 위기가 이 시기의 정치사를 압도했다. 첫째는 대영제국의 위기로, 이는 미국 혁명으로 해소되었다. 두 번째는 새로 건국된 미국에서 정부를 수립하는 것과 관련된 위기로, 이는 1787년 여름 각 식민지의 대표들이 필라델피아에서 모여 헌법을 기초(起草)함으로써 해소되었다. 두 위기에는 **공화주의적**(republican) 정부를 보존하려는 미국인들의 노력이 드러나 있다.[14]

그리스도인들과 기독교 신앙은 공화주의 형성에 모호하기는 하지만 매우 중요한 역할을 담당했으며, 건국 초기에 미국의 복음주의자들은 공화주의 사상을 자신들의 것으로 계속 받아들였다. 간단히 말해, 공화주의는 국민의 행복을 강조하는 민주적 공화국을 주창한다. 다양한 변이가 있긴 하지만 공화주의에서는 권력이 정치 절차를 규정하며, 부패는 견제받지 않는 권력을 만들어내고 견제되지 않은 권력은 부패한다고 확신한다. 뿐만 아니라, 견제되지 않는 권력의 자의적인 행사는 그 본질상 자유, 법률, 자연권의 소멸로 귀결된다. 그러므로 미국 초기의 공화주의자들은 권력의 집중보다는 권력의 분산을 선호하는 경향이 있었다. 그들은 대개 선한 정부란, 단순한 민주정이나 단순한 귀족정, 단순한 군주제보다는 국민의 영향력, 귀족적인 전통, 행정부의 권위 등과 같은 요소들이 혼합된 정부라고 주장했다.

그리스도인들은 공화주의를 형성하는 데 상당한 기여를 했다. 물론 그것은 오랜 기간에 걸친 과정이었으며 수많은 사람과 집단이 이에 참여했다. 올리버 크롬웰을 지지했던 청교도들이나 장로교회(Presbyterian Kirk)의 독립을 요구했던 스코틀랜드의 칼뱅주의자들은 공화주의의 가치를 성서와 연결시켰다. 그들은 공화주의를, 인간의 죄인됨을 그리고 (참된 자유를 촉진하는) 그리스도와

대해 깊이 있는 성찰을 보여 준다. 「신학 실종: 왜 복음주의가 세속화되었는가?」(부흥과개혁사).
14) 이에 대해서는 Mark A Noll, *One Nation Under God?: Christian Faith and Political Action in America* (San Francisco: Harper & Row, 1988)에서 더 자세히 다룬 바 있다.

(최악의 전제정을 시행하는) 사탄 사이의 계속되는 싸움에 관한 성서의 사실적인 가르침을 정치적으로 구현한 것이라 생각했다. 그러나 공화주의의 대두에 기여했던 다른 이들은 이신론자이거나 불가지론자였다. 이들 중에는 전통적인 기독교 신앙을 버리고 기적, 성육신, 특별 계시를 부인하는 자연 종교를 선택한 18세기 초 영국의 '진정한 휘그파'(real whig, 왕당파의 반대파)도 있었다.

공화주의는 미국 혁명기에 종교와 정치 사이의 유대에 매우 중요한 요소였다. 미국 그리스도인들의 신념이 많은 점에서 공화주의 원리와 유사했기 때문이다. 역으로 이런 상황 때문에, 공화주의 원리가 기독교 가치를 구현하며 그리스도인으로서 이를 열렬히 옹호할 수 있다는 생각이 만연했다.

공화주의 전통과 청교도주의 전통 사이에는 많은 형식적인 유사성이 있다. 첫째로, 이 둘은 인간이 선을 행할 수 있는 능력뿐 아니라 악을 행할 수 있는 능력도 가지고 있다는 인간관을 주장했다. 청교도들은 아담이 타락한 결과로 인간이 악을 행하는 선천적인 경향을 가지고 있다고 생각했다. 공화주의자들은 권력 자체가 부패하는 성격이 있기 때문에 공권력을 남용하는 선천적인 경향에 대해 경계했다.

또한 청교도들과 공화주의자들은 덕, 자유, 사회적 행복 등을 비슷한 방식으로 정의했다. 이들은 모두 덕을 일차적으로 소극적인 방식으로 이해했다. 즉, 청교도들에게 덕은 죄의 부재를, 공화주의자들에게는 부패하고 자의적인 권력의 부재를 뜻했다. 청교도들은 자유를 죄로부터의 해방으로, 공화주의자들은 폭정으로부터의 해방으로 이해했다. 청교도들은 죄를 정복하고 다시 출현하는 것을 철저히 막아내는 사회를 선한 사회로 규정했다. 이와 비슷하게 공화주의자들은 폭정으로부터 정치적 자유가 보존되고 시민들이 권력이 부패하려는 경향에 대해 단호하게 저항하는 사회를 선한 사회로 규정했다.

덕, 자유, 사회적 행복에 대해 비슷한 견해를 가지고 있었으므로, 특히 미국에서는 청교도의 영향력이 여전히 강했으므로, 혁명기 동안 공화주의와 기독교의 관점이 결합하기 시작했다는 사실에는 놀라울 것이 없다. 예를 들어, 하나님의 자녀들의 영광스러운 자유에 대한 관심에서 영국 의회에 의해 위기에 처한 영광스러운 자유에 관한 개념으로 넘어가는 데는 아주 작은 한걸음만 내딛으면 되었다.

또한 공화주의자들과 청교도의 후예들은 공통된 역사관을 가지고 있었다. 이 둘은 모두 과거의 기록을 선과 악의 우주적 투쟁으로 간주했다. 미국의 그리스도인들에게 선과 악이란 그리스도와 적그리스도를 의미했으며, 공화주의자들에게는 자유와 폭정을 의미했다. 공화주의자들과 청교도들 모두 정의와 자유가 꽃피는 새로운 시대를 열망했다. 이 둘은 모두 혁명을 통해 그러한 황금기가 도래하기를 기대했다.

강력한 천년왕국론 전통은 정치적 자유와 기독교적 자유 사이의 연결 고리를 만들어 내는 데도 기여했다. 이런 사상은, 하나님과 사탄의 거대한 투쟁은 어떤 식으로든 영국에 맞선 투쟁에도 반영되며, 영국 의회에 대한 승리가 지상에서의 하나님의 통치, 즉 천년왕국의 도래가 임박했음을 알리게 될 것이라는 생각을 부추겼다.

프랑스-인디언 전쟁(French and Indian Wars, 1756-1763: 오하이오 강 상류 지역의 지배권을 둘러싸고 영국과 프랑스가 벌인 전쟁으로, 영국이 프랑스에 승리하여 북미에서의 지배권을 확고히 구축했다. 식민지인의 입장에서는 프랑스의 가톨릭교도의 위협이 제거된 대신 본국과의 갈등이 본격화됨을 의미했다—역주) 이후 프랑스와 로마 가톨릭이라는 큰 위협이 영국과 국교회로 대체되면서 공화주의와 기독교의 관점은 한층 가까워지기 시작했다. 영국 의회와의 갈등이 점점 첨예해짐에 따라 많은 미국인에게 공화주의적 관점과 기독교적 관점은 거의 구별되지 않을 정도였다.

뉴잉글랜드의 설교자들은 하나님과 이 지역의 특별한 관계를 오랫동안 강조했다. 전쟁이 가까워짐에 따라 그들 중 다수는 대영제국과의 갈등을 우주적인 관점에서 설명하기 시작했다. 하나님은 신세계에서 종교적·정치적 자유를 누리도록 그분의 백성을 부르셨다. 그분은 틀림없이 영국 의회의 폭정에 맞서 싸우는 그들을 지지하신다. 뉴잉글랜드는 초기에 영국과의 갈등이 가장 첨예했던 지역이고, 보스턴의 독립파(patriots)는 차에 대한 세금을 유지하려는 의회에 대한 저항을 주도했으며(보스턴 차 사건), 독립전쟁 최초의 전투도 매사추세츠(렉싱턴과 콩코드, 벙커 힐)에서 일어났다. 그러므로 유서 깊은 뉴잉글랜드의 전통에서 하나님을 '그분의 백성'을 위해 적극적으로 간섭하시는 전쟁의 주(Lord of Battles)로 이해했다는 사실은, 대영제국에 맞서는 미국인들의 싸움에 대단히 중요한 의미를 지녔다.

미국에서 복음주의적 공화주의가 미친 장기적인 영향력을 정치적으로 분석하는 일은 불가능하다. 공화주의와 기독교는 너무나 복잡하게 뒤얽혀 있었기 때문에 정치 자체의 본질을 재검토하는 것조차 불필요해 보인다. 미국의 길이 기독교의 길이었다고 전제하는 것도 가능하다. 그런 전제가 전혀 근거가 없는 것은 아니다.[15] 그러나 그런 전제가 있는 한, 그 신념은 기독교 지성의 발전에 도움이 되지 못했다. 실제적인 문제를 들자면, 이러한 전제에 과도하게 집착했던 복음주의자들은 정치적으로 다른 문화권에서 선교 활동을 할 때 어려움을 겪었으며, 세계 속에서 미국의 역할을 이해하는 데도 문제가 있었고, 미국 내에서 개신교인이 아닌 이들을 대할 때도 혼란을 겪을 수밖에 없었다. 그러나 이론적인 차원에서 생각해 볼 때, 기독교 신앙과 공화주의를 연결시킨 전제는 미국의 기독교에 큰 피해를 입혔다. 정치에 관한 기독교의 진리가 그 정도로 명백하다면, 정치에 대해서는 전혀 **사고할** 필요가 없었기 때문이다.

---

15) 최근에 미국의 정치적 이상과 기독교 신앙의 기본적인 양립 가능성에 관한 가장 강력한 논증을 제시한 사람은 Richard John Neuhaus이다. Richard John Neuhaus, *The Naked Public Square: Religion and Democracy in America* (Grand Rapids: Eerdmans, 1984)를 보라.

민주주의적 사회 이해

미국 혁명은 그것이 야기했던 정치적 격변만큼이나 극적인 사회 변화를 추동했다.[16] 이제 막 개척된 식민지들이 연합하여 서양 문명의 최강국과 맞서려 한다는 전쟁의 소문은 세계를 놀라게 했다. 더욱이 자명한 진리, 양도할 수 없는 권리, 모든 사람이 평등하게 창조되었다는 신념을 주장하는 그들의 자유주의 정신은 미국에서도 민주주의라는 격량을 불러일으켰다. 역사가 나단 해치(Nathan Hatch)는 1776년 이후 두 세대 동안 "자유의 의미를 둘러싸고 문화적 격동"이 일어났다고 간명하게 지적한 바 있다.[17] 미국 전반의 상황이 기독교 교회에도 그대로 적용되었다.

혁명기의 사회 변화는 자유를 향한 보편적인 열정과 큰 관련이 있었다. 부패한 영국 의회에 의한 정치적 속박이든, 교파적 전통에 의한 교권적 속박이든, 변호사나 목회자, 의사 등 특권을 지닌 전문가 집단에 의한 속박이든, 어디에서나 속박은 분노를 불러일으켰다. 1781년 한 장로교 목사는 단호히 말했다. "지금은 공민적·종교적 자유에 관심을 돌릴 때다.…자유의 정신이 만연한 때이며, 종교의 외양을 바르게 개조하고 복음에 맞게 뜯어고쳐야 할 때다."[18]

이 같은 자유를 향한 열정이 가장 큰 영향을 미친 분야 중 하나가 바로 성서 해석 분야였다.[19] 독립전쟁과 남북전쟁 사이에 미국에서 많은 신생 교파―그리스도의 제자들(Disciples)과 '그리스도 교회'(Christians)의 여러 분파, 안

---

16) 특히 Gordon S Wood, *The Radicalism of the American Revolution: How a Revolution Transformed a Monarchical Society into a Democratic One Unlike Any That Had Ever Existed* (New York: Knopf, 1992)를 보라.
17) Nathan O Hatch, *The Democratization of American Christianity*, p. 6. 이 단락은 Hatch의 연구에 크게 의존하고 있다.
18) Jacob Green, *A View of a Christian Church and Church Government* (Chatham, 1781), p. 56.
19) 특히 Nathan O. Hatch, "*Sola Scriptura* and *Novus Ordo Seclorum*", *The Bible in America* (New York: Oxford University Press, 1982)를 보라.

식일교회(Adventists), 모르몬교회(Mormons), 컴벌랜드 장로교회(Cumberland Presbyterians), 감리교의 여러 분파 등—가 생겨난 까닭은 너무나 다양하고 자유로운 성서 해석이 존재했기 때문이다. 19세기 초의 미국인들은 종교개혁의 표어였던 '오직 성서로'를 극단적으로 추구했다. 그 결과 기독교적인 열정과 민주주의적인 분파성이 결합되고 말았다.

긍정적으로 보자면, 이 둘의 결합을 통해 미국 사회의 현실에 맞게 조정된 기독교 메시지가 이전에는 교회에 다니지 않았던 많은 사람에게 전해졌다. 예를 들어, 바튼 스톤이나 토머스(Thomas)와 알렉산더 캠벌(Alexander Campbell) 부자와 같은 환원 운동(Restoration Movement)의 지도자들은 시원적 기독교 (primitive Christianity)의 순수성을 회복하기 위해 그들이 수세기에 걸친 타락이라고 여겼던 것을 일소하고자 했다.[20] 그러나 그들의 메시지는 미국적 정신으로 철저하게 물든 민주주의 메시지였다. 바튼 스톤은 노년에 쓴 글에서 "나는 아주 어렸을 때부터 자유의 정신에 심취해 있었다. 자유의 정신에 너무나 깊이 감화되어서, 영국이나 왕당파(Tories: 원래는 영국의 토리당을 뜻했으나 미국 혁명기에는 영국 지지자들을 가리킴—역주)라는 말만 들어도 피가 솟구치는 느낌이었다"라고 말했다.[21] 자신과 자신의 추종자들이 켄터키의 장로교회로부터 갈라져 나올 때 그는 이를 "독립 선언"이라 불렀다. 알렉산더 캠벌은, 자신이 이끄는 '그리스도 교회' 교인들을 향해 1776년 7월 4일(제2차 대륙회의에서 독립선언문이 채택된 날—역주)은 "유대인의 유월절처럼 기념해야 할 날이다.…이 혁명은 그 모든

---

20) Richard T. Hughes and C. Leonard Allen, *Illusions of Innocence: Protestant Primitivism in America, 1630-1875*(Chicago: University of Chicago Press, 1988)를 보라. [시원주의(primitivism)란 교회사나 전통이라는 첨가물을 배제하고 성서에 계시된 시원적 혹은 본래적 질서를 회복해야 한다는 주장으로, 환원 운동의 성서 해석 방법론에 결정적인 영향을 미쳤다. 일부 미국 종교 사가들은 이 용어를 환원 운동과 같은 뜻으로 사용하기도 한다—역주]
21) 이 단락의 인용문들은 Hatch, *The Democratization of American Christianity*, pp. 70-71에서 재인용한 것.

영향력을 통해 사람들을 진정으로 자유롭게 해줄 것이다"라고 말하기도 했다. 이 지도자들이 세운 그리스도의 제자들(the Disciples), 그리스도인의 교회들(Christian Churches), 그리스도의 교회들(the Churches of Christ)은 기독교 메시지를 고유한 미국적인 용어로 풀어냄으로써 미국을 효과적으로 복음화할 수 있었다. 전통적인 교단의 많은 지도자 역시 기독교 메시지를 민주주의 이데올로기의 주제로 변환시켰다. 예를 들어, 부흥운동이 미국 개신교의 주도 세력이 된 것은 교회에 다니지 않던 사람들을 매우 효과적으로 교회로 이끌었기 때문이지만, 이 나라의 민주주의 정신을 너무나 효과적으로 표현해 냈기 때문이기도 하다.

이처럼 사회에 대한 민주주의적 접근 방식은 여러 면에서 좋은 것이다. 그러나 다시 한 번 기독교 신앙이 민주주의적인 상황에서만 온전하고도 올바르게 표현될 수 있다는 전제는 기독교 지성을 이루어 가는 데 도움이 되지 못했다. 복음주의자들은 기독교 신앙과 민주주의적인 미국이 조화를 이룰 수 있다고 철저하게 전제했기 때문에, 정작 중요한 문제에 대해 종합적·근본적으로 사고하지 못했다. 북부와 남부 간의 계속되는 정치적 갈등과 같은 이슈들은 참신한 기독교적 사고를 요청했다. 그 밖의 다른 중요한 문제들 역시 마찬가지였다. 이 신생 국가는 점점 늘어나는 이민자들을 어떻게 대할 것인가? 이 나라는 정말로 자유로운 나라인가, 아니면 북유럽 출신의 개신교인들만 환영하는 나라인가? 남북전쟁 이전 이미 가톨릭교도인 아일랜드인과 아시아에서 온 국외자들은 '자유의 땅'에서 환영받지 못한다고 느낄 수밖에 없었다. 또한 독립선언서의 고결한 정신과 추악한 모순을 이루는 노예제도 하에 고통당하던 흑인들에 대해서는 말할 것도 없다. 미국의 민주주의에는 흑인을 위한 자리가 있었을까? 복음주의자들은 미국식 민주주의 체제가 지닌 전제들에 만족한 채 이런 문제에 대해서는 거의 **생각해** 보지도 않았다.

자유주의적 경제관

경제 문제에 대해서도 거의 동일한 이야기를 할 수 있다. 남북전쟁 이전에, 복음주의자들은 자유주의적 정치 경제를 하나님이 내려 주신 체제로 받아들였다.[22] 역사가들에 따르면, 19세기 역사에서 '자유주의'는 존 로크와 특히 애덤 스미스가 주장한 개인주의 및 시장의 자유와 연관된 전통을 의미했다. (최근 몇십 년 동안 이 용어와 관련된 흥미로운 사실은, 19세기의 '자유주의적' 경제의 근간을 이룬 관념들이 지금은 정치적 '보수주의자들'을 특징짓는 요소가 되었다는 점이다.) 헌법 제정 이후 미국의 공공 생활에서는, 위계적인 속박으로부터 벗어난 개인의 자유를 강조하고 계약으로 결합된 개인의 자유로운 선택을 근거로 공동체가 형성된다고 주장한 자유주의 사상이 바른 경제 생활을 위한 가장 유력한 전제가 되었다. 정부의 지원으로 건설된 도로와 운하를 통해 국내 교역을 촉진하는 미국식 체제(American System), 국내외에서 상품과 용역을 생산하는 방법으로서의 시장 자본주의의 대두, 역사가 고든 우드(Gordon Wood)의 말처럼 "19세기 초에 갑자기 출현한 조급하고 개인주의적이며 탐욕스러운 사회",[23] 이 모든 것을 통해 자유주의적 경제관이 얼마나 중요했는지를 확인할 수 있다.

이 시기의 수많은 주요 종교적 발전이 자유주의 사상과 얼마나 형식적인 유사성을 띠는지 살펴보면, 이런 사상이 교회에 크나큰 영향을 미쳤음을 알 수 있다.[24] 부흥운동은 회심을 개인의 자발적인 선택으로 정의했다. 종교적인 대의를 추구하는 활동 형식은 대부분 자발적인 단체를 통해 이루어졌다. 이러한 자발적인 단체에서는 개인이 자신의 자유로운 의지로 모여 다른 이들을

---

22) 이러한 경제관의 부상에 관해서는 Joyce Appleby, *Capitalism and a New Social Order* (New York: New York University Press, 1984)와 Charles G. Sellers, *The Market Revolution: Jacksonian America, 1815-1846* (New York: Oxford University Press, 1991)을 보라.
23) Gordon S. Wood, "Ideology and the origins of liberal America", *The William and Mary Quarterly*, 3d ser., 44 (July 1987): p. 635.
24) Stout가 쓴 Whitefield의 전기 *The Divine Dramatist*에서는 이러한 유사성을 강조하고 있다.

선한 방향으로 이끌기 위해 노력했다. 그리고 사람들로 하여금 자신의 선택으로 교인이 되게 하는 데 큰 성공을 거둔 것 역시 자유주의 사상의 긍정적인 기여라고 할 수 있을 것이다.

다시 한 번 말하거니와, 중요한 것은 복음주의자들이 꼭 자유주의적인 경제 활동을 받아들여야 했느냐가 아니다. 복음주의 기독교와 온건한 형태의 시장 경제가 조화를 이룰 수 있다는 논증 역시 가능하기 때문이다. 중요한 것은, 복음주의자들이 **어떻게** 자유주의적인 경제 활동을 받아들였느냐이다. 다시 한 번 복음주의자들은 그다지 많이 생각하지 않고 행동했다. 그러나 도덕적 문제로서 경제에 관심을 돌리기 전에, 정확히 남북전쟁이 벌어지기 전에 그런 사고가 필요했다. 이 시기의 가장 중요한 경제 문제는 초기 산업화와 연관된 것이었다. 자본과 노동은 서로에게 어떤 책임이 있었을까? 첫 번째는 직물업이, 그 다음에는 철도 산업이 보여 주는 것처럼 대기업이 나타나기 시작할 때 공동체의 삶이나 장애인과 노인, 약자들에 대한 지원에는 어떤 영향을 미치게 될까? 이러한 물음들 그리고 이와 비슷한 다른 많은 물음은 기독교 교회와 공적 도덕에 위협이 될 수도 있었다. 또한 이러한 물음은 철저하게 성서의 원리에 입각하여 사고했던 사람들, 창조, 타락, 구속이라는 진리가 어떻게 개인뿐 아니라 집단에도 적용될 수 있는지를 이해하려고 씨름해 온 사람들만이 제대로 대답해 낼 수 있는 물음이었다. 불행히도 그런 사고는 거의 없었다. 이런 문제들의 심각성은 갈수록 심화되었지만, 경제 사상과 실천의 토대에 관한 문제와 씨름하면서 주의를 기울인 그리스도인은 거의 없었다.

요약하자면, 미국의 복음주의는 초기 미국 역사의 특정한 사건을 통해 생겨났다. 미국에서 경건주의적인 개신교는 특히 부흥운동의 중요성, 교회와 국가의 분리를 통해 주어진 자유, 새로운 공화국의 강력한 정치적·사회적·경제적 특성과 조화를 이루려는 노력 때문에 새로운 양상을 띠게 된다. 다음 장에서 살펴보겠지만, 미국의 경건주의적 개신교는 이 시기의 중요한 지적 조류와 조화를 이루려는 전략적인 노력도 기울였다. 이러한 노력을 통해 미국에서 복음주의자들은 확고한 위치를 차지할 수 있었다. 반면에 지성에는 문제가 생겨났다.

그와 동시에 미국의 복음주의 초기 역사는 조나단 에드워즈의 삶 때문에 더욱 도드라진다. 에드워즈는 미국 복음주의 역사에서 가장 큰 영향력을 행사한 인물이었기 때문이다. 미국 역사에서 복음주의 지성계에 어떤 일이 일어났는지 알아보기 전에, 에드워즈의 지적인 노력의 너비와 깊이를 개괄하고, 어떻게 그가 가장 분명한 복음주의 신념을 갖고 그러한 지적인 노력을 수행했는지 살펴보고, 마지막으로 가장 위대한 복음주의 사상가였던 그가 후계자를 한 사람도 남기지 않은 아이러니에 대해 검토해 보겠다.

조나단 에드워즈: 복음주의 지성

대각성운동의 옹호자였던 조나단 에드워즈(1703-1758)는 살아 있는 영성은 없어서는 안 되는 것이라고 늘 주장했다. 그러나 에드워즈는 기독교 세계관을 수립하기 위해 노력하는 것 역시 대단히 중요하다는 점을 알고 있었다. 그는 진심어린 경건과 가장 심오한 지적 연구 사이에는 아무런 모순도 없다고 생각했다.[25]

---

25) 최근에 쏟아져 나오는 Edwards에 관한 탁월한 연구서들 중 가장 훌륭한 것으로는 Conrad Cherry, *The Theology of Jonathan Edwards*, rev. ed. (Bloomington: Indiana University Press, 1990, 「(대각성운동의 기수) 조나단 에드워즈의 신학」, 이레서원), Norman Fiering, *Jonathan Edwards's Moral Thought and Its British Context* (Chapel Hill: University of North Carolina Press, 1981), Iain H. Murray, *Jonathan Edwards: A New Biography* (Edinburgh: Banner of Truth, 1987, 「조나단 에드워즈 삶과 신앙」, 이레서원), Sang Hyun Lee, *The Philosophical Theology of Jonathan Edwards* (Princeton: Princeton University Press, 1988, 「조나단 에드워즈의 철학적 신학」, 한국장로교출판사) 등이 있다. 현재 15권까지 진행 중인 예일의 에드워즈 전집은 매우 귀한 자료다. 우수한 학자들이 참여하여 본문을 편집하고 해제를 붙였다.[예일 대학교출판부에서는 1957년부터 2008년까지 *The Works of Jonathan Edwards*라는 제목으로 총 26권을 완간했다. 같은 학교의 조나단 에드워즈 센터(The Jonathan Edwards Center at Yale University)의 웹사이트

에드워즈가 살았던 때는 세상, 하나님, 인간에 대한 관념이 급속하게 바뀌던 시대였다. 과학 이론의 획기적인 변화는 사물에 대한 일반적인 태도가 급격히 변화하고 있음을 가장 분명히 보여 준 징후에 불과했다. 그의 시대에는 이미 계몽주의 사상이 유럽 대륙과 대영제국, 아메리카에까지 널리 퍼져 있었다. 에드워즈 시대의 대부분의 사상가는 그리스도인이든 아니든 계몽주의 정신과 보조를 맞추며, 근본적인 실체는 움직이는 물체라고 가정하게 된다. 거의 모두가 행복을 추구하는 것이 인간이 가진 최고의 목적이라고 생각했다. 거의 모두가 세상을 이해하는 능력은 궁극적으로 인간 지성의 행위에 달려 있다는 데 동의했다. 이런 가정으로부터, 철학, 과학, 종교, 정치학과 같은 지적 전통에 도전하는 여러 움직임이 나타났다.

조나단 에드워즈의 지적 업적은 사실상 그가 자신의 사상의 출발점에서부터 이런 전제들을 받아들이기를 거부했다는 데 있다. 그의 작업이 그의 시대와 후대의 그리스도인들에게 중요했던 까닭은, 그가 일관되게 그런 관념들을 근본적으로 재검토했기 때문이다. 에드워즈는 움직이는 물체가 물리적 세계를 이루는 근원이라는 주장을 거부했다. 그는 행복의 추구가 인간 삶의 최고 목적이라는 생각에 맞섰다. 그는 인간의 이해력이 궁극적으로 인간에게 달려 있지 않다고 믿었다. 그뿐 아니라 분명한 기독교적 확신에 근거하여 이런 입장을 전개했다. 하나님은 움직이는 물체보다 더 근원적인 실체이시다. 하나님께 영광을 돌리는 것이 인간의 행복보다 더 고귀한 목적이다. 세상에 대한 인간의 이해는 인간이 지성으로 사물의 본질을 파악할 수 있도록 하신 하나님의 뜻에 의존한다. 한마디로, 에드워즈는 하나님을 실체의 근원으로 생각했다. 하나님은 진리의 근원이시다. 인간의 지성과 세상도 언제나 그리고

(http://edwards.yale.edu)에서는 총 73권에 달하는 에드워즈의 저작 전체를 온라인 버전으로 공개했다ー역주]

영원히 그분께 의존한다.

우리가 그의 형이상학, 윤리학, 인식론이라 부르는 세상에 관한 에드워즈의 믿음은 그의 기독교적 확신으로부터 도출되었다. 그는 모든 세상은 처음에 그것을 존재하게 하시고 사랑의 섭리로 매순간 그것을 지탱하시는 하나님께 속해 있다고 생각했다. 그뿐 아니라 에드워즈는 인간이 진정으로 성숙하고 세상을 바르게 이해할 수 있는 능력도 하나님의 은혜에 달려 있다고 느꼈다. 분명히 에드워즈는 하나님을 경외하지 않는 이들을 통해서도 우리 자신과 이 세상에 대해 많은 것을 배울 수 있다고 주장했다. 그러나 이런 지식은 언제나 부차적일 뿐이다. 하나님의 은혜로 변화받은 마음만이 그 자신과 하나님, 자연 세계, 인간 존재의 진정한 잠재력을 바르게 이해할 수 있다.

에드워즈가 미국의 기독교 역사에 독특한 위치를 차지하는 까닭은, 그가 모든 물음을 명확히 기독교적 관점에서 바라보려 했기 때문일 뿐만 아니라 그의 사상이 지닌 포괄성 때문이기도 하다. 그는 평생 끊임없는 지적 활동을 통해 당시의 수많은 어려운 문제에 대해 기독교적인 답을 제시했다. 그는 성서를 연구하고 설교하고 교인들의 필요를 돌보는 일에 일차적인 관심을 기울이면서도,[26] 더 일반적인 수많은 주제를 연구하는 지적 활동에 시간을 할애했다. 여기에는 에드워즈가 하나님의 주권과 인간의 자유의 관계를 놓고 씨름했던 신학도 있다.[27] 또 우리가 심리학이라 부를 만한 문제들, 즉 참된 종교적 감정을 이루는 요소에 대한 탐구도 있다.[28] 에드워즈가 과학적인 물질주의로

---

26) *The Works of Jonathan Edwards: Sermons and Discourses, 1720-1723*, ed. Wilson H. Kimnach (New Haven: Yale University Press, 1992), *The Works of Jonathan Edwards: The Great Awakening*, ed. C. C. Goen (New Haven: Yale University Press, 1972).「부흥론」(부흥과개혁사).
27) *The Works of Jonathan Edwards: Freedom of the Will*, ed. Paul Ramsey (New Haven: Yale University Press, 1957).
28) *The Works of Jonathan Edwards: Religious Affections*, ed. John E. Smith (New Haven: Yale University Press, 1959).「신앙감정론」(부흥과개혁사).

흘러가는 흐름에 맞서는 방법을 제시한 철학도 있다.29) 그리고 타산적인 자기애와 참된 미덕을 구별하는 윤리에 관한 심오한 성찰도 있다.30)

이들 각 영역에서 에드워즈의 사상 구조는 동일했다. 그 근거는 언제나 하나님의 존재와 우리가 성서를 통해 얻는 하나님의 일하심에 대한 이해였다. 이러한 토대 외에도, 에드워즈는 물질 세계든 인간 세계든 다른 이들이 자연에 대해 무엇을 배웠는지를 알아보려고 열심히 노력하기도 했다. 예를 들어, 그는 존 로크와 아이작 뉴턴 경의 책을 읽고 전율했다. 이들의 작품을 통해 인간의 본질과 물질 세계에 대해 배울 수 있었기 때문이다. 그러나 에드워즈는 늘 세상에 대한 자연적인 지식이 최고 혹은 최선의 지식이라는 것을 부정했다. 그런 종류의 지식은 하나님의 은혜에 의해 그리스도에 대한 믿음으로 말미암아 얻는 것이라고 생각했다. 세상과 세상 속에서의 인간의 위치에 대해 종합적으로 사고하려고 노력한 덕분에, 에드워즈는 당대의 주요한 지적 도전 대부분을 꿰뚫어볼 수 있었다. 실제로 그가 도달한 결론도 후대의 그리스도인들에게 교훈이 된다. 그러나 더 중요한 것은, 그가 삶의 중요한 문제들을 그리스도인으로서, 기독교적 토대 위에서, 기독교적 원리를 가지고 사고하려고 노력했다는 점이다.

조나단 에드워즈의 삶은 지성을 다해 주를 사랑할 때 어떤 결실을 맺을 수 있는지를 잘 보여 준다. 부흥에 관한 그의 글은 교회로 하여금 신앙 생활에서 감정이 차지한 위치와 관련된 복잡한 문제를 풀어 갈 수 있도록 도와주었다. 그의 신학적 작업은 원죄와 인간 의지에 관한 문제 해결에 도움을 주었다. 최근 몇 년간은 그의 철학적인 저작들이 여러 진지한 성찰을 촉발했다. 그

---

29) *The Works of Jonathan Edwards: Scientific and Philosophical Writings*, ed. Wallace E. Anderson (New Haven: Yale University Press, 1980).
30) *The Works of Jonathan Edwards: Ethical Writings*, ed. Paul Ramsey (New Haven: Yale University Press, 1989).

러나 에드워즈의 생애는 그 이상의 것을 보여 준다. 지성으로 주를 사랑하는 것은 유익하기만 한 것이 아니다. 그것은 선하고 달콤하고 거룩하고 아름다우며 하나님께 영광을 돌리는 일이다. 마지막으로 그리스도인으로서 지성을 활용하면 하나님을 더 잘 알게 된다. 이에 대해서는 더 이상의 이유를 댈 필요도 없다.

에드워즈의 가장 기본적인 확신을 파악하고 나면, 그가 복음주의 역사에서 차지하는 위치와 관련된 난제를 풀 수 있다. 에드워즈가 **복음주의** 사상가였던 것은, 하나님의 활동(action)이 삶의 모든 영역에서의 인간 반응(reaction)의 기초가 된다는 확신을 굳게 붙들었기 때문이다. 은혜라는 복음주의적 개념에 대한 신념 때문에 그는 하나님이 직접 사람들을 그리스도 안에 있는 생명으로 부르실 때까지 그들이 죄와 허물 가운데 죽어 있다는 결론을 내리게 된다. 그의 일반적인 사상 구조는 정확히 그의 신학 구조를 따른다. 사람들이 무언가를 알 수 있는 것은 그들이 구속받을 수 있는 것과 똑같은 이유 때문이다. 우리가 하나님이 은혜로 먼저 취하신 행동 때문에 구원을 받는다면, 무언가를 알 수 있는 것도 하나님이 만들어 두신 조건 때문이다. 다시 말해서, 그의 구원론이 하나님의 주도적인 행위를 핵심으로 전제했던 것과 마찬가지로, 에드워즈의 인식론 역시 기초를 놓으시는 하나님의 활동을 전제한다.

미국의 맥락에서 에드워즈의 구원론이 전개될 때 역사적인 역설이 발생했다. 은혜의 신학자였던 에드워즈는 하나님이 은혜롭게 사람들을 그분 자신께로 이끄셨기 때문에 부흥을 지지했다. 그러나 국교회가 폐지된 상황에서 미국에서 부흥의 전통이 발전되어 감에 따라 부흥의 전통은 지성을 포기하고 만다. 에드워즈의 사고는 그의 신학으로부터 나온 것인 반면, 에드워즈가 (자신의 신학 때문에) 옹호했던 부흥운동은 결국 신학의 쇠락을 가져오고 말았다. 다시 말해, 부흥운동과 비국교회는 세상과 삶 전체에 대한 지속적이며 종합적인 기독교적 사고를 거의 활용하지 않는 신앙 형태를 만들어 냈다. 그리하여 미국 복음주의의 맥락은, 미국에서 가장 위대한 기독교 사상가가 그런 맥락을 장려했음에도 불구하고, 기독교 지성의 발전을 저해하는 요소가 되었다.

에드워즈는 형이상학, 심리학, 인식론에 관한 연구와 신학과 성서에 관한 글을 통해 미국의 복음주의 역사를 통틀어 가장 하나님 중심적이며 가장 지적으로 정교한 사고를 전개했다. 그러나 에드워즈는 부흥운동을 옹호하기도 했다. 그리고 그 부흥운동은 미국의 복음주의를 지적 활동으로부터 유익을 얻을 수 없게 하거나 그러기를 꺼리는 방향으로 몰아갔다. 그 결과 복음주의에서 가장 뛰어난 사상가였던 그는 자신의 설교 중 상당히 예외적인 설교였던 "진노하시는 하나님의 손 안에 있는 죄인"(Sinner in the Hands of an Angry God, 부흥과개혁사)으로 가장 잘 알려지게 되었다. 뿐만 아니라 지난 세대에 에드워즈의 명성이 크게 회복될 때도, 세속 학자들이 세속적인 목적에서 이 일을 주도한 반면 복음주의자들은 부차적인 역할밖에 하지 못했다. 리처드 러브레이스나 존 파이퍼와 같은 주목할 만한 예외를 빼고는,[31] 복음주의자들은 여전히 에드워즈를 무시한다. 그 결과, 지적으로 어렵긴 하지만 영적으로 활력이 넘치는 그의 풍성한 사상은 그의 종교적 후손인 수많은 복음주의자에게 사실상 알려지지 않은 채로 남아 있을 뿐이다.

---

31) Richard F Lovelace, *Dynamics of Spiritual Life: An Evangelical Theology of Renewal* (Downers Grove, IL: InterVarsity Press, 1979), John Piper, *Desiring God* (Portland, OR: Multnomah Publishers, 1986,「여호와를 기뻐하라: 한 기독교 희락주의자의 명상」, 생명의말씀사), John Gerstner, *Steps to Salvation: The Evangelistic Message of Jonathan Edwards* (Philadelphia: Westminster Press, 1968).

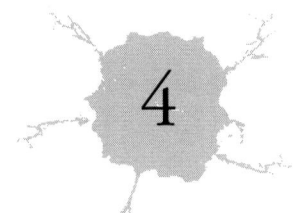

4

복음주의적 계몽주의

조나단 에드워즈는 '계몽된'(enlightened) 복음주의자였지만, 18세기식 '계몽주의 복음주의자'(evangelical of Enlightenment)는 아니었다. 그러나 에드워즈 이후 몇 세대 동안 과학, 철학, 역사, 정치학, 예술에 관심을 기울인 복음주의자들은 이런 분야에 대한 자신의 사상을 표현하기 위해 계몽주의 방법론을 채택했다. 또한 그들은 신학에 대해서도 동일한 계몽주의적 범주를 사용했다. 이처럼 18세기 초 복음주의자들이 계몽주의를 수용했다는 사실은 거의 2백 년이 지난 지금까지도 대단히 중요한 의미를 지닌다. 복음주의적 계몽주의가 부추겼던 지적 성향은 현재까지도 복음주의권에 계속해서 영향을 미치기 때문이다. 이러한 지적 성향 중 가장 중요한 것은, 특정한 방식으로 객관적인 진리에 헌신하는 태도와 특정한 '과학적' 방법으로 성서에 접근하는 자세다.

복음주의자들이 어떤 식으로 특정한 형태의 계몽주의와 결합하게 되었는가는, 앞 장에서 간략히 살펴본 더 광범위한 복음주의의 사회적 역사와 매우 깊이 관련되어 있다. 그 역사를 살펴봄으로써, 어떻게 미국 혁명기에는 미미한 영향력밖에 행사하지 못했던 복음주의가 19세기 초에 이르러 미국에서 가장 우세한 종교로 부상하게 되었는지, 어떻게 복음주의자들이 자신의 신앙을 표현하기 위해 계몽주의라는 형식을 채택하게 되었는지, 어떻게 그들이 이러한 계몽주의적 신념에 입각해 남북전쟁에서 제1차 세계대전에 이르는 동안의 지적 위기에, 특히 성서 비평이라는 논쟁적인 이슈에 대응했는지를 이해할 수 있다. 마지막으로, 간략한 역사적 개관을 통해 19세기 계몽주의의 원리들이 오늘날까지 복음주의의 사고를 결정짓는 원인을 알아볼 것이다.

복음주의를 구한 계몽주의

미국에 강력한 복음주의적 계몽주의가 존재했던 이유를 이해하기 위해서는, 북미의 지성사가 유럽 대륙의 지성사와는 그 양상이 달랐다는 점을 기억하는 것이 중요하다.[1] 이와 관련해서는 헨리 메이(Henry May)의 중요한 저서인 「미국의 계몽주의」(*The Enlightenment in America*)가 대단히 유익하다. 이 책에서는 18세기 미국인들은 단 하나의 계몽주의가 아니라 여러 가지 계몽주의를 인식했음을 보여 주기 때문이다.[2] 일반적으로 미국인들은 메이가 **온건한**(moderate) 계몽주의라 부른 것을 매우 높이 평가했지만 자신들과는 동떨어져 있다고 생각했다. 아이작 뉴턴과 존 로크가 이러한 계몽주의의 대표적인 인물이다. 반면, 미국의 복음주의자들은 유럽 계몽주의의 두 사조, 즉 볼테르와 데이비드 흄에 의해 규정된 **회의적**(skeptical) 계몽주의와 루소와 윌리엄 굿윈(William Goodwin), (1780년 이후에는) 톰 페인(Tom Paine)의 저작에 나타난 **혁명적**(revolutionary) 계몽주의를 거부하게 된다. 그러나 네 번째 형태의 계몽주의는 개신교 국가인 미국에서 매우 다른 방식으로 받아들여졌다. 최근에 새롭게

---

1) 이에 대해서는 Mark A Noll, "The American Revolution and Protestant Evangelicalism", *Journal of Interdisciplinary History* 23 (Winter 1993): pp. 615-638에서 자세히 논의한 바 있다.
2) Henry F. May, *The Enlightenment in America* (New York: Oxford University Press, 1976).

학문적 관심을 받는 주제로 떠오른 **도덕적**(didactic) 계몽주의는 주로 그 기원을 스코틀랜드에서 찾을 수 있다.[3] 세 세대에 걸친 철학자들과 윤리학자들—프랜시스 허치슨(Francis Hutcheson), 토머스 리드(Thomas Reid), 애덤 스미스, 듀걸드 스튜어트(Dugald Stewart) 등이 주도적인 인물이다—은 지적 확신을 회복하고 계몽주의라는 이상에 부합하는 사회를 만들기 위해 노력했다. 그들은 모든 인간은 공통된 인식론적·윤리적 능력을 가지고 태어나며 이것을 통해 자연과 도덕의 근원적 실체를 파악할 수 있다고 주장함으로써 이러한 목표를 성취하고자 했다. 더 나아가서 뉴턴이 물리적 세계를 연구한 것과 마찬가지로 인간의 정신 능력도 과학적으로 연구할 수 있다고 보았다. 뉴턴이 자연에 대해 과학적인 결론을 내렸던 것처럼, 이러한 엄격한 연구, 특히 인간의 의식에 대한 연구를 통해 인간의 행위와 윤리에 대해서도 철저하게 과학적인 법칙을 얻어낼 수 있다는 것이다. 이러한 스코틀랜드식 계몽주의는 미국 역사의 시작부터 반세기가 넘는 동안 이 나라의 지성계를 지배하게 된다.

이 같은 도덕적 계몽주의는, 이 신생 국가의 문학적 선구자들뿐 아니라 백악관의 제퍼슨과 매디슨으로부터 전문 과학자들에 이르기까지 미국 전체에 광범위한 영향력을 행사했다.[4] 그러나 미국 계몽주의의 상식주의 원리를

---

3) 최근에 나온 많은 책 중에서 S. A. Grave, *The Scottish Philosophy of Common Sense* (Oxford: Clarendon Press, 1960), Richard B. Sher, *Church and University in the Scottish Enlightenment: The Moderate Literati of Edinburgh* (Princeton: Princeton University Press, 1985), Istvan Hont and Michael Ignatieff, *Wealth and Virtue: The Shaping of Political Economy in the Scottish Enlightenment* (New York: Cambridge University Press, 1983) 등이 유용하다.

4) Garry Wills, *Inventing America: Jefferson's Declaration of Independence* (Garden City, N.Y: Doubleday, 1978). 이를 수정하는 견해로는 Ronald Hamowy, "Jefferson and the Scottish Enlightenment: A Critique of Garry Wills's Inventing America", *The William and Mary Quarterly* 36 (1979): pp. 503-523을 보라. Roy Branson, "James Madison and the Scottish enlightenment", *Journal of the History of Ideas* 40 (1979): pp. 235-250, Herbert Hovenkamp, *Science and Religion in America, 1800-1860* (Philadelphia: University of Pennsylvania Press, 1978), John. C Greene, *American Science in the Age of Jefferson* (Ames: Iowa State University Press, 1984), pp. 12-36, 411-

가장 분명하게 대변했던 이들은 개신교 교육자들과 목회자들이었다. 유니테리언(Unitarian)이었던 하버드, 침례교회의 브라운, 회중교회의 예일, 장로교회의 프린스턴, 그리고 이 시기에 여전히 거의 전적으로 교회에 의해 유지되던 미국에서 가장 빠르게 성장하던 그 밖의 다른 대학에서 이 원리는 교육의 기초가 되었다. 이 원리는 북부와 남부의 복음주의자들과, 도시의 위엄 있는 목회자와 개척지의 진취적인 설교자들, 엄격한 교리적 보수주의자와 대중주의적이며 민주주의적이었던 신학 논객들의 지적 성향을 규정했다.[5]

최근에 나온 수많은 연구서는 복음주의자들이 어떻게 계몽주의를 자기 것으로 삼았는지를 잘 보여 준다. 그러나 풀리지 않는 의문은 여전히 남아 있다. 종교개혁에 뿌리를 두고 있으며 바로 얼마 전 존 웨슬리, 조지 횟필드, 조나단 에드워즈의 부흥운동을 통해 갱신되었던 개신교 전통이 어떻게 그토록 철저하게 계몽주의의 언어로 자신을 표현하게 되었을까? 종교개혁에서 이어져 내려온 개신교 전통과 부흥운동의 핵심 주제는 인간의 타고난 능력보다는 무능력을 강조해 왔고, 인간 이성에 대한 신뢰보다는 죄가 지성에 미친 악영

412, Terrence. Martin, *The Instructed Vision: Scottish Common Sense Philosophy and the Origins of American Fiction* (Bloomington: Indiana University Press, 1961).

5) 이에 대한 일반적인 연구로 가장 유용한 것은 Sidney E. Ahlstrom, "The Scottish Philosophy and American Theology", *Church History* 24 (1955): pp. 257-272와 Theodore Dwight Bozeman, *Protestants in an Age of Science: The Baconian Ideal Antebellum American Religious Thought* (Chapel Hill: University of North Carolina Press, 1977)가 있다. 칼리지에 대해서는 Daniel Walker Howe, *The Unitarian Conscience: Harvard Moral Philosophy, 1805-1861* (Cambridge, Mass: Harvard University Press, 1970)과 Mark A Noll, *Princeton and the Republic, 1768-1822: The Search for a Christian Enlightenment in the Era of Samuel Stanhope Smith* (Princeton: Princeton University Press, 1989), pp. 36-43, 117-123, 188-191, 284-286를 보라. 칼리지 교육 기관 일반에 대해서는 D. H. Meyer, *The Instructed Conscience; the Shaping of the American National Ethic* (Philadelphia: University of Pennsylvania Press, 1972)을 보라. 스코틀랜드 계몽주의가 남부의 개신교인들에게 미친 영향에 대해서는 E. Brooks Holifield, *The Gentlemen Theologians: American Theology in Southern Culture, 1795-1860* (Durham, NC: Duke University Press, 1978), pp. 96-101, 110-154, 그리고 Fred J. Hood, *Reformed America: The Middle and Southern States, 1783-1837* (University: University of Alabama Press, 1980), pp. 1-67, 88-112를 보라.

향을 더 강조해 왔다.

　18세기 미국의 가장 중요한 복음주의 사상가였던 조나단 에드워즈는 스코틀랜드 계몽주의 윤리에서 매우 중요시했던 인간 본성에 대한 개념에 의문을 제기한 바 있다. 또한 그는 뉴턴이 사용한 과학적 방법론을 신학과 다른 모든 분야에서도 이상적인 연구 방법으로 삼으려는 계몽주의적 경향에 대해 반대했다. 에드워즈와 더불어 18세기 중엽의 주요 복음주의 지도자들은 모두 인간 본성에 관한 종교개혁의 견해를 옹호했고, 사람은 '타고난' 도덕 감각을 지니고 있으며 이로써 참된 것이 무엇인지, 자신에게 가장 유익한 것이 무엇인지를 이해할 수 있다는 생각을 부인했다. 그러나 도덕적 계몽주의에서는 이러한 인간관이 매우 중요했고, 19세기 초에 이르면 미국의 복음주의자들이 이런 입장을 폭넓게 받아들이게 된다.

　그러므로 문제는, 미국의 복음주의자들이 그토록 빠르게 그리고 철저하게 스코틀랜드 계몽주의를 수용하게 된 까닭을 어떻게 설명할 것인가 하는 것이다. 미국의 개신교가 그 뿌리로 삼았던 종교개혁과 미국인들에게 가장 분명한 신학적 유산을 제공했던 청교도 전통, 대각성운동 지지자들의 저작 등을 모두 고려해 보면, 오히려 1800년에 이르러 미국의 거의 모든 복음주의자가 "전통적인 가치관에 부합하도록 수정했지만"[6] 그럼에도 여전히 계몽주의적 성격을 유지했던 자연주의, 낙관주의, 과학적 합리성을 옹호하고 나선 이유를 이해하기가 더 어려워진다.

　이러한 의문에 대한 해답은, 스코틀랜드 계몽주의가 복음주의자들과 다른 미국인들이 혁명기의 혼란을 가라앉히기 위해 필요로 했던 바로 그것을 제공했다는 데 있다. 과거의 진리를 의문시하는 태도가 만연했던 시기에 스코틀랜드인들이 제공한 이 직관적 철학은, 전통적으로 덕의 기초로 삼아 왔

---

6) D. H. Meyer, *The Democratic Enlightenment* (New York: G. P. Putnam's Sons, 1976), p. xxvi.

던 전통, 신적 계시, 역사, 사회적 위계, 세습 왕조, 종교적 교파의 권위 등을 거부하는 일에 열중하는 사회에 공적 도덕을 다시 확립할 탁월한 지적 수단을 제공했다. 노먼 피어링(Norman Fiering)의 말처럼, 18세기 스코틀랜드 계몽주의의 '도덕 철학'은 "전통적인 종교적 가치관에 충실하고자 하면서도 새로운 방식으로 그런 가치관을 정당화하려고 노력했던 그 시대의 요구와 너무나 잘 맞아떨어졌다."[7] 굳이 전통적인 종교적 권위에 호소하지 않으면서도 전통적인 형태의 기독교를 보존하고 싶어 했던 복음주의자들에게는 (적어도 북미에서 수용된 형태로서의) 스코틀랜드 계몽주의의 상식 철학이 그 해답이었다.[8]

혁명기 세대에게는 두 가지 중요한 정치적 과제가 있었으며, 독립파(patriots)에 동조했던 개신교인들은 똑같이 중요한 셋째 과제에 직면해 있었다. 첫째 과제는 대영제국으로부터의 단절을 정당화하는 것이었고, 둘째는 전제적인 통치, 위계적 정치의 전제, 전통에 대한 무조건적 복종을 거부하는 신생 국가의 사회 질서를 위한 원칙을 확립하는 것이었다. 셋째 과제는, 모든 권위에 대해 절대적 주권을 부인하며 다른 세습적 권위에 맞서는 동시에 (정치적 특혜를 누렸던 이전의 영국 국교회나 뉴잉글랜드에서 국교의 특권을 누리던 회중교회처럼) 전통적 종교 체제에 대해서도 적극적으로 맞서던 문화 속에서 과거로부터 내려오는 기독교의 지위를 보존해 내는 것이었다.

이 각각의 과제와 관련하여 스코틀랜드 계몽주의는 거부할 수 없는 이점을 지닌 것 같았다. 혁명이 미국 사상에 미친 포괄적인 영향력이 무척 심대했기 때문에 독립파에서 영국 국왕에 대한 반란을 정당화했던 논리는, 정치 지

---

7) Norman Fiering, *Moral Philosophy at Seventeenth-Century Harvard: A Discipline in Transition* (Chapel Hill: University of North Carolina Press, 1981), p. 300.
8) 현대 철학자인 Nicholas Wolterstorff는 저자와 나눈 대화를 통해, 미국인들이 스코틀랜드 상식 철학을 받아들일 때 Thomas Reid와 Dugald Stewart 등의 저작에 심하게 수정을 가한 것으로 보아 그들이 미국에서 자신들의 사상이 대중화될 수 있는 원인을 제공했다고 보기는 어렵다고 주장했다.

도자와 종교 지도자들이 신생 국가를 위한 안정된 사회 질서를 추구할 때도 그리고 복음주의의 대변자들이 전통 없는 사회에서 전통적 신앙의 위치를 방어하려 할 때도 그대로 적용되었다.

이 논리는 객관성에 대한 신뢰와 과학적 탐구를 최고로 삼는 태도와 같이 지극히 계몽주의적이었다. 개신교인들은 이런 형태의 계몽주의가 매우 효과적인 것처럼 보였기 때문에 이를 철저하게 고수했다. 즉, 그것은 반란을 정당화할 수 있었고, 도덕 철학의 원리에 입각한 헌법을 통해 사회 질서를 확립했으며, 거의 한 세기 동안 전통적 개신교가 성공적으로 다시 자리잡을 수 있는 길을 열어 주었다. 이러한 형태의 계몽주의를 고수하는 태도가 복음주의자들 사이에 깊이 뿌리내리게 된 이유는, 그것이 성공적이었을 뿐만 아니라 매우 직관적이고 본능적이어서 마치 제2의 천성처럼 느껴질 정도였기 때문이다. 미국 역사에서 대부분의 경우 복음주의자들은 자신들은 철학을 가지고 있지 않다고 말했다. 그들은 그저 상식을 추구할 뿐이었다.[9]

이런 형태의 계몽주의 논리가 가진 유용성은 분명해 보였다. 미국인들에게는 정치적 논쟁의 근거를 제공했다. 독립선언서에서 주장하는 "자명한 진리", "양도할 수 없는 권리", "자연 법칙" 앞에서, 의회 내에서 국왕이 갖는 전통적인 권위를 어떻게 방어해 낼 수 있었을까? 도덕 감각을 통해 그런 반란이 필요하다는 것을 명백히 알 수 있다면, 당국에게 신중한 반론을 제기하거나 성서를 신중하게 검토하는 일 따위가 무슨 필요가 있겠는가?[10]

계몽주의적인 사고방식은, 새로운 정부를 세우는 데 상식 철학의 논리를 동원했던 정치인들보다 복음주의자들에게 훨씬 유용했다. 미국의 공적 도덕

---

9) 이에 대한 개관으로는 Mark A Noll, "Common Sense Traditions and American Evangelical Thought", *American Quarterly* 37 (Summer 1985): pp. 216-238를 보라.
10) 건국 부조들의 지적 배경에 관한 탁월한 논의로는 Daniel Walker Howe, "The Political Psychology of The Federalist", *The William and Mary Quarterly* 44 (1987): pp. 485-509를 보라.

을 수호하려 했던 이들은 이제 성서라는 특별 계시를 비롯한 전통적인 윤리적 토대에 의존하지 않고도 '도덕 감각'에 의존하여 과학적인 방식으로 전통적인 도덕을 재천명할 수 있게 되었다. 1768년 스코틀랜드로부터 이주해 온 프린스턴 칼리지(Princeton College)의 학장 존 위더스푼(John Witherspoon)은, 우리 자신의 지성을 탐구할 때 정의롭고 안정된 사회를 위한 올바른 원리를 발견할 수 있다고 주장했다. 그는 "뉴턴과 그의 후예들이 자연[철학]을 연구하듯이 도덕 철학을 다루는 사람들도 윤리적인 문제에 대해 더 정확하게 논할 수 있는 때가 올 것"이라고 기대했다.[11]

위더스푼의 뒤를 이어 프린스턴의 학장이 된 새뮤얼 스탠호프 스미스(Samuel Stanhope Smith)는 미국의 계몽주의를 가장 잘 체계화한 사람 중 하나였다. 스미스는 1787년에 쓴 인류의 하나됨을 주장하는 글에서, 새로운 도덕 철학을 통해 사람이 자신의 마음을 연구함으로써 사회 질서를 위한 보편 타당한 원리를 도출할 수 있다는 것을 믿어 의심치 않는다고 말했다. 인류가 하나의 통일된 종을 이루지 않는다면 그런 능력이 사라져 버릴 것이라고 주장했다.

> 도덕 철학은 불합리해질 것이다. 자연과 국가의 법칙이 폐기될 것이다. 인간의 행위, 종교, 정치에 관한 보편 원리를 만들어 낼 수 없을 것이다. 어떤 체계에서도 인간의 본성을 이해할 수 없을 것이기 때문이다. 우리 자신의 본성에 대한 연구로부터 도출된 규칙들이 다른 종에 속하는 다른 나라의 사람들에게는 적용될 수 없을 것이다.···그런 원리들이 신앙뿐 아니라 과학까지도 혼란스럽게 할 것이며, 누구를 믿어야 할지, 다른 이들에 대해서는 어떤 견해를 가져야 할지 확신할 수 없는 세상이 될 것이다. 하나된 인류의 가르침이라면 이러한 불확실성을 제거하

---

11) John Witherspoon, "Lectures on Moral Philosophy", *The Works of the Rev. John Witherspoon*, 4 vols. (Philadelphia: William W. Woodward, no. 52, South second street, 1802), 3: p. 470.

고, 인간의 본성을 체제에 적응할 수 있도록 만들 것이며, 물리적 세계에 관한 원리를 가져와 도덕 철학이라는 풍성하고 광범위한 분야에 새롭게 적용할 수 있을 것이다.[12]

남북전쟁 이전 이 나라 복음주의 지성의 주요 지도자들 대부분은 위더스푼과 스탠호프 스미스가 제시한 길을 따랐다.[13] 윌슨 스미스(Willson Smith), 대니얼 워커 호우(Daniel Walker Howe), 메이어(D. H. Meyer)는 아주 탁월한 연구서를 통해 계몽주의적 방법론에 대한 신뢰가 얼마나 깊이 뿌리내렸는지를 보여주었다.[14] 이 나라의 개신교 지도자들은 강연과 직접 쓴 교과서를 통해, 미국인들이 신생 국가의 불안정과 혼란 속에 사회 질서를 확립할 수 있는 자원을, 그것도 기독교와 양립할 수 있는 자원을 자신 안에서 발견할 수 있으리라는 계몽주의적 신념을 분명히 드러냈다.

계몽주의와 복음주의 사상의 형성

그러나 복음주의가 계몽주의를 수용한 범위는, 그저 사회의 도덕적 방향성을 결정하는 데 유용한 수준에 그치지 않았다. 사실 이런 종류의 계몽주의가 복음주의 사상에 얼마나 깊이 파고들었는가를 살펴보면, 복

---

12) Samuel Stanhope Smith, *An Essay on the Causes of the Variety of Complexion and Figure in the Human Species* (Philadelphia : Robert Aitkin, 1787), pp. 109-110.
13) Witherspoon과 Smith가 남부에 구체적으로 어떤 영향을 미쳤는지에 대해서는 Hood, *Reformed America*, pp. 10-46를 보라. Robert M. Calhoun, *Evangelicals and Conservatives in the Early South, 1740-1861* (Columbia : University of South Carolina Pres, 1988), p. 85에서는 Witherspoon이 "건국 초의 정치 문화의 실질적인 필요를 충족시켜 준 일종의 세속화된 칼뱅주의"를 만들어 냈다고 주장한다.
14) Wilson Smith, *Professors and Public Ethics : Studies of Northern Moral Professors Before the Civil War* (Ithaca : Cornell University Press, 1956), Howe, *The Unitarian Conscience*, D. H. Meyer, *The Instructed Conscience; the Shaping of the American National Ethic* (Philadelphia : University of Pennsylvania Press, 1972).

음주의와 계몽주의 사이의 연대가 그토록 오래 유지될 수 있었던 까닭을 조금씩 이해할 수 있다. 고급 문화의 수준에서는 그 연대가 변증론과 신학을 결정지었다. 모든 주요 복음주의 집단에게는 부흥에 대한 기대감을 자아냈다. 그리고 그것은 보통 사람과 엘리트 모두에게 성서를 이해하는 틀을 제공했다.

변증론

도덕적 계몽주의라는 원리는 매우 시의적절하게 복음주의 지도자들을 찾아왔다. 혁명기 미국에서 개신교가 살아남기 위해서는 신앙을 현대적이며 존중받을 만한 방식으로 방어해 내는 것이 절대적으로 필요했다. 미국 혁명과 이후의 프랑스 대혁명 사이의 차이점들 중 하나는, 미국의 복음주의자들은 이성에 대한 믿음을 하나님에 대한 믿음과 제휴시켰다는 것이다. 혁명기의 불신앙과 무질서에 맞서 싸우고자 했던 복음주의자들의 지적 목표는, 위더스푼의 말대로 "그들의 입장에서 (신앙이 없는 이들의 기대를) 충족시켜 주고, 그들이 가지고 있는 원리의 오류를 이성 자체에 근거하여 증명해 보이는 것"이었다.[15] 1790년대와 그 후 몇십 년 동안 복음주의자들은 자신들의 주장을 뒷받침하기 위해 영국의 윌리엄 페일리(William Paley)가 제시한 변증론에 크게 의존했다.[16]

이후 복음주의자들이 그들 스스로 기독교를 옹호하는 논리를 계발하기 시작함에 따라 도덕적 계몽주의의 방법론을 훨씬 더 직접적으로 사용하게 된다. 건국 초기에는 과학적 합리성에 근거한 수많은 변증론이 제시되었다. 티모시 드와이트는 1795년에 예일의 학장이 되어 성서의 진실성을 의심하는 대학생에게 대답하면서 이 논리가 대단히 유용하다는 것을 깨닫게 되었다.[17] 과

---

15) Witherspoon, "Moral Philosophy", 3: p. 368.
16) William Smith, "William Paley's Theological Utilitarianism in America", *The William and Mary Quarterly* 11 (1954): pp. 402-424.

학적 논증에 의존하는 태도는 [드와이트와 같은—역주] 회중교회 교인들 사이에도 널리 퍼져 있었지만, 보즈먼(T. D. Bozeman)이 신앙에 대한 베이컨주의적 접근 방법(Baconian approach)이라 불렀던 것을 가장 탁월하게 구사한 이들은 장로교 인들이었다.[18] 신학에서도 엄격한 경험주의가 하나님, 계시, 삼위일체에 대한 믿음을 정당화하기 위한 기준이 되었다. 도덕 철학에서 그것은 윤리적 확실 성에 이르는 최선의 길이라 여겨졌다. 또한 종교적 진리를 논증하기 위해 자연 과학을 동원하는 데도 결정적인 영향을 미쳤다.[19] 스탠호프 스미스의 말처럼, 각각의 경우에 "사실이라는 증거와 이러한 사실로부터 도출된 결론"에 호소했다. 그리고 "자연을 연구하는 참된 학자라면 이런 결론이 자연이라는 원천으로부터 정당하게 얻어 낸 것임을 인정할 것이다."[20] 건국 초기에 신학적으로 가장 분명한 목소리를 냈던 회중교회 교인들과 장로교인들 사이에서는, 이런 방법론이 1790년대 페인의 「이성의 시대」(The Age of Reason)에 대한 그리고 이후 시기 신앙이 없는 이들에 대한 대응 지침이 되었다.[21] 또한 이런 종류의 '초자연적 합리주의'는 처음에는 성서와 천문학을, 다음에는 성서와 지질학을 조화시킬 수 있게 해주었으며, 이를 통해 과학을 불경한 방식으로 사용

---

17) Sereno E. Dwight, "Memoir", *Theology Explained and Defended*, 4 vols., by Timothy Dwight (New York: S. Converse, 1823), 1: pp. 22-23.
18) Bozeman, *Protestants in an Age of Science*, pp. 3-31.
19) 신학의 경우에 관한 예로서는 Witherspoon, "Lectures on Divinity", *Works*, 4: pp. 22-75, Samuel Stanhope Smith, *A Comprehensive View of the Leading and Most Important Principles of Natural and Revealed Religion* (New Brunswick: Deare & Myer, 1815), Archibald Alexander, *A Brief Outline of the Christian Religion* (Princeton: D. A. Borrenstein, 1825), Nathaniel W. Taylor, *Lectures on the Moral Government of God*, 2 Vols. (New York: Clark, Austin & Smith, 1859)를 보라. 과학과의 조화에 대해서는 Bozeman, *Protestants in an Age of Science*, pp. 71-159와 Hovenkamp, *Science and Religion in America*를 보라.
20) Stanhope Smith, *Essay*, 3.
21) Gary. B Nash, "The American Clergy and the French Revolution", *The William and Mary Quarterly* 22 (July 1965): pp. 402-404와 James. H. Smylie, "Clerical Perspectives on Deism: Paine's *Age of Reason* in Virginia", *Eighteenth-Century Studies* 6 (1972-1973): pp. 203-220를 보라.

하는 이들을 논박하는 데도 유용하게 적용되었다.[22]

복음주의자들이 과학적 이성에 의존하는 경향은, 그들이 다른 분야에 대해서도 신뢰할 만한 지식의 기초라 여기던 직관적 상식에 기대었다는 점과 밀접한 관련이 있다. 평신도 활동가 일라이어스 부디낫(Elias Boudinot)은, 톰 페인이 부추겼던 이신론을 잠재우기 위한 방법으로는 단순한 "상식의 원리"보다 효과적인 것은 없다고 말했다.[23] 티모시 드와이트는 상식을 "인간이 가진… 가장 소중한 능력"으로 추켜세웠으며, 논증을 시작하고 전개할 때도 상식에 자주 호소했다.[24] 마찬가지로 뉴헤이븐 신학(New Haven Theology: 1820년대부터 예일 대학교 신학부의 나다니엘 윌리엄 테일러와 다른 교수들을 중심으로 시작된 신학운동으로서 칼뱅주의와 '상식'에 호소하는 '합리적인' 부흥운동을 조화시키고자 함—역주)에서 유니테리언주의자들과 맞서 싸우고 의지에 관한 에드워즈의 이론을 수정할 때도 직관에 대한 믿음을 동원했다. 에드워즈의 의지론을 수정하려던 나다니엘 윌리엄 테일러(Nathaniel William Taylor)는 "인간으로 하여금 자신의 마음을 들여다보게 하라. 그러면 그는…**내면의 자유**를 발견하지 않을 수 없다. **지성** 안에 자유가 없다면 그것은 그 어디에도 없을 것이기 때문이다. 그리고 지성의 자유는 스스로 결단할 수 있는 능력까지 포함한다"라고 주장했다.[25]

---

22) '초자연적 합리주의'에 관한 훌륭한 논의로는 Bruce Kuklick, *Churchmen and Philosophers: From Jonathan Edwards to John Dewey* (New Haven: Yale University Press, 1985), p. 87를 보라. 성서와 과학의 조화에 대해서는 Ronald L. Numbers, *Creation by Natural Law: Laplace's Nebular Hypothesis in American Thought* (Seattle: University of Washington Press, 1977), pp. 55-66와 Bozeman, *Protestants in an Age of Science*, pp. 96-97와 Hovenkamp, *Science and Religion in America*, pp. 119-146를 보라.
23) Elias Boudinot and, *The Age of Revelation; or, The Age of Reason Shewn to be an Age of Infidelity* (Philadelphia: Asbury Dickins, 1801), p. 30.
24) Timothy Dwight, *Theology Explained and Defended*, 4 vols., (New York: S. Converse, 1823), 4:55, 260-261, George M. Marsden, "Everyone One's Own Interpreter? The Bible, Science, and Authority in Mid-Nineteenth Century America", *The Bible in America: Essays in Cultural History*, ed. Nathan O. Hath, Mark A Noll (New York: Oxford University Press, 1982), p. 85에서 재인용.

이러한 논리는 너무나 깊숙이 뿌리를 내렸기 때문에 정통 복음주의자임을 자처하는 이들까지도 스코틀랜드 계몽주의의 원리에 기초하여 신앙의 모든 체계를 세우는 데 아무런 가책을 느끼지 않을 정도였다. 프린스턴의 고백주의적 장로교 신학교에서 오랫동안 교수로 봉직했던 아처볼드 알렉산더(Archibald Alexander)는 해마다 신입생들에게 이렇게 말했다. "우리의 지적 능력이 우리를 그릇된 방향으로 이끌지 않는다는 것을 증명하기 위해 우리의 창조주이신 하나님의 **선하심**과 **진실하심**에 호소한 이들이 있었다. 그러나 그런 식의 논증은 불필요하다. 우리는 이런 직관적인 진리에 대해 확신할 수 있다.…뿐만 아니라, 우리는 하나님이 계시다는 것을 확신할 수 있기 전에 우리가 존재하며 세상이 존재한다는 것에 대해 확신해야 한다. 이러한 **정보**를 근거로 그분의 존재를 증명할 수 있기 때문이다."[26] 한마디로 말해서, 19세기 초에는 사람이 자신의 의식으로 하나님의 존재와 전통적인 도덕의 타당성을 자연적으로 추론할 수 있다는 스코틀랜드 철학의 근본 원리가 매우 광범위하게 퍼져 있었다.

신학 자체

남북전쟁 이전 시기에 신학의 다양성과 그 발전 양상은 너무나 복잡해서 간략히 요약하기는 불가능하다. 그러나 브루스 커클릭(Bruce Kuklick)이 "미국에서 가장 한결같은 지적 전통"이라 불렀던 뉴잉글랜드의 삼위일체주의적 회중교회 전통을 간략히 살펴보는 것만으로도, 복음주의자들 심지어 역사적 신앙을 보존하는 일에 가장 열심이었던 이들까지도 미국 계몽주의와 제휴하게

---

25) William G. McLoughlin, *Revivals, Awakenings, and Reform* (Chicago: University of Chicago Press, 1978), p. 119에서 재인용.
26) Archibald Alexander, "Theological Lectures, Nature and Evidence of Truth"(1812), *The Princeton Theology, 1812-1921*, ed. Mark Noll (Grand Rapids: Baker, 1983), p. 65.

됨으로 어떤 결과를 초래했는지 확인해 볼 수 있다.[27]

조나단 에드워즈의 직속 제자였던 조셉 벨러미(Joseph Bellamy)와 새뮤얼 홉킨스(Samuel Hopkins)는 그 무렵에 밝아온 계몽주의 시대에 스승의 가르침을 보존하기 위해 분명 최선을 다했다. 그러나 우주의 비인격적이며 법적인 성격을 존중해야 한다거나 인간의 행복을 중요시하고 거기에 모든 것을 걸어야 한다고 생각했던 그들의 모습은 신학의 진로를 미리 예견하게 했다. 벨러미는 가시적이고 공적인 도덕이 필요하다는 계몽주의 사상에 깊이 감화되어, 속죄에 대한 전통적인 기독교의 가르침을 수정하여 죄에 대한 하나님의 진노를 덜 강조하고 그리스도의 죽으심이 세상에 대한 하나님의 도덕적 통치를 보존했음을 강조했다.[28] 홉킨스의 경우에는 모든 것이 합력하여 선을 이룬다는 것을 보여 주어야 한다는 계몽주의적 요구에 깊이 영향을 받아, 하나님이 우주의 유익을 위해 죄의 존재를 의도하셨다고 가르치기까지 했다.[29] 벨러미와 홉킨스는 조나단 에드워즈로부터 배운 진리를 고치려 한 것이 아니라, 모든 것을 완벽히 설명해 내려는 계몽주의적인 정서를 신적인 권능을 강조하는 에드워드의 사상으로 대체하려 했을 뿐이다.

그 다음 세대인 티모시 드와이트와 조나단 에드워즈 2세에 오면, 승인되지 않은 수단으로서의 선천적인 직관을 신뢰하는 태도가 더욱 분명해진다. 이것으로 벨러미와 홉킨스는 보편적인 적합성을 이끌어냈었다. 드와이트는 미국 초기의 가장 혁신적인 칼뱅주의자였지만, 도덕 세계에서의 가능성과 행동 과정을 시작할 수 있는 '선천적 능력'에 관한 자신의 신념을 발전시키기

---

27) Kuklick, *Churchmen and Philosophers*, p. 222.
28) Glenn Paul Anderson, "Joseph Bellamy(1719-1790): The Man and His Work"(Ph.D. diss., Boston University, 1971), pp. 737-748.
29) Joseph A. Conforti, *Samuel Hopkins and the New Divinity Movement* (Grand Rapids: Erdmans, 1981), pp. 59-75.

위해 '상식'에 직접적으로 의존했다.[30] 드와이트의 가장 중요한 계승자였던 예일의 나다니엘 테일러는 자신의 사상이 원숙기에 접어들었을 때, 정통주의는 더 이상 그 자체만으로 서 있을 수 없고 '이성'에 의지해야 한다고 말했다. 이성이 "종교에서 계시의 증거를 검토할 때, 그 의미를 확정할 때, 그 교리를 믿으려 할 때, 그 교훈에 순종하려 할 때 우리의 유일한 안내자"가 된다고 보았다.[31]

그 다음 세대에 뉴잉글랜드 신학 전통의 옹호자들 중 마지막 인물이었던 에드워즈 어메이서 파크(Edwards Amasa Park)는 이 신학이 어떻게 발전해 왔는지를 정확히 짚어 냈다. 그는 뉴잉글랜드의 회중교회가 전통적 칼뱅주의의 본질적인 교리를 저버렸다고 비판한 프린스턴의 찰스 하지(Charles Hodge)와 긴 논쟁을 하는 중에, 뉴잉글랜드 신학의 역사를 설명했다. 파크는 후기의 뉴잉글랜드 신학자들이 자유 의지, 아담의 죄책의 전가, 인간의 죄인 된 본성에 관한 조나단 에드워즈의 신념을 수정했다는 점을 인정했다. 그러나 그는 그럴 만한 타당한 이유가 있었다고 생각했다. 에드워즈 시대 이후에 "인간 영혼의 자유와 그 가치에 관한 철학적 이론"이 뉴잉글랜드 신학에 적극적으로 수용되어 그 발전에 크게 기여했다. 뉴잉글랜드의 '신학 체계'는 여전히 에드워즈에 뿌리를 내리고 있었지만, 파크의 말대로 이를 표현하는 면에서는 "리드, 오스왈드(Oswald), 캠벨(Campbell), 비애티(Beattie), 스튜어트의 철학…즉, **상식 철학**"으로부터 큰 도움을 받았다. 이들 스코틀랜드 철학자들은 "'인간 신앙의 기본적인 법칙'을 발전시킬" 수 있었다. 그들은 "뉴잉글랜드의 신학자들이 교

---

30) Robert L. Ferm, *A Colonial Pastor: Jonathan Edwards the Younger, 1745-1801* (Grand Rapids: Eerdmans, 1976), pp. 55, 110-126. Timothy Dwight, *Theology Explained and Defended* (Middletown, CT, 1818), 1: pp. 407, 507. Conrad Cherry, *Nature and Religious Imagination: From Edwards to Bushnell* (Philadelphia: Fortress, 1980), p. 122에서 재인용.
31) N. W Taylor, *Lectures on the Moral Government of God*, 2 vols. (New York: Clark, Austin & Smith, 1859), 1: p. 382.

회사의 수많은 신학자가 평가절하했던 윤리적 공리에 따라 신앙을 세워 갈 수 있도록 도와주었다." 따라서 "뉴 잉글랜드의 형이상학은…상식의 형이상학이었다." 이 신학을 따랐던 파크는 "뉴 잉글랜드의 신학 체계는 성서적일 뿐 아니라 성서적 **과학**이기도 하다"는 사실에 대해 자랑스러워했다.[32] 파크가 설명한 변화가 결국 어떤 결과를 낳았는지에 대해서는 브루스 커클릭이 잘 요약했다. "그들의 신학 자체가 신비에는 덜 의존하는 대신 신학자들이 합리적으로 믿을 수 있다고 생각한 것에 더 의존했던 것과 마찬가지로, 이기심 없는 사랑(disinterested benevolence: 사사로운 욕심을 부인하며 자기에게 돌아올 이익을 생각하지 않고 남을 사랑하는 태도를 가리키는 말로, 조나단 에드워즈와 이후의 뉴잉글랜드 신학자들, 특히 새뮤얼 홉킨스는 이를 참된 미덕의 기초라 생각했다. 이 개념은 이후 19세기의 부흥운동과 복음주의 개혁운동에도 중요한 원동력을 제공했다-역주)이라는 말은 회중교회 신학운동의 초점이 신비로운 신적 우주로부터 인간 중심적인 우주로 이동했음을 보여 준다. 홉킨스의 윤리는 페일리의 공리주의처럼 동일한 자극에 다른 방식으로 대응했던 셈이다. 19세기 회중교회의 신학은 꾸준히 인본주의적인 방향으로 나아갔다."[33]

미국의 다른 복음주의 전통들은 다른 발전을 보였다. 그러나 이 시기의 거의 모든 주요 신학 체계-프린스턴의 장로교 신학, 애서 머핸(Asa Mahan)과 찰스 피니가 이끌었던 오벌린 완전주의(Oberlin Perfectionism), 알렉산더 캠벨과 바튼 스톤이 주도한 개척지의 환원주의-에서도, 그 형식은 달랐지만, 도덕적 계몽주의가 신학에 결정적인 영향을 미쳤다는 비슷한 증거를 찾아볼 수 있다.[34]

---

32) E. A. Park, "New England Theology", *Bibliotheca Sacra* 9 (1852): pp. 191-192, 210.
33) Kuklick, *Churchmen and Philosophers*, p. 53.
34) Noll, *Princeton Theology*. Edward H. Madden, James E. Hamilton, *Freedom and Grace: The Life of Asa Mahan* (Metuchen, NJ: Scarecrow Press, 1982)과 Richard T. Hughes, C. Leonard Allen, *Illusions of Innocence: Protestant Primitivism in America, 1630-1875* (Chicago: University of Chicago Press, 1988).

부흥운동

부흥운동은 남북전쟁 이전 개신교의 특징들 중에서 계몽주의의 영향을 가장 덜 받은 것처럼 보인다. 그럼에도 부흥운동은 계몽주의의 영향으로 새로운 모습을 띠게 된다. 성령의 영역에서조차 합리성과 과학적 예측 가능성을 추구하게 된 것이다.[35] 찰스 피니가 남북전쟁 이전 시기의 가장 위대한 복음 전도자이자 그의 세대에 가장 영향력있는 미국인 중 하나였다 하더라도, 그가 모든 것을 대변하지는 못한다. 그러나 그의 부흥운동에서 계몽주의적 사고가 어떤 역할을 했는지를 보면 계몽주의가 얼마나 널리 퍼져 있었는지를 알 수 있다. 그는 「부흥론」(Lectures on Revivals of Religion, 1835)에서 새로운 방식의 복음 전도를 주장했다. 하나님이 자연 세계 안에 믿을 만한 법칙을 세워 두셨기 때문에, 영적 세계에 대해서도 그렇게 하셨을 것임을 우리는 알 수 있다. 부흥이 일어날 수 있는 적절한 원인을 제공하기만 하면 적절한 결과가 나타난다는 것이다. "부흥을 위해 올바른 방법을 사용하기만 하면 부흥이 일어난다는 것은, 밀을 키우는 올바른 방법을 사용하기만 하면 밀을 수확할 수 있는 것과 마찬가지로 철학적으로[즉, 과학적으로] 확실한 사실이다."[36] 영적 세계는 자연 세계와 유사하기 때문에 관찰 가능한 인과 법칙은 물리학뿐 아니라 종교에서도 동일하게 작동한다.

성서

미국인들의 성서 이해야말로 개신교와 계몽주의 사이의 결합이 가장 두

---

35) C. Leonard Allen, Richard T. Hughes, Michael R. Weed, *The Worldly Church* (Abilene, TX: Abilene Christian University Press, 1988), pp. 27-31에서는 계몽주의적 부흥운동을 잘 정리하고 있다.
36) Charles G. Finney, *Lectures on Revivals of Religion*, ed. William G. McLoughlin (Cambridge: Harvard University Press, 1960, org. 1835), p. 33.「찰스 피니의 부흥론」(생명의말씀사).

드러진 결과물을 내놓은 영역이다. 신생 미국에서는 전통적인 성서 해석이 공격을 받았으며, 성서 강해의 전통 혹은 한 남자(혹은 심지어는 한 여자)가 공적으로 성서에 대해 설교하기 전에 얼마나 연구를 많이 해야 하는가에 관한 엘리트주의적인 가정은 가볍게 무시당했다. 그러나 성서 자체에서 물러서지는 않았다. 그 이유가 아직도 만족스럽게 규명되지는 않았지만, 이 시대를 특징짓던 전통에 대한 공격 속에서도 (**최고의** 종교적 권위이자 **유일하게** 물려받은 권위라는 두 가지 의미 모두에서) '오직 성서만으로'라는 원칙은 살아남았다. 나단 해치가 건국 초기의 대중주의적인 종교에 대해 했던 말은 거의 모든 복음주의자에게도 동일하게 적용된다. "전통과 중재자 엘리트들, 제도에 대한 전면적인 공격이 거세져 가던 문화 속에서 성서는… '모든 사람이 자기 마음대로 사용할 수 있는 하늘에서 뚝 떨어진 책'이 되고 말았다."[37]

성서에 대한 복음주의의 애착은 거의 모든 측면에서 계몽주의의 영향을 받았다. 1833년 앤도버(Andover)신학교의 모지즈 스튜어트가 펼친 생래적(生來的), 유전적 타락에 대한 반박과 같은 신학적 주장들은, "성서의 분명한 주장에 모순되고 우리의 편견 없는 감정과 우리 이성이 내리는 일차적인 명령에 명백히 모순되는" 견해는 오류라는 태도에 근거하고 있었다.[38] 정통적인 회중교회 교인이었던 레너드 우즈(Leonard Woods, Jr.)는 1822년 성서를 연구하기 위한 최선의 방법은 "베이컨과 뉴턴의 공리"에 통제를 받는 "자연 과학의 연구 방법"이라 말했다. 우즈는 "신학에 성서의 계시라는 추가적인 도움이 필요하기는 하지만, 뉴턴의 방법론은 물리학과 마찬가지로 신학에도 적용될 수 있다. 그러나 이 각각의 과학에서 논리는 동일하다. 즉, 우리는 사실을 조사하고

---

37) Nathan O Hatch, *The Democratization of American Christianity* (New Haven: Yale University Press, 1989), p. 182. 인용문은 John W. Nevin이 한 말이다.
38) Moses Stuart, *Commentary on Romans* (1832), p. 541, John H. Giltner, *Moses Stuart: The Father of Biblical Science in America* (Atlanta: Scholars Press, 1988), p. 115에서 재인용.

그로부터 일반적인 진리에 이른다"라고 말했다.[39] 남부의 장로교인이었던 로버트 브레킨리지(Robert Breckinridge)는 1847년 성서로부터 연역된 신학은 "기하학과 마찬가지로 반박할 수 없는" 과학이 될 수 있다고 말했다.[40] 계몽주의적 성서주의에 대한 가장 유명한 주장은 남북전쟁 이후에 나온 찰스 하지의 『조직신학』(Systematic Theology)에 등장한다. "신학자와 성서의 관계는 과학자와 자연의 관계와 동일하다. 성서는 신학자에게 사실을 모아둔 저장소와 같다. 그가 성서가 가르치는 바를 확정하는 방법은 자연이 가르치는 바를 확정하기 위해 과학자가 사용하는 방법과 동일하다.····신학자가 해야 할 일은, 하나님이 자신에 대해 그리고 우리와 그분의 관계에 대해 계시하신 모든 사실을 확정하고 수집하고 결합하는 것이다. 이러한 사실들은 성서에 모두 들어 있다."[41]

이런 태도는 방어할 만큼의 명성을 쌓은 기성 교단에 국한되지 않았다. 알렉산더 캠벨과, 그리스도의 제자들, 그리스도인의 교회들, 그리스도의 교회들의 설립으로 귀결된 환원 운동에 대한 최근의 한 연구는, "캠벨의 운동은 19세기 초의 미국 종교에서 충분히 예상할 수 있는 상식 합리주의의 경향을 분명히 드러낸다"는 점을 설득력 있게 주장한다.[42] 환원주의자들의 성서 사용은 그러한 합리주의를 극명하게 보여 준다. 1836년 그리스도의 제자들 교회에서 세운 (프랜시스) 베이컨 칼리지(Bacon College)에서 학생들은 캠벨의 모범을 따라 성서를 연구하는 법을 배웠다. "나는 마치 나 이전에는 그 누구도 성서를 읽지 않았던 것처럼 성서를 읽으려고 노력해 왔다." 톨버트 패닝(Tolbert Fanning)과 같은 다른 환원 운동 지도자들도 이 시대의 방법론에 대한 무한한

---

39) Hovenkamp, *Science and Religion in America*, p. 61에 인용된 Leonard Woods의 말. Kuklick, *Churchmen and Philosophers*, p. 89.
40) Holifield, *The Gentlemen Theologians*, p. 203에 인용된 Robert Breckinridge의 말.
41) Charles Hodge, *Systematic Theology* (Grand Rapids: Eerdmans, 1952, orig. 1872-73), 1: pp. 10-11. 『조직신학』(크리스챤다이제스트).
42) Hughes, Allen, *Illusions of Innocence*, p. 143.

확신을 표명했다. 그는 "제대로 번역된 성서는 설명이 필요없다"고 주장했다. 또 다른 환원주의자인 제임스 레이머(James S. Lamar)는 1859년에 계몽주의의 영향을 분명히 보여 주는 「성서의 논리학, 혹은 귀납적 성서 해석 방법」(*Organon of Scripture; or, The Inductive Method of Biblical Interpretation*)을 출간했다. "성서는 귀납법의 원리에 기초한 연구와 해석을 허용한다. 그리고…그렇게 해석했을 때 마치 과학적 실험과 관찰을 통해 자연의 언어가 들리는 것처럼 확실하고도 분명한 목소리로 우리에게 말한다."[43]

계몽주의적 합리성의 원리가 매우 큰 영향력을 행사했기 때문에, 복음주의자들 사이에서는 성서를 귀납적으로 그 각각의 조각을 재배치함으로써 모든 이슈에 관한 진리를 산출해 낼 수 있는 '과학적인' 텍스트로 대하는 경향이 점점 더 심해졌다.

복음주의적 국가주의

마지막으로, 미국의 복음주의자들은 도덕적 계몽주의를 수용함에 따라 건국 초기에 국가에 대한 강력한 친화성을 보였다. 많은 역사적 연구를 통해 개신교가 계몽주의와 손을 잡는 과정에서 미국과도 손을 잡았다는 사실이 밝혀졌다.[44] 이런 현상은 혁명기 프랑스와는 극명한 대조를 이룬다. 프랑스에서는 자유, 국민, 계몽주의, 프랑스의 민족적 운명에 대한 새로운 자각 등이 교회에 적대적인 개념이었다. 반면에, 미국에서는 복음주의가 국민, 계몽주의,

---

43) 같은 책, pp. 157, 161, 156에서 재인용.
44) Nathan O. Hatch, *The Sacred Cause of Liberty: Republican Thought and the Millennium in Revolutionary New England* (New Haven: Yale University Press, 1977)와 John F. Berens, "The Sanctification of American Nationalism", *Providence & Patriotism in Early America, 1640-1815* (Charlottesville: University Press of Virginia, 1978), pp. 112-128, Ruth Bloch, *Visionary Republic: Millennial Themes in American Thought 1756-1800* (New York: Cambridge University Press, 1985)를 보라.

민주주의, 공화주의, 경제적 자유주의, 미국의 명백한 운명(manifest destiny)에 대한 자각 등과 스스로를 동일시했다. 다시 한 번, 알렉시스 드 토크빌은 이러한 차이점을 분명히 인식했다. "18세기 **철학**의 가장 대담한 가르침들을 미국보다 완벽하게 정치 분야에 적용한 나라는 이 세상 어디에도 없다. 미국에서 유일하게 발전하지 못한 것은 오직 반종교적 가르침뿐이다."[45]

이처럼 18세기 지성계의 몇몇 측면과 복음주의의 몇 가지 핵심 요소가 결합했을 때 그 영향은 심대했다. 미국에서 복음주의의 정체성은 이 나라가 신적인 성격을 가지고 있으며 하나님이 민주주의적 자유주의를 세우셨다는 복음주의자들의 신념과 분리될 수 없었던 것과 마찬가지로, 계몽주의적 합리주의에 대한 그들의 헌신과도 분리될 수 없었다. 미국의 복음주의적 계몽주의를 형성하는 데 이바지한 모든 요소가 미국이라는 나라를 만들어 낸 도가니 안에서 함께 녹아 서로 구별해 낼 수 없을 정도가 되었다.

남북전쟁 이후의 계몽주의와 복음주의의 역사

지금까지 주장한 것처럼 남북전쟁 이전 계몽주의와 복음주의의 유대가 그토록 강고한 것이었다면, 20세기 초의 지적 상황은 수수께끼처럼 보인다. 이 시기에 이르면 이미 다른 종류의 과학이 하나님을 찬양하는 베이컨주의를 대체했고, 학계에서는 이전 시기의 과학과 개신교 사이의 문화적 동맹에 대해 점점 우호적이지 않은 태도를 취하게 된다. 이런 상황에서 새로운 과학의 장점에 관한 상반된 견해로 인해 복음주의자들 사이에 전례 없는 지적 분열이 일어났다. 학계에서는 교회의 역할에 대해 충분히 연구하지

---

45) Alexis de Tocqueville, *L'Ancien Régime et la Révolution* (1967 ed.), pp. 252-253, Thomas L. Pangle, *The Spirit of Modern Republicanism: The Moral Vision of the American Founders and the Philosophy of Locke* (Chicago: University of Chicago Press, 1988), p. 284 주8에 번역된 글. 「구체제와 프랑스혁명」(일월서각).

않은 채 복합적인 전략을 통해 전통적인 종교적 관점을 세속적인 관점으로 대체하는 동시에 새로운 형태의 과학을 장려했다.46) 그야말로 지적 혁명이 진행 중이었다. 비록 몇 가지 중요한 변화가 있었으며 복음주의 자체가 자유주의 진영과 근본주의 진영으로 분열하기는 했지만, 이전의 계몽주의적 사고의 성향은 여전히 복음주의 지성계에 결정적인 영향을 미치고 있었다.

남북전쟁 이후 미국 지성계의 급속한 변화에 대해서는 새로운 학자들, 유럽으로부터 온 새로운 영향, 미국 경제의 재편, 대중문화에 대한 새로운 사회적 기대감을 비롯한 몇 가지 이유로 설명해 볼 수 있다.47) 이렇게 상황이 바뀌는 데 개신교인들이 정확히 어떤 역할을 했든 간에, 새로운 지성계가 나타나기 시작했다는 사실은 분명하다. 과학에 대한 견해는 정태적이며 기계론적인 것에서 발전론적이며 유기적인 것으로 바뀌고 있었고, 학문에 대한 태도는 목적론적이며 송영적인 것에서 진보주의적이며 기능주의적인 것으로 바뀌고 있었으며, 종교에 대한 관점은 특수주의적이며 유신론적인 것에서 보편주의적이며 불가지론적인 것으로 바뀌고 있었다.

19세기 중엽 이전 기독교 신앙과 과학적 합리성이 평화로운 조화를 이루던 시대에 활동하던 복음주의자의 후예들은 고통스런 결정을 앞두고 있었다. 새로운 도전에 대응하는 과정에서 19세기 복음주의 운동은 세 갈래로 나뉘었다. 첫째, 더 자유주의적이었던 복음주의자들은 시대의 조류에 따라 새로운 과학에 주도권을 내주고 미국의 개신교적 계몽주의의 옛 주도권을 새로운 형태로 보존하려 했다.48) 이런 움직임으로부터 신학적 근대주의가 출현했다.

---

46) 이 과정에 대한 참신한 설명으로는 George M Marsden, *The Soul of the American University* (New York: Oxford University Press, 1994)를 보라.
47) 이 방대한 주제에 대한 전문가들의 입장과 주요 주장들에 대해서는 Laurence R. Veysey, *The Emergence of the American University* (Chicago: University of Chicago Press, 1965)와 Alexander Oleson, John Voss, *The Organization of Knowledge in Modern America* (Baltimore: Johns Hopkins University Press, 1979)를 보라.

반면 이후에 근본주의자로 알려지게 되는 대중주의적 복음주의자들은 그보다 더 복잡한 반응을 보였다.[48] 그들은 시대의 조류를 따르는 동시에 그에 맞서기도 했다. 즉, 대중매체와 대중 마케팅이라는 새로운 기술을 채택함으로써 시대의 조류를 따랐으며,[50] 옛 과학이 새로운 과학으로 진화하는 것에 저항함으로써 그에 맞섰다. 그들 역시 미국의 개신교적 계몽주의를 보존하려고 노력했지만, 그것의 옛 형식뿐 아니라 옛 내용까지 보존하고자 했다.

복음주의 개신교인의 절대 다수는 그 중간에서 오락가락했다. 그들은 지적으로 조화를 이루던 시대를 그리워하면서 전통적인 기독교의 신념을 배제하는 경향을 띤 새로운 과학에 대해 불안해했지만, 그렇다고 과학과 신학의 조화라는 옛 패러다임과 신학과 과학의 분리라는 새로운 패러다임 중 어느 하나를 선택하려 하지도 않았다.[51]

일반 지성계의 상황과 이 상황에 대한 복음주의자들의 대응 덕분에, 복음주의와 계몽주의의 결합은 비록 공격을 받기는 했지만 살아남을 수 있었다. 새로운 미국식 대학교들은 복음주의자들에게 중요한 문제를 제기했지만 방법론을 재고하게 만들지는 않았다. 지성계가 이러한 상황—문제를 해결하는 방법에서는 예전의 견해를 고수한 채 새로운 문제에 직면한—에 직면한 시점에서 근본주의가 대두되었다. 성서 비평의 출현에 대한 복음주의자들의 반응

---

48) William R. Hutchison, *The Modernist Impulse in American Protestantism* (Cambridge, Mass: Harvard University Press, 1976), 새로운 과학에 대한 적응에 관해서는 특히 pp. 87-94를 보라.
49) George M Marsden, *Fundamentalism and American Culture: The Shaping of Twentieth Century Evangelicalism, 1870-1925* (New York: Oxford University Press, 1980), 근본주의자들의 과학주의에 대해서는 특히 pp. 55-62와 pp. 212-221를 보라. 「근본주의와 미국문화」(생명의말씀사).
50) 근본주의의 심리학적, 기술적 근대성에 대해서는 Douglas Frank, *Less Than Conquerors: How Evangelicals Entered the Twentieth Century* (Grand Rapids: Eerdmans, 1986)와 Martin E Marty, *Modern American Religion*, vol. 1: *The Irony of It All, 1893-1919* (Chicago: University of Chicago Press, 1986), pp. 208-247를 보라.
51) 이 중도적인 집단에 관한 훌륭한 논의로는 Grant Wacker, "The Holy Spirit and the Spirit of the Age in American Protestantism, 1880-1910", *Journal of American History* 72(1985): 45-62가 있다.

은, 이러한 충성—정통에 대한 충성과 '송영적 과학'에 대한 충성—의 결합이 어떤 문제를 만들어 냈는지를 잘 보여 준다.

1870년경부터 개신교인들 사이에 널리 받아들여졌던 성서의 본질에 관한 합의된 의견이 변화하기 시작했다.[52] (신구약 성서 원문의 단어에 대한 사본적 증거를 비교 연구하는) '본문 비평'과 (성서에 현대의 철학적 개념을 적용하는) '고등 비평'으로부터 얻은 결론은 기존의 견해에 의문을 제기했다. 이러한 새로운 견해가 나타난 바로 그 시기에, 미국의 대학은 대거 전문화되고 있었다. 1870년대와 1880년대에 하버드와 같은 오래된 대학교들과 존스 홉킨스와 같은 새로 설립된 대학교들은 유럽식 대학원 교육을 채택하기 시작했다. 이런 대학에서는 이른바 객관적인 과학이 진리에 이르는 최선의 길이라 칭송을 받았다. 또한 새로운 전문적인 학문 기관들은 편협하고 학문적이지 않거나 유행이 지난 학문에 속한다는 생각에 대해 경멸적인 반응을 보였다. 성서학을 비롯한 모든 분야에서 아무런 제약이 없는 자유로운 연구를 장려했다. 그러나 이러한 학문적인 경향은 새로운 지적 유행에 발맞춰 진화론적 과학에 크게 의존했다. 새로운 사상의 옹호자들은 역사, 이야기, 글쓰기는 모두 시간에 따라 진화하며 종교적인 인식도 마찬가지라고 주장했다. 또한 그들은 기적에 회의를 품고, 유대인들과 그리스도인들의 종교적 경험이 고대 세계의 다른 민족들의 종교적 경험과 본질적으로 다르지 않다는 관점을 받아들이는 경향이 있었다.

이 책의 논의와 관련하여 새로운 성서관에 대한 개신교들의 반응에서 가

---

52) 이 합의된 의견에 대해서는 John D. Woodbridge, *Biblical Authority: A Critique of the Rogers-McKim Proposal* (Grand Rapids: Zondervan, 1982, 「성경의 권위」, 횃불성경연구소)과 Jack B. Rogers, Donald K. McKim, *The Authority and Interpretation of the Bible: An Historical Approach* (San Francisco: Harper & Row, 1979)를 함께 보라. 이어지는 내용은 Mark A. Noll, *Between Faith and Criticism: Evangelicals, Scholarship, and the Bible in America*, 2nd ed. (Grand Rapids: Baker, 1991)과 Noll, "Review Essay: The Bible in America", *Journal of Biblical Literature* 106 (1987): 493-509에서 논의한 내용을 토대로 했다.

장 두드러진 특징은, 하나같이 과학적인 성격을 띠었다는 점이다. 새로운 관점에 대한 최초의 공적인 논의는, 1881년부터 1883년까지 "프레스비테리언 리뷰"(Presbyterian Review) 지면을 통해 벌어진 장로교 보수파와 온건파 사이의 논쟁이었다. 양진영 모두 자신들의 의견이 과학적으로 더 신뢰할 만하다는 것을 증명하기 위해 노력했다. 찰스 브릭스(Charles A. Briggs)가 이끄는 온건파는 "과학적 귀납의 원리"를 주장하면서, 구약학은 "우리 세기에 이루어진 언어학과 역사학의 발전으로 인해 그 범위가 크게 확대되었기" 때문에 이 새로운 증거를 받아들이는 것이 합당하다고 했다. 브릭스의 말처럼 이 장로교 지식인들에게 상황은 너무나 분명했다. "최고의 학식, 노력, 경건의 미덕을 갖춘 이들을 거느린 세계의 많은 칼리지와 신학교에 있는 전문 성서학자의 절대 다수는, 성서와 역사로부터 얻은 새로운 사실들로부터 도출된 귀납적 결론 때문에 전통적인 이론을 수정해야 한다고 주장한다."[53]

보수파 역시 과학을 동원해 자신들의 입장을 옹호했다. 아처볼드 알렉산더 하지(A. A. Hodge)와 벤저민 워필드(Benjamin B. Warfield)는 논쟁의 초기에 이렇게 말했다.

> [우리는]…성서의 영감이라는 위대한 공교회적 교리가 완벽히 옳으며…그러므로 [성서의] 모든 요소와 그 속의 모든 주장이 절대적으로 무오하고 사람들의 믿음과 순종을 요구한다고 진심으로 확신한다. 그럼에도 불구하고, 우리는 우리와 [현대적인 비평의] 옹호자들 사이에 논쟁이 되는 이 문제 역시 모든 증거, 즉 성서 자체의 주장과 성서가 기록하는 사건들을 철저하고도 편견 없이 연구함으로써만 결정될 수 있는 하나의 사실이라는 점을 인정한다.

---

53) Charles A. Briggs, "Critical Theories of the Sacred Scriptures in Relation to Their Inspiration", *Presbyterian Review* 2 (July 1881): p. 558, Henry Preserved Smith, "The Critical Theories of Julius Wellhausen", 같은 책 3 (Apr. 1882): p. 386, Briggs, "Critical Theories", p. 557.

이들의 동료였던 윌리엄 헨리 그린(William Henry Green)은, 로버슨 스미스 (W. Robertson Smith)로 하여금 구약 성서에 관한 비평적 견해를 받아들이게 했던 "전제들"에 대해 조사하는 쪽을 택하지 않고 귀납의 방법을 택했다. "우리는 올바르게 확인된 사실에만 주의를 기울일 것이다." 그리고 윌리스 비처 (Willis J. Beecher)는 새로운 견해의 "단순한 가설들"은 아무것도 증명하지 못한다고 주장했다. "실증적인 증거라는 요소 없이는 하나의 가설 혹은 백 개의 가설도 그 자체로는 아무런 의미가 없다.…단순한 가설에만 근거한 주장을 남발하는 저자는 무비판적인 사람일 뿐이다."[54] 이 논쟁에서 양쪽은 모두 전제의 역할을 인정했다. 상대편이 올바른 과학적 방법론으로 성서를 연구하지 못하는 것은 그들이 세워 놓은 전제 때문이다.

일단 논쟁이 이처럼 과학적인 형식에 관한 것으로 향한 후에는 그로부터 거의 벗어나지 않았다. 자유주의적인 학자들이 성서의 과학적 정확성에 대한 새로운 관념을 활용했던 것처럼, 복음주의자들도 망설임 없이 앞선 시기의 미국식 계몽주의의 기준을 계속해서 성서에 적용했다. 예를 들어, 토리(R. A. Torrey)의 「성경의 교의: 성경은 무엇을 가르쳐 주시는가?」(*What the Bible Teaches*, 1898, 혜문사 역간)는 '엄격한 귀납적' 방법론을 따랐다. 이 방법론은 "현대 과학의 방법론을 성서학에 적용한 것으로, 철저하게 분석한 후 신중하게 종합하는 방법론이다." 그 결과 "성서의 진리에 대한 신중하고 편견에 치우치지 않으며 철저하고 **귀납적인** 연구와 진술"이 가능해진다.[55] 더 학구적인 보수주의자들 역시 같은 길을 따랐다. 예를 들어, 프린스턴 신학교의 로버트 딕 윌슨

---

54) A. A. Hodge, Benjamin B. Warfield, "Inspiration", *Presbyterian Review* 2 (Apr. 1881): p. 237, William H. Green, "Professor W. Robertson Smith on the Pentateuch", 같은 잡지 3 (Jan. 1882): p. 111, Willis J. Beecher, "The Logical Methods of Professor Kuenen", 같은 잡지 3 (Oct. 1882): p. 706.
55) R. A Torrey, *What the Bible Teaches* (Chicago: Fleming H. Revell, 1898), p. 1.

(Robert Dick Wilson)은 「구약 성서에 대한 과학적 연구」(*A Scientific Investigation of the Old Testament*, 1926)라는 책에서 구약 성서에 관한 전통적인 결론을 뒷받침하기 위해 예언이나 기적을 사용하지 않겠다고 말했다. 대신 그는 "증거의 방법,… 즉 법정에서 인정되는 문서에 적용되는 것과 동일한 증거의 법칙,…성서 사본과 번역본 그리고 성서 외에 이집트나 바빌로니아의 문헌에 제시된 증거"를 사용하여 전통적인 견해가 참되다는 것을 증명하겠다고 말했다.56)

그러므로 결국 복음주의자들이 분열한 까닭은 성서 비평을 둘러싼 문제 때문이었다. 그러나 그것은 여전히 사실들에 관한(또한 학교와 교단에 대한 지배권에 관한) 투쟁이었다. 이러한 투쟁은 계몽주의적 합리성에 대한 전통적인 복음주의적 확신에 전혀 영향을 미치지 않았다. 이때는 과학이 의문의 여지없이 주도권을 쥔 시대, 즉 초기의 복음주의적 계몽주의에서 견지하던 낙관주의와 현세 중심적인 관점, 과학에 대한 신뢰를 완전하게 구현한 시대였기 때문에, 그리고 한 세기 동안 복음주의자들에게 그 외의 다른 세계란 없었기 때문에, 새로운 문제마저도 미국의 첫 계몽주의가 전해 준 오래된 확실성을 근거로 해결해 보려는 태도는 그들에게 제2의 천성과 마찬가지였다. 남북전쟁 이후 학문적인 조건이 변화하는 데 대해 보수적인 복음주의자들은 예전의 대중적 과학을 유지하려고 노력한 반면, 자유주의적인 복음주의자들은 예전의 대중주의에 맞서 새로운 엘리트 과학을 선택했다. 그러나 양쪽 모두 그리고 그 사이에 있는 다수의 사람들 역시 스스로를 정당화하는 권위를 가졌던 옛 관념이나 상식의 명령에 대해서는 도전하지 않았다.

---

56) Robert Dick Wilson, *A Scientific Investigation of the Old Testament* (Philadelphia: Sunday School Times, 1926), pp. 6-7.

복음주의와 미국 문화의 결합이 남긴 지적 유산

복음주의적 개신교가 미국 역사 초기에 그 정도로 강력한 영향력을 행사하게 된 요인 중 하나가 바로 복음주의가 도덕적 계몽주의를 채택했다는 점이다. 그렇게 하지 않았다면, 그들의 운명은 유럽의 국가 교회들의 운명과 크게 다르지 않았을 것이다. 유럽에서는 국가 교회들이 계속 전통과 위계에 의존하다가 보통 사람들과의 접촉점을 잃어버렸고, 결국 한때 유럽 지성계를 지배했던 지위를 상실하고 말았다. 미국의 복음주의자들이 복음에 대한 평판과 사회에서의 영향력을 잃지 않은 것만으로도 엄청난 성취였다. 그러나 불행히도 미국 문화의 주류와 성공적으로 동맹을 맺은 결과, 지적인 측면에서는 빈약한 유산밖에 남기지 못했다.

중요한 문제는, 기독교화한 계몽주의가 전제에 지나치게 크게 의존한 나머지 이러한 관점에 담겨 있는 철학적, 심리학적, 윤리적 의미를 계발하는 데 대해서는 거의 생각하지 않았다는 점이다. 기독교적 활력이 이 나라를 이끄는 한, 모든 것이 좋았다. 그러나 남북전쟁 이후 새로운 사회적인 조건들로 인해 이러한 활력이 한풀 꺾이게 되었을 때 또 남북전쟁 이후 미국인의 삶을 점점 파고들던 유럽으로부터 유입된 새로운 사상에 의해 그런 활력이 도전받게 되었을 때, 거기에 대응할 수 있는 지적 능력은 거의 전무했다. 상식 철학으로부터, 공화주의적 정치학, 민주주의적 사회 이론, 자유주의적 경제학에 이르기까지, 이 모든 것은 그리스도인들에게 권장할 무언가를 가지고 있었다. 그 각각에 대해 기독교적 이상과 양립할 수 있다고 주장할 수 있기 때문이다. 그러나 문제는 복음주의 지성사에서 실제로 이를 증명하려는 노력이 거의 없었다는 점이다. 대부분의 복음주의자가 자신의 신앙과 미국적인 이상이 잘 들어맞는다는 것을 그저 당연하게 생각했을 뿐이다. 복음 전도와 열정적인 도덕적 행동주의를 통해 교회의 즉각적인 필요를 충족시키는 데 큰 성공을 거둔 것처럼 보였기 때문에, 그리스도를 위해 지성을 사용해야 할 필요를 거의 느끼지 못했다.

그러나 결국 그 대가를 치러야 했다. 남북전쟁 이후 문화적·지적 위기감이 급속히 확산되었다. 무디와 같은 지도자들의 탁월한 성공을 통해 복음 전도는 계속되었다. 그러나 그리스도인들은 실패도 많이 했다. 그들은 지적으로 감당할 수 없는 압력에 직면했다. 한 세대 만에 도시가 급격히 증가했다. 이런 도시에서 오래된 교회들은 더 이상 이전과 같은 활기를 보여 줄 수 없는 것 같았다. 새롭게 미국인이 된 이민자들이 엄청나게 늘어났고 이는 사회적 응집력에 큰 문제를 야기했다. 거대한 공장이 도처에 생겨났고, 공장을 소유한 사람들은 공공 생활에서 맞설 상대가 없을 정도로 큰 영향력을 행사했다. 해방된 노예는 비인간적인 조건이 그대로 남아 있는 남부로 강제 송환되었다. 성서에 대해 시대의 문제와 무관한 신화적인 책이라고 공격하는 사람들도 점점 늘어 갔다. 생물학의 새로운 견해는 하나님에 의한 창조와 인간이라는 종의 유일성에 대해 도전해 왔다.[57]

이런 문제를 다루기 위해 자신이 가진 지적 자원에 눈을 돌렸을 때, 그리스도인들은 가진 것이 거의 없음을 깨달았다. 그들은 성서가 여전히 삶의 모든 문제에 대한 해답을 가지고 있다고 믿었다. 그러나 그 해답이 무엇이란 말인가? 누가 시간을 들여 이런 종류의 사회적·지적 문제에 관해 생각해 보았단 말인가? 누가 복음 전도에 열정을 쏟듯이 이런 문제를 해결하는 데 열정을 쏟았단 말인가? 안타깝게도 이런 물음에 대해, 일관된 기독교적 사고를 위해 노력한 사람이 거의 없었다고 답할 수밖에 없다.

정교한 신학을 추구하는 대신 오직 성서만으로라는 원리를 고수한 결과, 새로운 조건들—19세기 말의 사회적 격변과 그 다음 20세기의 일련의 계속되

---

[57] 이러한 변화에 대해서는 Robert H. Wiebe, *The Search for Order, 1877-1920* (New York: Hill and Wang, 1967)과 Ferenc Morton Szasz, *The Divided Mind of Protestant America, 1880-1930* (University: University of Alabama Press, 1982)에서 잘 요약하고 있다.

는 변화들, 즉 대공황과 극단적인 종교 다원주의, 제2차 세계대전, 공산주의의 발흥과 붕괴 등—이 나타났을 때, 이에 대해 사고할 토대가 거의 부재했다. 19세기 내내 복음주의자들은, 성서와 조화를 이루면서도 성서로부터 현대의 상황으로 그리고 다시 현대의 상황으로부터 성서로 사고할 수 있는 최선의 방법을 찾으려는 의식적인 노력을 거의 하지 않았다. 다시 말해, 성급히 성서를 인용하는 습성만큼 꾸준히 연구하는 습성을 익히지 못한 것이다. 문화 전체가 일반적인 기독교적 가치관을 고수할 때는, 성서 본문을 증거로 제시하는 태도(proof-texting)가 심각한 폐해를 일으키지는 않았다. 그러나 이런 일반적인 기독교적 가치관이 약화되기 시작했을 때, 세상 전반에 대해 그리스도인답게 사고하지 못하는 복음주의 신학의 약점은 너무나 분명해졌다.

그로 인해 기독교라는 이상은 타격을 받았다. 이전 시대에 기독교는 효과적인 복음 전도나 도덕적인 개혁에 대한 열정에 걸맞은 지성에 관심을 보이지 않았다. 그 결과는 암울했다. 인간의 죄인됨과 하나님의 은총, 그리스도의 초자연적인 사역에 거의 관심을 기울이지 않는 신학적 자유주의가 출현했다. 문화 전반에 세속적인 정신이 급속히 퍼져 갔다. 그에 대한 반응으로, 이제 곧 대부분이 근본주의자라 불리게 될 정통적인 복음주의의 후예들은 기독교의 기본 진리를 고수했다. 그러나 그러기 위해 더 폭넓은 세상의 문제로부터 노피해 내적 영성이나 종말에 대한 예언의 세부 사항에 몰두하게 된다.

5

근본주의라는 지적 재앙

19세기 말, 20세기 초 복음주의 사상의 역사는 실망스러운 것이 사실이다. 그러나 문제의 본질을 이해하기 위해서는 광범위한 문화적 맥락을 이해해야 한다. 그렇게 큰 그림을 바라보면, 이전에는 개신교적인(그리고 대개는 복음주의적인) 의식이 우세했던 미국 사회가 변화하기 시작했다는 점과 보수적인 복음주의자들 사이에서 몇 가지 중요한 신학적 혁신이 이루어졌다는 점이 두드러진다.[1] 북미 종교사 혹은 북미 복음주의 역사를 온전히 이해하기 위해서는 먼저 큰 그림부터 보아야 한다. 이렇게 함으로써 특정한 지적 발전이 어떤 맥락에

---

1) 이 점에 대해서도 캐나다의 상황과 비교해 보는 것이 유익할 것이다. 영국령이었던 캐나다와 프랑스령이었던 캐나다 두 지역 모두 미국과는 다른 형태의 기독교 문화를 오랫동안 유지해 왔기 때문이다. 캐나다의 복음주의자들 사이에서는 19세기 말의 새로운 신학들이 미국에서와 같은 지적 대립 양상을 빚지는 않았다. 이에 대해서는 특히 Michael Gauvreau, *The Evangelical Century: College and Creed in English Canada from the Great Revival to the Great Depression* (Montreal and Kingston: McGill-Queen's University Press, 1991)과 Marguerite Van Die, *An Evangelical Mind: Nathanael Burwash and Methodist Tradition in Canada, 1839-1918* (Montreal and Kingston: McGill-Queen's University Press, 1989)을 보라.

서 이루어졌는지를 이해할 수 있기 때문이다.[2]

그러나 여기서는 외부적으로는 칼리지와 대학교의 발전에, 내부적으로는 근본주의와 근대주의 간의 논쟁의 결과에 큰 영향을 받은 지성사에 초점을 맞출 것이다. 이 논쟁은 두 부분으로 나뉜다. 첫째 부분은 근본주의가 지성에 남긴 일반적인 유산과 관련이 있고, 둘째 부분은 성결 신학, 오순절 신학, 세대주의 신학을 폭넓게 수용한 결과로 복음주의의 지성에 나타난 특정 문제들과 관련이 있다. 1930년대에 이르러 이러한 외부적인 발전과 내부적인 변화가 결합하자, 미국의 보수적인 복음주의자들은 지적 빈사 상태에 빠지고 만다.

대학교의 변화   19세기 말 고등교육 제도의 재편만큼 북미 복음주의의 사고에 큰 영향을 미친 역사적인 변화는 없었다. 이런 변화의 결과로, 그때까지 칼리지 교육을 장악해 온 복음주의자들이 이 나라의 지적인 중재자로서의 역할을 완전히 상실했기 때문이다. 앞 장에서 보았듯이 복음주의자들은 도덕적 계몽주의를 체득하는 데 성공했으며, 이를 통해 신생 미국의 지배적인 지적 세력이 될 수 있었다.

---

2) 이와 관련하여 반드시 참고해야 할 연구서로는 George M. Marsden, *Fundamentalism and American Culture: The Shaping of Twentieth Century Evangelicalism, 1870-1925* (New York: Oxford University Press, 1980)가 있다. 그 밖에 복음주의 역사를 이해하기 위한 광범위한 맥락을 위해서는, Sydney E. Ahlstrom, *A Religious History of the American People* (New Haven: Yale University, 1972), pp. 731-872, Robert T. Handy, *A History of the Churches in the United States and Canada* (New York: Oxford University Press, 1977), pp. 262-376, George W. Dollar, *A History of Fundamentalism in America* (Greenville, SC: Bob Jones University Press, 1973), Martin E. Marty, *Modern American Religion*, vol. 1: 1893-1919, vol. 2: 1919-1941 (Chicago: University of Chicago Press, 1986-91), Mark A. Noll, *A History of Christianity in the United States and Canada* (Grand Rapids: Eerdmans, 1992, 「미국·캐나다 기독교 역사」, CLC), pp. 311-389를 보라.

그러나 1865년에서 1900년 사이에 상황이 완전히 바뀌고 말았다.[3] 1869년에 하버드의 총장이 된 찰스 엘리어트(Charles Eliot)는 이 영향력 있는 교육 기관을 혁신하고 확장시키기 시작했다. 1876년에 설립된 존스 홉킨스 대학교는 대학원 교육을 확립하는 데 선도적인 역할을 했다. 다른 중요한 변화도 일어났다. 코넬, 시카고, 스탠퍼드와 같은 새로운 대학교들이 설립되었으며, 예일, 프린스턴, 컬럼비아 같은 오래된 사립 칼리지들이 대학원과 전문대학원을 갖춘 종합대학교로 바뀌었다. 그리고 중서부와 서부에서는 미시건과 위스콘신 같은 주요 주립대학교들이 갑작스럽게 성장했다.

가장 중요한 점은, 지금까지 기독교 공동체가 미국 고등교육을 위한 재정을 제공해 왔던 것과 달리 이런 폭발적인 학문적 성장을 가능하게 했던 자금이 기독교 공동체로부터 나온 게 아니었다는 사실이다. 이러한 팽창을 가능하게 한 자금을 제공한 이들은, 첫째로는 부유한 신흥 기업가들이었고 그 다음으로는 주 정부들이었다. 교회나 복음주의권의 자발적 조직들과 관련된 기금망은 해가 갈수록 약해졌다.

이 기간에는 칼리지와 대학교에 다니는 학생수도 전례 없이 증가했다. 1870년과 1900년 사이에 이 나라의 인구가 (4천만에서 7천6백만으로) 거의 두 배로 늘어난 반면, 대학생의 수는 거의 다섯 배 증가했다. 1860년에는 대학생 연령대에서 고등교육 기관에 다니는 이들이 1퍼센트가 채 안 되었던 반면, 1930년에는 그 비율이 12.4퍼센트로 증가했다.

---

3) 4장의 주 47과 주 57에서 언급한 일반적인 연구 외에도, Burton J. Bledstein, *The Culture of Professionalism: The Middle Class and the Development of Higher Education in America* (New York: Norton, 1976)와 Bruce Kuklick, *The Rise of American Philosophy: Cambridge, Massachusetts, 1860-1930* (New Haven: Yale University Press, 1977) 역시 이러한 대대적인 변화에 관한 유익한 통찰을 제공해 준다. 이 부분은 내가 쓴 William C. Ringenberg, *The Christian College: A History of Protestant Higher Education in America* (Grand Rapids: Eerdmans, 1984)의 '서론'을 수정 보완한 것이다.

자금과 학생이 대거 유입되는 와중에 이 때까지 미국 고등교육의 특징이었던 기독교적인 성격이 거의 아무도 알아차리지 못하는 사이에 점점 약화되고 있었다. 새로운 기부자나 학교의 행정을 맡는 이들도 교수진이 정통 신앙을 가지고 있는지에는 관심이 없었다. 이러한 변화를 보여 주는 증거는 무척 많았다. 하버드에서는 1886년부터 의무적인 채플 참석 제도가 폐지되었다. 1876년 존스 홉킨스의 창립식에서는 기도 순서가 없어진 반면 영국의 진화론자인 토머스 헉슬리(Thomas Huxley)가 연설을 맡았다. 기업인의 기부가 증가함에 따라 그들은 이사회나 대학을 기업처럼 운영하는 데도 큰 관심을 드러냈다. 이에 따라 이사진에서는 기업가와 은행가들이 성직자들을 대체하고, 대학 총장도 목회자가 아닌 평신도가 맡게 되었다. 1839년에는 미국의 54개 대학 총장 중 51명이 성직자였으며 그들 대부분이 복음주의자였지만, 19세기 말에 이르면 그 수가 급격히 줄어든다.

교과 과정의 경우, 새로 설립된 대학교들은 예전의 영국식 표준 대신 독일식 교육 모델을 받아들였다. 인격이 아니라 연구를, 전통의 전수가 아니라 지적 혁신의 추구를 표어로 삼았다. 뿐만 아니라, 혁신된 대학교들의 교과 과정에서는 특히 찰스 다윈의 「종의 기원」에 제시된 충격적인 주장을 모범으로 따르는 과학의 새로운 이상이 전례 없는 중요성을 띠게 되었다.

새로운 대학교들은 미국의 기독교 고등교육 기관이 전통적으로 강조해 온 제도를 폐기했다. 큰 결함이 있기는 했지만, 그동안의 교육은 기독교 신앙과 세상의 학문을 조화시키려고 노력했었다. 그러나 남북전쟁으로부터 제1차 세계대전에 이르는 시기 동안 이러한 노력은 점점 덜 중요해졌다.[4] 남북전쟁

---

4) 이러한 변화에 대한 훌륭한 사례 연구로는 David B. Potts, *Wesleyan University, 1831-1910* (New Haven: Yale University Press, 1992), John Barnard, *From Evangelicalism to Progressivism at Oberlin College, 1866-1917* (Columbus: Ohio State University Press, 1969), Thomas H. A. Le Duc, *Piety and Intellect at Amherst College, 1865-1912* (New York: Arno Press, 1969) 등이 있다.

이후 기업가들은 새로운 과학 기술을 광범위하게 활용해 막대한 잉여 자본을 축적해 갔다. 이러한 잉여 자본은, 미국에서 기독교와 문화의 통합을 통해 오랫동안 사람들에게 심어 주려고 했던 이타주의라는 속박을 대체로 거부해 온 기업가들이 만들어 낸 것이었다. 정도의 차이는 있지만, 미국의 기업가들은 허버트 스펜서(Herbert Spencer)를 통해 대중화 된 사회적 진화론(social Darwinism)을 받아들인 것으로 보인다. 이 미국의 신흥 부유층이 교육에 투자한 이유 중 하나는, 새로 설립된 대학교에서 가르치고 연구하는 실용적인 과학과 경영 이론을 더욱 장려하는 한편 오래된 칼리지에서 강조하는 도덕주의를 약화시키기 위함이었다. 기업가들의 직접적인 영향 때문이든 아니든, 대학 이사진에서는 성직자들이 기업인으로 대체되었고, 대학 총장으로는 목회자들 대신 경영 이론과 새로운 과학의 요구에 민감한 교육가들이 영입되었다. 또한 새로운 총장들은 정통 신앙을 보존하는 것보다 학문적인 평판에 훨씬 큰 관심을 기울였다. 더 나아가서, 이러한 총장들이 장려한 새로운 학문은 한때 미국 대학을 지배했던 옛 정통으로부터 떠나 있었다. 새로운 연구는 과학적으로는 자연주의적이고 철학적으로는 실용주의적인 경향이 점점 더 짙어졌다. 한편 새로운 자연주의적 과학과 실용주의적 철학은, 자본가들에게 훈련과 기술을 제공하는 한편 신흥 산업 자본에 대한 비판은 거의 하지 않음으로써 막강한 기업 세력을 더욱 부추기는 결과를 낳았다. 이렇게 하여 기업가와 칼리지, 학문 사이에 순환의 고리가 완성되었다.

대학교의 변화 속에서도 종교에 대한 강조가 완전히 사라진 것 같지는 않았다. 여전히 종교를 강조했지만, 성공한 학교들은 새로운 발전과 타협한 학교들이었다.[5] 국외적으로는 미국의 부상을, 국내적으로는 민주주의의 확산

---

5) 특히 George M. Marsden, Bradley J. Longfield, ed., *The Secularization of the Academy* (New York: Oxford University Press, USA, 1992)에 실린 Bradley J. Longfield와 Darryl G. Hart의 논문, George M. Marsden, *The Soul of the American University: From Protestant Establishment to*

을, 그리고 사회적인 문제에 대해서는 근대 과학의 적용을 지지했던 온건한 자유주의적 개신교는 새로운 대학교 안에서도 그 지위를 유지할 수 있었다. 그러나 이러한 개신교는 그리스도 안에 있는 구원의 보편적인 필요성이나 성육신의 초자연적 성격과 같은 몇 가지 전통적인 복음주의 신념으로부터 등을 돌리고 만다. 자유주의적 개신교인들 역시 종교적 경험을 담고 있는 없어서는 안 될 기록으로서의 성서의 권위를 받아들이기는 했지만, 보통 성서의 초자연적인 성격이라고 믿던 것에 대해서는 다른 방식으로 설명하고 넘어가려 했다.

이렇게 새로운 자본, 사회적 진화론, 자연주의적 과학, 타협적인 개신교가 결합하자, 복음주의적 신념과 미국의 이상, 상식주의적이며 베이컨주의적인 과학 사이의 옛 결합은 급속히 퇴조해 갔다. 이러한 옛 결합의 몰락은 미국에서 기독교 지성을 세우려는 보수적인 복음주의자들의 노력이 좌절되었음을 의미했다. 새로운 대학교에서는, 진리의 각 부분을 경험적인 과학을 통해 발견할 수 있으며 그 자체로도 존립할 수 있다는 가정 하에 지식을 총체적으로 파악하려는 노력을 점점 포기해 갔다. 과학을 추구하는 것은 그보다 먼저 하나의 세계관을 받아들이는 것과 무관하다고 가정하면서 종교적인 신앙과 학문을 통합하려는 노력을 전적으로 포기하거나, 종교와 근대 사상의 확실성을 조화시킬 필요가 있다는 생각 때문에 그런 노력을 크게 변질시켰다. 이 과정에서 상식주의적 윤리와 베이컨주의적 귀납론은 기독교적으로 변용하기 어려운 새로운 형태의 사상과의 싸움에서 거의 패배하고 말았다.

남북전쟁 이전 미국의 기독교적 사고의 질은 뛰어나지 않았을지 모른다.

Established Nonbelief (New York: Oxford University Press, 1994), R. Laurence Moore, "Secularization: Religion and the Social Sciences", *Between the Times: The Travail of the Protestant Establishment in America, 1900-1960*, ed. William R. Hutchison (New York: Cambridge University Press, 1989)을 보라.

그러나 그런 것이 존재하기는 했다. 새로운 대학교가 부상함에 따라, 예전에는 학문적 경향과 대중주의적 경향 사이의 긴장 속에서 존재했던 복음주의적 사고가 이제 거의 배타적으로 대중주의적 경향을 띠게 된다.

근본주의 근본주의 운동은, 대학교의 변화를 비롯한 미국 사회 전반의 변동에 대한 반응이었다. 장차 근본주의자가 될 이들은, 로마 가톨릭교도과 유대인 그리고 교회에 다니지 않는 이들이 이민자로 대거 유입되는 상황이 그들이 개신교 국가라 믿었던 미국에 어떤 영향을 미칠지 두려워했다. 또한 이들은 갑자기 생겨난 도시로 인해 미국 문명의 중심이었던(또한 개신교가 큰 성공을 거두었던) 소도시와 농촌 지역이 급속히 사라지는 것에 대해 당혹스러워했다. 그리고 자연주의적 철학의 유행에 대해, 그것이 성서를 저버리는 것에 대해, 그리고 대학교 밖으로 확산되는 것에 대해 경악했다. 이러한 대중적인 우려가 무척 중요했기 때문에 근본주의가 지성에 미친 영향력은 일종의 역사적 부산물이라 여겨도 될 정도다. 그러나 부산물이었더라도 근본주의가 지성에 미친 영향은 아주 심대했다.[6]

신학적으로 보수적인 그리스도인들은 미국 교회사의 근본주의 운동에

---

[6] 근본주의 현상에 대한 최상의 연구서는 Marsden, *Fundamentalism and American Culture*와 Ernest R. Sandeen, *The Roots of Fundamentalism; British and American Millenarianism, 1800-1930* (Chicago: University of Chicago Press, 1970)이다. 그러나 Dollar, *A History of Fundamentalism in America*나 David O. Beale, *In Pursuit of Purity: American Fundamentalism Since 1850* (Greenville, SC: Unusual Publications, 1986)처럼 근본주의를 지지하는 후대의 사람들이 쓴 책에서도 귀중한 통찰을 얻을 수 있다. 특정 지역의 근본주의에 대한 연구로는 William Vance Trollinger, Jr., *God's Empire: William Bell Riley and Midwestern Fundamentalism* (Madison: University of Wisconsin Press, 1990)이 모범이 될 만하다. Mark Ellingsen, *The Evangelical Movement* (Minneapolis: Augsburg Publishing House, 1988)는 유럽과 미국의 루터교회의 관점에서는 이 장의 주제를 어떻게 바라볼 수 있는지를 잘 보여 준다.

대해 애매모호한 태도를 보일 수밖에 없다. 20세기 초의 근본주의자들은 전통적인 기독교 이해에 필수적인 많은 신념을 옹호했다. 자연주의가 종교를 위협하고, 상대주의가 사회의 도덕을 공격하고, 지적 유행은 성서를 그저 골동품에 불과한 책으로 취급하던 시대에, 근본주의자들은 종교의 초자연적인 성격, 기독교 도덕의 객관성, 시대를 초월한 성서의 유효성 등에 대해 마땅히 해야 할 주장을 펼쳤다.

하지만 그와 동시에 지성에 몇 가지 중요한 문제를 야기했다. 첫째로, 근본주의는 반지성주의라는 일반적인 경향에 새로운 자극을 더했다. 둘째로, 처음부터 문제를 안고 있던 복음주의와 미국 문화를 19세기식으로 통합하는 특정 요소에 대해 보수적인 복음주의자들이 더욱 집착하게 만들었다. 셋째로, 근본주의의 주요한 신학적 강조점은 세상에 대한 기독교적 사고를 억누르는 결과를 가져왔다. 그러나 이런 결과를 검토하기 전에 근본주의 시대의 주요 신학적 혁신들을 간략히 요약해 볼 필요가 있다.

신학적 혁신

이른바 미국 문명의 위기에 대한 근본주의적 반응과 전통적인 신앙을 수호하겠다는 근본주의자들의 신학적인 열정은 몇 가지 새로운 신학적 경향으로부터 나온 것이다. 그것은 바로 성결[혹은 '더 나은 성결'(higher life)이나 '케직'(Keswick)]의 영성, 오순절 운동, 전천년주의적 세대주의였다.

성결 운동은 성령의 내주, 개인적 성화의 필요성, 평생에 걸쳐 은혜 안에서 자랄 수 있는 가능성 등에 대한 역사적 기독교의 관심사를 강조했다.[7] 이

---

7) 이에 대한 개괄로는 Thomas C. Oden, ed., *Phoebe Palmer: Selected Writings* (New York: Paulist Press, 1988), Melvin Easterday Dieter, *The Holiness Revival of the Nineteenth Century* (Metuchen, NJ: Scarecrow Press, 1980), H. Vinson Synan, *The Holiness-Pentecostal Movement in the United States* (Grand Rapids: Eerdmans, 1971)를 보라.

운동은 19세기 중엽 피비 파머(Phoebe Palmer) 여사와 같은 감리교인과 웨슬리 주의자들이 효과적으로 추진했다. 또한 찰스 피니가 활동하던 오벌린 칼리지(Oberlin College)에서도 성결 운동을 점점 강조하게 된다. 성령의 사역에 대한 영국 케직 사경회의 가르침이 엄청난 영향력을 발휘했고, 개신교 전반에서 이를 수용함에 따라 성결 운동은 더 큰 힘을 얻었다. 성결에 대한 관심은 나사렛교회(Church of the Nazarene)와 같은 교단들이 생겨나는 데도 큰 영향을 미쳤다. 그러나 그 영향력은 결코 웨슬리파에 국한되지 않았다. 성결 운동에서 자주 사용했던 말들—'제단에 모든 것을 내려놓는' 것 '토기장이 손에 들린 진흙', '더 깊이 있는 은혜의 길'을 체험하는 것, 그리스도와 '더 가까이에서 걷는' 것, '성령 세례', '더 나은 성결의 삶', '승리하는 삶', [죄의 능력을—역주] '이겨내는 능력' 등—은 기독교 영성에서 실제적인 체험에 대한 관심이 점점 커지고 있었음을 보여 준다.[8]

오순절 운동은 1906년 로스앤젤레스의 아주사 거리(Azusa Street)의 부흥운동을 통해 만개했지만, 성결 운동으로부터 비롯된 많은 강조점과 분파주의적인 개신교인들의 몇 가지 더 일반적인 강조점들이 결합하여 최고조에 이른 것이기도 했다.[9] 19세기 후반의 몇십 년간 북미와 유럽 전역에서는 여러 변형된 형태의 네 가지 복음 메시지—그리스도 안에서의 구원, 신유, (궁극적으로 방언을 통해 가장 명확히 나타난다고 여겼던) 성령 세례와 충만, 그리스도의 임박한 재림

---

8) Grant Wacker, "The Holy Spirit and the Spirit of the Age in American Protestantism, 1880-1910", *The Journal of American History* 72 (June 1985): 45-62는 성결 운동의 역사적인 맥락에 관한 탁월한 지침을 제공한다.

9) 오순절 운동에 대한 개괄로는 Edith Waldvogel Blumhofer, *Restoring the Faith: The Assemblies of God, Pentecostalism, and American Culture* (Urbana: University of Illinois Press, 1993), Donald W. Dayton, *The Theological Roots of Pentecostalism* (Metuchen, NJ: Scarecrow Press, 1987, 「오순절 운동의 신학적 뿌리」, 대한기독교서회), David Edwin Harrell, *All Things Are Possible: The Healing and Charismatic Revivals in Modern America* (Bloomington: Indiana University Press, 1975) 등을 보라.

을 강조한—가 널리 유행했다. 오순절 운동은 형식적인 틀을 갖춘 후에는 몇 가지 흐름으로 발전하게 되었지만, 여전히 그 핵심적인 특징은 이 말세의 때에 성령이 언어적으로, 신체적으로, 영적으로 체험될 수 있다는 믿음이었다.

20세기 초의 성결 운동과 오순절 운동도 다양한 형태로 전개되기는 했지만, 19세기 말 수많은 복음주의자 사이에 널리 퍼지기 시작한 세대주의 신학 보다는 규정하기에 더 수월하다고 말할 수 있다.[10] 세대주의는 플리머스 형제단(Plymouth Brethren)의 초기 지도자였던 존 넬슨 다비(John Nelson Darby)에 의해 일련의 신학적인 주장으로 미국에 소개되었다. 세대주의는 곧 다른 형태의 복음주의적 성서 신학과 더불어 큰 추종자를 거느리게 된다. 특별히 예언 운

---

10) 세대주의 신학에 대해 논하는 글을 보면 용어 정의의 어려움을 잘 알 수 있다. 언제 쓰였는가에 따라 강조점을 달리하는 경향이 있기 때문이다. 몇몇 주요한 '내부자들'의 설명으로는, C. I Scofield, *Rightly Dividing the Word of Truth* (Philadelphia: Philadelphia School of the Bible, 1921), Lewis Sperry Chafer, *Dispensationalism* (Dallas: Dallas Seminary Press, 1936), Chafer, *Systematic Theology*, 8 vols. (Dallas: Dallas Seminary Press, 1947), Charles Caldwell Ryrie, *The Basis of the Premillennial Faith* (New York: Loizeaux Brothers, 1953, 「전천년설 신앙」, 보이스사), Ryrie, *Dispensationalism Today* (Chicago: Moody Press, 1965, 「세대주의의 바른 이해」, 전도출판사) 등을 보라. 반대자들의 논의 중에서 가장 공정한 것들로는 C. Norman Kraus, *Dispensationalism in America* (Richmond: John Knox Press, 1958), Clarence B. Bass, *Backgrounds to Dispensationalism: Its Historical Genesis and Ecclesiastical Implications* (Grand Rapids: Eerdmans, 1960, 「세대주의란 무엇인가?」, 생명의말씀사), Daniel P. Fuller, *Gospel and Law: Contrast or Continuum?: The Hermeneutics of Dispensationalism and Covenant Theology* (Grand Rapids: Eerdmans, 1980), Vern Poythress, *Understanding Dispensationalists* (Grand Rapids: Zondervan, 1987, 「세대주의 이해」, 총신대학교출판부간) 등이 있다.

최근 '진보적인 세대주의자'임을 자처하는 이들이 내놓는 연구 때문에 세대주의를 정의하는 일이 더욱 어려워졌다. 그들은 앞선 시기에 반대자들과 옹호자들이 모두 세대주의 신학의 본질에 해당한다고 보았던 특정한 신념을 세대주의의 본질에 해당하지 않는다고 거부하기 때문이다. 예를 들어, Robert Saucy, "Contemporary Dispensational Thought", *TSF Bulletin* 7 (Mar.-Apr. 1984): 10-11, Saucy, "Dispensationalism and the Salvation of the Kingdom", *TSF Bulletin* 7 (May-June 1984): 1-2, Craig A Blaising, "Doctrinal Development in Orthodoxy", *Bibliotheca Sacra* 145 (1988): 133-140, 254-280, 그리고 특히 Craig A. Blaising, Darrell L. Bock, ed., *Dispensationalism, Israel and the Church: The Search for Definition* (Grand Rapids: Zondervan, 1992)에 실린 논문들을 보라. 최근의 자료를 나에게 소개해 준 Stephen Spencer와 Stan Gundry에게 감사드린다.

동 안에도 나타났고, 19세기 말 온타리오 주의 나이애가라온더레이크(Niagara-on-the-lake)에서 열린 연례 집회에 큰 영향을 미치기도 했다. 1909년 스코필드(C. I. Scofield)의 흠정역(King James Version) 주석 성경이 출판된 후(개정판은 1917년에 출간됨), 전천년주의적 세대주의는 메인라인 교단을 떠난 북부의 복음주의자들 가운데서 압도적인 영향력을 행사했고, 역사적 교단에 머무르던 북부와 남부의 복음주의자들 사이에서도 그 영향력을 점점 확대하기 시작했다.

세대주의를 정의하기 어려운 까닭은, 이를 주창했던 이들마다 다른 방식으로 정의했기 때문이며, 또한 외부의 관찰자나 반대자들 역시 상이한 요소를 핵심적인 교의로 보았기 때문이다. 1965년에 출간한 세대주의의 고전에서, 찰스 라이리(Charles Ryrie)는 "세대주의의 필수 조건"으로 다음 세 가지 신념을 꼽았다. (1) 이스라엘과 교회 사이의 엄격한 구별(이를 통해 역사에서 다양한 하나님의 경륜에 관심을 기울이게 됨), (2) '대개는 문자적인 해석이라 불리지만" 라이리는 "정상적인, 혹은 명백한" 해석이라 말하는 것이 더 적합하다고 생각했던 "해석의 체계", (3) "세상에 대한 하나님의 근원적 목적"으로서 구원의 완성보다는 하나님의 영광에 더 주목하는 태도 등이다.[11] 그러나 일부 후대의 세대주의자들은, 19세기에 다비가 처음으로 공식화한 이후 한 번도 확정된 적이 없었던 복잡한 형태의 신념에 대해 본질주의적인 정의를 부여하려는 라이리의 노력에 의문을 제기한다.[12] '진보적 세대주의자'를 자처하는 크레이그 블레이징(Craig Blaising)과 대럴 복(Darrell Bock)은 세대주의 신학에는 네 개의 발전 단계가 있다고 말한다. 즉, 나이아이애가라 수련회로부터 스코필드[와 그의 제자 루이스 스페리 체이퍼(Lewis Sperry Chafer)], 라이리를 거쳐 진보주의자들에 이르기까지 네 단계의 세대주의가 존재한다는 것이다. 또한 그들은 다비의 형제

---

11) Ryrie, *Dispensationalism Today*, pp. 44-46.
12) Blaising, "Dispensationalism: The Search for Definition", *Dispensationalism, Israel and the Church* (Grand Rapids: Zondervan, 1992): pp. 23-30.

단 신학, 새로운 성령의 시대에 초점을 맞추는 일부 오순절 운동 진영의 세대주의, 현재의 사건을 성서적 예언의 성취로 간주하는 할 린지(Hal Lindsey) 같은 이들의―날짜를 지목하는―'역사주의'[historicism; 초기의 세대주의자들은, 제칠일안식일예수재림교회 교인처럼 동시대의 사건에서 성서적 예언의 성취를 발견할 수 있다고 주장하는 '역사주의'를 지지한다는 혐의를 피하기 위해 예언된 사건은 미래에 성취될 것이라고 믿는 '미래주의'(futurism)를 옹호했다] 등과 같이 다른 변형된 형태의 세대주의도 존재한다고 말한다.[13]

그러나 이 책의 논의와 관련하여, 세대주의의 무게 중심이 어떻게 이동했는지를 추적하고 그 역사로부터 현재의 신학 연구에 유익한 교훈을 얻어내는 것과 복음주의 지성사를 서술하는 것은 엄연히 다른 일이다. 후자에 대해, 다양한 세대주의의 가장 두드러진 특징을, 다비와 스코필드, 체이퍼, 라이리, [체이퍼의 뒤를 이어 댈러스 신학교(Dallas Theological Seminary)의 총장이 된] 존 월부어드(John Walvoord)의 책을 읽을 때 느끼는 독특한 요소들이라 규정할 수 있을 것이다. 이러한 차원에서, 세대주의란 하나님이 인류와 맺으시는 관계를 몇 개의 예리하게 분리되는 시대로 나누어서 성서를 이해하는 태도라고 정의할 수 있다. 세대주의는 성서가 아담으로부터 신약 성서의 마지막까지 또 성서에 예언된 종말의 세대까지, 이러한 시대들 혹은 세대들에 대한 분명한 신적 해석을 제공한다고 본다. 그 사이에 오는 '교회의 시대'는 때때로 하나의 괄호로 취급된다. 이 시기에 일어나는 크고 작은 사건들은 일차적으로 하나님이 마지막으로 인간의 역사에 침투해 들어오시는 것에 대해 신자들을 준비시키는 역할을 한다. 세대주의 방법론은 성서적 진리, 특히 세상의 종말에 대한 진리를 입증해 내기 위해 (주 24에 인용된 스코필드의 예처럼) 성서 전체에서 뽑아낸 구절들

---

13) Blaising, Bock, "Dispensationalism, Israel and the Church: Assessment and Dialogue", *Dispensationalism, Israel and the Church* (Grand Rapids: Zondervan, 1992), p. 379.

을 적절히 배열하는 데 심혈을 기울이는 문자주의라 할 수 있다.

세대주의가 큰 인기를 누릴 수 있었던 핵심 요인은, 성서의 예언을 보통 사람들이 이해하고 현재 상황에 적용할 수 있도록 해석해 냈다는 데 있다. 오늘날 '진보적인' 세대주의자들의 신념은 언약이나 하나님 나라와 같은 유서 깊은 역사적 개신교의 주제와 점점 비슷해지는 것 같다. 그러나 역사적으로 보았을 때, 세대주의자들은 기성 교회의 쇠퇴나 배교, 그에 따른 문명의 타락, 그리스도인들이 거룩하지 않은 기존의 제도로부터 떨어져 나와야 할 필요성 등을 강조해 왔다. 전통적으로 세대주의자들은 믿지 않는 이들을 죄로부터 구해 내고 자신은 세상에 오염되지 않도록 지켜 내는 것이 현 시대에 주어진 책무라 생각했다. 세대주의의 초자연주의는 언제나 강렬했다. 지구상의 모든 유익한 활동의 배후에는 매개되지 않은 직접적인 하나님의 일하심이 있다고 생각했다. 반면에 모든 자연적이며 인간적인 악의 배후에서는 사탄이 간접적으로 활동하고 있다고 생각했다.[14]

이처럼 세대주의의 영향력과 새롭게 떠오른 성결 운동과 오순절 운동의 사조가 합류하여 미국 복음주의는 중요한 전환기를 맞는다. 이 세 운동이 완전한 제휴를 이룬 적은 한 번도 없었다. 사실 세대주의자들은 오순절 운동에서 방언을 강조하는 것을 비판했고, 성결 운동의 옹호자들은 세대주의자들의 복잡한 성서적 논증을 거부했으며, 일부 오순절주의자들은 이를 거룩함을 추구하는 데 방해가 된다고 여겼다. 그러나 이 세 운동 모두 세상의 위험, 세상과 분리된 경건이 주는 평안함, 복음 전도의 중요성, 종말에 대한 기대 등을 강조했다. 그리고 이러한 강조점은 복음주의 사상에 엄청난 영향을 미치게 된다.

---

14) 최근에 나온 '진보적인 세대주의자들'의 해석보다는 초기 세대주의자들과 (Bass, *Backgrounds to Dispensationalism*과 Kraus, *Dispensationalism in America*의 경우처럼) 반대자들이 바라본 그들의 입장과 그에 대한 비판에서 이런 식의 설명을 더 자주 접할 수 있다.

왜 이러한 신학적 혁신이 일어났을까?

성결 운동, 오순절 운동과 더불어 세대주의적 전천년설이 대두된 데 대해 몇 가지 설명이 가능하다. 이 운동의 지지자들에게는 단순한 성서적 진리를 믿는 것이 가장 중요한 문제였다. 뿐만 아니라 이 세 가지 신학적 혁신은 북미의 문화적 엘리트들이 점점 의문시했던 기독교의 특징을 강조했다. 교양 있는 이들이 하나님의 내재성을 점점 강조함에 따라, 세대주의자들은 하나님이 역사를 초월적으로 다스리신다는 믿음을 옹호했다. 문화 전반에서 기계론적인 과학에 대한 신뢰가 점점 커지자, 오순절주의자들은 하나님이 가장 평범한 사람의 삶 속에도 침투해 들어오실 수 있다고 주장했다. 학문적인 엘리트들이 현대의 가장 심각한 문제에 대해 실용주의적, 민주주의적, 사회과학적 해법을 제안할 때, 성결 운동의 지지자들은 성령을 해답으로 제시했다.

엄청난 수의 복음주의자들이 새로운 종교적 신념을 채택한 까닭을 다른 식으로 설명하는 이들도 있다. 종교 문제에 개인적인 이해 관계가 전혀 없는 역사가인 리오 리버포(Leo Ribuffo)는, 20세기 초의 세대주의적 전천년설은 미국인의 경험 속에서 한동안 잊혔던 종교적 사상, 대중적인 의사소통 전략, 정치적 도덕성의 습성 등의 수정판일 뿐이라고 말했다.[15]

이러한 신학적 주장을 받아들인 것은 북미 복음주의 개신교인들이 겪고 있던 주변화(marginalization)에 대처하는 방식이기도 했다. 복음주의자들은 한때 누리던 미국 사회에 대한 지배력을 상실했다. 그러나 성서를 공부했기 때문에 역사가 어디로 향하는지 알고 있었다. 그들은 "제단에 모든 것을 내려놓았기" 때문에 시대의 소란으로부터 보호를 받았다. 티모시 웨버(Timothy Weber)는 그 가능성을 이렇게 호의적으로 표현했다. "전천년설이 지난 세기의 위기

---

15) Leo P Ribuffo, *The Old Christian Right: The Protestant Far Right from the Great Depression to the Cold War* (Philadelphia: Temple University Press, 1983).

를 만들어 낸 것은 아니다. 그저 그 위기를 자기 목적에 맞게 활용했을 뿐이다. 통제를 벗어난 세상 속에서 미래에 대한 전천년주의적 관점은 복된 소망과 더불어 왜 상황이 이렇게 나쁘게 흘러가는지를 이해할 수 있는 방법도 제공했다. 성서가 몇백 년 전에 현재의 혼란을 예언했다는 것을 알고 묘한 위안을 얻는다."16) 그러나 더글러스 프랭크(Douglas Frank)처럼 동일한 평가를 더 날카로운 방식으로 표현할 수도 있다. "나는 바로 세대주의의 이러한 특징, 즉 합리주의적인 간결함과 체계적인 포괄성 때문에, 세기 말 위기의 시간 동안 역사에 대한 지배권을 회복할 수 있는 몇 가지 수단을 모색하던 복음주의자들이 세대주의에 경도되었다고 생각한다."17)

영국의 복음주의 역사가인 데이비드 베빙턴은, 두 지역의 복음주의자들이 다른 많은 공통점을 가지고 있음에도 세대주의적 전천년설이 영국보다 미국에서 훨씬 중요해진 이유를 몇 가지로 설명하면서 이 역사적 인과론에 대한 중요한 통찰을 제공한다.18) 베빙턴은, 이런 차이를 만들어 낸 요인은 수없이 많다고 결론을 내린다. 1870년대와 1880년대 영국에서는 종말에 대한 역사주의적 해석을 담은 중요한 책들이 출간되었고, 바로 그 시점에 미국에서는 미래주의적 세대주의가 중요해지고 있었다. 영국에서는 다비 류의 전천년설(Darbyite premillenialism)이 하나의 분파(즉, 형제단)에만 적합한 것으로 여겨졌

---

16) Timothy P. Weber, "Premillennialism and the Branches of Evangelicalism", *The Variety of American Evangelicalism*, ed. Donald W. Dayton, Robert K. Johnston (Knoxville: University of Tennessee Press; Downers Grove, IL: InterVarsity Press, 1991), p. 17. Weber의 책 *Living in the Shadow of the Second Coming: American Premillennialism, 1875-1982*, rev. ed. (Chicago: University of Chicago Press, 1987)는 세대주의의 주요한 주장에 대한 훌륭한 연구서다.
17) Douglas W. Frank, *Less Than Conquerors: How Evangelicals Entered the Twentieth Century* (Grand Rapids: Eerdmans, 1986), p. 73.
18) David W. Bebbington, "Evangelicalism in Modern Britain and America: A Comparison", *Amazing Grace: Evangelicalism in Australia, Britain, Canada, and the United States*, ed. George A. Rawlyk, Mark A. Noll (Grand Rapdis: Baker; Montreal and Kingston: McGill-Queen's University, 1994).

고, 따라서 미국에서처럼 진지하게 수용되지 않았다. 반면 미국에서는 세대주의가 초교파적인 예언 사경회에서 처음으로 소개되었다. 미국에서는 성서의 예언을 문자적으로 세대주의적으로 해석할 때 성서의 무오성이라는 중요한 교리를 영국보다 훨씬 더 정교하고 학문적으로 방어해 내려고 노력했다.[19] 마지막으로, 기성 교회에 대한 세대주의자들의 공격 역시 잉글랜드와 스코틀랜드의 국가 교회 교인들이 복음주의 운동에 큰 영향력을 행사했던 대영제국에서보다는 복음주의자들의 교세가 상대적으로 약했던 미국에서 훨씬 더 우호적으로 수용될 수 있었다.

폭넓은 문화적 맥락에서, 성결의 교리나 오순절주의뿐만 아니라 세대주의 역시 확산된 원인을 설명하기 위한 연구가 지금보다 훨씬 더 진지하게 이루어져야 한다. 그러나 이런 신학적 혁신은 이미 일어났고 그 혁신은 돌이킬 수 없는 것이었다. 돌이킬 수 없는 변화였던 만큼 복음주의의 사고에 심대한 영향을 미친 변화이기도 했다.

혁신의 의미   근본주의 시대는 복음주의적 사고에 여전히 중요한 영향을 미친다. 그것은 근본주의가 세상을 바라보는 (혹은 바라보지 않는) 지적 경향을 철저하게 확립했기 때문이다. 한 세기가 지나는 동안 근본주의에 수많은 변화가 일어났음에도 불구하고, 여전히 복음주의자들의 사고에 큰 영향력을 행사하는 일종의 지적 본능을 만들어 놓았다. 근본주의—특히 가장 의식적으로

---

19) 이 시점에서 역설적인 상황이 펼쳐진다. 미국에서 성서의 무오성을 가장 학문적으로 옹호했던 사람은 프린스턴 신학교의 B. B. Warfield였다. 그러나 그는 세대주의가 "신약 성서의 관점과 거의 조화를 이루지 못한다"고 주장했다. Warfield, "The Gospel and the Second Coming", *Selected Shorter Writings of Benjamin B. Warfield*, vol. 1, ed. John E. Meeter (Phillipsburg, NJ: Presbyterian and Reformed, 1970), pp. 348-355, 인용문은 p. 355.

이 운동을 지지했던 신학 체계인 세대주의를 통해 표현된—는, 몇 가지 단순한 반지성주의를 조장하고, 19세기 미국 복음주의의 통합이 안고 있던 문제점 몇 가지를 재강화했으며, 잘못된 사상으로 바른 결론을 옹호하는 데 중요한 영향을 미쳤다. 그 결과, 관점에서는 가현주의적이며 방법론에서는 영지주의적인 경향이 나타났다. 이 두 가지가 과거 근본주의에 대한 지적 비판의 핵심을 이룬다.

새롭게 떠오른 반지성주의

우선, 근본주의는 새로운 형태의 반지성주의에 빠짐으로써 하나님의 영광을 위해 그리고 그분이 만드신 세상을 더 잘 이해하기 위해 지성을 사용하려는 노력에 나쁜 영향을 미쳤다. 이 문제는 얼핏 보기보다 덜 심각할지도 모른다. 왜냐하면 초자연적인 종교를 옹호했던 이들, 특히 오순절주의자들과 성결 운동을 옹호했던 이들은 아무리 세상의 학문으로부터 등을 돌렸다 하더라도, 하나님의 실제적인 임재를 강조함으로써 정말로 필수적인 기독교의 목적을 추구했기 때문이다. 하지만 문제는 목적에 있는 것이 아니라 영적이기 위해서는 더 이상 세상에 관심을 기울여서는 안 된다는 전제에 있었다.

의사였다가 설교가가 된 웨일즈의 마틴 로이드존스는 1941년 한 수련회에서 영국 복음주의자들이 지적으로 취약한 원인을 분석해 달라는 부탁을 받았다. 당시 영국 복음주의자들이 지적으로 취약하다는 것은 외부의 관찰자들뿐 아니라 내부의 지도자들이 보기에도 너무나 분명했다. 로이드존스는 강연을 통해 19세기 말부터 나타난 새로운 신학적 입장이 미친 영향을 강조했다. 그가 영국에 대해 한 말은 미국의 상황에 훨씬 잘 들어맞을 것이다. 먼저 로이드존스는 "임박한 재림과 예언의 은사를 강조하여 학문의 필요성을 경시했던 [특히 에드워드 어빙(Edward Irving)의 가톨릭 사도 교회(Catholic Apostolic Church: 세대주의자였던 어빙의 영향으로 세워진 교회로 어빙파라고도 불림—역주)와 형제단에서 두드러졌던]

19세기 초 신학 운동의 지속적인 영향력"을 지적하면서 강력한 초자연주의의 대두를 강조했다. 한편 당시 미국에서는 오순절 운동과 세대주의의 복합적인 영향으로 이런 종류의 초자연주의가 나타났다. 그런 다음 그는 성결 운동의 결과에 대한 균형 잡힌 설명을 제시한다.

> 케직의 '더 나은 성결' 운동…역시 성서신학이나 깊이 있는 학문에 대한 관심을 축소시키는 데 일조했다. 바른 지성을 가진 그리스도인이라면 그 누구도 하나님의 교회 안에서 참된 성결과 의로움 아닌 다른 것을 구하지 않을 것이다. 그러나 케직은 **하나의** 교리, 즉 성결의 교리를 골라내서 그것을 "포기하라. 내어놓고 하나님께 맡겨라"라는 표어로 바꾸어 버림으로써 단순화하는 잘못을 저질렀다. 거룩하고 의롭게 되기를 원한다면 지성은 위험한 것이며, 대개 훌륭한 신학자가 거룩한 사람이 되기 어렵다는 말을 듣게 된다.…여러분은 나에게 현재의 지적인 취약성의 원인을 **진단**해 달라고 부탁했고 나는 그렇게 하고 있다.…만약 성화란 '맡겨 드리는 것', 성령께서 **모든 일을 하도록** 내버려두는 것이라 가르치고 있다면, 왜 복음주의자들 가운데 학자가 없느냐며 나를 원망하지 말라![20]

19세기 말 복음주의자들 사이에서 점점 세력을 키워 가던 교조적인 성서 문자주의가 낳은 또 다른 결과는, 학문적인 논쟁의 공간이 축소되고 미묘한 견해를 섬세하게 구별해 낼 여지가 사라졌다는 것이다. 또한 이러한 상황으로 인해 고전적 기독교의 정통 신앙에 완전히 만족하기는 했지만, 근본주의의 태도를 부끄럽게 여겼던 일부 지식인들이 근본주의 밖으로 내몰렸고, 이는 다시 반지성주의를 강화하는 결과를 낳았다. 아일랜드의 역사가인 데이비

---

20) Iain H. Murray, *D. Martyn Lloyd-Jones: The Fight of Faith 1939-1981* (Edinburgh: Banner of Truth Trust, 1990), pp. 72-74에서 재인용.

드 헴튼(David Hempton)은, 다비와 다른 이들이 북미에 전파한 종말론이 유행한 것과 동일한 결과가 영국의 복음주의자들 사이에도 나타났음을 지적한 바 있다. "극단적으로 단순화한 성서관과 그에 따른 성서 해석은 복음주의자였던 일부 지식인들을 불쾌하게 했다. 그리고 그로 인해 세대주의자들은 성서 비평 앞에서 취약해질 수밖에 없었다.…천년왕국론은 복음주의가 점점 편협지고 있음을 보여 주는 한 요소일 뿐이었으며, 이 때문에 신중한 옹호자들도 복음주의에 더 이상 매력을 느끼지 못했다. 예언 해석에 초점을 맞추는 강경한 성서 문자주의 때문에 복음주의는 세기 중엽에 성서 비평과 과학의 공격에 크게 취약할 수밖에 없었다."[21] 후에 카넬(E. J. Carnell)은 바로 이러한 반지성주의적 특성 때문에, 미국의 근본주의를 기독교 정통 신앙과 부분적으로만 관련을 맺은 "종파적"(cultic)이며 "이데올로기적인" 운동이라 불렀다.[22]

그뿐 아니라, 근본주의 운동은 대중주의적인 교사들의 교조적 권력을 더 강화시켰다. 대학교와 대학교에서 인정하는 공식적인 학문에 대해서는 의심하는 반면, 성서에 근거하여 확신 있는 주장을 펼칠 수 있는 사람들은 설득력 있는 권위를 지닌 인물로 환영했다. 존 윅 보우먼(John Wick Bowman)은 세대주의 신학의 반대자이기는 했지만, 스코필드 성서가 세대주의를 전파하는 강력한 도구가 된 요인들 중 하나를 정확하게 짚어 냈다. "모든 주제에 관한 [스코필드 성서의] 수많은 주장에는 절대적인 확실성 같은 것이 있다. 두말할 나위 없이 이런 성격은 성서학에 불편함을 느끼고 상대적으로 무지한 사람들의 관심을 끌기 위한 의도를 가지고 있었지만, 참된 학문을 추구하는 사람에게는 아

---

21) D. N. Hempton, "Evangelicalism and Eschatology", *Journal of Ecclesiastical History* 31 (Apr. 1980): pp. 187, 194. Hempton은 대표적으로, 복음주의적인 교육을 받았지만 이를 버리고 성공회 고교회파로, 그 다음에는 로마 가톨릭 교회로 떠난 John Henry Newman과 복음주의를 버리고 불가지론을 택한 Newman의 형제 Francis 등을 언급한다.
22) E. J. Carnell, *The Case for Orthodox Theology* (Philadelphia : Westminster Press, 1959), pp. 53, 114-117.

무런 감흥도 불러일으키지 못한다."[23] 스코필드 성서를 읽는 이들에 대한 보우먼의 평가를 꼭 받아들이지는 않더라도, 그가 지성에 대한 근본주의 지도자들의 태도에 대해 중요한 점을 포착했다는 것은 인정할 수 있다. 예를 들어, 모호하고 논란이 되는 성서 본문들—다니엘 9:24의 "일흔 이레"처럼—을 해석하면서 자신의 해석이 가능성 있는 유일한 해석이며 성서 전체의 의미와도 전적으로 일치한다는 것을 직관적으로 알 수 있다고 주장할 때, 스코필드는 복음주의적 사고에 결코 유익하지 않은 영향을 미치게 될 태도의 본보기를 보여 주었다.[24] 지성이, 증거와 결론 사이의 연관 관계를 검토할 때 대안적인

---

23) John Wick Bowman, "Dispensationalism", *Interpretation* 10 (1956): p. 172.
24) *The Scofield Reference Bible*, rev. ed. (New York: Oxford University Press, 1917, 「스코필드주석성경」, 말씀보존학회), pp. 914-915에서는 단 9:24의 "일흔 이레"를 다음과 같이 주석하고 있다. "여기서 이레란 '주간' 혹은, 더 정확히 말하자면, 7년이다. 즉, 하나에 7년인 주간이 70번 지난다는 뜻이다. 이 일흔 '주간'이 지나야 이스라엘에 대한 처벌이 끝나고 하나님이 이스라엘에 영원한 의를 세우실 것이다(24절). 일흔 주간은 일곱 이레=49년, 예순두 이레=434년, 한 이레=7년으로 나뉜다(25-27절). 일곱 이레, 즉 49년이 지나면 예루살렘은 '곤란한 기간' 중에 재건될 것이다. 에스라와 느헤미야가 기록한 대로 이것은 이미 성취되었다. 그로부터 예순두 이레, 즉 434년이 지나서 기름부음을 받은 자(메시아)가 올 것이다(25절). 이는 그리스도의 탄생과 나타나심을 통해 성취되었다. 26절은 불확정적인 시기를 가리키는 것이 분명하다. 여기서 예수님이 십자가에 달리신 날짜는 고정되어 있지 않다. 그저 예순두 이레 '후에'라고만 말할 뿐이다. 이것이 26절에서 말하는 첫 번째 사건이다. 두 번째 사건은 주후 70년에 성취된 예루살렘 성의 멸망이다. 여기서 '끝까지'라는 말은 고정되지 않은 기간이지만 이미 2천 년 가까이 계속되고 있다. 다니엘에게는 전쟁과 황폐가 지속될 것이라고 계시되었을 뿐이다(참고. 마 24:6-14). 신약에서는 구약의 예언자들에게는 숨겨졌던 것(마 13:11-17; 엡 3:1-10), 이 기간에 하나님 나라의 신비가 성취되리라는 것(마 13:1-50), 교회의 세워짐(마 16:18; 롬 11:25)에 대해 계시한다. 언제 교회 시대가 끝나고 마지막 이레가 시작되는지는 어디에도 계시되어 있지 않다. 이 시기는 겨우 7년에 불과할 것이다. 이보다 더 길다고 본다면 이는 성취에 의해 이미 확증된 해석의 원리를 위배하는 것이다. 27절에서는 마지막 이레에 대해 이야기한다. 27절의 '그는' 26절에서 말하는 장차 올 왕으로, 그 백성(로마)이 70년에 성전을 파괴했다. 그는 7장에 나타난 '작은 뿔'과 동일 인물이다. 그는 유대인들과 한 이레(7년) 동안 성전 제사를 회복시켜 주기로 언약을 맺지만, 그 시기 동안 언약을 깨뜨림으로써 단 12:11과 살후 2:3, 4의 예언을 성취할 것이다. 기름부음을 받은 자가 끊어져 없어진 후인 예순아홉째 이레와 단 7장의 '작은 뿔'이 무시무시한 일을 벌이는 일흔일곱째 이레 사이의 기간에 교회 시대가 끼어 있다. 27절에서는 그 마지막 이레의 3년 반(절반) 사이에 대해 이야기하는데, 이는 곧 '큰 환난'(마 24:15-28)이나 '어려운 때'(단 12:1), '시험의 때'(계 3:10)와 동일하다('대환난' 항목과 시 2:5; 계 7:14를 보라)."

해석이 존재할 수도 있음을 인정하거나 자신의 해석이 잠정적임을 자각하는 태도를 포함한다면, 근본주의의 자신만만한 교조주의에서는 지성을 권장하는 태도를 발견하기 어려울 수밖에 없다.

그러나 지성과 관련한 근본주의의 가장 심각한 폐해는 단순한 반지성주의가 아니라 근본주의 운동이 사고 행위 자체에 대한 19세기식 전제를 더욱 강화했다는 점이다.

19세기의 강화

자연, 사회, 예술 속에서 하나님의 영광을 발견하는 것을 가로막는 근본주의의 가장 큰 문제점은 19세기의 지적인 습성을 무비판적으로 채택했다는 것이다.[25] 특히 세대주의는 과학의 목표와 체계화의 목적에 대한 19세기의 견해에 심하게 의존했다. 객관적이고, 초연하고, 편견 없고, 중립적인 과학의 능력에 대한 지나친 신뢰가 19세기 초에는 용납될 수 있었다. 그러나 20세기 초에는 더 이상 변호할 수 없는 것이 되고 말았다. 근본주의자들은 과학에 대해 순진한 태도를 보인 것 외에도, 책임 있는 지성의 가능성을 약화시킨 몇 가지 다른 19세기적 특성도 드러냈다. 성서 구절을 신적 진리라는 완성된 그림을 얻어내기 위해 골라서 끼워맞추는 데만 필요한 퍼즐 조각처럼 취급한 점, 극단적인 '본질주의', 즉 특정한 공식으로 언제 어디서나 하나님이나 인간의 상태, 세상의 운명과 같은 모든 문제에 관한 성서적 진리의 본질을 포착해 낼 수 있다고 확신하는 경향, 그에 따라 특정 시대에 가장 중요해 보였던 문제를 이해하고 정의하는 데 역사가 큰 도움이 될 수 있음을 무시하는 태도, 이전

---

25) 그 배경에 대한 이해를 위해서는 George M Marsden, *Fundamentalism and American Culture*, pp. 55-62, Theodore Dwight Bozeman, *Protestants in an Age of Science: The Baconian Ideal Andante-Bellum American Religious Thought* (Chapel Hill: University of North Carolina Press, 1977), 그리고 Mark A. Noll, "Common Sense Traditions and American Evangelical Thought", *American Quarterly* 37 (Summer 1985): pp. 222-225에 있는 과학적 방법론에 관한 부분을 보라.

세대로부터 내려오는 지혜를 가볍게 무시해 버리는 교만에 가까운 자기 확신 등이 바로 그것이다. 19세기에는 지도적인 신학자와 평신도 지식인들이 더 폭넓고 역사적인 관심을 지녔기 때문에, 복음주의 지성계의 이런 특징적인 요소가 어느 정도 제어될 수 있었다. 그러나 근본주의 시대에는, 특히 세대주의 신학의 옹호자들 사이에서는 이런 특징들이 아무런 제한 없이 드러나기 시작했다.

사이러스 스코필드(Cyrus Scofield) 때부터 찰스 라이리의 시대에 이르기까지 세대주의에서 큰 영향력을 발휘한 대중적 지도자들은 한 목소리로 신학의 과학적, 객관적인 성격을 옹호했으며, 이를 옹호할 때도 전적으로 19세기의 방식을 사용했다. 예를 들어, 스코필드는 "영어 단어의 우연적인 의미에만 근거를 둔 옛 관주 체계는 비과학적이며 오해를 초래하는 경우가 많다"고 주장하면서 자신이 새로운 관주 성서를 내는 것을 정당화했다.[26] 체이퍼는 「세대주의」(Dispensationalism)에서 "성서의 구체적인 의미"에 초점을 맞춘다고 하면서 "가장 엄밀한 증거"로부터 그에 대한 결론을 이끌어내겠다고 주장했다.[27] 체이퍼의 「조직신학」에는 신학 방법론을 논할 때마다 19세기의 기계론적 과학주의에서 상투적으로 사용하는 문구가 반복적으로 등장한다.

> 조직신학이란 하나님과 그분의 사역에 관한 자료를 하나도 빠짐없이 검토하고 그로부터 **모든** 사실을 수집하고, 과학적으로 배열하고, 비교하고, 제시하고, 방어하는 학문이다.···성서를 연구하는 사람은···각각 하나님의 구체적인 목적이 있는 그분의 위대한 시대가 분명한 순서에 따라 나뉠 수 있음을 발견할 것이다.··· 신학자에게 하나님의 계획은, 건축가에게 설계도처럼, 뱃사람에게 해도(海圖)처

---

26) *Scofield Reference Bible*, p. iii.
27) Chafer, *Dispensationalism*, p. 7.

럼 중요하다.…하나의 과학으로서 신학은 계시의 그 위대한 영역[유형론]을 무시해 왔다.…인간 행위에 대한 교리를 묵상하는 것 역시 위대한 성서의 교리를 발견하고 분류하며 제시하는 것을 목표로 삼는 과학에 속한다.…일반적으로 해석의 과학을 **해석학**이라 부른다.…[해석학의 핵심은 바로] 논리적 절차와 과학적 방법론에 있다.[28]

라이리의 「세대주의의 바른 이해」(*Dispensationalism Today*)에 와서는 사용 빈도가 다소 줄었지만 여전히 과학적 용어가 이 중요한 책의 방법론적 틀을 제공한다.[29]

이러한 베이컨주의적 방법론에 대한 확신에 과거로부터의 통찰을 무시하는 전형적인 19세기적 경향이 더해진다. 스코필드의 자기 확신은 전설적인 수준이다. 그는 자신의 방법론을 해설한 가장 중요한 소책자의 첫머리에서 "[세대를 비롯한] 이러한 구분을 무시하는 말씀에 대한 **모든 연구**는 대부분 무익하고 혼란만 불러일으킨다"고 주장했다.[30] 그러나 열정적인 반지성주의는 루이스 스페리 체이퍼의 성서관에도 활력을 불어넣었다. 체이퍼는 공식적인 신학 교육을 받지 못한 것이 신학자로서 자신의 작업에 유익한 자산이 된다고 말했다. 다른 이들의 연구에 대해 공부하지 않았기에 그들이 저지른 오류에 빠지지 않을 수 있었다는 것이다. 체이퍼는 "신학계에서 정해 놓은 과정대로 연구하지 않았다는 바로 그 사실 때문에, 편견 없는 마음으로 신학을 연구하고 성서가 실제로 가르치는 바에만 집중할 수 있었다"고 말한다.[31]

---

28) Chafer, *Systematic Theology*, 1: pp. x, xiii (두 번째, 세 번째 인용문), xix, xx, 115, 119.
29) 예를 들어, "해석학은 해석의 원리를 가르치는 과학이다"(Ryrie, *Dispensationalism Today*, p. 34).
30) Scofield, *Rightly Dividing the Word of Truth*, p. 8.
31) C. F. Lincoln, "Biographical Sketch of the Author", Chafer, *Systematic Theology*, 8: pp. 5-6에서 재인용.

현대의 세대주의자인 크레이그 블레이징은, 지성과 관련하여 근본주의의 가장 중요한 지도자들이 강조했던 이러한 19세기적 특성의 핵심적인 문제점을 잘 설명한다. 세대주의 전통을 개혁하려고 노력하는 블레이징은 "세대주의가 제안한 해석학의 방법론적 결함"을 지적하면서 지난 몇 세대를 안타까운 마음으로 돌아본다. 블레이징은 다음과 같이 정확한 평가를 내린다.

> 그 시기[1960년대까지] 대부분의 근본주의, 복음주의와 마찬가지로, [세대주의는] 해석의 역사성에 대한 방법론적 인식을 갖지 못했다.…그뿐 아니라, 이러한 해석학적 결함은 명확하고 정상적이며 문자적인 해석을 옹호하는 세대주의의 사상이나 실천과 직결되어 있었다.…즉, 한 세대의 신학자들이 방법론에서 해석의 역사적인 성격을 인식하지 못하는 해석학을 기꺼이 받아들였던 것이다. 긴박한 변증의 필요성이라는 압박 때문에 시대착오의 위험에 대단히 취약할 수밖에 없는 상황이었다.

좀더 일반적인 차원에서 그는 "자신의 신학 사상을 포함한 모든 신학 사상은, 교육이나 경험 같은 개인적·문화적 요소와 그 신학자가 속한 전통에 의해 역사적으로 조건 지어진다는 사실을 깨닫지 못한 것이 문제였다. 이러한 요소들은 해석자의 생각에 영향을 미치는 전제 조건이다. 이를 인식할 때에야 비로소 오해를 깨닫고 바로잡는 방향으로 한걸음 나아갈 수 있게 된다"라고 말한다.[32]

19세기 베이컨주의 과학의 객관주의적 언어가 문제가 된 것은, 신중하고 체계적으로 모든 관련된 증거에 철저한 주의를 기울이는 '과학적인' 방법으로 신학을 연구해야 한다는 개념 때문이 아니었다. 오히려 문제는, 과학에 대

---

32) Blaising, "Dispensationalism: The Search for Definition", pp. 29-30, 주 28.

한 19세기적 확신에 나타난 자기 인식의 결핍이 20세기 말까지도 복음주의 신학을 대중화했던 가장 영향력 있는 인물들 사이에서 그대로 나타났다는 데 있다.

이 책의 주제와 관련해서는, 그런 지적 성향이 신학 자체에 어떤 영향을 미쳤는지에 주목하기보다 그것이 다른 모든 학문을 신학적으로 이해하려는 노력에 어떤 영향을 미쳤는지에 더 주목하고자 한다.

세상에 관한 기독교적 사고에서 핵심적으로 다루는 물음은, 이를테면 현대 핵물리학의 난제나 의료 개혁의 복잡한 문제, 다원적인 사회에서 전통적인 법 이론의 의미, 고전의 해석, 20세기 공산주의에 대한 평가, 어떻게 음악이 전통적인 도덕을 강화하는가 혹은 전복하는가에 관한 문제, 어떤 책을 문학의 전범으로 삼아야 하는가에 관련된 논쟁 등—다시 말해, 연구를 할 때 해석의 대상이 되는 자료에 대한 해석자의 입장, 결론에 영향을 미치는 선전제(先前提)에 관한 자기 비판, 방법과 결과 사이의 공생적 관계에 대한 비판적 인식 등에 민감한 태도를 유지하는 것이 절대적으로 필요한 현대의 모든 문제—에 대해 기독교적인 방향성을 잡으려 할 때 공동체에 무슨 일이 일어나는가 하는 것이다. 공동체가 가장 심혈을 기울이고 최고의 권위를 부여하는 부분—즉, 성서와 기독교 신학—과 관련한 그 공동체의 지적 성향이, 어떤 것을 연구하거나 생각하는 방식에 대한 순진하고 무비판적인 가정에 의해 규정되어 있다면, 세상에 관한 기독교적 사고를 증진하려는 그 공동체의 노력 역시 순진함과 엄격한 비판의 결여를 드러낼 수밖에 없다.

이런 관점에서 볼 때, 근본주의가 안고 있는 문제점은 19세기 지성사에 나타난 가장 나쁜 특징이 20세기 지적 활동의 방법론적 중추를 이루게 되었다는 것이다. 이런 분석이 옳다면, 이는 곧 20세기 말에 복음주의적 사고가 효과적인 결실을 맺기 위해서는 과거 근본주의의 과잉이라는 문제뿐 아니라, 그런 과잉은 훨씬 오래 지속된 지적인 약점과 결합함으로써 발생한 복합적인 손실이라는 문제도 붙들고 씨름해야 한다는 것을 의미한다.

의심스러운 신학적 지침

20세기 초의 유산이 남긴 더 심각한 어려움은, 하나님의 영광을 위해 자연, 사회, 예술을 이해하기 위한 노력에 근본주의 신학이 제공한 신학적 지침과 관계가 있다. 기독교 신학 체계는, 삼위일체의 본질, 성서를 통한 하나님의 자기 계시, 어떻게 인간이 그리스도를 통하여 죄에서 구원을 받을 수 있는가, 어떻게 교회는 구원의 실재에 대한 본보기가 될 수 있는가 등에 대한 주제로부터 시작된다. 그러나 기독교 신학은 세상을 이해하고 세상에서 실제적인 책무를 수행할 때의 올바른 방향이 무엇인지 제시하기도 한다. 즉, 음악을 만들거나 즐기고, 몸을 이해하고, 환경을 돌보는 청지기 역할을 감당하고, 유급 노동의 목적을 규정하고, 과거가 어떻게 현재의 모습을 결정했는지에 관해 심사숙고할 때 올바른 방향이 무엇인지 제시한다.

세대주의 신학은, 특히 "승리하는 삶"이나 "더 나은 성결의 삶", "헌신된 삶"을 강조하는 경건과 결합하는 경우, 이러한 방향을 제시할 때 특별한 문제를 야기한다. 세대주의가 기독교적 사고에 동일한 부정적 영향을 미쳤는지는 분명치 않다. 더욱이 복음주의의 지적 성향에 깊은 영향을 미친 세대주의의 극단적인 요소가 많은 현대 세대주의자들의 특징이 될 수밖에 없었던 것도 아니다. 사실 지난 10년간 일부 세대주의자들은 역사적 세대주의에서 극단적인 요소를 상당히 많이 제거했다.[33] 그러나 여기서 중요한 것은 20세기 말에

---

33) 그러나 동시에 주10에서 짧게 언급한 '진보적인 세대주의자들'이 오늘날 모든 세대주의자를 대변하는지도 결코 분명하지 않다. 이 진보주의자들은 "세대주의를 정의하기 위한 새로운 접근법"(같은 책, p. 30)에 호소하는 반면, 다른 세대주의자들은 옛 가르침에 전적으로 만족하는 듯하다. 따라서 "규범적인 세대주의 신학"에서 Darby가 강조한 특정 요소를 배제하자고 주장하는 최근의 한 책은, Charles Ryrie의 *Dispensationalism Today*가 1990년대에도 여전히 "세대주의의 본질적인 요소"를 제공해 준다며 이 책의 핵심 주장을 반복하고 있다. Larry V. Crutchfield, *The*

세대주의가 어떻게 바뀌고 있는가가 아니라, 세대주의가 20세기 내내 복음주의자들에게 어떤 영향을 미쳤는가이다.

특별히 신학적인 관점에서 볼 때, 근본주의자들의 노력이 전혀 가치가 없는 것은 아니었다. 신학적인 보수주의자에게 20세기 복음주의의 지적 공허함을 지적하는 것은 대단히 고통스러운 일이다. 근본주의자, 오순절주의자, 성결 운동 옹호자, 보수적인 복음주의자들은 기독교 신앙의 본질적인 요소를 충실히 전수하기 위해 애썼기 때문이다. 앞서 말한 것을 다시 한 번 강조할 필요가 있다. 이 책이 20세기 복음주의의 역사 전체를 서술하는 책이라면 강조점은 달라질 것이다. 비록 근본주의적 초자연주의가 과잉으로 귀결되기는 했지만, 초자연주의를 보존해 낸 것을 핵심 주제로 삼을 것이다. 그런 책을 쓰려 한다면, 1948년에 넬스 페레(Nels Ferré)가 했던 말을 훨씬 중요하게 다루었을 것이다. "초자연주의의 수호자로서 근본주의는…보존해야 할 참된 유산과 심오한 진리를 담지하고 있다.…언젠가 우리는 수많은 지도자가 제한적인 과학주의와 천박한 자연주의라는 적에게 넘어갔을 때도 근본주의자 친구들이 중요한 요새를 지켜 냈다는 사실에 고마워하게 될 것이다."[34]

그러나 이 책은 복음주의 역사 전체를 다루는 책이 아니라 복음주의 지성, 특히 사회, 예술, 인간, 자연에 대해 기독교적인 방식으로 사고하려는 복음주의자들의 노력을 다루는 책이다. 근본주의가 조장한 지성의 성향은 이런 종류의 사고에 재앙이 되었을 뿐이다. 세대주의가 가장 지적인 형태의 근본주의였기 때문에, 지성에 가장 파괴적인 영향을 미친 것 역시 세대주의였다.

세대주의가 부추긴 초자연주의는 신앙을 방어해 냈다는 미덕에도 불구하고 세상에 적절한 관심을 기울이는 데 실패했다. 세대주의의 초자연주의,

---

Origins of Dispensationalism: The Darby Factor (Lanham, MD: University Press of America, 1992)를 보라. 인용구는 이 책의 목차에서 따옴.

34) Nels Ferré, "Present Trends in Protestant Thought", *Religion in Life* 17 (1948): p. 336.

특히 대중에게 매우 퍼뜨리기 쉬웠던 극단적인 형태의 초자연주의에는 자연적 영역을 위한 충분한 자리가 없었고, 진리를 전달할 때 일종의 영지주의적 경향을 띠었다. 그 지지자들도 자연, 세상의 사건, 윤리, 인간 존재의 여러 다른 양상에 **관해** 교육을 받았지만, 이런 주제를 본격적으로 연구하는 경우는 거의 없었다. 세상의 상황과 사건을 설명하기 위해 성서 구절을 인용했지만, 사건과 상황 자체를 체계적으로 분석하는 경우는 거의 없었다.

영지주의적 경향은, (많은 경우 앞으로 세상에서 일어날 모든 일의 얼개를 보여 주기 위한 목적에서) 정교한 도표와 도형을 만들고 이를 통해 성서를 분명히 설명해 낼 수 있다고 가정하면서 그것에 권위를 부여하는 태도에서 가장 두드러지게 나타났다. 그러나 이런 노력은, 시대 자체를 들여다보는 불편한 작업은 하지 않은 채 '시대'를 해석하려는 시도에 그치고 말았다. 세대주의의 영향 때문에, 그리고 영향력이 그보다는 적었지만 '승리하는 삶'과 오순절 운동의 영향 때문에 복음주의자들은 눈에 보이는 현재를 분석하기보다는 보이지 않는 미래를 분석하는 데 열을 올렸다. 이런 영향 아래 복음주의자들은 창조 세계에 대한 관심을 구속에 대한 묵상으로 거의 대체하고 말았다.

복음주의가 세대주의적 전천년설을 만난 결과는, 그 책(the Book), 그 피(the Blood), 그 복된 소망(the Blessed Hope)을 열정적으로 옹호하는 근본주의였다.[35] 교리에 대한 이러한 근본주의자들의 주장에는 공통된 형식이 있었는데, 이것은 더 일반적인 지성에 예기치 못한 큰 어려움을 가져다주었다. 성서, 구속, 종말에 대한 주제들—즉, 세대주의자들이 거의 배타적으로 관심을 가지고 있던 주제들—에 대해 근본주의자들은 하나님의 시각에서 경험을 해석해 내

---

35) 이어지는 논의는 Joel A. Carpenter, "Contending for the Faith Once Delivered: Primitive Impulses in American Fundamentalism", *The American Quest for the Primitive Church*, ed. Richard T. Hughes (Urbana: University of Illinois Press, 1988), pp. 99-119에서 제시한 도식과, 같은 책, pp. 121-122에 게재된 그에 대한 나의 응답을 기초로 한다.

려고 노력했다. 각각에 대해 그들은 하나님이 영감을 주신 성서의 저자들이 자신의 경험을 이해했던 방식으로 현대 세계를 이해하려고 노력했다. 각각에 관해 근본주의자들은 역사의 과정—여기저기 너나 할 것 없이 공적으로 분석할 수 있는 인과 관계로 복잡하게 얽혀 있는—이 어떤 중요한 기여를 할 수 있다는 사실을 부인했다.

그러므로 근본주의자들은 성서를 방어할 때, 성서 원본의 무오성을 주장했다. 이런 개념은 오랫동안 여기저기에서 제기되어 왔지만 그 어떤 기독교 운동에서도 이 정도로 핵심적인 역할을 한 적은 없었다.[36] 이런 믿음은 사실상 성서 저자들의 경험을 거의 무의미한 것으로 만드는 결과를 낳았다. 중요한 것은 순수하고 단순한 하나님의 말씀이지, 성서 저자들의 삶의 경험과 문화적 배경을 통해 전해진 하나님의 말씀이 아니었다.

따라서 근본주의자들은 성서를 사용할 때, 영감으로 기록된 텍스트의 자연적 혹은 인간적 요소 역시 부인하는 태도를 드러낸다. 몇십 년 동안 매우 광범위하게 실행된 근본주의의 예전은 '성서 읽기'였다. 지도자들은 성서 전체에서 몇 구절을 골라내서 특정한 진리에 관해 예를 들어 논증한다. 나이애가라 예언 사경회(Niagara Prophecy Conferences)의 창립자 중 하나였던 제임스 브룩스(James Brookes)는 이런 성서 읽기에 대한 규격화된 지침을 제시했다. "지도자로 하여금 믿음, 회개, 사랑, 소망, 칭의, 성화에 관한 말씀을 고르게 하라. 그리고 훌륭한 성구사전의 도움을 받아 집회 전에 논의할 주제의 관주를 미리 확인해 두라. 요청을 받으면 이 구절을 읽어 주라. 그렇게 하면 성령께서 이 주제에 관해 계시하고자 하시는 모든 것을 밝혀 주실 것이다."[37]

---

36) 이러한 해석은 Mark A. Noll, "A Brief History of Inerrancy, Mostly in America", *The Proceedings of the Conference on Biblical Inerrancy* (Nashville: Broadman, 1987), pp. 9-25에 수정된 형태로 제시된 Sandeen, *The Roots of Fundamentalism*의 주장을 따른 것이다.

37) James H. Brookes, *Truth* 5 (1879): p. 314, Timothy P. Weber, *Living in the Shadow of the Second Coming* (New York: Oxford University Press, 1979), p. 37.

스코필드의 「진리의 말씀을 옳게 분별하며」(Rightly Dividing the Word of Truth)를 필두로 가장 대중적인 세대주의적 저술을 한 이들 역시 이런 방법론을 그대로 따랐다. 예를 들어, 이 책에서 스코필드는 자신이 성서에서 발견한 일곱 세대에 대해 설명하면서 이 각 세대의 존재와 성격을 정의해 준다는 관련 성서 구절을 제시하기 전에 간략한 서론적인 언급을 한다. 간략한 해설에 이어 다섯 번째 세대인 "율법 아래에 있는 인간"에서는 다음의 성서 구절을 예로 든다.

출애굽기 19:1-8   열왕기하 17:1-18
로마서 10:5   열왕기하 25:1-11
갈라디아서 3:10   사도행전 2:22, 23
로마서 3:19, 20   사도행전 7:51, 52[38]

루이스 스페리 체이퍼는 자신의 「조직신학」에서 이 방법론을 공식화했다. "어떤 주제에 대해서든지 성서 전체가 그와 관련이 된다." "또한 바른 해석을 얻기 위해서는 주어진 주제에 대해 성서가 제시하는 모든 것으로부터 귀납적인 결론을 이끌어내야 한다."[39] 자신의 신학에 관한 설명을 볼 때 체이퍼가 여기서 특정 주제에 관련된 모든 **구절**이라는 의미로 이렇게 말한 것이 분명하다.

성서에 대한 이런 식의 접근법이 지닌 가장 분명한 문제는, 성서의 장절 구분에 관한 것으로, 특히 "오직 성서만으로"의 원칙을 따르고 싶어 하는 이들에게는 심각한 문제가 아닐 수 없다. 성서 색인은 장절 구분 없이는 불가능

---

38) Scofield, *Rightly Dividing the Word of Truth*, pp. 22-23.
39) Chafer, *Systematic Theology*, 1: p. 117.

하다. 그러나 성서의 절 구분은 16세기에야 완성되었다.[40] 성령의 감동을 받지 않은 보통 사람들이 성서를 절로 나누었으며, 또한 성령의 감동을 받지 않은 다른 보통 사람들이 성서로부터 수많은 진리를 추출해 내기 위해 이 구절을 재배열했다는 것은, 근본주의적인 성서 읽기와 가장 중요한 근본주의 신학 서적들이 하나님의 진리를 이해하려 할 때조차도 철저하게 자연적이며 철저하게 인간적인 활동에 참여했음을 의미했다. 근본주의자들이 가장 널리 사용한 성서 사용 방식은 자연적이며 인간적인 성격을 부인하는 것—1877년에, 이 과정에 "인간적인 것은 거의 개입되지 않는다"고 주장하면서 조지 니드햄(George Needham)이 그랬듯이[41]—이었으며 이것은 지적인 자기 기만이다. 또한 이것은 성서의 메시지를 따름으로써 자연이나 인류에 대해 사고하기를 원했던 후대의 복음주의자들에게 가장 나쁜 지적 유산을 남겨 놓았다.

그리스도의 피를 통한 구속의 기적적인 성격에 대한 근본주의자들의 확신 역시 유구한 기독교의 믿음을 반영한 것이지만, 마찬가지로 이를 표현할 때는 비역사적인 요소에만 주의를 기울였다. 신생에 대해 이야기할 때, 근본주의자들은 성령의 직접적인 활동을 강조했다. 실제적으로는 회심을 장려하는 매우 다양한 수단—가정 예배와 기독교 교육, 열정적인 설교, 거룩한 삶의 모범—을 동원했지만, 이론적으로는 성령의 직접적인 활동을 계속 강조했다. 이 역시 그들이 역사적 과정을 부인했음을 보여 준다.

마지막으로, 세상의 종말에 집착하는 근본주의자들은 그와 비슷한 거만한 태도로 현대 세계의 역사를 다루었다. 현재 일어나는 사건이 중요한 일차

---

40) *The Cambridge History of the Bible*, 3 vols. (Cambridge: University Press, 1963-70), 3: pp. 436-437.
41) George Needham의 서문, James Brookes, *Bible Reading on the Second Coming of Christ* (Springfield, IL, 1877), p. viii, Weber, *Living in the Shadow of the Second Coming* (1979 ed.), p. 37에서 재인용.

적인 이유가 그것이 성서 예언의 성취이기 때문이라면, 누구나 다 연구할 수 있는 현재의 원인과 결과는 무의미할 뿐이다. 다시 한 번, 근본주의자들은 여러 시대 사이의 한 시대에 사는 사람으로 교회의 지속적인 양육에 참여하라는 하나님의 위임을 받은 신자로서 성서를 읽는 것이 아니라, 성서의 저자들처럼 자신들도 영감을 받은 듯이 역사를 읽는 셈이다.

종말론에 관한 세대주의의 저작은, 성서 예언을 연구하는 일이 얼마나 신자에게 유익한지를 일관되게 주장한다. 체이퍼는 자신의 「조직신학」 첫머리에서, 예언을 연구함으로써 과거와 미래에 대해 얼마나 많이 배울 수 있었는지를 이야기했다.[42] 찰스 라이리도 "하나님에 대해…성서에 대해…신자에 대해…예언을 연구하는 것의 중요성"을 증명하기 위해 심혈을 기울였다.[43] 또한 라이리는 세대주의가 "(1) '역사적 사건과 변천'에 대한 인식 혹은 계시의 진보에 대한 바른 개념, (2) 통일된 원리, (3) 역사의 궁극적인 목적"을 제공하기 때문에, 그 어떤 해석의 틀보다 적합한 역사 철학을 제공한다고 주장했다.[44] 예언서 연구의 유익에 대한 이런 선전 문구는 신자가 살고 있는 세상을 성서적으로 이해하도록 어떻게 도와줄 수 있는지에 대해서는 놀라울 정도로 이야기하지 않는다. 심지어 체이퍼는 그런 노력은 요점에서 빗나간 것이라고 말하기까지 한다. "진리가 담긴 성서 안에 충실히 제시되어 있으며 진리의 성령에 의해 깨어 있는 사람의 마음에 충실히 계시되어 있는 세상의 일에 대한 하나님의 계획은, 계속 바뀌는 덧없는 현재에는 거의 관심을 두지 않는다."[45]

초자연적인 것에 관한 근본주의의 믿음은 기독교 역사에서 결코 독특한 것이 아니었다. 그러나 세대주의가 자연적인 것을 희생시키면서 초월적인 것

---

42) Chafer, *Systematic Theology*, 1: pp. xxxii-xxxiv.
43) Ryrie, *Basis of Premillennial Faith*, p. 15.
44) Ryrie, *Dispensationalism Today*, p. 17.
45) Chafer, *Systematic Theology*, 1: pp. xxxiii-xxxiv.

에 정력을 집중했던 태도는 독특했다. 루이스 스페리 체이퍼가 "인간 지성의 자연적인 능력은 영적인 영역에서는 작동하지 않는다"[46]라고 말했을 때, 그는 자신과 그를 따르는 이들을 [로널드 녹스(Ronald Knox)의 용어를 사용하자면] 은혜가 자연을 파괴해 버린 '열광주의자'로 규정한 셈이다. 이러한 성향 때문에, 자연과 보통의 인간적인 것을 활용하는 데 대해 의심하게 되었을 뿐만 아니라, 기독교 신학의 깊고 풍부한 자원을 세상을 이해하는 지침으로 삼으려는 노력까지도 완전히 차단하고 말았다.

지성계의 비판

기독교적 사고와 관련하여 근본주의 운동, 특히 근본주의자들과 후대의 여러 복음주의자에게 가장 체계적인 성서 이해를 제공한 세대주의에 대해 제기되는 가장 중요한 비판은 이 운동이 지적으로 열매를 맺지 못했다는 것이다. 이 운동이 산파 역할을 하는 가운데 복음주의 공동체는 하나님 아래에서 자연 세계가 어떻게 진행되는지, 인간 사회가 어떻게 작동하는지, 왜 인간의 본성은 그런 모습인지, 문화의 축복과 위험은 무엇인지 등에 대해 사실상 아무런 통찰도 산출하지 못했다. 두말할 나위 없이 근본주의자들과 그들의 후예는 이런 일부 주제에 대해 굳은 믿음, 특히 성서를 근거로 한 믿음을 가지고 있었다. 그런 믿음 중 어떤 것은 전적으로 옳았다. 그러나 이런 칭찬할 만한 성서적인 믿음을 가지고 있었지만, 그런 믿음이 적용되는 곳인 하나님이 창조하신 세상에 대한 깊이 있는 지식은 갖지 못했다.

더 폭넓은 지성을 위한 기독교적 지침을 제공하지 않는 신학을 따른 결과, 엄밀히 말하자면 근본주의 철학, 근본주의 과학사, 근본주의 미학, 근본주의 역사학, 근본주의 소설이나 시 문학, 근본주의 법학, 근본주의 문학 비평,

---

[46] 같은 책, p. vi. '열광주의자'에 대한 Knox의 정의는 1장 16면의 "반지성주의"를 보라.

근본주의 사회학 같은 것은 존재할 수 없었다. 혹은 하나님이 세상을 만드시고 인간을 그 세상에서 살게 하셨다는 것에 대해 주의 깊게 사고했던 사람도 전혀 없었다. 그리고 복음주의자들이 근본주의의 몇 가지 특징적인 주장을 따르지 않는 경우도 있었지만, **세상을 바라보는 방식에 관한 한** 근본주의의 정서를 대체로 유지하고 있었기 때문에, 복음주의 지성계 역시 변변한 결실을 맺지 못했다.

바흐는 자신의 루터교 신앙을 음악에 담아냈고, 조나단 에드워즈는 개혁 교회 전통에서 자기 철학의 방향성을 정할 수 있었으며, 프랑케는 할레 대학교에서 산스크리트와 아시아 문학을 연구하기 위해 독일 경건주의로부터 배웠고, 야콥 판 루이스달(Jacob van Ruisdael)은 17세기 네덜란드 칼뱅주의를 기초로 자신의 그림을 표현해 냈다. 토머스 차머스(Thomas Chalmers)는 천문학과 정치경제학에 관한 책을 위해 스코틀랜드 장로교 신학의 어떤 요소를 가져왔으며, 아브라함 카이퍼(Abraham Kuyper)는 경건주의적인 네덜란드 칼뱅주의를 19세기 말 교육과 정치, 언론 분야에서의 활동의 토대로 삼았고, 토머스 엘리어트는 고교회적 성공회 신학을 자신의 문화 비평의 기초로 삼았다. 에블린 워(Evelyn Waugh)는 20세기 가톨릭 신학에서 발견한 것을 자신의 소설에 표현해 냈고, 루시 쇼(Luci Shaw)와 셜리 넬슨(Shirley Nelson), 해럴드 피켓(Harold Fickett), 에반젤린 패터슨(Evangeline Paterson)은 세대주의를 버린 후 다른 형태의 기독교 안에서 자신들의 창작적 글쓰기에 대한 영감을 얻었다. 그러나 근본주의자나 그들의 후예인 복음주의자들은 20세기 세대주의나 성결 운동, 오순절주의 신학 사상 속에서 이런 것들을 거의 찾아내지 못했다.

8장에서 살펴보게 되겠지만, 근본주의나 후기 근본주의적 환경에서 자란 많은 미국의 복음주의자는 특히 제2차 세계대전 이후 중요한 지적 공헌을 했다. 그러나 이 사상가들의 연구를 검토해 보면, 신학이 더 광범위한 지적 작업을 위한 지침을 제공한 경우 그것은 거의 언제나 세대주의나 다른 20세기 복음주의적 혁신으로부터 온 것이 아니라 성공회, 칼뱅주의, 로마 가톨릭, 재세례파, 루터교, 심지어 동방 정교회와 같은 고전적 전통으로부터 온 것이었다.

이처럼 근본주의 신학이 광범위한 지적 문제에 대해 변변한 성과를 내지 못했다고 일반화할 경우, 지구의 기원이나 현대의 정치 참여와 관련된 문제와 같은 예외가 발생한다. 그러나 다음 두 장에서 제시하겠지만, 이 두 분야에서 근본주의 신학이 제공한 지침은 유익보다는 해악을 끼쳤다.

이 장의 주된 관심은 근본주의적인 사고 습관이 일반적인 지적 삶에 어떤 손상을 입혔는가에 관한 것이다. 그러나 그것이 신학 자체에 미친 영향에 대해서도 한마디 해 두는 것이 좋겠다. 20세기 초까지 미국 최고의 복음주의 신학자들은 기독교의 핵심적인 통찰을 더 광범위한 지적 성찰에까지 적용하기 위해 애썼다. 예를 들어, 장로교 신파(New School, 부흥운동을 둘러싼 이견으로 1830년대에 분열한 미국 장로교회에서 부흥운동을 지지한 분파—역주)의 헨리 보인튼 스미스(Henry Boynton Smith)나 북침례교회의 오거스터스 스트롱(A. H. Strong)이 역사관에 대해 쓴 책,[47] 남침례교회의 에드거 멀린스(E. Y. Mullins)가 쓴 인간 본성에 대한 책,[48] 장로교 구파의 벤저민 워필드(B. B. Warfield)가 쓴 진화에 대한 책[49] 등이 있는데, 이 책들이 미국 지성계를 압도하지는 못했다. 그러나 각기 방식은 달랐지만 이 신학자들은 모두 의미 있는 방식으로 그 시대의 가장 중요한 문제에 개입하면서 세상의 학문이 제공하는 최고의 지식을 신중하게 분별하고 활용하는 한편, 복음주의적 확신을 견지했다. 감리교인인 나다니엘 버워시

---

47) Henry B. Smith, *Faith and Philosophy* (New York: Scribner, Armstrong, 1877), Grant Wacker, *Augustus H. Strong and the Dilemma of Historical Consciousness* (Macon, GA: Mercer University Press, 1985).
48) Edgar Young Mullins, *The Christian Religion in Its Doctrinal Expression* (Nashville: Broadman, 1917), pp. 12-24, 49-81.
49) B. B. Warfield, "Creation versus Evolution", *Bible Student* 4 (July 1901)와 "Calvin's Doctrine of the Creation", *Princeton Theological Review* 13 (Apr. 1915): pp. 190-225.

(Nathaniel Burwash)나 장로교인인 조지 먼로 그랜트(George Monro Grant)와 같은 캐나다의 신학자들에 대해서도 똑같은 이야기를 할 수 있다. 이들은 20세기 초에, 영적 통찰력이 있을 뿐 아니라 지적으로도 탄탄한 신학을 제시했다.[50] 또한 자신이 섬기는 교인들에게 어떻게 하면 지성을 가장 엄격하게 활용하여 하나님께 영광을 돌릴 수 있는지에 대한 모범을 보여 주었을 뿐만 아니라, 그들이 최고의 현대 학문과 안정적으로 상호 작용할 수 있도록 도와주었다. 그러나 근본주의 시대 이후에는 이처럼 신학적인 깊이와 지적 명민함을 두루 갖춘 복음주의 신학자가 한 사람도 없었다.

지속되는 혁신의 영향

나의 항의에는 지나친 측면이 있다. 우리는 죽은 말에 채찍질 하듯, 이제는 복음주의 공동체에 잉여적인 영향만을 행사하고 있는 20세기 초의 신념과 실천에 너무 집착하고 있다. 세대주의라는 특정한 신학적 입장은 복음주의권에서 더 이상 예전과 같은 중요성을 갖지 못한다. 그러나 근본주의적인 지적 성향은 근본주의 자체보다 더 끈질기게 남아 있다. 최근 복음주의 역사의 몇 가지 문제점은 이러한 예전의 사고 방식이 지속적인 영향력을 행사하고 있음을 잘 보여 준다.

성서를 사용하는 성향과 관련하여, 1970년대에 미국에서 성서 다음으로 많이 팔린 책이 할 린지(Hal Lindsey)의 「대 유성 지구의 종말」(*The Late Great Planet Earth*, 생명의말씀사 역간)이었음을 기억할 필요가 있다. 이 책은 역사주의적 세대주의의 관점에서 세상의 사건을 대중주의적으로 해석한다.[51] 세계적인 위기

---

50) Van Die, *Evangelical Mind: Nathaniel Burwash*, Barry Mack, "George Monro Grant: Evangelical Prophet" (Ph.D. diss., Queen's University, Ontario, 1992).
51) '진보적인 세대주의자들'의 주장처럼, 신학적으로 보았을 때는 Lindsey가 세대주의로부터 비정상적으로 이탈했다고 말하는 것이 옳을 수도 있다(Blaising, "Dispensationalism: The Search for

를 만날 때마다 성서를 복잡한 국제 윤리를 풀어 가는 지침으로 활용하기보다 수정구슬처럼 사용하기를 좋아하는 복음주의자들의 태도는, 1991년 초의 걸프전 당시에 가장 노골적으로 드러났다. 복음주의자들은 책을 출판하거나 학술지에 심도 있는 논문을 게재하는 방식으로 이 전쟁의 도덕성, 공산주의 붕괴 직후 국제연합의 역할, 전 세계적인 고용 창출과 부의 형성에서 석유의 중요성, 서구의 중동 문제 개입의 역사, 진지한 기독교적 분석이 절실하게 필요한 그 밖의 다른 주제에 관한 의미 있는 논의에 참여하지 않았다. 오히려 그들은, 걸프의 위기를 모호한 성서 예언의 세부사항에 대한 성취라는 식으로 대중주의적으로 설명하는 자신만만한 책들을 읽는 데 열을 올렸다. 실제로 이 책들은 각각 50만 부 이상 팔릴 정도로 큰 인기를 끌었다. 이런 베스트셀러들이 조장하는 성서 해석 체계는 모두 세대주의 신학에서 나온 것이었다.

복음주의가 세상을 바라보는 특징적인 태도에 대해서도 동일한 결론을 내릴 수 있다. 지난 반 세기 동안 프랭크 페레티(Frank Peretti)의 선정적인 대중 소설 두 편—「어둠의 권세들」(This Present Darkness, 1986, 예찬사 역간)과 「보이지 않는 전쟁」(Piercing the Darkness, 1989, 요단출판사 역간)—은 종교 부문 베스트셀러 순위에서 상위에 머물러 있었으며, 수십 권의 아류작이 나왔다. 이 두 책은 세상사의 인과관계에 대한 복음주의적 평가의 전범이 되다시피 했다. 이 소설들은 지상에서의 갈등은 천상에서의 천사와 악마의 투쟁을 반영한다는 거의 마니교적 관점을 드러낸다. 이는 솔제니친(Solzhenitsyn)의 말처럼 선과 악을 나누는 선은 모든 인간의 마음을 가로지른다는 관점이 아니라, 어둠에 속한 세속의 세력과 빛에 속한 거룩한 세력을 나누는 관점이다. 페레티의 관점에 더 일

Definition", pp. 14-15 주3, Blaising, Bock, "Dispensationalism, Israel and the Church : Assessment and Dialogue", p. 379). 그러나 그 엄청난 판매 부수만 감안하더라도, 「대 유성 지구의 종말」로 대표되는 세대주의가 진보적인 세대주의자들의 신중하게 수정된 신학적인 결론보다 복음주의적 사고의 단면을 훨씬 더 폭넓게 보여 주는 것 같다.

반적인 복음주의자들의 이해 방식이 반영되어 있다면, 복음주의 공동체는 세상의 지혜에서 알곡과 쭉정이를 골라내려 하지 않고, 인간의 행위에 여러 동기가 복잡하게 뒤얽혀 있음을 인정하려 하지 않으며, 인간 행위에 영향을 미치는 자연적인 힘에 진지하게 주의를 기울이지 않는 태도를 가지고 있음을 알 수 있다. 형식적으로는 마귀에 저항하라는 성서의 명령과 연결되어 있는 듯 보이지만, 이런 책에 나타난 영적 전쟁이라는 날카로운 이분법의 기원을 추적해 보면 사탄과 성령에 관한 관심이 유난히 높았던 20세기 초까지 거슬러 올라갈 수 있다. 이 책들에는 오순절파의 비공식적인 성향과 세대주의자들의 공식적인 신학에서 새롭게 등장한 천사와 악마에 대한 강조가 반영되어 있다.[52]

위기에 대한 반응을 보면, 일반적으로 20세기 말의 복음주의자들은 20세기 초에 규정된 길을 아직도 따르고 있다. 위기 상황이 닥쳤을 때 우리 복음주의자들은 대개 두 가지 중 하나를 한다. 공적인 개혁운동을 벌이든지, 내부의 경건한 성소로 물러난다. 다시 말해, 의분(義憤)으로 가득한 공적인 항의를 통해 잃어버린 우리의 대중적인 영향력을 회복하려 하거나, 껍데기일 뿐인 물질적인 세상을 회피하고 시간을 초월하는 성령의 위로를 구한다. (다음 두 장에서 간략하게 다루게 될) 새로운 기독교 우파(New Christian Right)의 정치적인 분석과 성서적 창조론자의 논쟁 활동은 첫 번째 경우의 예다. 현대의 실생활에서 마주치는 여러 복잡한 문제에 대해 복음주의자들이 침묵하는 태도는 두 번째 대응 방식을 잘 보여 준다. 19세기 중엽 이래로 복음주의자들은 자발적인 행동주의, 개인적인 영성, 엄격한 신학적 노력을 결합시켜 위기에 맞서려고 노력하지는 않았다.

---

52) Chafer, *Systematic Theology*, 1: pp. xxvi-xxix, 2: pp. 3-124. 천사와 악마에 대한 Chafer의 강조에 대해서는 Jeffrey J. Richards, *The Promise of Dawn : The Eschatology of Lewis Sperry Chafer* (Lanham, MD: University Press of America, 1991), p. 195를 보라.

요컨대, 일반적인 지성과 관련하여 문제가 되는 것은 세대주의, 성결 운동, 오순절 신학의 특정한 교의가 아니다. 오히려 이런 신학들이 부추긴 사고의 형식이 문제다. 이런 신학들이 현재 어떤 상황에 처해 있든 간에, 많은 복음주의자가 그에 영향을 받은 지적 습성을 20세기가 저물어 가는 이 시점에도 그대로 유지하고 있다.

결론 근본주의 신학의 영향이 지성에 어떤 영향을 미쳤는가를 판단하는 기준은, 이 신학을 어떻게 평가하는지에 달려 있다. 세대주의, 성결 운동, 오순절주의의 독특한 교리가 기독교 신앙의 본질에 해당하지 않는다고 믿는 나로서는, 이런 신학들이 지적으로 유해한 영향을 남겼다고 결론 내릴 수밖에 없다. 세대주의에 반하여, 나는 성서 예언의 핵심은 그리스도 안에서 이루어진 구속의 정서적이며 우주적인 차원을 계시하는 것이지 신자들에게 세상의 종말에 대한 완전하고 상세한 미리보기를 제공하는 것이 아니라고 믿는다. 나는 성서를 역사적으로(각 권에 담긴 인간 상황에 온전히 주의를 기울이면서), 자연적으로(19세기 과학의 영역을 초월하는 상징과 상상력, 서술 양식에 온전히 주의를 기울이면서), 그리스도 중심적으로(성서의 통일성은 그리스도 안에서 죄인을 구원하시겠다는 하나님의 결정에 있다는 관점에서) 해석해야 한다고 믿는다. 성결 신학에 대해, 나는 그리스도인은 세상 속에서 하나님을 따르고 자신의 직업을 하나님이 주신 선물로 받아들이면서 은혜 안에서 자라가야지, "내려놓고 하나님이 다 하시게 해 드림으로써" 성숙하는 것이 아니라고 믿는다. 오순절주의에 대해, 나는 모든 신자는 그리스도인이 되는 필수 요소로서 성령으로 세례를 받으며 특별한 이적을 행하는 은사를 구할 필요는 없다고 믿는다.

이런 확신 때문에, 나는 20세기 초 수많은 복음주의자가 받아들인 신학적 혁신의 가장 심각한 문제는 신학적인 것이라고 생각한다. 그러나 신학적인 확신은 세상을 분석하는 하나의 틀을 제공하기 때문에, 특정한 신학적 확신은 지성에도 영향을 미친다고 믿는다. 그러므로 예를 들어, 자신의 영혼을 돌아보는 기회로 성서를 읽으라고 하지 않고 퍼즐을 풀듯이 성서를 읽으라고 권하는 신학이나 일차적으로 '나를 위한 세상'이 아니라 '세상 밖 저기'를 이해하기 위해 성서를 읽으라고 부추기는 신학은 나쁜 신학일 뿐만 아니라 지적인 편견을 조장하는 신학이기도 하다. 이 편견은 그런 식의 성서 읽기가 만들어 낸 장벽으로, 성서적 실재로부터 우리 인격의 가장 깊은 부분으로 들어가는 입구를 봉쇄해 버린다. 결국 하나님을 경외하고 그분이 우리로 하여금 살게 해주신 세상을 존중하는 지성을 추구할 수 없게 만든다.

마찬가지로, 종말의 대재앙이 오기 전에 은밀한 휴거를 통해 신자들이 구원받는다는 것을 강조하는 세대주의적 경향은 (19세기에 다비가 주장한 살전 4장에 대한 어색한 해석일 뿐이기 때문에) 의심스러운 신학일 뿐 아니라 더 일반적인 차원에서 지성의 사용에도 악영향을 미쳤다. 폴 보이어(Paul Boyer)나 다른 묵시문학 연구가들이 제시하는 결정적인 증거에 따르면, 묵시에 대한 억측은 반대자들을 비난하기 위한 수단으로 변질될 수 있다.[53] 묵시에 대한 억측을 일삼았던 이들 중 적어도 일부는, 조지 엘리어트가 19세기의 천년왕국론자들에 대해 묘사했던 것과 똑같은 태도로 자신들의 견해를 가르쳤다. "재림 전 천년왕국의 도래를 선전하는 것은 정치적인 열정을 이른바 종교의 영역에 그대로 옮겨놓은 것과 같다. 우리 주께서 구름 타고 오심으로써 '우리 당'이 승리하리라고 기대하는 것과 다름없다."[54] 이런 잘못된 신학적 태도가 유해한 지적 태도를 조장하기도 한다. 배우는 사람은 얻을 수 있는 모든 자료를 통해 배울

---

53) Paul Boyer, *When Time Shall Be No More: Prophecy Belief in Modern American Culture* (Cambridge: Harvard University Press, 1992), p. 136.
54) George Eliot, "Evangelical Teaching: Dr. Cumming", *Westminster Review* 64 (Oct. 1855): p. 455, Hempton, "Evangelicalism and Eschatology", p. 181에서 재인용.

필요가 있다. 그러나 교회의 은밀한 휴거와 같은 교리가 조장하는 극단적인 당파심은 기독교 역사나 다른 역사를 통틀어 다른 사람들로부터 무언가를 배우겠다는 생각조차 하지 못하게 만든다.

지성을 추구하는 것이 바람직한가에 관하여 어떤 신학적인 결론에 이르든지 역사가 보여 주는 그림은 상당히 명확하다. 19세기의 복음주의자들은 일반적인 차원의 지성과 관련하여 제한적이기는 해도 깊이 있는 기독교적 사고를 하는 데 어느 정도 성공을 거두었다. 그러나 이 복음주의자들의 후예로서 여러 형태의 근본주의에 영향을 받은 이들은 선배들에 비해 성공적이지 못했다. 역사가 나단 해치는 매우 적절한 이미지로 이를 설명한다. "엉뚱한 비교인지 모르겠지만, 근본주의가 복음주의자들의 기독교적 학문에 미친 영향은 마오쩌둥 주석의 '문화혁명'이 중국인들의 학문에 미친 영향 같다고 말하고 싶다. 둘 다 한 세대의 사람들로 하여금 주류 학계로부터 멀어지게 했으며, 그 결과 [더 폭넓은 학문 세계와의] 재통합은 당혹스러운 일까지는 아니더라도 매우 어려운 일이 되어 버렸다."[55]

종종 심층적인 구조의 변화상을 보여 주는 민감한 측량계 역할을 하는 복음주의권의 찬송가에도 지성사가 잘 반영되어 있다. 겨우 두 세대밖에 차이가 나지 않는 두 편의 아름다운 찬송가는 근본주의의 영향력이 얼마나 컸는지를 잘 보여 준다. 두 찬송가 모두 경건을 완벽하고도 적절하게 표현한다. 두 찬송가 모두 양심에 거리낌 없이 부를 수 있는 곡이다. 그러나 어떤 은유적인 표현을 사용하는가는 시사하는 바가 크다. 1860년 죽기 직전에 조지 크롤리(George Croly)는 "하나님의 성령이시여, 내 마음에 내려오소서"(Spirit of God, Descend upon My Heart)라는 찬송시를 썼다. 2절에서 크롤리는 성령과 더 깊은

---

55) Nathan O. Hatch, "Evangelical Colleges and the Challenge of Christian Thinking", *Reformed Journal*, Sept. 1985, p. 12.

동행을 경험할 때 어떤 일이 일어나는지를 묘사한다.

> 나 어떤 꿈도, 어떤 예언자의 황홀경도 구하지 않네.
> 갑자기 육신을 떠나게 되기를 구하지도 않고,
> 천사의 방문이나 하늘이 열리기를 구하지도 않네.
> 그러나 내 영혼에서 희미함은 사라져 버렸네.

크롤리는 하나님을 더 잘 알 때 세상에 대한 우리의 시각이 **더 선명해진다**고 생각했다.

1922년 헬렌 러멜(Helen H. Lemmel)은 전형적인 근본주의-성결 운동의 관점을 담은 감동적인 가스펠 곡을 작사, 작곡했다.

> 예수께 눈을 돌리라.
> 그분의 놀라운 얼굴을 보라.
> 그리하면 세상의 일들은 이상하게도 희미해지겠네.
> 그분의 영광과 은혜의 빛 안에서.

이 노래가 본질적으로 기독교적인 주제를 담고 있음은 분명하지만, 그 안에 담긴 역설적인 의미는 곡이 쓰인 당시보다 지금 더 잘 이해할 수 있다. 근본주의의 영향 하에 복음주의자들은 예수께 눈을 돌렸고, 그럴 때 세상은 정말로 아주 희미해졌다.

세대주의, 성결 운동, 오순절주의는 위기에 대한 반응이었으며, 기독교가 초자연적인 종교라고 믿는 모든 이로부터 칭찬받아 마땅한 신학 체계다. 또한 이 신학들은 지성계의 지도자들이 성서의 저자들보다 세상에 대해 더 많이 안다고 주장했던 시대에 성서에 충실하고자 노력했다는 점에 대해서도 칭찬을 받아 마땅하다. 스코필드가 자신의 관주 성서 서문에 적었듯이, "성서의 중심 주제는 그리스도이시다"라고 주장했다는 점에 대해서는 진지하게 존경을 받아 마땅하다.[56]

그러나 근본주의자들과 그들의 후예인 복음주의자들은 초자연적인 것을 방어하면서 암환자처럼 되고 말았다. 심한 질병에 맞서기 위해 독한 치료약을 기꺼이 삼켰다. 근본주의의 처방은 성공적이었다고 말할 수도 있다. 환자는 병을 이겨내고 살아남았다. 그러나 적어도 지성에서는, 살아남은 환자의 모습이 바로 그 치료제 때문에 끔찍하게 망가지고 말았다.

---

56) *Scofield Reference Bible*, p. vi.

3부

스캔들의 의미

정치에 관한 성찰

미국의 복음주의적 사고의 특징은 정치학과 과학 분야에서 가장 잘 드러난다. 이 장에서는 앞 장에서 설명한 근본주의적 성향이 비공식적이고 대중주의적이긴 했지만 의미가 있었던 19세기의 정치적 사고를 어떻게 왜곡시켰는지, 이런 성향이 지금까지 복음주의권의 정치적 사고에 어떤 영향을 미치는지를 보여 주고자 한다. 다음 장에서는 과학에 관한 복음주의적 사고에 대해 복음주의자들의 관심을 끈 이슈가 적었고 논쟁적인 이슈에 대한 논란이 더 뜨거웠다는 점만 다를 뿐, 똑같은 이야기를 할 것이다. 두 분야 모두 근본주의가 복음주의적 사고에 가한 실질적인 폐해를 보여 준다. 하지만 그 폐해를 이겨내는 복음주의의 회복 능력 또한 보여 준다. 그러므로 두 장의 결론부에서는 1940년대 이후 더 성숙한 지성이 나타날 조짐이 보였음을 지적할 것이다. 그리고 이러한 조짐은 지난 반 세기 동안 미국에서 일어났던 복음주의 지성을 회복하려는 노력에 대해 설명하고 이를 평가하게 될 8장과도 연결된다.

19세기 동안 정치에 관한 복음주의적 사고는 임기응변에 가까웠고, 팽창해 가던 민주주의의 수사 양식에 큰 영향을 받았으며, 이론은 거의 없었다. 그러나 신중한 고민도 많았고, 영국과 유럽 대륙의 주요한 정치·사회 이론에 놀라울 정도로 정통하기도 했으며, (상황이 성서 해석 방식을 결정하는 경우도 있었지만) 성서로 하여금 정치 상황에 대해 이야기하게 하려는 노력을 하기도 했다. 남북전쟁 시기의 당파성으로 드러난 정치적 성찰의 실제적인 문제점들은 있었지만, 19세기 복음주의자들이 서양 세계 전체에서 명성을 얻은(그리고 놀림을 받은) 수많은 정치적 활동에 참여하면서도 적어도 비공식적으로는 정치에 관해 **사고**했다고 말할 수 있다.[1]

특히 세 차례나 민주당의 대통령 후보로 지명된 윌리엄 제닝스 브라이언(William Jennings Bryan)의 생애는 19세기 복음주의 정치 참여의 특징을 잘 보여 준다. 브라이언의 수많은 정치적 활동 중에서도, 1896년 시카고에서 열린 민주당 전국대회의 후보 토론에서 행한 유명한 연설은 그의 사상을 생생하고도 압축적으로 보여 준다. 19세기 말 정치에 대한 기독교의 다른 접근법, 특히 1891년에 발표한 교황 레오 13세(Pope Leo XIII)의 중요한 회칙인 [보통 라틴어 원문의 첫 두 단어를 따서 "새로운 사태"(*Rerum Novarum*)라 불리는] "자본과 노동에 관하

---

1) 19세기 복음주의 정치를 이해하기 위해서는 두 권의 탁월한 책이 필수적이다. D. Walker Howe, *The Political Culture of the American Whigs* (Chicago: University of Chicago Press, 1984)와 Richard J. Carwardine, *Evangelicals and Politics in Antebellum America* (New Haven: Yale University Press, 1993)를 보라. 복음주의와 공적인 삶의 관계가 북부의 경우와는 본질적으로 달랐던 남부에 대한 훌륭한 보충 자료로는, Robert M. Calhoun, *Evangelicals and Conservatives in the Early South, 1740-1861*, 1st ed. (Columbia: University of South Carolina, 1988)과 James Oscar Farmer, Jr., *The Metaphysical Confederacy: James Henley Thornwell And the Synthesis of Southern Values* (Macon, GA: Mercer University Press, 1986)가 있다. 나는 *One Nation Under God?: Christian Faith and Political Action in America* (San Francisco: Harper & Row, 1988)에서 19세기 복음주의 정치학의 몇 가지 측면에 대한 평가를 제시한 바 있다. 이 주제 전반에 관련된 중요한 문헌들로는 *Religion and American Politics: From the Colonial Period to the 1980s*, ed. Mark A. Noll (New York: Oxford University Press, 1990)에 실린 다양한 논문의 주석을 참고하라. 이 장의 연구 자료 일부는 *Being Christian Today*, ed. Richard John Neuhaus, George Weigel (Washington, D.C.: Ethics and Public Policy Center, 1993)에 게재한 나의 글에서 초기적인 형태로 소개된 바 있다.

여"(On Capital and Labor)와 비교해 볼 때, 이 연설의 가치는 더욱 도드라진다. 이런 비교를 통해 정치에 관한 복음주의적 사고의 중요한 특징을 강조할 수 있다. 그러나 이를 통해 20세기 복음주의의 정치적 성찰이 어떤 단계를 거쳐 현재에 이르게 되었는지도 알 수 있다. 그러므로 20세기 복음주의적 사고 전반을 검토할 때 윌리엄 제닝스 브라이언의 생애를 기준선으로 삼아 출발하는 것이 좋다.

윌리엄 제닝스 브라이언과 19세기 복음주의 정치 사상

시카고에서 그 유명한 연설을 할 당시 네브래스카 출신의 윌리엄 제닝스 브라이언은 36세로서 이미 하원의원을 지낸 바 있었다. 브라이언은 오랫동안 정치적인 연설을 해 왔지만, 그러기 전부터 평신도 장로교인으로서 회중에게 설교를 해 왔다.[2] 시카고에서 한 연설에 성서 본문이 포함되어 있지는 않았지만, 그 형식은 분명 설교를 닮아 있었다. 이 연설이 정치 사상에 관한 **복음주의적** 해설의 성격이라는 사실은, 잊을 수 없는 결론부의 은유를 통해 명백히 드러난다. "그들이 감히 열린 광장에 나와 금본위제를 선한 것이라 옹호한다면, 우리는 끝까지 맞서 싸울 것입니다. 무역의 이익과 노동의 이익, 곳곳에 있는 노동자들의 지원을 받는 이 나라와 세계의 노동 대중을 뒤에 두고, 우리는 금본위제를 주장하는 그들에게 이렇게 대답할 것입니다. 당신들은 노동자의 머리에 가시 면류관을 씌우지 못할 것입니다. 당신들은 황금 십자가 위에 인류를 못박지 못할 것입니다."[3] 이 연설의 기초가 된 신념과 관련하여 최근 게리 윌즈(Garry Wills)는 브라이언이 "19세기 가장 중요한 복

---

[2] 특히 Paolo Enrico Colletta, *William Jennings Bryan*, vol. 1: *Political Evangelist, 1860-1908* (Lincoln: University of Nebraska Press, 1964)를 보라.
[3] William Jennings Bryan, "Speech Concluding Debate on the Chicago Platform", *The First Battle: The Story of the Campaign of 1896* (Chicago: W. B. Conkey, 1896), p. 206.

음주의 정치인"이며 황금 십자가 연설은 "모든 정치 집회에서 한 연설 중 가장 위대한 연설"이었다고 주장했다.[4]

그의 연설이 19세기 정치적 사고에서 장엄한 대단원과도 같았다는 평가는 그 형식과 내용이 뒷받침한다. 먼저, 결어에 십자가 같은 은유를 사용하는 기교나 사무엘상 18:7을 가져와 "보호무역이 천천을 죽였다면, 금본위제는 만만을 죽였습니다"라는 표현에 드러나는 것처럼, 이 연설은 성서에 몰입하고 있는 복음주의를 보여 주는 훌륭한 사례였다.[5] 또한 이 연설은 레너드 스윗(Leonard Sweet)의 말처럼 "공동의 정신, 삶과 역사에 대한 공동의 전망, 공동의 경건, 공동의 예배와 신앙 형식을 통해 복음주의가 **사실상의** 국교로서의 지위를 확보할 수 있었던" 19세기 개신교의 공적 증언에 대한 요약이기도 하다.[6] 뿐만 아니라 이 연설은 새로운 국가적 위기를 만날 때마다 그것을 세계사적 중요성을 지닌 대격변으로 바라보는 복음주의적 성향의 실례를 보여 주기도 한다. 브라이언은 "지금까지 이 나라의 역사상" 통화 정책을 둘러싸고 일어난 논쟁만큼 "엄청난 논쟁은 단 한 번도 없었다"라고 말했다.[7] 마지막으로, 브라이언의 연설은 소중히 간직해 온 복음주의 전통을 위기의 시기에 적용한 극적인 진술이었다.

이 연설은 19세기 내내 적어도 일부 복음주의자들 사이에서 현저하게 나타났던 정치적인 확신들 중 한 가지를 보여 준다. 민주주의적이며 복음주의적인 미국에서는 진부할 정도가 되어 버린 방식으로 브라이언은 보통 사람들을 옹호했다. "임금 노동자,…시골 마을의 변호사,…네거리 가게의 상인,…아

---

4) Garry Wills, *Under God: Religion and American Politics* (New York: Simon & Schuster, 1990), pp. 97, 67.
5) Bryan, "Speech", p. 204.
6) Leonard I. Sweet, "Nineteenth-Century Evangelicalism", *Encyclopedia of the American Religious Experience*, 3 vols., ed. Charles Lippy, Peter Williams (New York: Scribner's, 1988), 2: p. 896.
7) Bryan, "Speech", p. 199.

침에 나가 하루 종일 일하는 농부,…수백 미터 아래 땅속으로 내려가는 광부들…세상의 돈을 뒷방에 묻어놓고 꼼짝 못하게 하는 몇 안 되는 금융계의 거물들보다 이들이 더 중요한 사람들이다."[8] 다시 말해서, 그는 "고생하며 살아가는 대중과…곳곳에 있는 노동자들"을 대변하여 연설했다.[9]

더욱이, 그는 공적으로 활동하는 내내 이러한 정치관을 추동하는 선명한 복음주의 원리를 은밀히 감추려고 하지도 않았다.[10] 그러나 그렇게 하면서도 상대적으로 효과적일 수 있는 정치의 잠재력과 절대적으로 효과적인 복음의 원리를 구별하려고 노력했다. 그의 "평화의 왕"(The Prince of Peace)이라는 연설은 이러한 구별을 중점적으로 다룬다. "그리스도께서는 우리에게 그 어떤 정당이 만들어 낸 것보다 더 중요한 강령을 주셨습니다.…그분은 십계명 중에서 다른 사람들을 향한 인간의 의무와 관련된 계명들을 한마디로 압축하시며 우리에게 '네 이웃을 네 몸과 같이 사랑하라'고 명하셨습니다. 그때 그분은 현재 이 사회가 겪고 있거나 앞으로 겪을 모든 문제를 어떻게 풀어야 하는지를 보여 주셨습니다. 다른 해법으로 고통을 일시적으로 달래거나 해결의 날을 뒤로 미룰 수는 있겠지만, 오직 이를 통해서만 영원한 효력이 있는 완전하고도 충분한 화해를 이룰 수 있습니다."[11]

브라이언은, 현대 세속주의의 가장 심각한 위험은 특정 기독교 교리에 대한 공격이 아니라 많은 현대 사상이 담고 있는 인간 경시라고 생각했다. 그가 진화론을 점점 격렬히 반대한 것도, 이 이론이 창세기 1장에 대한 전통적인

---

8) 같은 책, p. 200.
9) 같은 책, pp. 205-206.
10) 대중주의적인 정치가로부터 근본주의의 투사에 이르기까지 브라이언 생애의 일관성에 대해서는, 특히 Lawrence W. Levine, *Defender of the Faith: William Jennings Bryan; the Last Decade, 1915-1925* (New York: Oxford University Press, 1965)를 보라.
11) Bryan, "The Prince of Peace", *William Jennings Bryan: Selections*, ed. Ray Ginger (Indianapolis: Bobbs-Merrill, 1967), pp. 148-149.

해석을 위협하기 때문이 아니라 인간의 존엄성을 위협한다고 생각했기 때문이었다. 무신론적 진화론은 "이성에 대한 모욕이며 마음에 대한 공격이다. 이 교리는 나병처럼 치명적이다.…이 이론이 널리 퍼진다면 모든 책임감을 파괴하고 세상의 도덕을 위협하게 될지도 모른다."[12]

노동과 자본 사이의 투쟁에 관한 브라이언의 분석은 공동체 전반의 건강에 관한 그의 관심을 잘 보여 준다. "산업계의 파업과 직장 폐쇄는 국가 간의 전쟁과도 같으며, 일반 대중은 중립국과 같은 위치에 있게 된다. 산업 활동이 정지될 때 실제로 피해를 입는 일반 대중의 수는 그 산업의 노동자와 고용주의 수를 다 합한 것보다 몇 배는 많다."[13]

1896년 브라이언의 연설과 그의 모든 정치적인 활동은, 복음주의 원리를 당시 미국이 당면한 급박한 문제에 적용해 보려 했던 그의 열정적인 노력을 잘 보여 준다. 당시의 또 다른 중요한 기독교적 선언, 즉 1891년에 레오 13세가 발표한 회칙과 비교해 보면, 이런 원리가 어떤 의미가 있었는지—혹은 없었는지—를 더 분명하게 알 수 있다. 이 회칙은 유럽에서 한 세기 이상 지속된 사회적·경제적·정치적 동요에 대한 가톨릭 교회의 신중한 대답이다.[14]

---

12) Bryan, *The Last Message of William Jennings Bryan* (New York: Fleming H. Revell, 1925), p. 51. Levine, *Defender of the Faith*, pp. 261-270와 Wills, *Under God*, pp. 97-106에서는 Bryan이 편협한 교리적 이유 때문이 아니라 더 광범위한 인간 중심주의적인 이유로 진화론을 공격했다는 주장을 잘 논증하고 있다.
13) Bryan, *In His Image* (New York: Fleming H. Revell, 1922), p. 231.
14) 회칙의 전문은 Leo XIII, *Rerum Novarum, The Papal Encyclicals, 1878-1903*, vol. 2, ed. Claudia Carlen[n.p.: McGrath, 1981, 「노동 헌장: 교황 레오 13세 회칙」(성바오로출판사)]을 보라. 회칙 발표 100주년을 기념한 해설서인 George Weigel, Robert Royal, eds., *A Century of Catholic Social Thought: Essays on "Rerum Novarum" and Nine Other Key Documents* (Washington, D.C: Ethics and Public Policy Center, 1991)도 참고하라.

비교의 관점에서 본 19세기 복음주의 정치적 성찰

레오 13세와 윌리엄 제닝스 브라이언은 청중의 공감을 불러일으키는 창의적인 연설가였다. 그들은 둘 다, 신앙이 현재의 관습에 의해 재해석될 때가 아니라 물려받은 신앙의 진리를 새롭게 방향을 정하여 현재의 상황을 에워싸게 할 때, 전통적인 기독교 신앙이 현대의 공적 위기에 대한 해답이 될 수 있다고 생각했다. 또한 특히 경제적 근대화로 보통 사람들이 겪고 있는 고통을 해소하기 위해서는 전통적인 기독교의 도움이 절실하게 필요하다고 생각했다.

교황 레오의 「새로운 사태」와 브라이언의 "황금 십자가" 연설은 연결되는 부분이 많지만 서로 다른 점도 많다. 바로 이 차이점이 19세기 복음주의 공적 사상의 가장 심층적인 특징을 보여 주었으며, 20세기 복음주의 정치를 가장 직접적으로 예견할 수 있게 해주었다. 그러므로 브라이언의 연설이 레오 13세의 회칙과 어떻게 다른지를 살펴봄으로써 우리는 복음주의의 정치적 성찰의 특징을 더 잘 이해하고, 그 강점과 약점도 가늠해 볼 수 있다.

가장 뚜렷한 차이점이 가장 중요한 점일 것이다. 「새로운 사태」는 회칙인 반면, "황금 십자가"는 연설이다. 18세기 중엽의 부흥운동 이후 발전하기 시작한 미국의 복음주의에는 진지한 성찰을 글로 표현하는 전통도 있었다. 그러나 그런 성찰은 복음주의권의 극소수에게만 영향을 미치는 경향이 있었다. 반면, 종교적인 경험이나 정치적인 설득은 일차적으로 공적인 연설을 통해 이루어졌다. 설교를 강조했던 청교도 전통 역시 이러한 방향을 예견하게 했다. 앞서 살펴본 것처럼 조지 휫필드의 설교가 지닌 힘은 향후 미국 복음주의의 모습을 결정하는 데 큰 영향을 미쳤다.[15] 복음주의에서는 이 전통의 가장

---

15) 청교도주의와 대각성운동에서 설교의 영향력을 이해하기 위한 필수적인 책으로는 Harry S. Stout가 쓴 두 권의 책, *The New England Soul: Preaching and Religious Culture in Colonial New England* (New York: Oxford University Press, 1986)와 *The Divine Dramatist: George Whitefield*

위대한 사변적 신학자인 조나단 에드워즈마저도 "진노하시는 하나님의 손 안에 있는 죄인"이라는 설교로 가장 잘 알려지게 된다. 복음주의자들은 에이브러햄 링컨의 종교가 전적으로 자신들의 종교였다고 주장할 수 없다. 그의 종교는 구체적으로 기독교적인 동시에 일반적으로 히브리적이기도 했기 때문이다. 그럼에도 불구하고 링컨의 두 번째 대통령 취임 **연설**이 복음주의적인 19세기의 기독교적·유신론적 정치 신학의 가장 심오한 주장을 담고 있었다는 점은 의미심장하다.

19세기 복음주의자들이 공적인 이슈에 관한 영감, 교훈, 정보, 지침을 얻기 위해 설교 다음으로 의존했던 것은 언론이었다.[16] 길에서 연설을 하지 않을 때면 신문 편집인으로 일했던 '플랫 강변의 꼬마 웅변가' 브라이언의 연설이 19세기 말 복음주의의 정치적 정서를 가장 인상적으로 표현한 것이었다는 사실은 미국 복음주의의 전통과 전적으로 일치한다.

복음주의 역사에서 가장 눈에 띄게 활동했고 가장 폭넓은 대중적 영향력을 확보했던 이들은 대중 연설가들이었다. 20세기 복음주의자들이 종교적인 목적을 위해 라디오와 텔레비전을 활용하는 데 가장 앞서 있다는 사실은 이전 시기 역사에서 그 기원을 찾을 수 있다.[17] 또한 북부의 탈근본주의적 신복음주의자들(postfunadmentalist neo-evangelicals)로 하여금 대사회적 관심의 중요성을 자각하게 하는 데 지대한 영향을 미친 칼 헨리(Carl Henry)의 「복음주의자의 불편한 양심」(*Uneasy Conscience of Modern Fundamentalism*, IVP 역간)이 원래는 1947년에 행한 일련의 강연에서 비롯되었으며 당시 헨리 역시 신학자라기

---

and the Rise of Modern Evangelism (Grand Rapids: Eerdmans, 1991)이 있다.

16) David Paul Nord, "The Evangelical Origins of the Mass Media in America, 1815-1835", *Journalism Monographs* 88 (1984): pp. 1-30, Nathan O. Hatch, *The Democratization of American Christianity* (New Haven: Yale University Press, 1989), pp. 125-126, 141-146.

17) Quentin J. Schultze, "Evangelical Radio and the Rise of the Electronic Church, 1921-1948", *Journal of Broadcasting & Electronic Media* 32 (Summer, 1988): pp. 289-306.

보다는 언론인이었다는 사실도 복음주의 역사와 잘 어울린다. 복음주의 역사에서 흑인 개신교인들의 위치가 모호하다는 점을 기억해야겠지만, 복음주의적인 주제가 두드러졌던 마르틴 루터 킹과 그의 동료들의 설교와 강연에서 20세기 미국에서 가장 심오한 기독교의 공적 증언을 발견하게 된다는 점 역시 주목할 만하다.

복음주의가 설교와 강연을 강조한 점은 복음주의 운동 전체를 규정하는 긴급성과도 잘 들어맞는다. 복음주의자들은 말씀과 성례전의 신앙이 아니라 설교와 말씀 공부, 전도의 신앙을 강조해 왔다. 교황 레오 13세가 「새로운 사태」를 발표할 무렵, 가톨릭 교회에서는 교황이 교회의 전반적인 가르침에 비추어 교회 전체의 유익을 위해 특정 이슈에 대해 이야기하는 목회 서신을 내놓는 전통이 확립되어 있었다. 이와 마찬가지로 복음주의자들이 전형적인 부흥운동의 열정으로 운집한 청중에게 특정 이슈에 대해 공적으로 연설하는 관행 역시 확립되어 있었다.

둘째로, 「새로운 사태」는 교회가 현대 사회의 위기에 대응하는 데 중요한 역할을 하겠다고 자처한 가톨릭 교회의 수장이 발표한 선언문이었다. 반면에 브라이언의 "황금 십자가" 연설은 그가 평생 동안 했던 수많은 연설과 마찬가지로 자신의 권위에 기초한 선전이었으며, 개개인에게 강력하게 호소한 것이었다. 미국의 복음주의 전통이 19세기적 혹은 고전적 의미에서 '자유주의적'이진 않았을지 모르지만, 휫필드의 시대 이래로—교회 없이, 가정 없이, 어떤 종류의 사회 기구도 없이—개인의 행위를 강조하는 태도가 이 전통을 지배했다. 미국 혁명기의 공화주의가 복음주의에 미친 영속적인 영향력 때문에 제도에 대한 전통적인 신뢰는 약화되었다.[18] 또 식민지 시대와 건국 초기의 대각성운동의 영속적인 영향력 때문에 자발적인 단체가 교회를 대신했다.[19]

---

18) Hatch, *The Democratization of American Christianity*, pp. 5-9를 보라.

그 결과로, 즉 찰스 피니의 부흥운동, 데어도어 드와이트 웰드(Theodore Dwight Weld)의 노예제 폐지운동, 프랜시스 윌러드(Frances Willard)의 절제운동, 윌리엄 제닝스 브라이언의 은본위제 추진 운동의 결과로 기독교의 사회 참여 구조가 바뀌었다. 공적 영역을 분석하는 통찰이나 정치적인 활동의 지침은 위로부터 아래로 전해지는 권위 있는 발표문으로부터 나오지 않았고, 안에서 솟아나는 내적인 확신으로부터 나왔다. 미국 복음주의의 위대한 인물들은 이런 현실을 제대로 인식하는 동시에 대중을 설득하는 법을 잘 알았던 사람들이다.[20] 브라이언은 자신의 연설에서, 교황 레오가 「새로운 사태」에서 현대의 경제적 위기를 해결하기 위해 강조했던 전통적인 조직들을 무시했다. 대신 그는 은본위제를 지지하는 민주당원들(Silver Democrats)에게 "은수자 피에르(Peter the Hermit: 성지를 방문한 후 제1차 십자군 원정을 고무시킨 것으로 알려짐—역주)를 따라나선 십자군들과 같은 열정"을 가져 달라고 촉구했다.[21]

때로는 복음주의 교회론과 그와 연관된 자발주의(voluntarism)가 민주주의적 형식을 띠기도 했다.[22] 민주주의적 요소가 분명히 있었지만, 더 정확히 말하자면 그것은 민주주의적 상황이라기보다는 유전(遺傳)으로부터 카리스마로, 동의를 **명령하는** 권력으로부터 동의를 **이끌어내는** 권력으로 권위가 이동한 상황이었다. 다시 말해, 브라이언의 연설과 공적인 정치에 관한 더 일반적인 복음주의 전통의 성찰은 단순히 개신교적이라기보다는 비국교도나 회중파 개신교의 것에 가까웠다. 브라이언은 생의 마지막 15년 동안 자신이 속한 장로교단의 문제에 점점 큰 관심을 기울였다. 그러나 대부분의 미국 복음주의자

---

19) Donald G. Mathews, "The Second Great Awakening as an Organizing Process", *American Quarterly* 21 (1969): pp. 23-43.
20) 이에 대한 비판적인 개설로는 Harry S. Stout, "Religion, Communications, and the Revolution", *William and Mary Quarterly* 34 (1977): pp. 519-541을 보라.
21) Bryan, "Speech", p. 199.
22) 특히 Hatch, *The Democratization of American Christianity*를 보라.

들처럼, 그에게도 교회란 표를 얻기 위해 선거운동을 하는 또 다른 장일뿐이었다.[23] 레오 13세가 「새로운 사태」에서 "종교와 교회가 나서지 않는 한 이 [경제적인] 문제의 실제적인 해법은 그 어디에서도 찾을 수 없을 것이다"[24]라고 당연하게 주장했던 반면, 브라이언은 그렇게 말할 수 없었다. 그것은 교회와 국가의 분리에 대한 미국적인 신념 때문만이 아니라 미국 복음주의의 자발주의적 전통 때문이기도 했다.

셋째로, 브라이언이 "황금 십자가" 연설에서 역사를 사용하는 방식 역시 「새로운 사태」와 차이를 보인다. 회칙에서는 공적인 이슈를 검토하는 적절한 방법을 규정하고 특정한 경제적 문제에 대한 해답을 제시하기 위해 옛 권위, 특히 토마스 아퀴나스를 신중하게 사용하지만, 브라이언에게 역사는 제의적이며 신화적이다. "광야의 모든 위험을 무릅쓰는 강인한 개척자들"을 환기시키는 그의 연설은 감동적이지만 분석적이지는 않았다. 브라이언은 과거의 중요성을 알았지만, 청중에게는 중요성이란 것이 대개 정서적인 것임을 간파했다. 그래서 그런 목적을 위해 역사를 동원했다. "[서부를 가리키며] 저기로 갔던 개척자들은 사람의 목소리와 새의 목소리가 한데 어우러지는 자연 한가운데서 자녀들을 길렀고, 그곳에 아이들을 교육할 학교와 창조주를 찬양할 교회, 죽은 이들의 유해를 묻을 묘지를 세웠다." 그러나 이는 "이들이 이 나라의 모든 사람과 마찬가지로 우리 당의 존중을 받을 가치가 있는 사람들"임을 알려 주기 위해서라기보다는 감동시키기 위한 목적으로 그려 낸 그림일 뿐이었다.[25] 브라이언은 역사적인 권위를 언급했지만, 신화적인 권위로 언급했을 뿐이다.

---

23) Bradley J. Longfield, *The Presbyterian Controversy: Fundamentalists, Modernists, and Moderates* (New York: Oxford University Press, 1991, 「미국 장로 교회 논쟁」, 아가페문화사)의 관련 부분을 보라.
24) Leo, *Rerum Novarum*, p. 245.
25) Bryan, "Speech", p. 200.

즉, 토머스 제퍼슨은 은행의 정치적인 영향력에 반대한 이로, 앤드류 잭슨(Andrew Jackson)은 "은행의 음모를 분쇄하고 미국을 구해 냄으로써 [키케로가 로마에 행한 일을] 우리를 위해서 행한" 이로 이야기했다.[26]

이런 식으로 역사를 사용하는 브라이언의 태도는 복음주의 전통의 연장일 뿐이었다. 복음주의자들은 미국 혁명을 통해, 과거는 부패했으며 현재의 열정적인 노력으로 천년왕국을 앞당길 수도 있다고 생각했다.[27] 건국 초기 시원주의(primitivism)의 강력한 영향력으로 인해 청교도주의의 몇몇 주제가 다시 부각되었고, 그리스도의 제자들과 그리스도의 교회들과 같은 새로운 기독교 교파가 생겨났으며, 조셉 스미스[Joseph Smith: 예수그리스도후기성도교회(모르몬교)의 창시자—역주]의 새로운 종교가 출현했고, (가톨릭을 비롯한) 미국의 거의 모든 교파에 영향을 미쳤다.[28] 이러한 시원주의에서는 신약 성서에 나타난 기독교의 순수한 영광을 회복하기 위해 역사를 거의 전적으로 폐기하고자 했다.

미국 복음주의 내에서 시원주의가 강력한 영향을 미칠 수 있었던 것은 복음주의자들이 일반적으로는 성서, 구체적으로는 신약 성서의 모범적인 사례에 몰두했기 때문이었다. 그 영향력은 여전히 강하게 남아 있다. 복음주의자들은 신약 시대 이후의 역사적 기록은 기껏해야 희미할 뿐이고, 최악의 경우에는 부패에 이르게 한다고 생각한다. 그러므로 브라이언의 경우처럼, 현재의 위기에 대응하기 위해서는 절대적인 원리에 열정적으로 호소하면서 이 원리를 천년왕국적인 가능성에 적용해야 한다. 복음주의자들은 초림과 재림 사

---

26) 같은 책, p. 203.
27) 특히 Ruth H. Bloch, *Visionary Republic: Millennial Themes in American Thought 1756-1800* (Cambridge: Cambridge University Press, 1985)를 보라.
28) Richard T. Hughes, *Illusions of Innocence: Protestant Primitivism in America, 1630-1875* (Chicago: University of Chicago Press, 1988)와 T. D. Bozeman, *To Live Ancient Lives: The Primitivist Dimension in Puritanism* (Chapel Hill: University of North Carolina Press, 1988)을 보라. 가톨릭의 시원주의를 시사하는 책으로는 Patrick W. Carey, ed., *American Catholic Religious Thought* (New York: Paulist Press, 1987)에 실린 낭만주의와 계몽주의에 관련된 항목을 보라.

이의 시대에 대해 한 번도 체계적인 관심을 기울인 적이 없었다. 공적인 삶에 대한 복음주의자들의 태도가 일반적으로 그랬던 것처럼, 윌리엄 제닝스 브라이언에게는 토마스 아퀴나스 같은 인물이 없었고, 아퀴나스를 전통적인 권위로 존중했던 레오 13세와 달리 전통을 존중하지도 않았으며 존중해야 할 필요를 느끼지도 못했다.

브라이언으로 대표되는 이 전통은, 대중주의적이고 (그러므로 출판된 논문보다는 구두 논증을 선호하고) 행동주의적이며 (그러므로 개인들의 노력을 통해 공동체의 가치를 보호하려 했고) 신화를 만드는 (그러므로 역사 전체를 끈기 있게 연구하기보다는 순수한 시원적인 과거라는 이상을 선호했던) 전통이었다. 이런 특징에 의해 길러진 정치적 성찰은 포괄적이거나 광범위하진 않았지만, 중요하지 않은 것도 아니다. 그것은 (공동체에 대한 존중과 더불어 개인에 대한 정의에도 관심을 기울임으로써) 견실하게 발전할 가능성도 있었고, (과거를 신화화하는 경향에 의해) 위험하게 타락할 가능성도 있었다. 미국 복음주의의 이후 역사는 이 두 가지 가능성 모두가 사실로 드러난다.

복음주의적 정치적 성찰과 복음주의

"황금 십자가" 연설과 그의 생애의 주요 주제들이 예증하듯, 브라이언의 삶을 살펴봄으로써 우리는 19세기 복음주의의 정치적 성찰의 전형을 확인할 수 있다. 복음주의의 정치적 성찰의 가장 분명한 특징은 그것이 복음주의권의 삶 전반의 특징을 반영한다는 점이다. 복음주의의 정치적 성찰은 반교회적(혹은 적어도 무교회적)이라 할 만한 도덕주의에 의존해 왔다. 미국의 복음주의가 교회에는 중요한 역할을 부여하지 않으면서 도덕적 행동주의를 강조하는 운동이었기 때문이다. 복음주의의 정치적 성찰은 대중주의적 경향을 띠었다. 복음주의 자체가 대중주의적인 운동이었기 때문이다. 복음주의의 정치적 성찰은 정의에 대한 직관적인 개념을 활용했다. 일반적으로 복음주의자들이 공식적인 신학이나 역사에 대한 체계적인 연구, 학문적으로 훈련된 윤리학자들의 의견보다는 그들이 거의 신성시했던 상식을 더 신뢰했기 때문이다. 복음주의자들 사이에서 '오직 성서만으로'의 정서가 널리 퍼져 있었던 것과 같은 이유로 복음주의의 정치적 성찰은 상식주의적인 성서주의에 의해 주도되었다.

이러한 지난 세기의 유산은 20세기에도 정치적인 활동이나 정치적 성찰에 대한 복음주의의 공통된 틀이 되었다. 이 유산은 네 요소로 이루어져 있는데, 도덕적 행동주의, 대중주의, 직관주의, 성서주의가 바로 그것이다. 그러나 공통의 틀이 존재했다고 해서 복음주의자들의 정치적 행동이 완전한 통일을 이루었거나 예측 가능했다는 뜻은 아니다. 사실 20세기 복음주의자들 사이에서도 구체적인 정치적 활동이나 원리에서는 다양한 차이점을 드러냈다. 때로는, 특정한 시점이나 특정한 위기에 대한 반응으로 공통된 복음주의적 관점의 특정 요소가 부각될 때 이런 차이점이 드러난다. [예를 들어, "로 대 웨이드 사건" (Roe v. Wade: 낙태권을 둘러싼 소송으로 이에 대한 1973년의 연방대법원 판결은 미국에서 낙태가 합법화되는 길을 열어 주었다—역주)은 전통적인 도덕적 행동주의가 재부상하는 계기가 된 반면, 1930년대에는 정치라는 악에 대한 직관적인 불편함 때문에 복음주의권 내에 정적주의(靜寂主義)가 만연했다.] 때로는 복음주의권에 속한 하위 집단의 신학이나 종교적 관행에서의 특정한 강조점이 정치에 대한 입장 차이를 만들어 내기도 한다. 예를 들어, 제2차 세계대전 이후 메노나이트 교회와 네덜란드계 미국인들의 개혁교회(Christian Reformed)는 이민 집단으로서 복음주의권에 새로운 정치적 이상을 소개하기 시작했다. 또한 전에는 정치적인 목소리를 내려 하지 않았던 집단이—예를 들면, 지난 20년 동안의 남침례교회처럼—예전의 편협했던 관심을 넘어 바깥으로 눈을 돌리기 시작할 때도 복음주의자들 사이의 차이점이 드러났다.

윌리엄 제닝스 브라이언이 강조한 특정한 정치적 의제가 후대의 복음주의자들 사이에서 어떤 운명에 처하게 되는지를 살펴보면, 이러한 정치적인 태도의 차이가 얼마나 심각했는지 알 수 있다. 브라이언은, 가능한 한 많은 권력을 직접적으로 대중에게 돌려주는 상원의원 직선제, 여성 참정권 등을 지지했던 대중주의자(populist)였다. 그러나 브라이언 이후 적어도 일부 저명한 복음주의자들은 민주주의적 권력을 헌법으로 견제하는 데 더 큰 관심을 기울였다. 브라이언은 소득세, 금주법, 그 밖의 개별 시민의 삶에 대한 중앙 정부의 역할 비중을 급격히 키우는 다른 조치들을 주창했던 혁신주의자(progressive: 20세기 초 급속한 산업화와 도시화로 발생한 여러 문제를 해결하기 위해 시정 개혁과 기업 규제 등을 추진한 미국의 정치·사회 운동을 말한다—역주)였다. 복음주의자들은 금주법에 찬성했고 그렇기 때문에 연방 정부의 권력이 커지는 것을 암묵적으로 지지했지만, 일반적으로 말하자면 집중된 권력이 강해지는 것에는 반대하는 경향이 있었다. 브라이언은 은화 주조를 주장했기 때문에, 통화 팽창을 도덕적 악으로 보았던 후대의 복음주의자들은 그와 반대 입장에 서게 된다. 또한 브라이언은 거의 평화주의자였으며, 우드로 윌슨 대통령의 정책이 불필요하게 미국을 세계대전으로 내몰고 있다고 판단하면서 1915년에 국무장관직을 사임하기도 했다. 물론 브라이언은 20세기 상당 기간 동안의 대부분의 미국 복음주의자처럼 민주당원이었다. 1960년대의 어느 시점까지는 19세기 부흥운동의 후예들 중 공화당원만큼 민주당원도 많았기 때문이다. 그러나 그 이후에 20세기의 정당 지지에서 가장 극적인 변화가 일어나 전통적인 복음주의자들이 공화당으로 지지 정당을 바꾸게 되었다.[29]

이 모든 것은 20세기 복음주의자들 중에서 어떤 주요 하위 집단도 브라

---

[29] Lyman A. Kellstedt, Mark A. Noll, "Religion, Voting for President, and Party Identification, 1948-1984", *Religion and American Politics*, ed., Noll (New York : Oxford University Press, 1990): pp. 372-376, James Guth, John Green, Lyman Kellstedt, Corwin Schmidt, "Evangelicals and God's Own Party", *Christian Century*, Feb. 17, 1993, pp. 172-176.

이언과 구체적인 입장을 공유하지 않았음을 의미한다. 그러나 브라이언이 자신의 정치적 신념을 선전했던 방식은 20세기에도 여전히 복음주의자들이 정치에 참여하는 방식으로 남아 있다. 행동주의, 직관주의, 대중주의, 성서주의가 바로 그 방식이다. 이런 복음주의적 틀은 20세기 내내 놀라울 정도로 변함이 없었다. 물론 대안적인 방식이 출현할 조짐이 보이기는 했다. 그러나 19세기로부터 물려받은 이런 특징들은 지금 이 시간까지 복음주의의 정치적 성찰에 압도적인 영향력을 행사하고 있다.

복음주의 정치적 성찰의 발전 단계

20세기 복음주의자들의 정치적 성찰을 간략히 살펴보는 것만으로는 이 운동의 다양성을 파악할 수도 없고 우세한 입장들 사이의 미묘한 차이를 구별해 낼 수도 없다. 또한 복음주의자들의 경우에는, 특별히 행동주의가 공적인 영역에 대한 복음주의권의 대응을 압도해 왔기 때문에 정치적 행동과 정치적 성찰을 구별하기도 쉽지 않다. 그럼에도 불구하고 20세기 복음주의자들의 정치적 성찰을 잠정적으로 다섯 시기로 구분함으로써, 신학적인 강조점이 바뀌고 사회적인 환경이 변하는 와중에도 어떻게 공통된 틀이 유지되어 왔는지를 확인할 수 있을 것이다. 이를 살펴보면 그 틀 안에서 직관주의적이며 대중주의적인 요소가 가장 일관되게 나타나고 있음을 알 수 있다. 복음주의권 안에서 이런 요소가 도전을 받기 시작한 것은 불과 2, 30년 전의 일이었으며, 그나마도 미미한 결과를 낳았을 뿐이다. 반면 복음주의적 행동주의와 복음주의적 성서주의는 더 극적으로 바뀌었다. 이 두 요소의 의미와 그것이 적용되는 방식이 어떻게 변했는지를 살펴보면, 정치적 성찰과 관련한 가장 중요한 변화를 이해할 수 있다.

브라이언의 시대

브라이언의 시대, 즉 1896-1925년에는 19세기의 주제가 지속되었다. 아직은 복음주의자들이 메인라인 개신교인들과 확연히 구별되지 않았으며, 본능적으로 문화적 관습을 따르는 태도가 특별히 강하게 남아 있었다. 미국의 개신교인들이 정치에 관한 성찰을 표현하는 경우는 극히 드물었지만, 그들의 행동에는 19세기의 정치 이론이 그대로 암시되어 있었다. 이 시기에 대한 로버트 핸디(Robert Handy)의 탁월한 연구를 요약하자면, 혁신주의 시대(the Progressive Era)의 개신교인들은 정의에 대한 그들의 이상을 제시할 때 본능적으로 성서에 의존했다. 그들은 신실한 신자들의 노력을 통해 하나님 나라를 확장시키시는 그리스도의 능력을 믿었다. 그들은 국내에서는 개혁가요 해외에서는 선교사였으며, 문명의 도래를 알리기 위해 개신교인들이 협력해야 한다고 생각했다. 그들은 철저하고도 무비판적인 애국주의자였다. 더 구체적인 이슈에 대해서는, 여전히 가톨릭교도들을 반미국주의자라 의심했고, 공립학교를 광범위한 기독교화의 도구로 삼고자 했으며, 사회 개혁을 향한 핵심적인 수단으로 금주법을 지지했고 이를 위해 엄청난 단결을 했다.[30]

미국 개신교 내에서 복음주의에 대한 자의식이 더 컸던 하위 집단들은, 복음을 사회에 적용하는 것과 당대의 사회적 필요에 의해 규정된 복음을 구별하기 시작했다. 다시 말해, 그들은 월터 라우쉔부시(Walter Rauschenbusch)가 사회복음(Social Gospel)이라 부른 것에 대해 의구심을 갖기 시작했다. 그러나 노리스 매그너슨(Norris Magnuson)이 쓴 훌륭한 책이 보여 주는 것처럼, 금주법

---

30) Robert T. Handy, "Protestant Theological Tensions and Political Styles in the Progressive Era", *Religion and American Politics*, ed., Mark A. Noll (New York: Oxford University Press, 1990), pp. 283-288. 복음 전도자 Billy Sunday의 종교적·공민적·사회적 관심사 역시 그의 시대 개신교 일반의 전형적인 특성을 보여 준다. Lyle W. Dorsett, *Billy Sunday and the Redemption of Urban America* (Grand Rapids, Mich: W.B. Eerdmans Pub. Co, 1991)를 보라.

과 다른 개혁운동을 추진하는 등 사회 활동으로부터 결코 물러나지 않았다.[31] 미국에서, 그리고 캐나다에서 더 강력하게, 복음주의적 확신에 깊이 뿌리내린 지도자들이 교회를 위한 사회적 의제를 계속 발전시켜 나갔다.[32]

또한 이 시기의 복음주의적 성찰은 적극적인 정치 참여를 당연하게 받아들였다. 브라이언은 정치인이라는 직업이 그리스도인에게 적합한 소명임을 단 한 순간도 의심하지 않았다. 조지 마스덴(George Marsden)의 표현에 따르자면, "[대통령]직에 오르는 그 어떤 뉴잉글랜드인보다 청교도적이었던" 우드로 윌슨은 그리스도인으로서의 직관으로 공적 직무를 수행하는 데 아무런 어려움을 느끼지 않았다.[33] 윌슨이 민주당 대선 후보로 지명받기 위해 노력하던 1911년 5월에 덴버에 모인 1만2천 명의 청중 앞에서 한 성서에 대한 연설을 보면, 그에게는 복음주의 신앙과 정치적 활동이라는 영역이 얼마나 쉽게 결합할 수 있었는지를 알 수 있다. 윌슨은 이 연설을 마무리하면서 청중에게 "미국의 운명이 이 위대한 책을 매일 묵상하느냐 아니냐에 달려 있음을 깨달을 것"을 촉구했다. "자유롭고 순수한 미국을 보고 싶다면, 이렇게 성서의 세례를 받음으로써 자신의 영혼을 자유롭고 깨끗하게 만들어야 할 것이다."[34]

요컨대, 브라이언의 시대에 복음주의의 정치적 성찰은 성서에 대한 의존, 개혁에 대한 확신, 가톨릭의 위협에 대한 가정에 관해 직관적이었다. 또한 역사를 사용하는 측면에서도 직관적이었다. 우드로 윌슨 같은 전문가의 경우에

---

31) Norris A. Magnuson, *Salvation in the Slums: Evangelical Social Work, 1865-1920* (Grand Rapids: Baker, 1990; orig. 1977).
32) Richard Allen, *Religion and Social Reform in Canada, 1914-1928* (Toronto: University of Toronto Press, 1971)을 보라.
33) George M. Marsden, "Afterword: Religion, Politics, and the Search for an American Consensus", *Religion and American Politics*, ed. Mark A. Noll (New York: Oxford University Press, 1990), p. 385.
34) *The Papers of Woodrow Wilson, 1911-1912*, vol. 23, ed. Arthur S. Link (Princeton: Princeton University Press, 1977), p. 20.

도, 일반적으로 서양 역사와 구체적으로 미국 역사가 일차적으로 미국 기독교 문명의 이상을 예증하기 위한 목적으로 활용된다. [비록 윌리엄 매킨리(William McKinley)와 데어도어 루즈벨트와 같은 공화당원의 주장에도 복음주의적 태도가 반영되어 있었지만] 브라이언과 윌슨의 두드러진 활약이 보여 주는 것처럼 이 시기 복음주의의 정치적 성찰은 대중주의적이기도 했다. 티모시 스미스(Timothy Smith)는 성서주의와 행동주의 때문에 복음주의가 19세기의 강력한 개혁 추진 세력이 될 수 있었다고 설명했다.[35] 복음주의자들은 그러한 성서주의를 열정적으로 표출했다. 그러나 그 뼈대는 개혁주의적이었으며, 실천은 감리교적이었고, 경건은 완전주의적이었다는 점에서 복음주의 신학은 모호할 수밖에 없었다.

근본주의 시대

브라이언의 시대가 저물고 근본주의 시대(1925-1941년)가 시작되면서, 복음주의의 정치적 성찰에 분명한 변화가 찾아왔다. 중요한 전환점은 1925년이었다. 그 해에 공립학교에서 진화론을 가르칠지 또 어떻게 가르칠지에 관한 논쟁에 참여한 사람들보다는 전환점을 찾는 데 관심이 있는 역사가들에게 더 유용한 상징적인 사건이었던 스콥스 재판(Scopes trial)이 있었기 때문만은 아니다.[36] 그보다 더 중요한 사실은, 1925년이 19세기 복음주의적 정치적 행동주의의 마지막 위대한 모범이었던 브라이언이 사망한 해였다는 것이다. 또한 1920년대는 침례교회와 장로교회에서 전통적인 복음주의 신념을 옹호하던 이들이 교단 내의 포용주의자들에 의해 변방으로 밀려나거나 아예 쫓겨남으

---

35) Timothy L. Smith, *Revivalism & Social Reform: American Protestantism on the Eve of the Civil War*, expanded ed. (Baltimore: Johns Hopkins University Press, 1980), Smith, "Righteousness and Hope: Christian Holiness and the Millennial Vision in America, 1800-1900", *American Quarterly* 31 (Spring 1979): pp. 21-45.

36) Paul M. Waggoner, "The Historiography of the Scopes Trial: A Critical Re-evaluation", *Trinity Journal* 5 (1984): pp. 155-174를 보라.

로써, (적어도 북부에서는) 복음주의자로서 더 분명한 자의식을 지닌 이들이 출현한 시기이기도 하다. 또한 얼마 동안 세력을 키워 온 케직의 성결 운동과 전천년설 세대주의가 새롭게 부상한 시기이기도 하다. 단순히 스콥스 재판 때문이 아니라, 이러한 더 일반적인 상황들 때문에 복음주의의 정치적 성찰의 새로운 시대가 시작된 것이다.

이전 시기 복음주의의 정치적 성찰을 평가하자면, 복음주의자들은 전과 마찬가지로 직관적이고 대중주의적이었다. 복음주의 내의 그 어느 분파에도 체계적인 이론적 성찰이나 분명한 자기 정체성을 바탕으로 정치학에 적용되는 신학이나 정치 이론의 도움을 받는 비판적·역사적 연구가 필요하다고 느끼는 사람은 없었다. 복음주의는 여전히 압도적으로 대중의 종교였다. 북부에서는 윌리엄 벨 라일리(William Bell Riley), 마크 매튜스(Mark Mathews), 토머스 쉴즈(T. T. Shields), 제임스 그레이(James M. Gray), 윌 호튼(Will Houghton) 같은 지도자들과 그 밖의 수많은 열정적인 인물이 상식에 정면으로 호소하는 주장을 통해 대중의 지지를 얻어냄으로써 근본주의가 성공을 거두었다. 도널드 반하우스(Donald Barnhouse), 아노 게이블린(Arno Gaebelein), 찰스 트럼벌(Charles Trumbull)처럼 설교자이면서 편집인이었던 이들은 대중적인 정기 간행물을 통해 성공적으로 영향력을 확대했다. 방송계에서는 찰스 풀러(Charles Fuller) 같은 선구자들이 어떻게 대중매체라는 최신의 방식을 받아들여 옛 복음을 전할 수 있는지 보여 주었다. 남부의 상황도 마찬가지였다. 북부의 근본주의자들처럼 남침례교회와 그리스도의 교회들, 그 외에 다른 복음주의적인 분파가 대공황의 암흑기를 거치며 크게 성장했다.

이러한 경향이 나타난 이유를 어떻게 설명하든지, 이 모든 상황이 복음주의 정치관에 영향을 미쳤다는 사실은 분명하다. 그런 영향 때문에 윌리엄 제닝스 브라이언이 가지고 있던 개혁에 대한 낙관적인 전망과 정부의 적극적인 역할을 지지하던 태도는 점점 힘을 잃었고, 문화적 비관주의와 정부가 개인의 권리를 침해할지도 모른다는 두려움이 확산되었다. 정치 참여에 대한 관심은 사라져 가는 대신, 개인 전도와 개인 경건만 거의 배타적으로 강조하기 시작했다. 당시에 벌어지던 여러 사건 역시 개혁을 위한 행동주의나 정치적인 분석을 하게 하기보다는 예언에 대한 해석을 부추겼다.

예를 들면, 1925년부터 1935년까지 무디성서학교(Moody Bible Institute)의 학장이었던 제임스 그레이는 국제연맹(League of Nations)과 세계교회일치운동(Interchurch World Movement)을 시대의 종말을 예견하는 징조로 분석했다. 1930년대에 그레이는 이탈리아와 독일에서 독재 정권이 나타나는 것을 바라보며, 인류의 "가장 어두운 시간"은 "여명 직전에" 찾아올 것이라는 성서의 예언이 성취되는 것으로 해석하며 안도했다.[37] 필라델피아의 인기 있는 목회자이자 편집인, 라디오 설교자였던 도널드 반하우스는 1939년 당시 일어난 사건을 해석하며 자신이 발행하던 정기 간행물 "계시"(Revelation)의 독자들을 안심시키려 했다. 그는 그들이 "성서를 읽는 이들이고 성서 예언의 전체적인 방향을 아는 사람들"이라고 말했다. 그들은 에스겔서를 공부했으므로 "새터데이 이브닝 포스트"(Saturday Evening Post: 미국의 시사지로 당시에는 주간지였으나 현재는 격월간으로 발행되고 있다-역주)를 읽는 이들보다 현재의 상황을 더 잘 아는 것이다.[38] 반하우스는 "계시"에, '내일: 성서 계시의 관점에서 본 시사'라는 제목의 고정 칼럼을 연재했다. 종말에 열 나라로 이루어진 로마의 연합제국이 나타날 것임을 강조하는 세대주의 교리 때문에, 무디성서학교의 교수들과 "선데이 스쿨 타임즈"(Sunday School Times)의 기자들을 비롯한 여러 분파의 복음주의자들은 무솔리니를 적그리스도이거나 적어도 그의 꼭두각시일 거라고 추측했

---

37) 이 부분에 제시된 사례와 논지는 Joel A. Carpenter의 탁월한 논문 "Revive Us Again: The Recovery of American Fundamentalism, 1930-1950"에서 온 것이다.
38) Donald Grey Barnhouse, "Russia Wins the War!" Revelation 9 (Dec. 1939): pp. 477, 499-500, 인용문은 p. 477.

다.[39] 미국산업부흥국(National Recovery Administration)의 로고인 푸른 독수리가 요한계시록에서 말하는 짐승의 표식과 관계가 있다고 본 복음주의자들도 있었다.[40] "선데이 스쿨 타임즈"의 편집인이자 미국 케직 운동의 지도자였던 찰스 트럼벌은 1930년대에 일어난 세계를 뒤흔든 사건들을 종말의 징조로 이해했다. 그는 각 사람이 개인적으로 구원을 받은 후에 인생에서 가장 중요한 것은 "우리가 사는 시대와 앞으로 올 시대에 대한 하나님의 예언적 계획에 관한 지식"을 얻는 것이라고 말하기도 했다.[41] 말세에 유대인들이 맡을 역할을 강조하는 세대주의 교리에 영향을 받은 일부 복음주의자들은 음모론적인 반유대주의에 빠져들기도 했다.[42] 그보다 훨씬 더 많은 사람이 시온주의 운동의 열렬한 옹호자가 되었다.[43] 두 경우 모두, 유대인들에 대한 입장이 어떠하든지 그것은 국가 관계나 국제 정의, 최근의 중동 역사에 관한 동시대적인 분석이나 그와 관련된 더 일반적인 신학적 성찰에 근거하지 않고 예언서에 대한 해석으로부터 도출되었다. 여기서 제시한 사례들은 북부의 근본주의자를 자처하는 이들의 경우에 해당하지만, 1930년대 복음주의자들의 가장 두드러진 정치적 견해를 대표한다고 볼 수 있다.

그러므로 성서주의적 신학이 정치적 행동주의와 임기응변식의 직관적인

---

39) L. Sale-Harrison, "Mussolini and the Resurrection of the Roman Empire", *Moody Bible Institute Monthly* 29 (Apr. 1929): pp. 386-388, Ralph C. Norton, Edith F. Norton, "A Personal Interview with Mussolini: Fascism, the Bible, and the Cross", *Sunday School Times* 74 (Aug. 13, 1932): pp. 423, 426.
40) "The Blue Eagle", *Revelation* 3 (Sept. 1933): p. 329, Walter B. Knight, "The Mark of the Beast; or, Is the Antichrist at Hand?" *Moody Bible Institute Monthly* 34 (July 1934): p. 493.
41) Charels G. Trumbull, introduction to Louis S. Bauman, *Light from Bible Prophecy As Revealed to the Present Crisis* (New York: Fleming H. Revell, 1940), p. 3.
42) Timothy P. Weber, "Finding Someone to Blame: Fundamentalism and Anti-Semitic Conspiracy Theories in 1930s", *Fides et Historia* 24, 2 (Summer 1992): pp. 40-55.
43) David A. Rausch, *Zionism within Early American Fundamentalism* (New York: Edwin Mellen, 1979).

정치적 성찰을 뒷받침했던 복음주의의 오랜 전통이 사라지고, 새로운 형태의 성서주의가 정치적 행동주의와 정치적 성찰을 약화시키는 시대가 온 것이다. 이러한 역사적 상황이 지금까지 영향을 미쳐 게리 윌즈는 오늘날 복음주의자들의 정치적 행동에 대해 이런 결론을 내리게 된다. "복음주의의 문제점은 정치의 영역을 침범한 것이라기보다는 자신이 가진 지혜의 원천을 너무 무시한 것이다. 더 이상 가지고 있지 않은 것으로 정치에 기여할 수는 없는 노릇이다."[44] 걸프전 당시 예언서를 다룬 책들이 베스트셀러가 되는 상황이 벌어진 것은, 근본주의 시대에 이르러 정치에 관한 복음주의의 강조점이 이동했기 때문이다.

전천년설 세대주의의 형식을 띤 근본주의가 별로 발전하지 못했던 남부에서는 북부와는 다른 이유로 정치적 성찰이 성숙하지 못했다. 침례교, 감리교, 환원 운동, 오순절파가 주도했던 남부의 복음주의는 사회적인 현상으로 나타났다. 19세기 초반 이후로 그것이 정치적 현상이었던 때는 거의 없었다. 신자 집단은 정치 참여를 피해야 한다고 주장하는 '교회의 영적 특성'(the spirituality of the church)이라는 교리 역시 정치에 관한 성찰을 저해하는 요소로 작용했다. 이 교리는 신학적 원리로서 흥미로운 정치 사상의 가능성을 제공할 수도 있었다. 그러나 실제 상황에서는 이 교리가 존 리스(John Leith)의 말대로 "인종, 경제 문제와 얽혀 사회적 책임을 회피하는 구실로 전락하고 말았다."[45] 남부의 복음주의자들은 금주법과 같은 특정한 정치적 의제를 위해 세를 모으기는 했지만, 정교한 이론적인 정당화 작업 없이 그저 대중적 개혁운동의 일환으로 그렇게 했을 뿐이다. 1844년 남부의 교단 분립을 옹호했던 감리교의 대표 인사가 했던 말은 기독교적 정치 활동이나 그 안에 내포된 정치

---

44) Wills, *Under God*, p. 164.
45) John H. Leith, "Spirituality of the Church", *Encyclopedia of Religion in the South*, ed. Samuel S. Hill (Macon, GA: Mercer University Press, 1984), p. 731.

적 성찰에 대한 가장 일반적인 태도를 잘 보여 주는 사례다. 그는 "남감리교회의 독특한 사명은 정치에 개입하지 않는다는 기독교적 원리를 고수하는 것이다"라고 주장했다.[46]

1930년대에는 복음주의자들 사이에서 정치적 행동주의가 약해지는 동시에 정치적 성찰은 절대적인 최저치에 도달했다. 그러나 공정을 기하기 위해서는 이러한 경향에 반하는 사실과 분위기에 대해서도 말해 둘 필요가 있다. 일부 복음주의자들은 여전히 정치적으로 활발히 활동했다. 가장 불행한 사건은 제럴드 윈로드(Gerald Winrod) 같은 음모론자들이 1930년대의 반유대주의적 선동에 일부 동료 복음주의자들을 동원하는 데 성공한 일이다.[47] 그보다 더 모호한 사건으로는, 앨버타의 세대주의적 전천년주의자이자 라디오 설교자였던 윌리엄 애버하트(William Aberhart)가 자신의 신학이 내포한 소극성(inactivism)을 극복하고 대중 운동에 나서 결국 1935년부터 1943년까지 앨버타의 주지사로 활약한 예를 들 수 있다.[48] 그리고 미국 전역에서 구세군과 오순절파, 침례교회, 형제교회(Church of the Brethren), 독립교회(independents)와 그 밖의 다른 복음주의자들은 수많은 구호소와 무료 급식소, 사회 복지관 등에서 눈에 띄지 않게 봉사 활동을 벌였다.[49]

이처럼 복음주의자들이 전반적으로 정치 활동으로부터 등을 돌렸던 와중에도 예외적인 경우가 있기는 했지만 정치적 성찰로부터 등을 돌렸다는 점

---

46) Samuel S. Hill, *The South and the North in American Religion* (Athens: University of Georgia Press, 1980), p. 128에서 재인용. 이 책은 이 주제에 관한 탁월한 입문서다.
47) Weber, "Fundamentalism and Anti-Semitic Conspiracy Theories", Leo P. Ribuffo, *The Old Christian Right: The Protestant Far Right from the Great Depression to the Cold War* (Philadelphia: Temple University Press, 1983).
48) David R. Elliott, Iris Miller, *Bible Bill: A Biography of William Aberhart* (Edmonton, Alberta: Reidmore Books, 1987).
49) 그 한 예로 Paul Boyer, *Mission on Taylor Street: The Founding and Early Years of the Dayton Brethren in Christ Mission* (Grantham, PA: Brethren in Christ Historical Society, 1987)을 보라.

에서는 예외가 거의 없었다.[50] 그러나 몇 가지 요소를 감안하면, 정치적 성찰의 부재라는 무거운 부담을 어느 정도 덜어 낼 수 있다. 첫째로, 진지한 정치적 분석이 아닌 묵시론적 추론을 택한 복음주의자들의 태도는, 1930년대 미국 지성계를 강타한 스탈린주의에 대한 공포보다 더 무책임하지도 않았고 그에 비하면 훨씬 덜 위험했다. 둘째로, 전천년주의적 세대주의자들을 옹호하자면, 그들이 전적으로 틀린 것은 아니었다. 1930년대의 격변에는 분명 중요한 영적 현실이 반영되어 있었다. 실제로 인간의 영적인 성격을 무시한다면 그 시대의 경향을 만족스럽게 분석할 수도 없다. 셋째로, 과도한 초자연주의가 복음주의의 정치적인 성찰에 어떤 해악을 미쳤든지 간에, 그런 초자연주의를 통해 초월에 대한 인식을 생생하게 유지하고 그렇게 함으로써 다음 세대의 복음주의자들에게 의미 있는 기독교적 사고를 위한 비판적인 출발점을 제공할 수 있었다.

근본주의 시대 이후 중요한 변화가 찾아왔지만, 이 시기의 강조점 중 상당수는 여전히 그 영향력을 유지하고 있었다. 그러나 전체적으로 복음주의자들은 결국 행동주의와 성서주의 사이의 더 전통적인 관계로 되돌아갔고, 그리하여 세대주의나 '교회의 영적 특성'이라는 남부의 관념이 지닌 비정치화의 충동을 극복해 냈다. 하지만 복음주의는 아직도 대중주의적 운동으로 남아 있었기 때문에, 가장 두드러진 정치적 성찰의 형식은 여전히 직관적이었다. 즉, 분명하고 의식적인 신학 구조나 체계적인 도덕 철학, 철저한 역사적 분석, 신중한 사회과학적 연구의 도움을 구하지 않는 정치적 성찰이었다. 그러나 동시에 1940년대부터 직관적인 복음주의 정치학에 대한 예외가 점점 늘어났다. 다양한 분파로 이루어진 복음주의권의 한계 때문에, 아직 예비적인

---

50) Joel Carpenter는 "Revive Us Again"에서 Judson E. Conant, *The Growing Menace of the Social Gospel* (Chicago: Bible Institute Colportage, 1937)이라는 얇은 소책자에 주목한다. 그러나 이 책은 기초적인 노력에 불과했다.

수준이기는 하지만 자각적이고 비판적이며 신학적으로 정통한 정치 사상을 마련하기 위한 중요한 노력들이 이루어졌다.

새로운 시작의 시대

미국복음주의협회(National Association of Evangelicals)가 설립된 해를 근본주의 시대로부터 새로운 시작의 시대로 넘어간 전환기로 삼을 수 있다. 다시 말해, 1941년부터 1973년의 "로 대 웨이드" 사건으로 상징되는 복음주의적 행동주의가 다시 나타날 때까지, 보이지 않는 수많은 자극이 복음주의자들의 정치적 에너지를 다시 방향짓기 시작했다. 이러한 자극에 대해서는 8장에서 자세히 살펴볼 것이다. 그러나 이 시기에 일어난 또 한 가지 변화가 복음주의 정치 사상에 적어도 간접적인 영향을 미쳤다.

성서적이며 복음주의적인 주제가 이 시기의 흑인 민권운동에 중요한 공헌을 했음을 감안할 때, 이 운동이 백인 복음주의자들에게 직접적으로 미친 영향은 생각보다 크지 않았다. 흑인 활동가들과 북부와 남부의 백인 복음주의자들 사이의 문화적인 거리가 너무나 컸기 때문에 백인들은 부흥운동적인 복음주의가 흑인 민권운동에 얼마나 큰 기여를 했는지 깨닫지 못했다. 초기의 복음주의자들, 심지어 중도적인 "크리스채너티 투데이"조차도 마지못해 지지하는 정도였다.[51] 그러나 곧 더 분별력 있는 입장이 우세해졌다. 대부분의 복음주의자에게 이 운동은 여전히 자신의 가장 기초적인 관심사와 무관한 것이었지만, 일부 젊은 복음주의자들에게는 세력을 재규합하는 계기가 되었다. 그리고 불과 몇 년이 지나지 않아 이 운동은, 다른 의제에 관한 주의를 불러일으키기 위해 노력하던 복음주의자들에게 정치 참여의 본보기가 되었다.

---

51) Mark G. Toulouse, "*Christianity Today* and American Public Life: A Case Study", *Journal of Church and State* 35 (Spring 1993): pp. 255-257, 272-274.

다시 말해서, 전후 몇십 년간 복음주의자들은 정치적으로 두 방향으로 움직여 갔다. 행동주의와 성서주의 사이의 전통적인 균형을 향해 되돌아갔고, 정치적 사고에 더 신중하게 참여하려 했다는 점에서는 바깥으로 나아갔다.

새로운 우파의 시대

1973년 "로 대 웨이드" 사건에 대한 복음주의의 반응은 복음주의자들의 정치 사상과 정치적 행동에서 새로운 시대가 시작되었음을 알렸고, 이 시대는 적어도 도덕적 다수(Moral Majority)가 해체된 1989년까지 지속되었다.[52] 이 시기의 중요한 변화는, 시대의 위기라고 여겨졌던 것에 대응하는 과정에서 도덕적 행동주의를 재천명하게 된 것이다. 새로운 기독교 우파의 출현과 더불어 변형된 형태의 윌리엄 제닝스 브라이언의 시대로 되돌아간 것이다. 연단 대신 전파를 사용하기는 했지만, 예전과 마찬가지로 정치에서 중요한 역할을 담당한 이들은 제리 팔웰이나 제임스 케네디(D. James Kennedy)와 같은 정력적인 대중 설교가들이었다. 채무자에 대한 불의 대신 태아에 대한 불의에 관심을 기울이기는 했지만, 다시 한 번 정치적 목소리를 갖지 못한 억압받는 자들 중 적어도 일부 계층을 대변하는 운동이 그리스도인의 섬김으로 인정을 받게 되었다. 기독교 도덕을 회복하기 위해 택한 정당이 이제 공화당(GOP)이 되기는 했지만, 복음주의자들이 전선(戰線)으로 되돌아온 것은 틀림없었다. 대중의 관심을 끄는 방식도 지방 유세(whistle-stop)에서 대규모 우편 발송이나 대

---

52) 많은 훌륭한 연구 중에서 아래의 책들이 특히 유익하다. Jerry Falwell, Ed Dobson, Ed Hindson, *The Fundamentalist Phenomenon: The Resurgence of Conservative Christianity* (Garden City, NY: Doubleday, 1981), Robert C. Liebman, Robert Wuthnow, eds., *The New Christian Right: Mobilization and Legitimation* (New York: Aldine, 1983), Richard John Neuhaus, Michael Cromartie, eds., *Piety and Politics: Evangelicals and Fundamentalists Confront the World* (Washington, D.C.: Ethics and Public Policy Center, 1987), Richard John Neuhaus, ed., *The Bible, Politics, and Democracy*, Encounter Series, no. 5 (Grand Rapids: Eerdmans, 1987).

규모 집회로 바뀌었지만, 1970년대와 1980년대의 복음주의 정치는 브라이언의 시대만큼이나 대중을 동원하는 데 크게 의존하게 되었다.

이런 상황에서 '새로운 기독교 좌파'의 대두는 흥미로운 예외였다. 이들은 복음주의 발전 단계나 정서 면에서 거의 같은 계열에 속했지만, 기독교 우파의 강령과 거의 반대되는 공적 의제를 주창했다.[53]

이 시기에는 세력이 컸던 우파나 소수였던 좌파 모두 윌리엄 제닝스 브라이언의 시대와 거의 동일한 모습으로 되살아난 유서 깊은 복음주의적 정치의 모습을 보였다. 그것은 (정반대의 경향을 띤 세대주의가 계속 영향을 미치기는 했지만) 광범위한 행동주의를 적극적으로 뒷받침하는 성서주의적 정치였다. 또한 지도자들이 농촌 지역의 지지를 성공적으로 이끌어낼 수 있었던 대중주의적인 정치였다. 그리고 여전히 에덴 동산의 신화적인 덕목과 거듭난 사람의 자명한 반응이 논증의 근거가 되는 직관적인 정치라 할 수 있었다.

기독교 우파 이후

새로운 기독교 우파의 시대가 지났다거나 새로운 단계에 접어들었다고 하는 최근의 견해가 옳은 것이라면, 우리는 이제 미답지로 들어선 셈이다.[54] 구체적으로는 복음주의 정치의 미래가, 일반적으로는 복음주의 전체의 미래가 불확실하다는 말은 어떤 확실한 예측도 불가능하다는 뜻이다. 사실 모든 구체적인 변수에 대해 상반되는 시나리오를 구성해 볼 수 있다. 예를 들어, 성

---

53) 이에 관련된 다양한 입장에 대해서는 Craig M. Gay, *With Liberty and Justice for Whom? The Recent Evangelical Debate Over Capitalism* (Grand Rapids: Eerdmans, 1991)을 보라.

54) Steve Bruce, *The Rise and Fall of the New Christian Right: Conservative Protestant Politics in America, 1978-1988* (New York: Oxford University Press, 1988)과 *No Longer Exiles: The Religious New Right in American Politics*, ed. Michael Cromartie (Washington, D.C.: Ethics and Public Policy Center, 1992)에 실린 George Marsden, Robert Wuthnow, Robert Booth의 논문을 보라.

서가 지닌 권위의 정확한 성격이나 교회 내에서의 여성의 정확한 역할, 하나님이 창조하신 세계의 정확한 성격에 관한 복음주의권 내의 입장 차이로 인해, 복음주의의 분열이 심화되고 신학적 통일성이 그 자취마저 사라져 버리는 경우도 상정해 볼 수 있다. 혹은 성서와 그리스도의 십자가에 대한 헌신을 새롭게 함으로써 새로운 영적 통찰의 시대로 나아갈 수도 있다. 그 숫자나 지혜로 보아서는 복음주의권의 지도자가 될 수 있지만 이제까지는 잠자는 거인에 불과했던 남침례교총회의 향후 행보가 복음주의권에 큰 영향을 미칠 수도 있다.[55] 그러나 그 영향력이란 것이 남침례교회 내부의 논쟁이 복음주의권으로 확산되는 모습일지 남침례교회가 긍정적인 모범을 보여 주는 형태가 될지는 아무도 알 수 없다. 또한 오순절-은사주의 계열이 부상하여 복음주의권을 주도하게 됨으로써 그들의 내적이며 영적인 활력이 전혀 새로운 모습을 띠는 상황 역시 전혀 불가능하지는 않다.

정치계의 새로운 우파 진영이 재편되어 더 영향력 있는 정치 활동을 지속할 수도 있고, 급격히 소멸될 수도 있다. 자신들만의 의제를 가진 공화당 지도자들이 복음주의자들과 협력할 수도 있고, 복음주의자들이 공화당의 전략에 중요한 영향력을 미치거나 다시 한 번 민주당과 연대할지도 모른다. 복음주의자들이 낙태 금지 정책이나 다른 복음주의권의 관심사를 지지할 필요성에 대해 더 많은 미국인을 설득할 수도 있다. 사회 사상의 특정 문제와 관련해서는, 복음주의자들 사이에서 정치의 본질과 목적에 관한 자각적인 기독교적 이론화에 대한 관심이 변방에서 중심으로 이동할 수도 있다. 그러나 새로운 경건주의적 반지성주의의 흐름이 물밀듯이 밀려올 수도 있다.

---

55) 때로는 새로운 우파의 주제를 단순히 반복하는 것처럼 보일 때가 있지만, 남침례교회의 기독교 생활위원회(Christian Life Commission)에서 펴내는 정기 간행물인 *Light*에는 현대 정치에 대해 아직 대중주의적이기는 하지만 진지한 성찰을 담은 글들이 점점 많이 게재되고 있다.

형식과 내용   하지만 미국 정치가 실제로 어떻게 발전해 가든 상관없이, 복음주의자들은 어떤 형태로든 지난 두 세기 동안 자신들을 규정해 온 행동주의, 성서주의, 직관주의, 대중주의를 계속 보여 줄 것이 확실하다. 그들이 복음주의 역사가 보여 주는 불균형을 반복한다면, 복음주의의 정치 활동은 파괴적일 것이며 그들에게는 정치적 성찰이 부재할 것이다. 예를 들어, 복음주의자들이 계속 역사주의적인 세대주의(현재 일어나는 구체적인 사건을 성서 예언의 성취로 해석하는 데 열을 올리는 세대주의)의 영향을 받는다면, 지성에 관한 한 희망이 거의 없다.

첫째로, 이제 역사주의적인 세대주의에서는 정치 분석의 기초가 되는 확신에 대한 영감을 얻을 수 없음이 분명해졌다. 역사가 드와이트 윌슨은 이 우울한 이야기를 잘 요약한 바 있다.

현재의 위기는, 그것이 러일전쟁이든, 제1차 세계대전이든, 제2차 세계대전이든, 팔레스타인 전쟁이든, 수에즈 위기든, 6월 전쟁이든, 욤 키푸르 전쟁[1973년 10월 6일에 발생한 제4차 중동전쟁으로 대속죄일(Yom Kippur)에 발발했다—역주]이든 상관없이 언제나 종말의 징조로 간주된다. 무솔리니 제국, 국제연맹, 국제연합, 유럽방위공동체(European Defense Community), 유럽경제공동체(Common Market: 유럽연합의 전신—역주), 북대서양조약기구(NATO) 모두 로마 제국의 부흥으로 해석되었다. 나폴레옹, 무솔리니, 히틀러, 헨리 키신저 등에 대해서는 적그리스도일 것이라 추측했다. 또 브레스트-리토프스크 조약(Treaty of Brest-Litovsk, 벨로루시 브레스트-리토프스크에서 제1차 세계대전 당시 동맹국들이 우크라이나 공화국과 소비에트 러시아를 상대로 체결한 평화조약—역주), 라팔로 조약(Rapallo Treaty: 1922년 이탈리아의 라팔로에서 맺어진 소련과 독일 사이의 우호 조약—역주), 독소불가침조약(Nazi-Soviet Pact: 제2차 세계대전이 시작되기 직전 독일과 소련 사이에 체결된 상호불가침 조약—역주), 그 이후의 동구 공산권(Soviet Bloc) 등을 통해 성서에 예언된 북방 동맹국이 형성된다고 생각했다. "동방의 왕들"은 터키나 이스라엘의 사라진 지파들(북이스라엘의 멸망 이후 성서에 더 이상 언급되지 않는 열 지파를 가리키는 말로 역사적으로 다양한 집단에서 사라진 열 지파의 후예임을 자처했다—역주), 일본, 인도, 중국 등으로 해석되었다. 이스라엘의 회복에 대해서는 유대인들이 메시아 재림 이전에 회복될 것인지 이후에 회복될 것인지를 놓고 혼란이 있었다. "늦은 비"(욜 2:23에 등장하는 말로 그리스도의 임박한 재림의 징조로 해석되며, 초기 오순절운동에 큰 영향을 미쳤다—역주)의 회복은 1897년과 1917년, 1948년 등에 시작된다는 주장이 제기되었다. "이방인의 때"가 끝나는 시점(눅 21:4 참고—역주)은 1895년, 1917년, 1948년이라는 설이 대두되었다. 크림 전쟁 이후 차르와 공산주의자들은 "곡"(Gog: 겔 38-39장과 계 20장에서 하나님께 대적하는 악의 세력의 지도자로 묘사된다—역주)의 위협이 임박한 징조로 간주되었다.[56]

이와 같은 음울한 예측 때문에 이런 우스갯소리가 나오기도 했다. "머피의 아마겟돈 관찰기: 과거로부터 배우지 않은 사람들은 종말에 관한 책을 쓰라는 벌을 받는다. 그 **결과**: 하나님은 예언에 관한 책을 읽지 않으신다."[57] 하지만 슬픈 사실은 수많은 복음주의자가 여전히 그렇게 한다는 것이다.

이런 식으로 성서의 묵시를 되는 대로 아무렇게나 현재의 사건에 적용할 때 발생하는 신학적인 문제는 훨씬 더 심각하다. **자연적인 것을 희생해서라도** 초자연적인 것을 강조하려는 경향 때문에, 복음주의자들이 정치의 영역을 하나님이 그리스도인들로 진지하게 참여하도록 만들어 두신 창조계의 한 영역으로 이해하는 것은 거의 불가능해졌다. 또한 바로 그런 영향 때문에, 이생에

---

56) Dwight Wilson, *Armageddon Now! The Premillenarian Response to Russia and Israel Since 1917* (Grand Rapids: Baker, 1977), p. 216.
57) Steve Dennie, *Murphy Goes to Church* (Downers Grove, IL: InterVarsity Press, 1993), InterVarsity Press newsletter, Apr. 12, 1993, p. 1에서 재인용.

서 하나님을 경외하면서도 동시에 하나님이 마련해 두신 다양한 정치 제도를 존중할 수 있는 기준을 모색하는 것도 매우 어려워졌다.

예언에 대한 억측으로 인해 발생하는 현재의 문제들은, 복음주의권에서 오랜 역사를 가지고 있는 음모론적 사고의 경향으로 인해 발생하는 문제들과 비슷하다.[58] 예언에 대한 억측이나 음모론적 사고는 세상을 이해할 때 관찰하는 이의 지성에 극도로 의존하게 된다. 예언에 열광하는 이들은 성서로부터 가져온 잣대를 세상을 이해하는 데 적용한다. 음모론 이론가들은 자신이 일반적으로 참이라고 아는 것으로부터 가져온 비슷한 잣대를 세상 경험에 적용한다. 둘 다 이 세상 자체가 제시하는 정보는 진지하게 받아들이지 않는다. 양쪽 모두 자신의 감각으로 인지하는 증거보다는 자신의 지성을 훨씬 더 신뢰한다. 그러나 이러한 태도는 성서가 가르치는 확신의 척도를 뒤엎는 것이다. 첫째로, 성서는 하나님과 (그분이 창조하신 세상과 모든 인간의 일을 이끄시는 그분의 인도하심, 세상으로부터 무언가를 배울 수 있는 인간의 능력을 보존하시는 그분의 은혜를 포함해서) 그분이 행하시는 모든 일을 존중하라고 가르친다. 그리고 둘째로, 속이기 잘하는 자신의 마음을 믿지 말라고 가르친다.

감사하게도 20세기 후반에 복음주의자들 사이에서 더 효과적인 방식으로 정치 사상에 접근하려는 태도가 나타나기 시작했다. 8장에서는 지난 10년 간 좀더 희망적인 정치적 성찰이 복음주의 지성계에 새로운 활력을 불어넣는 데 어떤 공헌을 했는지에 대해 이야기할 것이다.

---

58) David Brion Davis, ed., *The Fear of Conspiracy: Images of Un-American Subversion from the Revolution to the Present* (Ithaca: Cornell University Press, 1971), Marsden, *Fundamentalism and American Culture*, pp. 141-170, 206-211, Weber, "Fundamentalism and Anti-Semitic Conspiracy Theories", Carpenter, "Revive Us Again", 5장.

과학에 관한 사고

과학에 관한 복음주의의 사고는 복음주의의 정치적 성찰과 같은 길을 걸어왔다. 4장에서 살펴보았듯이 19세기 복음주의자들은 자신의 목적을 위해 당시의 대중적인 과학적 개념을 효과적으로 차용했다. 지적인 이유보다는 실용적인 목적을 위해 이런 전략을 채택한 것이었지만, 이를 통해 복음주의는 과학 분야에서도 의미 있는 결실을 거둘 수 있었다. 그러나 복음주의의 정치적 성찰에 심각한 타격을 가한 여러 복합적인 요인은 과학 분야에도 똑같은 영향을 미쳤다. 대학교에서는 과학의 높아진 위상에 기초한 공격적인 세속화가 전통적인 기독교의 관심사를 압도해 버렸다. 복음주의 운동 안에서는 근본주의의 주요 주장들로 인해 과학과 복음주의를 조화시키려 했던 19세기식의 입장이 공격을 받게 된다. 복음주의의 과학적 사고에서의 반전은 정치적 성찰에서의 반전보다 의미심장하다. 이는 주류 문화의 과학에 대한 근본주의자들의 대안이 세속주의에 대한 전면적인 거부와 밀접히 연관되어 있었기 때문이며, 근본주의자들이 새롭게 떠오른 대중적인 과학관에 반대하면서 자신들과 같은 방식으로 문제를 바라보도록 성공적으로 복음주의자들을 설득했기 때문이다. 분명 복음주의자들 중에도 과학자로 훈련받은 이들이 늘 있었다. 사실 지난 반세기 동안 많은 복음주의자가 과학 분야에서 두드러진 활약을 보였다. 그러나 복음주의자들 중에 대학에서 과학을 연구하는 이들이나 기업과 정부에서 과학 전문가로 일하는 이들, 기독교 대학에서 과학을 가르치는 이들은, 대개 과학 연구를 신학이나 다른 사고의 영역과 연관시키보다는 철저하게 분리된 지식의 영역으로 간주했다. 다시 말해서, 복음주의 과학자가 된다는 것은, 지적인 지위를 갖는 것이라기보다는 직업적인 지위를 갖는 것을 의미했다. 몇몇 중요한 예외가 있기는 하지만, 대부분의 복음주의 과학자는 복음주의 운동의 과학 담론을 지배하는 논쟁적인 이슈에 대해 그저 침묵을 지키는 태도를 보였다. 그 결과는 복음주의자들의 과학적 사고에 대재앙일 수밖에 없었다. 이러한 20세기의 홍수가 빚어낸 대혼란은 특히나 파괴적이었다. 왜냐하면 복음주의 신앙의 핵심적인 지적 난제인 세상에 대한 지식과 관련하여 성서의 지혜를 이해하는 최선의 방법은 무엇인가 하는 문제에 직접적인 영향을 미쳤기 때문이다.

19세기의 유산 미국 건국 이후 몇십 년 동안 미국의 복음주의자들이 과학 연구에 열심이었던 까닭은 몇 가지 확신에 충실히 따랐기 때문이다. 신학자들과 올바른 훈련을 받은 평신도들은 현대 과학의 가장 탁월한 연구 성과를 전통적인 성서 해석과 조화시킬 수 있어야 한다는 신념을, 적어도 일부 복음주의 지도자들은 과학의 결론이 전통적인 기독교 신앙을 변증할 수 있음을 보여 주어야 한다는 신념을, 과학적인 연구 절차가 심지어 신학까지 포함하는 모든 지적 문제를 다루는 최선의 일반적인 방법론을 제공한다는 신념을 따랐다. 19세기 복음주의자들은 대개 과학을 '베이컨주의'로 이해했다. 이는 어떤 분야에서든 입증된 각각의 사실로부터 더 일반적인 법칙을 이끌어내는 방식이 그 주제에 관련된 자료를 이해하는 최선의 방법이라는 신념이었다.

다윈에 대한 대응

복음주의자들은 다윈의 「종의 기원」에 대해서도 이러한 과학관에 따라 대응했다.[1] 진화론을 둘러싼 최근의 논쟁에 비추어 볼 때, 인간의 기원이라는 논쟁적인 이슈에 대해 초기 복음주의가 다양한 결론을 내놓고 비교적 논의를 자제하려는 분위기를 보였다는 사실은 믿기 어려울 정도다. 미국의 과학계 자체가 일종의 유기적 진화론(즉, 이미 존재하던 종으로부터 새로운 종이 발전했다는 이론)을 수용하게 될 때까지는, [회중교회의 호레이스 부쉬넬(Horace Bushnell)과 같은 진보적인 사상가로부터 성공회의 필립스 브룩스(Phillips Brooks)와 같은 중도파, 장로교의 찰스 핫지(Charles Hodge)와 같은 보수주의자에 이르기까지] 다양한 신학적 입장의 개신교 지도자들이 다윈의 변이 가설(transmutation hypothesis)을 그저 나쁜 과학이라고 거부하는 데 한 목소리를 낼 수 있었다. 1860년대에 다윈주의와 합리적인 복음주의 신학을 화해시킬 수 있다고 생각한 몇몇 미국인은 두드러진 소수에 불과했다.

그러나 흥미롭게도, 북미에서 다윈주의를 주도했으며 미국인들이 다윈을 진지하게 받아들이는 데 가장 크게 기여한 과학자인 아사 그레이(Asa Gray)

---

[1] 이어지는 내용은 Jon H. Roberts, *Darwinism and the Divine in America: Protestant Intellectuals and Organic Evolution, 1859-1900* (Madison: University of Wisconsin Press, 1988)의 분석에 크게 의존하고 있으며, 다음 세 권의 탁월한 연구서를 보충 자료로 삼고 있다. James R. Moore, *The Post-Darwinian Controversies: A Study of the Protestant Struggle to Come to Terms with Darwin in Great Britain and America, 1870-1900* (Cambridge: Cambridge University Press, 1979), David N. Livingstone, *Darwin's Forgotten Defenders: The Encounter Between Evangelical Theology and Evolutionary Thought* (Grand Rapids: Eerdmans; Edinburgh: Scottish Academic Press, 1987), John C. Greene, *Darwin and the Modern World View* (Baton Rouge: Louisiana State University Press, 1961).

는 상당히 보수적인 신학관을 견지한 회중교회 교인이었다. 그레이는 전통적인 신학적 입장을 고수한 하버드의 식물학자였다. 1880년에 그는 자신이 "과학적으로는 자신만의 방식으로 다윈주의자이며, 철학적으로는 확신에 찬 유신론자이고, 종교적으로는 '흔히 니케아 신조라 부르는 신조'를 기독교 신앙에 대한 해설로 받아들이는 사람"이라고 말했다.[2] 동시에 그레이는 다윈과 논쟁하며, 자연 선택 이론은 하나님의 섭리적인 계획과 세상을 보존하시는 그분의 활동을 뒷받침하는 것으로 해석할 수 있다고 주장했다. 다윈은 그의 의견에 동의하지 않았지만, 그레이는 이에 대해 결코 의심하지 않은 것 같다.[3]

그러나 미국의 과학자들이 1870년대에 유기적 진화론을 받아들이자 상황은 극적으로 바뀐다. 이제 복음주의자들은, 앞선 시기에 지구의 나이나 성운설(태양계의 기원을 설명하는 이론으로 기체 덩어리가 회전하면서 태양과 행성이 생겨났다는 주장—역주)에 관한 주장에 대응했던 방식과 마찬가지로, 전통적인 입장을 진화론에 맞게 조정하는 방식으로 유서 깊은 기독교의 관행을 따를 것인지 아니면 이 새로운 도전에 맞설 것인지 결정해야 했다.[4] 19세기의 마지막 25년 동안 세 가지 입장이 제시되었다. 보수적인 반대자들은 진화론을 일차적으로는 종교적인 이유로, 즉 자신들의 성서 이해와 일치하지 않았기 때문에 즉각 거부했다. 1878년 존 더필드(John T. Duffield)는 다윈이 주장한 진화론은 "인간의 기원과 현재의 영적 상태에 관한 성서의 가르침과 양립할 수 없다"고 말

---

[2] A. Hunter Dupree, *Asa Gray* (Cambridge: Harvard University Press, 1959), p. 365에서 재인용.

[3] Darwin과 Gray가 주고받은 편지에 대해서는 Adrian J. Desmond, James Moore, *Darwin* (New York: Time Warner, 1991)을 보라.

[4] 특히 Martin J. S. Rudwick, "The Shape and Meaning of Earth History", James Moore, "Geologists and Interpreters of Genesis in the Nineteenth Century", *God and Nature: Historical Essays on the Encounter between Christianity and Science*, ed. David C. Lindberg, Ronald L. Numbers (Berkeley: University of California Press, 1986), Ronald L. Numbers, *Creation by Natural Law: Laplace's Nebular Hypothesis in American Thought* (Seattle: University of Washington Press, 1977)를 보라.

했다. 기독교에서 말하는 구속을 무시하는 진화론은 "성서의 핵심 종교 사상"을 무너뜨린다는 것이다.[5] 그러나 이런 식으로 진화론을 거부하는 태도 역시, (기원에 관한 추론을 상식적으로 반대하는 데서 확인할 수 있는 것처럼) 초기 미국인들의 베이컨주의적 과학에 대한 집착과 (자연의 특징들이 각각 인간에게 어떤 교훈을 제공하는지를 증명할 필요가 있다는 생각에서 나타나는 것처럼) 18세기식의 설계 논증 (argument from design: 이 세상의 모든 사물은 목적에 따라 설계되었으며 그 설계자가 곧 신이라고 주장하는 신 존재 증명 방법으로 목적론적 논증이라고도 한다―역주)의 공식에 큰 영향을 받은 것이다.

진화론과 개신교 신앙을 조화시키는 것이 가능하다고 생각한 이들은 다시 두 부류로 나뉜다. 프린스턴 대학교의 제임스 맥코시(James McCosh), 오벌린 칼리지의 조지 프레드릭 라이트(George Frederick Wright), 프린스턴 신학교의 벤자민 워필드 등으로 대표되는 신학적으로 보수적인 진화론자들은 역사적 기독교의 교리적 틀 안에서 진화론을 인정하는 것이 가능하다고 생각했다.[6] 1930년대에 이르면 근본주의자들이 맥코시와 라이트, 워필드의 선택을 철저히 거부하기 때문에, 왜 복음주의적 진화론자들이 이런 길을 택했는지에 대해서는 더 자세히 논의해야 할 필요가 있다.

그러나 진화론을 수용한 대다수의 경우, 그것을 받아들임으로써 신학 자체도 크게 변하게 된다. 진화론 사상을 수용하면서 신학을 재해석할 수밖에 없는 상황에서 성서 고등비평에 대해 호의적인 관점을 취하고, 이전과는 달

---

5) Roberts, *Darwinism and the Divine*, pp. 108-109에서 재인용.
6) James McCosh, "Religious Aspects of the Doctrine of Development", *History, Essays, Orations, and Other Documents of the Sixth General Conference of the Evangelical Alliance*, ed. Philip Schaff, S. Irenaeus Prime (New York: Harper & Brothers, 1874), pp. 264-271, Ronald L. Numbers, "George Frederick Wright: From Christian Darwinist to Fundamentalist", *Isis* 79 (1988): pp. 624-645, David N. Livingstone, "B. B. Warfield, the Theory of Evolution, and Early Fundamentalism", *Evangelical Quarterly* 58 (Jan. 1986): pp. 68-83.

리 (일반적으로 이해된) 종교적 의식(religious consciousness)을 신뢰하며 인류의 진보와 발전을 점점 더 확신하는 경우가 많았다. 이런 흐름을 따른 근대주의적 개신교 진화론자들은 내재적인 신관을 옹호했고, 성서를 진화하는 종교적 의식의 표현으로 재정의했으며, 유기적 진화론에서 차용한 용어로 성서에서 말하는 구속의 개념을 재규정했다.[7]

19세기의 마지막 30년간 벌어진 진화론 논쟁이 중요한 까닭은, 그 이전 시기, 즉 미국 혁명 이후 민주적인 미국에서 복음주의자들에게 과학이 중요한 위치를 차지했기 때문이다. 하나님의 존재와 성서의 진리를 과학적으로 증명할 수 있는가 하는 것은, 정도의 차이는 있었지만, 전통적인 권위가 전통적인 기독교를 계속해서 지탱해 주던 유럽의 복음주의자들보다는 미국의 복음주의자들에게 훨씬 중요한 문제였다. 그 때문에 보수적인 영국과 유럽의 개신교인들은 미국인들처럼 진화론을 둘러싸고 분열한 적이 없었다.[8] 그런 의미에서 진화론을 둘러싼 지적 논쟁은, 전통을 거부하는 문화 속에서의 개신교의 역할에 관한 논쟁이기도 했다. 찬성하는 이들이나 반대하는 이들 모두 역사적 개신교가 계몽주의적 과학관과 기독교의 전통적인 관념 사이의 연결 고리에 집착했던 데 대해서는 문제를 제기하지 못했다. 이 사실은 역사적으로 복음주의자들이 과학에 얼마나 집착했는지, 그리고 자신도 모르는 사이에 베이컨주의적 과학의 전제에 얼마나 집착했는지를 잘 보여 준다.

19세기 복음주의 과학의 '두 권의 책'

이처럼 비판적인 자각이 없어서 생겨난 결함에도 불구하고, 19세기 미국

---

7) William R. Hutchison, *The Modernist Impulse in American Protestantism* (Cambridge: Harvard University Press, 1976), pp. 88-90.
8) George M. Marsden, "Fundamentalism as an American Phenomenon: A Comparison with English Evangelicalism", *Church History* 46 (1977): pp. 215-232를 보라.

의 복음주의자들은 과학과 신학을 통합하는 방법에 관해 상당히 정교한 이론을 발전시켰다. 여전히 복음주의자들은 성서가 모든 것을 이해할 수 있는, 심지어 과학자들의 주장까지도 이해할 수 있는 전체적인 틀을 제공한다는 사상을 확고하게 고수했다. 비록 19세기 복음주의 지성계의 이런 특징이 20세기에 성공적으로 전해지기는 했지만, 20세기 복음주의자들은 과학자들의 주장이 성서를 이해하는 데 도움이 된다는 선배들의 입장을 받아들이는 데 큰 어려움을 겪었다. 프린스턴의 신학자들을 예로 들어, 19세기 복음주의 과학의 이 두 번째 특징을 설명할 수 있다. 그들이 정의한 성서의 권위에 대한 이론을 후대의 복음주의자들도 계속해서 사용해 왔기 때문이다. 프린스턴 신학교 최초의 교수였던 아처볼드 알렉산더는 1812년 취임 연설에서 과학의 결론에 개방적이어야 하는 이유를 이렇게 설명했다. "때때로 자연의 역사, 화학, 지질학은 **성서 연구자가 성서에 나오는 어려운 문제를 해결하는** 데, 혹은 이런 과학의 모습으로 위장한 적대자들의 공격을 물리치는 데 중요한 도움을 준다."[9]

알렉산더의 후계자였던 찰스 핫지는 더 나아가서 하나님의 창조라는 틀 안에서 과학의 제한적인 자율성을 주장했다. 1863년 1월에 핫지가 펴낸 학술지 "성서 연구와 프린스턴 리뷰"(*Biblical Repertory and Princeton Review*)에는 조셉 클락(Joseph Clark)의 '과학의 회의주의'(The Skepticism of Science)라는 논문이 실렸다. 이 글에서 클락은 과학이 서양 문명에서 점점 중요해지기 때문에 그리스도인들은 과학의 문제를 다룰 때 이중적인 전략을 취해야 한다고 주장했다. 첫째로, 성서를 온전히 신뢰해야 한다. 둘째로, 과학자들이 성서의 결론에 얽매이지 않은 채 자신들의 학문 분야에서 사용하는 적절한 귀납적 방법에 따라 연구할 수 있도록 허용해야 한다. 클락은 (성서에서는 지구가 평평하다고 가르친다

---

9) *The Sermon, Delivered at the Inauguration of the Rev. Archibald Alexander⋯To Which Are Added, the Professor's Inaugural Address* (New York: J. Seymour, 1812), p. 84 (강조는 저자의 것).

는 믿음과 같은) 예전의 성서 해석이 새로운 과학적 결론에 맞게 어떻게 수정되었는지를 지적했다. 그는 교회가 앞으로도 이런 식으로 적응해 나가야 하지만, 과학자들에게 연구 활동을 허락하거나 그리스도인들 스스로가 과학을 더 잘 알게 된다 해도 교회나 성서 영감의 교리에는 아무런 해가 되지 않을 것이라고 주장하면서 글을 맺었다.[10]

하지만 "뉴욕 옵저버"(New York Observer)는 논설을 통해 클락이 너무 많이 양보한다고 주장했다. 그 논설은 전통적인 성서 해석을 방어하면서 클락이 이론적으로 위험한 지점에까지 나아간다고 주장했다. "과학적인 결론이 계시와 충돌하는데도 **과학**의 가르침을 받아들이고 **계시**를 제쳐놓는다면 우리는 어디까지 가게 될까?"[11]

찰스 핫지는, 이 논설의 질문을 살짝 고쳐 말하면서 우리는 그리스도인이 가야 할 바로 그곳까지 가게 될 것이라고 대답했다. 핫지는 논설에 답하면서 성서 무오성의 교리를 확고히 고수한 채 과학자들에게 성서의 핵심적인 가르침과 모순되는 우주론적 추론을 경계하라고 충고했다. 그러나 동시에 그는 "성서가 과학에 의해 해석되어야 한다는 명제"를 옹호했다. 핫지에게는 과학적으로 검증된 결론이 성서 해석에도 영향을 미칠 수밖에 없다는 것이 "거의 자명했다." 이에 관한 핫지의 주장은 길게 인용할 만한 가치가 있다. 그가 근본주의 시대와 그 이후에는 안타깝게도 찾아보기 어려운 태도를 보여 주기 때문이다.

자연은 성서만큼 참된 하나님의 계시다. 그리고 우리는 과학에 의거해 성서를 해석할 때에야 비로소 하나님의 말씀으로 하나님의 말씀을 해석할 수 있다. 이 원

---

10) Joseph Clark, "The Skepticism of Science", *Biblical Repertory and Princeton Review* 35 (Jan. 1863): pp. 43-75.
11) "Scripture and Science", *New York Observer*, Mar. 12, 1863, p. 82.

칙은 부인할 수 없는 진리이므로, 용어의 의미에는 무관심하여 말로 이를 부인하는 이들조차도 실제로는 이 원리를 받아들이며 그에 따라 행동한다. 성서에서 지구의 기초나 지구의 기둥, 혹은 견고한 하늘, 태양의 움직임에 대해 이야기할 때, 분별 있는 사람이라면 과학적 사실에 의거해서 이런 말을 해석하지 않는가? 5천 년 동안 교회는 지구가 우주 안에서 가만히 서 있으며 태양과 별이 그 주위를 회전한다는 것이 성서의 가르침이라고 이해했다. 과학은 이런 생각이 참이 아님을 증명해 냈다. 그래도 계속 성서는 태양이 지구 주위를 돈다는 거짓을 가르친다는 식으로 성서를 해석해야 하는가? 아니면 과학에 의거해 성서를 해석하고 그 둘을 조화시켜야 하는가? 물론, 이 원리는 두 방향으로 작동한다. 성서가 과학과 모순될 수 없다면, 과학도 성서와 모순될 수 없다.···이 주제와 관련하여 그리스도인들이 경계해야 할 이중적인 악이 있다. 어떤 선한 사람들은 과학자들의 견해와 이론을 너무 쉽게 수용하고 성서를 억지스럽고 부자연스럽게 해석하여 성서를 그런 견해와 일치시키려 한다. 반면, 과학자들의 견해뿐 아니라 과학 자체도 성서 해석에 아무런 발언권이 없다며 거부하는 이들도 있다. 이 두 가지 오류를 다 피해야 한다.[12]

자연에서 인지한 것이든 성서에서 인지한 것이든, 견고한 '사실'에 대한 핫지의 지나치게 단순한 신념은 후대 복음주의자들에게 나쁜 영향을 미친다. 그러나 성서 연구에 과학을 어떻게 적절히 수용할 것인가에 대한 그의 조언은, 과학에 대해 기독교적으로 사고하는 데 놀라운 성과를 일군 복음주의 지도자들에게 오랫동안 영향을 미쳤다. 그것은 고도의 지적인 작업이 두 가지

---

12) Charles Hodge, "The Bible in Science", *New York Observer*, Mar. 26, 1863, pp. 98-99. Hodge는 "The Unity of Mankind", *Biblical Repertory and Princeton Review* 31 (June 1859)과 *Systematic Theology*, 3 vols. (New York : Charles Scribner's Sons, 1872-73), 1: pp. 59, 170-171, 573-574에서 성서 신학과 자연 과학의 관계에 대해 비슷한 주장을 했다.

차원에서 이루어질 수 있도록 해준 합의된 견해와도 같았다. 성서 본문과 과학자들의 특정한 주장을 조화시키는 개별 이슈의 차원과, 하나님이 주신 '두 권의 책' 중 하나로 다른 하나를 대체하지 않고 어떻게 그 둘을 함께 읽어야 하는가에 관한 더 중요한 원칙의 차원이 바로 그 두 차원이다.

　　제임스 다나(James Dana), 존 윌리엄 도슨(John William Dawson), 아사 그레이, 아놀드 기요(Arnold Guyot), 조셉 헨리(Joseph Henry), 켈빈 경(Lord Kelvin), 휴 밀러(Hugh Miller), 매튜 폰테인 모리(Matthew Fontaine Maury)를 비롯한 영국과 북미의 수많은 복음주의 과학자가 핫지가 제시한 이론적 지침을 따랐다. 마찬가지로 아처볼드 알렉산더 핫지, 제임스 이버라흐(James Iverach), 제임스 맥코시, 조지 매크로스키(Macloskie), 윌리엄 쉐드(William G. T. Shedd), 오거스터스 스트롱, 벤자민 워필드, 알렉산더 윈첼(Alexander Winchell) 등 많은 신학자도 이를 따랐다.[13] 진화론의 다양한 요소를 비롯한 당대 과학 논쟁의 세부 사항에 대해서는 이들 지식인 사이에서도 결코 의견이 통일되지는 않았다. 사실 이들 사이에는 심각한 의견 차이가 있는 경우도 많았다. 그러나 과학적 결론을 적용할 때 성서 해석의 영향을 받는 것과 마찬가지로 성서 해석 역시 그 시대 최고의 과학적 성과로부터 도움을 받아야 할 필요가 있다고 믿었다는 점에서는 의견이 일치했다.

근본주의의 영향　　복음주의 지성이 근본주의 신학이라는 제단에 바친 제물은 바로 이런 믿음, 즉 주류 문화의 과학적 성과를 적절히 분석한 결과를 수용함으로써 성서 해석에 도움을 받을 수 있다는 믿음이었다. 이 제물을 바칠 수밖에 없었던 것은 근본주의가 존재했던 세계 때문이기도 했고 근본주의

---

13) Livingstone, *Darwin's Forgotten Defenders*는 이 점을 잘 설명하고 있다.

신학 자체 때문이기도 했다.[14]

근본주의적 과학은 당시 학계의 급속한 세속화에 대한 반응으로부터 나타났다. 당시 학계는 19세기의 방식대로 계속해서 '과학'에 엄청난 권위를 부여하면서 과학을 적극적으로 활용했다. 그러나 19세기에 널리 퍼져 있던 태도, 즉 송영적으로, 하나님 지향적으로 과학을 연구하는 태도를 배제하기 시작했다. 메리 미질리(Mary Midgley)의 말처럼 "진화론이 시대의 창조 신화인"[15] 세상에서, 하나님이 세상을 만드셨다고 여전히 믿던 사람들이 심각한 초조함과 불안을 느낀 것은 놀라울 것이 없다. 그 결과가 바로 지금의 '창조론'—즉, 성서에 직접적으로 근거한 근본주의적 대안 과학을 만들려는 노력—이다.

근본주의적 창조과학을 주창한 이들이, 학계와 최근 몇십 년간 정부 기관에서 우주의 기원에 관한 과학적 추론을 만물의 작동 원리에 관한 유사종교적 결론으로 변형시키려는 시도에 대해 분노한 것은 정당했다. 창조과학자들은 과학 연구만으로도 우주가 자기 충족적이며 완결된 성격을 갖는다는 거대한 우주론적 결론에 이를 수 있다는 생각에 반대하는 훌륭한 활동을 펼쳤다. 또한 그런 엄청난 주장이 다른 대담한 종교적 주장과 마찬가지로 신앙의 행위임을 보인 것 역시 그들의 뛰어난 통찰을 보여 준다. 그뿐 아니라, 이른바 중립적인 최신 과학이 전통적인 종교보다 궁극적 진리에 이르는 더 나은 길

---

14) 이에 관한 중요한 연구로는, George Marsden의 논문, 특히 "The Evangelical Love Affair with Enlightenment Science"와 "Why Creation Science" 이상 Marsden, *Understanding Fundamentalism and Evangelicalism* (Grand Rapids: Eerdmans, 1991), "The Collapse of American Evangelical Academia", *Faith and Rationality: Reason and Belief in God*, ed. Alvin Plantinga, Nicholas Wolterstorff (Notre Dame, IN: University of Notre Dame Press, 1983), "Everyone One's Own Interpreter? The Bible, Science, and Authority in Mid-Nineteenth Century America", *The Bible in America*, ed. Nathan O. Hatch, Mark A. Noll (New York: Oxford University Press, 1982) 등을 보라.

15) Mary Midgley, "The Evolution of Evolution", *Darwinism and Divinity: Essays on Evolution and Religious Belief*, ed. John Durant (Oxford: Blackwell, 1985), pp. 154-180, 인용문은 p. 154.

임을 주장하는 교과서를 구입하거나 그렇게 주장하는 교사들을 지원하는 데 세금을 지출한다는 생각에 대해 그들이 분개한 것도 정당했다. 한마디로, 우리 문화 안에서 대문자로 시작하는 과학(Science)이 실행되고 자금 지원을 받고 전파되고 강요되는 방식에 대해 근본주의자와 복음주의자들이 분개한 것은 너무도 타당했다. 그러나 근본주의자들이 과학을 행한 방식은 전혀 그렇지 못했다. 사회에 대한 근본주의자들의 분노는 충분히 타당했지만, 근본주의의 과학은 그렇지 않았다.[16]

일반 문화에서 과학이 의심스러운 방식으로 사용되는 것에 자극을 받은 근본주의자들과 그들의 후예인 복음주의자들은, 최고의 신학은 최고의 과학을 이해하고 받아들일 수 있어야 한다는 19세기식 확신을 포기했다. 그러나 근본주의자들과 그들의 후예인 복음주의자들이 그런 확신을 제쳐두기는 했지만, (오염되지 않은 과학을 발견할 수만 있다면) 성서와 과학을 조화시키는 것이 중요하며 베이컨주의의 방법론이 모든 주제를 연구하는 최선의 방법이라는 확신은 그대로 유지했다. 과학사가인 에드워드 데이비스(Edward Davis)는 정말로 우울한 논문의 결말부에서 이러한 상황이 어떤 결과를 초래했는지를 잘 지적한다. 이 논문은, 영국의 한 선원이 며칠 동안 고래의 뱃속에서 살았다는, 19세기 말 복음주의자들 사이에 널리 퍼졌던 이야기를 다룬다. 창조과학을 확립한 이들을 비롯한 많은 복음주의 지도자가 이 이야기를 유행시켰다. 데이비스는 이 거짓 베이컨주의적 '사실'에 대한 철저한 연구를 통해 결국 이 이야기가 허구였음을 보여 준다. 데이비스는 이 이야기를 퍼뜨린 사람들의 두 가지 동기에 대해 결론을 내리면서, 복음주의자들이 그 시대 최고의 과학과 긍정적인 방식으로 조화를 이루는 것이 중요하다는 19세기의 신념을 포기할 때

---

16) 현대 창조과학의 사회적 측면에 대한 예리한 분석으로는, James R. Moore, "Interpreting the New Creationism", *Michigan Quarterly Review* 22 (1983): pp. 321-334를 보라.

무엇을 잃어버리게 되는지를 적절하게 요약한다.

리머(Rimmer)와 국(Gook)은 무엇보다도 사람들에게 믿어야 할 이유를 이야기하고, 문자 그대로의 성서 말씀에 대한 믿음을 강화함으로써 그들의 믿음을 강화하며, 무신론을 가진 과학자들과 배교한 신학자들의 주장을 논박하고 싶어 했다. 이렇게 하기 위해 과학적 증거를 무기 삼아 조롱하는 이들에게 맞서는 것보다 더 좋은 방법이 어디 있겠는가?…리머의 염려가 결코 독특한 것이 아니었음을 강조하고 싶다. 거짓 과학의 '사실들'을 동원해서라도 성서를 비판하는 이들에 맞서 성서의 신뢰성을 방어하려는 경향은, 이 시기 수많은 복음주의자와 근본주의자들이 쓴 글의 분명한 특징이었다. 이것은 상황이 19세기와는 전혀 달라졌음을 뜻한다. 그때는 대단히 존경받는 기독교 학자들이 견실하고 훌륭한 과학과 평신도 신자들의 믿음을 조화시켜 주는 많은 책을 써 냈다.…이런 책들은 당대 최고의 신학과 최고의 과학 사이에 창조적인 종합을 만들어 내려는 적극적인 목적을 가지고 있었다. 그저 특정한 성서관을 방어하거나 회의하는 이들에 맞서 성서를 '증명'하려는 의도로 만든 책들이 아니었다. 그러나 20세기 전반에는 이에 견줄 만한 책들이 전혀 나오지 않았다.[17]

근본주의 운동 자체의 충동과 20세기 초의 사회적 압력으로 인해 근본주의자들은 자신들의 신학이 지닌 약점에 굴복하고 말았고, 그 결과는 과학에 나쁜 영향을 남겼다. 특히 과학이란, 빛의 세력이 어둠의 세력에 한 치도 양보할 수 없는 싸움을 벌이는 전장(戰場)이라는 가정 아래 근본주의는 마니교로 후퇴해 버렸다.[18] 자연에 대한 일상적인 연구조차 악한 것으로 취급하는 극단

---

17) Edward B. Davis, "A Whale of a Tale: Fundamentalist Fish Stories", *Perspectives on Science and Christian Faith* 43 (Dec. 1991): p. 234.

적인 초자연주의를 채택한 것이다. 또한 성서에 대한 '문자적 해석'에 집착하여, 예전의 신자들이 어떻게 성서로부터 자연 세계를 본격적으로 연구하기 위한 영감을 얻을 수 있었는지 이해할 수 없게 되었다. 복음주의자들 사이에서 과학적 창조론이 나와 19세기의 관점에서 볼 때 놀라울 정도로 힘을 얻었다는 사실은 이런 경향을 가장 잘 보여 주는 사례라고 할 수 있다.

창조과학의 대두

올바르게 정의했을 때 **창조론**(creationism)이라는 말은 자연 세계의 현상 안에서, 그와 더불어, 그 아래서 작동하는 하나님의 지성을 분별하는 모든 활동에 해당되어야 한다. 그러나 불행히도 이 용어는 하나님이 1만 년 혹은 그보다 더 멀지 않은 과거에 세상을 창조하셨고, 노아 시대에는 전 세계적인 홍수를 내리셔서, 오늘날 대부분의 과학자가 아주 오랜 시간에 걸쳐 진화론적으로 변화한 것일 뿐이라고 생각하는 지구의 지질학적 상태를 만들어 내셨다고 보는 견해만을 의미하게 되었다.

널리 퍼진 잘못된 통념과 달리, 창조론은 19세기 보수적인 개신교인들이나 심지어 20세기 초의 근본주의자들로부터 이어져 내려온 전통적인 신념이 아니다.[19] 비록 초기의 일부 근본주의자들은 지난 40년간 복음주의자들이 보

---

18) 사실, 최근의 탁월한 연구가 보여 주는 것처럼, 과학과 종교의 관계를 묘사하기 위해 동원되는 전투의 이미지는 기독교가 근대 서양 과학의 발전에 긍정적인 기여를 한 측면이 있다는 점을 인정하려 하지 않는 진보주의자들이 만들어 낸 역사적 신화의 일부라고 할 수 있다. Moore, *The Post-Darwinian Controversies*, pp. 17-122, David C. Lindberg, Ronald L. Numbers, "Beyond War and Peace: A Reappraisal of the Encounter between Christianity and Science", *Church History* 55 (1986): pp. 338-354, David N. Livingstone, "Farewell to Arms: Reflections on the Encounter between Science and Faith", *Christian Faith and Practice in the Modern World*, ed. Mark A. Noll, David F. Wells, (Grand Rapids: Eerdmans, 1988), pp. 239-262를 보라.
19) 이어지는 내용은 최근에 출간된 Ronald L. Numbers의 탁월한 연구서 *The Creationsist: The Evolution of Scientific Creationism* (New York: Knopf, 1992)에 의존하고 있다.

여 준 것처럼 과학에 대해 극단적인 태도를 취하지 않았지만, 현재의 창조과학 안에는 근본주의의 정서가 여전히 남아 있다. 예를 들어, 1930년대 이전 백 년 동안 대부분의 보수적인 개신교인들은 창세기 1장의 '하루'를 지질학적 발전상의 긴 시대를 상징한다고 믿거나, 세상이 처음 창조된 시점(창 1:1)과 이후 일련의 창조 행위(창 1:2 이하) 사이에 긴 시간 간격이 존재하며 화석은 이 공백기에 만들어진 것이라 믿었다. 앞서 살펴본 것처럼, 스코틀랜드의 제임스 오어(James Orr)나 프린스턴 신학교의 벤자민 워필드—두 사람 모두 "근본 진리"(The Fundamentals, 1910-1915)에 글을 실었다—를 비롯한 20세기 초의 일부 보수적 개신교인들은, 하나님이 식물과 동물, 심지어 인간의 몸을 창조하신 것을 설명하기 위해 대규모의 진화가 있었다는 것을 받아들였다. (공교롭게도, 이들의 입장은 이에 대한 로마 가톨릭의 공식 교리와 매우 유사했다.) 윌리엄 제닝스 브라이언과 같은 1920년대의 유명한 진화론 반대론자들은 오래된 지구론을 수용하는 데 아무런 문제가 없었다. 그를 옹호하는 이들은 거의 알아차리지 못했지만, 명민하게도 브라이언은 진화론의 가장 큰 문제는 과학 연구 자체에 있는 것이 아니라 과학적 진화론이 형이상학적 자연주의와 사회적 진화론을 정당화하는 데 동원된다는 것임을 분명히 알았다.

반면 현대의 창조론은, (젊은 지구론과 노아의 홍수를 매우 강조했던) 제칠일안식일예수재림교회의 창립자인 엘런 화이트(Ellen G. White)의 성스러운 문서가 지구의 역사 연구를 위한 틀을 제공할 수 있음을 증명하고 싶어 했던 제칠일안식일예수재림교회 교인들의 열렬한 노력으로부터 시작되었다. 그중 안식일교 이론가였던 조지 매크레디 프라이스(George McCready Price, 1870-1963)가 특히 중요하다. 그는 창조론에 대한 일련의 저작을 출판했는데, 1923년에 나온 「새로운 지질학」(The New Geology)이 그 결정판이라 할 수 있다. 이 책은, 창세기의 앞부분을 "단순하게" 혹은 "문자적으로" 읽으면 하나님이 6천 년에서 8천 년 전에 세상을 창조하셨고 대홍수를 통해 지구를 지금과 같은 지질학적 형태로 만드셨음을 알 수 있다고 주장했다. 공식적인 훈련은 거의 받지 않았으며 현장 경험도 거의 전무했던 아마추어 지질학자 프라이스의 사례는, 이런 신념을 지닌 사람이 지질주상도(geological column: 특정 지역에 분포하는 지층을 조사하여 쌓인 순서에 따라 지층의 두께와 암석의 종류를 나타낸 그림—역주)나 오랜 지구론을 뒷받침하는 증거에 대한 전통적인 이해에 이의를 제기하기 위해 자연사를 어떻게 재구성할 수 있는지를 잘 보여 준다. 전문 지질학자들은 프라이스의 주장을 진지하게 받아들이지 않았으며, 이는 안식일교회 외부에는 거의 영향을 미치지 못했다. 한 가지 예외는 루터교 미주리 시노드(the Luthern Church-Missouri Synod)였다. 다른 모든 종교적 문제에 대해서는 미주리 시노드가 제칠일안식일예수재림교회를 가능한 한 멀리하려 했지만, 현대 세계를 열렬히 비판했던 몇몇 교인은 프라이스의 성서 문자주의가 설득력이 있다고 생각했다. 프라이스와 그와 연관된 다양한 사람들이 [대홍수지질학회(Deluge Geological Society)와 같은] 몇 개의 창조론 단체를 설립했지만, 이 단체들은 오래 가지 못했다. 초기의 창조론 서적들 역시 소수의 사람들을 제외하고는 눈에 띄는 영향력을 미치지 못했던 것으로 보인다. 장로교 목회자였던 해리 리머(Harry Rimmer, 1890-1952)와 같은 일부 근본주의자들이 대홍수와 관련해 다소 유사한 견해를 제안했지만, 리머의 영향력도 그가 죽을 무렵에는 크게 약해졌다.

1941년 대학교에서 훈련받은 일군의 보수적인 복음주의 과학자들이 미국과학협회(American Scientific Affiliation, ASA)를 설립하자, 창조론과 대홍수설을 신봉하는 지질학자들은 이 학회를 통해 자신들의 입장을 공론화할 수 있으리라 생각했다. 그러나 결과적으로는 그렇지 않았다. ASA의 지도자들은 성서의 권위에 대한 엄격한 견해를 주장하며 자연 세계에 대한 하나님의 주권을 옹호했지만, 대부분의 회원은 더 오래된 날-시대 이론(day-age theory)이나 간격 이론(gap theory)을 견지했다. 19세기 초 이래로 창세기에 나타난 신적 계시와 경험적 연구를 통해 드러난 자연적 계시를 조화시키기 위해 시험하고 수정하고 다시 시험하기를 반복했지만, 어떤 이들은 이런 노력 자체가 불필요하다고 생각할 정도였다. ASA 안에서 벌어진 이 문제에 관한 논쟁은 결론을 맺지 못했다. 비록 ASA가 유능한 과학자들을 거느리고 있었으며 논쟁적인 과학 이슈에 대한 유용한 자료들을 많이 펴냈음에도 불구하고 과학계 전반에 미친 영향력이 제한적일 수밖에 없었던 것은 이런 문제에 관한 내부의 논쟁―즉, 근본주의적 의제를 둘러싼 논쟁―때문이었다.[20]

창조론자들은 ASA를 접수하는 데 실패했음에도 굴하지 않고 계속해서 자신들의 주장을 펼쳐 나갔고, 마침내 1950년대 말 결정적인 계기가 마련되었다. 그레이스 형제단(Grace Brethren: 독일에서 기원한 형제단에서 갈라진 근본주의 교단―역주)에 소속된 그레이스 신학교의 존 윗콤(John C. Whitcombe, Jr., 1924년 출생)과 남침례교회 출신의 수력학자 헨리 모리스(Henry M. Morris, 1918년 출생)는 각각 프라이스의 책을 면밀히 검토한 후 창조론으로 선회했다. 두 사람은, 1954년에 출판된 복음주의 침례교 신학자 버나드 램(Bernard Ramm)의 「기독교적 과학관과 성서관」(The Christian View of Science and Scripture)에 대해서도 불편함을 느꼈다. 이 책은 자연 과학의 증거와 성서가 제시하는 지식을 조화시키는 작업에 훨씬 더 유연한 접근 방식을 주장하여 ASA 회원 대부분의 환영을 받았다. 예를 들어, 램은 근본주의자들이 성서를 그 고유의 문화적 맥락에서 읽는 대신 19세기식 베이컨주의적 텍스트로 읽는다고 비판했다. "극단적 정통주의자(the hyperorthodox)의 근본적인 오류는 일정한 적응이 존재한다는 것을 깨닫지 못하는 것이다. 우리는 하나님의 계시가 성서의 언어와 그에 수반되는 문화 안

---

[20] ASA의 활동에 대한 개괄로는 *Origins and Change: Selected Readings from the Journal of the American Scientific Affiliation*, ed. David L. Willis (Elgin, IL: American Scientific Affiliation, 1978), *Teaching Science in a Climate of Controversy: A View from the American Scientific Affiliation* (Ipswich, MA: American Scientific Affiliation, 1986), 그리고 *Perspectives on Science and Christian Faith* 43 (Dec. 1991): pp. 238-279와 44 (Mar. 1992): pp. 2-24에 게재된 ASA의 역사에 관한 논문을 참고하라.

에서 그리고 그것을 통하여 전해진다는 것이 바른 시각이라 믿는다."[21] 또한 램은 프라이스와 리머가 제시한, 계시와 과학의 조화에 대해서도 통렬히 비판했다.[22] 램의 책이 나온 직후 윗콤과 모리스가 반박하고 나섰다. 이들의 협력은 성과를 거두어 1961년에는 「창세기 대홍수」(The Genesis Flood, 성광문화사 역간)의 출간으로 이어졌다. 이 책은 프라이스의 책을 보완한 것으로, 윗콤의 신학과 모리스의 과학 지식을 결합하여 프라이스의 주장을 더 설득력 있게 제시했다.

이 책은 엄청난 반응을 불러일으켰다.[23] 마치 잘 말린 건초더미에 성냥불을 던진 것 같았다. 이 책은 엄청나게 팔렸다(1980년대 중엽까지 29쇄가 발행되어 20만 부라는 엄청난 판매부수를 올렸다). 그리고 (윗콤과 모리스, 그 밖의 다른 이들에 의해) 수백만 부의 책, 논문, 소책자, 주일학교 교재를 통해 창조론이 대중화되었다. 이윽고 창조론은, 보수적인 진화론 반대론자들이 전에는 한 번도 젊은 지구론을 주창한 적이 없었던 영국에까지 영향을 미치게 된다. 창조론 관련 자료는 이슬람 교육을 위해 터키어로 번역되는 등 수많은 외국어로 번역되었다. 일부 창조론자들은 기독교 지향적인 '성서적 창조론'에 그치지 않고 공교육에서도 '창조과학'에 동등한 시간을 할애할 것을 요구하는 대중 지향적인 운동으로 전환하려는 노력을 지지하기도 했다. 창조론을 장려하는 몇몇 기관이 설립되기도 했다. 홍보에 열정적인 이들은 널리 알려진 진화론자들과의 공적 논쟁을 통해 창조론을 옹호했다. 마침내 대학 교육을 받은 소수의 지질학자들이 창조론의 관점을 지지하게 되었다. 후에 법원에서 번복되기는 했지만, 아칸소와 루이지애나 주 의회는 진화론의 대안으로 창조과학을 가르치라는

---

21) Bernard L. Ramm, *The Christian View of Science and Scripture* (Grand Rapids: Eerdmans, 1954), p. 71.
22) 같은 책, pp. 180-188, 199-205.
23) 자세한 내용은 Numbers, *The Creationist*, pp. 200-208과 이 책의 다른 부분을 참고하라.

법률을 통과시키기도 했다. 대통령 후보였던 로널드 레이건은 미국의 학교들을 향해 창조과학에도 동등한 시간을 배정하라고 촉구했다. 자존심에 상처를 입은 기성 과학의 옹호자들은 창조과학에 답하는 책을 출판했다. 학교에서 진화론을 가르칠 것인가 말 것인가를 놓고 수많은 마을과 도시에서 열띤 논쟁을 벌였다. 요컨대, 1960년 이후 창조론은 미국의 공적인 삶에서 문화 전쟁을 촉발하는 데 낙태를 제외한 그 어떤 이슈보다 더 중요한 요인이 되었다.

왜 창조과학이 급부상했을까?

창조과학이 성공을 거둔 이유는 복합적이다. 기존의 지성계에서 가르치는 과학에 대한 대안적 과학을 수립한 것은 최근 복음주의 역사에서 가장 중대한 혁신이라 할 만하다. 의심할 나위 없이, 이를 설명하기 위해서는 여러 요인을 복합적으로 검토해야 한다. 아이작 뉴턴의 이론에 대해 성공회의 전통주의자 존 허친슨(John Hutchinson)이 자연 세계에 대한 대안적 설명을 제시한 이래로 영미 종교사에서 이런 식의 대안은 존재한 적이 없었다.[24] 허친슨은 영국의 신학적 온건파에서 뉴턴의 이론을 원용한다는 사실과 뉴턴 과학 자체의 기계론적 성격을 못마땅하게 여겼다. 이에 반대한 허친슨은, 창세기의 첫 부분과 기독교의 삼위일체 교리가 불, 공기, 빛(의 다양한 조합)으로 모든 물리 현상을 설명할 수 있는 직접적이며 과학적인 가르침을 제공한다고 주장했다. 허친슨주의는 거의 한 세기 동안 신학적 보수주의자들 사이에 중요한 영향을 미쳤지만, 1800년대 초에 이르면 성서의 권위를 가장 강경하게 옹호하는 이들까지도 그의 이론을 포기하게 된다.[25]

---

24) C. B. Wilde, "Hutchinsonianism, Natural Philosophy, and Religious Controversy in Eighteenth-Century Britain", *History of Science* 18 (1980): pp. 1-24를 보라. 창조과학과의 유사성에 대해서는 Moore, "Interpreting the New Creationism", p. 324를 보라.

창조론이 복음주의자들 사이에서 엄청난 대중적 영향력을 발휘할 수 있었던 까닭은, 첫째로, 창조론이 성서의 단순한 가르침을 구현한다는 많은 복음주의자의 직관적인 믿음 때문이었다. 데이비드 왓슨(David Watson)의 말처럼, "모리스와 윗콤의 책이 **성서를 이치에 맞게 해주었기 때문에 수만 명의 그리스도인이 이를 받아들였다**."[26] 이 문제는 매우 중요하기 때문에 창조과학의 성서적 기초에 대해서는 이후에 별도로 다루도록 하겠다.

둘째로, 제2차 세계대전 이후 연방 정부 권력이 확대된 것도 창조론이 대중적으로 부상하는 데 영향을 미쳤다. 연방 정부가 각 지역의 교육 문제에까지 영향을 미치자, 과학과 종교 사이의 경계에 관련된 모든 주제가 정치색을 띠었다. 1957년 소련이 스푸트니크 호를 발사한 후 미국은 학교에서 과학 교육을 다시 한 번 진흥하기 위해 전례가 없을 정도로 막대한 자금을 쏟아부었다. 이런 노력의 부산물 중 하나로, 생물학 교과서에는 당대의 주요 발견이 소개되었을 뿐만 아니라 우주의 진화론적 성격에 관한 광대한 형이상학적 주장까지 실렸다. 이처럼 중앙 정부의 패권적인 간섭은 지역 차원에서 심한 반발을 불러오는 경우가 많았다. 창조론은 그중에서도 가장 격렬한 반발 중 하나였다.[27]

또한 창조론자들은 미국의 독단적인 지식인 엘리트들에 대한 분노를 드러냈다. 창조론의 등장 자체를, 미국에서 가장 유명한 대학교들에 소속된 일부 학자들이 보여 준 지적인 제국주의에 대한 자연스러운 반발의 일환으로

---

25) Archibald Alexander는 취임 연설에서 Hutchinson의 성서적 과학은 "경건한 지성에 호소하려는 의도를 갖고 있었지만" "구름과 어둠에 너무 깊이 둘러싸여 널리 통용되기 시작한 [뉴턴의 이론]을 받아들일 수 없었다"라고 말한 바 있다(Inaugural Address, p. 77).
26) Numbers, *The Creationists*, p. 338에서 재인용.
27) 이런 분석은 Robert Wuthnow, *The Restructuring of American Religion* (Princeton : Princeton University Press, 1988)의 결론을 따른 것이다. 그는 미국에서는 정부 권력이 확대됨에 따라 종교가 정치색을 띠고 논쟁을 불러일으키는 경향이 있다고 주장한다.

볼 수 있다. 코넬의 칼 세이건(Carl Sagan) 같은 물리학자가 '만물'에 관한 권위자가 되고 하버드의 스티븐 제이 굴드(Steven Jay Gould) 같은 고생물학자가 대담하게도 '과학'의 이론적 경계를 규정했던 세상은, 윗콤 같은 고대어 전문가와 모리스 같은 공학자에게도 세상의 상태에 관한 자신의 반대 논증을 제기할 수 있는 기회가 주어진 세상이었다.

개인의 믿음과 당시 사회사적인 변화상 외에도, 창조론의 유행에는 근본주의 신학의 영향, 특히 종말론적 정서와 세대에 대한 열광이 반영되기도 했다. 1870년대 이후 세력을 키우던 성서 문자주의는 인간의 기원과 종말에 관한 열렬한 관심을 부추겼다. 창세기 1-3장에 대한 문자적 해석은 (그리스도의 천년간의 통치를 묘사하는) 요한계시록 20장에 대한 문자적 해석과 짝을 이루었다. "종말을 기대하는 그리스도인들에게 윗콤과 모리스는 공통의 해석 방법으로 연결되며 종말과 대칭을 이루는 대격변의 사건을 통해 지구의 역사를 설명하는 설득력 있는 관점을 제공했다"[28]는 로널드 넘버스의 관찰은, 창조론자들과 전천년설 세대주의자들이 오래 전부터 서로 연결되어 있었음을 확인시켜 준다. 1923년에 조지 매크레디 프라이스가 한 말은 이러한 연관성을 분명히 보여 준다.

> 우리 시대에 가장 시의적절한 진리는, 이 세대의 진화론자들로 하여금 창조론으로 다시 돌아가 하늘과 땅을 만드신 그분을 예배하게 하는 개혁이다. 다른 시대에는 성서의 이곳저곳에 기초한 다른 개혁이 필요했다. 오늘날 가장 필요한 개혁은 성서의 첫 부분과 마지막 부분에 기초한 개혁이다. 주의 재림과 새 하늘과 새 땅의 임박한 도래를 기대하는 사람은 성서의 첫 부분에 기록된 지구 창조에 대한 이야기를 믿어야 하기 때문이다. 성서의 첫 장들에 기록된 사건을 믿지 않는다면,

---
28) Numbers, *The Creationists*, p. 339.

성서의 마지막 장들에 기록된 예언도 분명히 믿지 않을 것이다.[29]

1975년 세대주의자인 존 월부어드의 말 역시 이러한 연관성을 보여 준다.

19세기 말 다윈주의 진화론이 후천년주의자들 사이에 크게 유행하기 시작했다. 자유주의자들은 느긋한 낙관론으로 진화론을 환영하며 예언된 황금시대를 도래하게 할 참된 하나님의 방법이라고 추켜세웠다. 이것이 신앙으로부터의 이탈임을 깨달은 보수적인 후천년주의자들과 무천년주의자들은 새로운 진화론의 개념을 논박하려 했다. 그 방법 중 하나가 바로 19세기 말에 시작되어 20세기까지 지속된 대규모 예언 사경회의 소집이었다. 무천년설과 후천년설로는 진화론적 발전 개념을 논박할 방법이 거의 없었으므로, 얼마 지나지 않아 전천년주의적 해석을 채택한 이들이 이 예언 사경회를 주도하게 되었다.[30]

다시 말해, 이 종말론을 채택한다는 것은 인간의 기원에 관한 견해를 비롯한 다양한 입장도 함께 취한다는 뜻이었다. 이 말을 거꾸로 해도 참일 것이다.

앞서 유행한 세대주의와 뒤에 대중화된 창조과학 사이에는 훨씬 더 많은 연관성이 있을 것이다. 사실 창조론은 과학적 세대주의라고 부를 수도 있다. 창조과학 역시 세대주의자들이 성서를 대하는 것과 동일한 방식으로 대재앙이나 시대 사이의 분명한 단절이라는 개념을 자신들의 과학에 주입하기 때문이다.[31] 창조론자들은 원래의 창조 질서와 우리가 사는 타락 이후(혹은 홍수 이

---

29) George McCready Price, *Science and Religion in a Nutshell* (Washington, D.C.: Review and Herald, 1923), p. 13.
30) John F. Walvoord, "Posttribulationism Today", *Bibliotheca Sacra* 132 (1975): pp. 19-20.
31) 이런 연관성은 Arie Leegwater와 David Livingstone이 제시한 개념이다.

후)의 세계 사이에 중요한 구조적 단절이 있다고 생각했다. 각 세대마다 하나님이 인간의 삶을 이끄시는 방식이 달라지는 것과 마찬가지로, 타락과 대홍수로 인해 원래의 자연 구조 역시 완전히 뒤바뀌고 말았다. 구속사에서처럼 자연 세계 역시 일련의 '세대'를 거쳐야 했다.

내적 요인과 외적 요인 사이에 정확히 어떤 연관이 있든, 창조과학과 창조과학에 의해 조장된 태도는 현대 복음주의의 주요한 특징이 되었다. 창조과학의 대두와 유행을 어떻게 설명하든, 창조론자들의 활동이 지닌 귀중한 사회적 목적의 가능성이 얼마나 되든, 창조론은 결코 유익하지 못했다.

창조과학이 복음주의 지성에 입힌 피해

창조과학이 복음주의에 입힌 피해는, 인간의 기원, 지구의 나이, 지질학적·생물학적 변화의 원리에 대해 명확하게 사고하는 것을 훨씬 더 어렵게 만들었다는 점이다. 그러나 더 심각한 피해는 하나님이 지으신 세상을 바라보고 우리가 본 것을 이해할 수 있는 능력을 약화시켰다는 점이다. 창조론이 제시하는 개별적인 결론보다 근본주의의 지적 성향이 더 파괴적이었다. 근본주의 신학의 선동적인 측면과 더불어 이러한 지적 성향은 19세기식 방법론의 경솔한 측면과 결합되어 기독교적 사고에 심각한 위해를 가했다.

첫째 문제점은 자연 세계에 관한 지식에 대해 마니교적 태도를 갖게 했다는 것이다. 창조론자들이 과학의 오만한 주장을 공격한 것은 정당했지만, 그들의 전략은 (경험적으로 관찰할 수 있는 사건에 대해 언제나 중요한 주장을 해 온) 기독교와 (언제나 세상에 관한 유사종교적 가정을 전제하고 연구를 진행해 온) 경험적 과학의 만남에 관한 논의를 혼란에 빠뜨리고 말았다. 서양 역사에서 종교와 과학 사이의 밀고 당기기는 언제나 복합적이고 복잡했으며 때로 역설적이었다.[32]

---

32) 주 18에 인용된 글들을 보라.

그러나 창조론자들은 종교와 과학 사이의 밀고 당기기를 전투 직전까지 몰아간다.

그렇게 함으로써 창조론자들은, '다윈의 불독'이라 불리던 헉슬리(T. H. Huxley)가 자기 스승의 과학적인 결론을 무기 삼아, 성직자로서 생물학을 연구하는 이들로 이루어진 옛 세력을 대체할 전문적이며 학술적인 과학자들로 이루어진 새로운 집단을 만들어 가던 시기 이후로, 가속화되던 과학의 정치화를 더욱 심화시켰다.[33] 창조론자들은 전부가 아니면 전무라는 식의 태도를 지녔기 때문에, 종교와 과학이 만나는 중요한 이슈를 명확히 이해하기가 더 어려워졌다. '창조론자들'과 그들에 대해 '과학적으로' 반대하는 이들 사이에 벌어진 전투의 함성 속에, 더 끈기 있고 신중한 목소리는 묻혀 버리고 말았다. 그 함성 때문에, 자연을 이해하기 위해 실제로 자연을 바라보고 싶어 하는 이들과 우주론적 설명을 이해하기 위해 실제로 자신을 바라보고 싶어 하는 이들은 침묵할 수밖에 없었다. 현대 창조론이 만들어 낸 큰 비극은, 창조론자들의 요란한 선동 때문에 미국과학협회에 소속된 여러 학자나 다윈주의의 거대한 이론에 담겨 있는 철학적 주장을 공격했던 필립 존슨(Phillip E. Johnson)과 같은 신중한 기독교 사상가들의 목소리를 듣기가 훨씬 어려워졌다는 점이다.[34] 이들의 작업은 복음주의자들로 하여금 이전 시기의 무력한 교착 상태에서 벗어날 수 있게 해줄 수도 있었다.

훨씬 더 심각한 문제점은, 창조론자의 선언과 창조론자의 실천이 기이한 조합을 이루어 자연 세계를 인식하는 능력에 문제를 발생시켰다는 것이다. 선언적으로는 지적인 연구 절차로 베이컨주의를 따른다고 말하지만, 실천적으로는 성서와 관련해서는 베이컨주의를 잘못 적용하고 자연과 관련해서는

---

33) 이 전략에 대해서는 Desmond and Moore, *Darwin*을 보라.
34) Phillip E. Johnson, *Darwin or Trial* (Washington, D.C.: Regnery Gateway; Downers Grove, IL: InterVarsity Press. 1991), 「심판대의 다윈」(까치).

베이컨주의를 포기한다. 창조론자들은 베이컨주의적 과학 원리를 재천명한다. 즉, 직접적이며 경험적 증거 없이는 추론하지 않으며, 사변적 원리로부터 연역하지 않는다고 말하고, 광범위한 경험적 증거가 없으면 과학이 아니라고 선언한다. 비극은, 창조론자들이 성서에 관해서는 잘못 이해한 베이컨주의를 유지하면서 과학에 관해서는 건전한 베이컨주의를 포기한다는 점이다.

복음주의자들은 성서를 '단순하고' '문자적이며' '자연스러운' 방식으로, 즉 베이컨주의적인 방식으로 읽을 수 있어야 한다고 강조한다. 그러나 사실은, 창조론이 보여 주는 복음주의 해석학은 대략 1650년부터 1850년까지 (그리고 북미에서는 그 후 몇십 년이 더 지날 때까지) 서구 지성계를 지배한 특정한 전제에 의해 규정되었다. 그 시기 이전과 이후, 수많은 그리스도인과 다른 사상가들은 어떠한 관찰도 '단순'할 수 없으며 어떠한 텍스트에 대해서도 무비판적인 '문자적' 독해를 해서는 안 된다는 점을 인정해 왔다.

예를 들어, 복음주의 구약학자인 브루스 월키(Bruce Waltke)는, 창세기의 첫 장들을 제대로 해석하기 위해서는 고대 세계에 대한 철저한 역사적 연구와 신중하고 균형 잡힌 주석을 활용할 수 있어야 하며 과학적 연구 방법과 결과물에 두루 익숙해야 할 필요가 있다고 주장한다. 이러한 연구에 기초한 그의 결론은, 창세기 1:1-2:3은 어떤 의미에서 (동화처럼 꾸며낸 이야기라는 뜻이 아니라 하나님이 사람들 사이에서 어떻게 일하시는지를 설명하는 이야기라는 의미에서) '신화'이며, (현대의 기준에 따르면) '역사'이기도 하고 그렇지 않기도 하고, (다시 한 번 현대의 기준에 따르면) 일차적으로 '과학'이 아니며 그 형식이 아니라 본질에서 '신학'이라는 것이다.[35] 월키의 결론은 옳을 수도 있고 그렇지 않을 수도 있다. 그러나 그가 보여 준 치열한 연쇄적 추론은, 창세기 앞부분의 핵심적인 의미(즉, 물질과 생명, 인간 문명의 근원이신 하나님을 예배해야 한다는 진리)로부터 하나님이 어떻게 세상을

---

35) Bruce K. Waltke, "The Literary Genre of Genesis", *Crux* 27 (Dec. 1991): pp. 2-10.

창조하셨는지에 관한 구체적인 설명으로 넘어가는 것이 결코 단순한 문제가 아님을 잘 보여 준다.

순진한 베이컨주의에 의존할 때, 복음주의자들은 근대 과학의 신전에서 예배를 드리는 이들 사이에 이어져 내려오는 순진한 실증주의가 지닌 최악의 특징을 그대로 수용하게 된다. 그리하여 창조론자들은 성서에 대한 베이컨주의적 접근 방법을 장려한다고 착각하게 되며, 실제로는 성서를 어떻게 읽어야 하는가에 관한 자신들의 선이해에 의해 결정된 결론을 말하면서도 자신들이 마치 성서로부터 이끌어낸 단순한 결론을 말하는 것처럼 주장한다.

성서에 대한 이러한 잘못된 베이컨주의적 태도 때문에, 자연에 대해서는 사실상 베이컨주의를 포기해 버리고 만다. 일부 과학자들이 제시하는 무신론적 결론을 피하기 위해, 창조론자들은 연역적 독단론이라 느껴지는 것에 대해서는 경험주의적 개방성을 실천하지 않았다. 이런 점에서 창조론은 자연 세계와 현대 진화론이 제시한 형이상학적 이슈에, 성서를 어떻게 읽어야 하는가에 관한 특정한 선이해를 외삽(外揷)한 것이라 할 수 있다. 실제로 지구를 어떻게 바라보는지, 혹은 실제로 실험을 어떻게 수행할 것인지는 창조론자들에게 상대적으로 중요하지 않다. 정말로 연구를 하기도 하고 실험을 하기도 한다. 그러나 대개의 경우 창조론자들이 그렇게 하는 이유는, 진화론에 문제를 제기하는 것 같은 과학적 문헌에서 발견한 무언가를 확인하기 위해서다. 근본적으로 창조론은 종교다. 창조론이 정치가 되는 것은, '과학'이라는 명성을 남용하는 엘리트 전문가들의 교만한 형이상학적 주장 때문이다.[36] 그러나

---

36) 창조론이 일차적으로는 종교이며 이차적으로는 정치라는 말은, 공론장에 참여할 자격이 없다거나 전문 과학자들의 작업이나 과학으로 자신이 펼치려는 엄청난 형이상학적 주장을 뒷받침하려는 이들의 형이상학적 전제에 대해 논평할 자격이 없다는 뜻이 아니다. 이 말은 창조론을 있는 그대로, 즉 정치적·종교적 항의로 이해해야 한다는 뜻이다. 창조론이 그저 세계에 대한 지식을 제공한다고 생각하면, '세계에 대한 지식'의 의미에 관한 진화론의 특수한 견해와 항의라는 창조론의 더 기본적인 기능을 간과할 위험이 있다.

진지하게 세계를 연구하는 방식이라고 보기는 어렵다. 성서의 빛으로 세계를 읽어 내려는 열정이 넘친 나머지 복음주의자들은, 근대 초기의 서양 과학자들이 깊은 기독교적 신념의 산물로 진지하게 받아들이던 명제, 즉 무언가를 이해하기 위해서는 그것을 바라보아야 한다는 점을 잊어버리고 말았다.[37]

그 결과는 두 가지 차원에서 비극이었다. 첫째로, 수백만 명의 복음주의자들이 창조과학을 옹호함으로써 성서를 옹호한다고 생각하게 되었다. 그러나 사실 그들은 19세기 초 과학에 열광했던 이들이 만들어 낸, 특정한 맥락에서 나온 성서 해석에 궁극적인 권위를 부여할 뿐이다. 둘째로, 복음주의자들은 그런 경향 때문에 자연을 있는 그대로 바라보는 능력을 잃어버렸고, 결국 자연을 있는 그대로 이해할 수 있는 기회마저 잃어버리고 말았다. 하나님이 자연을 어떻게 만드셨는지에 대한 신념을 너무나도 결연하게 고수함으로써, 하나님이 자연을 만드시는 방식과 관련하여 그분을 영화롭게 할 기회를 잃어버렸다. 복음주의자들은 20세기 열광적인 세속주의자들에 대해 그들과 똑같은 방식으로 대응하다가, 하나님이 주신 책 두 권 중 한 권을 읽고 싶다면 다른 한 권은 덮어 버려야 한다는 입장으로 후퇴하고 말았다.

근대 과학사가인 스티븐 툴민(Stephen Toulmin)은 복음주의와 베이컨주의의 경우처럼 종교를 특정 과학 이론과 연결시킬 때 발생하는 위험에 대해 이렇게 말한 바 있다.

이미 두 차례, 기독교 신학자들은 특정한 과학 이론 체계의 구체적인 개념에 열정적으로 몰두한 적이 있다. 첫째 경우는, 중세 교회가 아리스토텔레스를 받아들이고 자연에 관한 그의 견해에 능력 이상의 권위를 부여했을 때였다. 둘째 경우

---

37) Eugene Klaaren, *Religious Origins of Modern Science: Belief in Creation in Seventeenth-Century Thought* (Grand Rapids: Eerdmans, 1977)와 R. Hooykaas, *Religion and the Rise of Modern Science* (Grand Rapids: Eerdmans, 1972)를 보라.

는, 1680년대부터 19세기 말까지 (특히 영국의) 개신교 사상가들이, 데카르트와 뉴턴의 기계론적 자연관을 유익한 설계 논증으로 해석하고 이에 기초하여 새로운 종교적 우주론을 수립한 것이다. 두 경우 모두 그 결과는 불행했다. 신학자들은 과학에 지나치게 몰두한 나머지 아리스토텔레스나 뉴턴의 원리가 영원히 최종적인 결론으로 남아 있지는 못하리라는 사실을 예견하지 못했다. 그리고 자연 과학에 근원적인 변화가 일어났을 때, 이에 대처할 준비를 하지 못했다.[38]

벤자민 패링튼(Benjamin Farrington)은 복음주의자들의 행동에 대해 훨씬 냉정한 평가를 내린다. 그는, 교회가 수백 년 동안 성공적으로 해 온 방식대로 과학을 연구한다고 주장한 17세기의 그리스도인들을 반박하며, 프랜시스 베이컨의 주장을 이렇게 요약했다. "그렇다면 아리스토텔레스주의와 다른 많은 그리스 철학으로 하여금 선한 열매를 맺을 수 없게 만든 죄의 본질은 과연 무엇이란 말인가? 그것은 지적인 교만의 죄로, 자연이라는 책(the Book of Nature)에서 사물의 본질에 대한 지식을 구하는 대신 자신의 머릿속에서 그런 지식을 만들어 내려는 오만한 태도에서 극명하게 드러났다."[39]

성서의 특별한 물음

창조론의 핵심은 여전히 성서에 호소한다는 것이다. 창조과학은 과학을 동원해 불가지론을 옹호하는 현대 우주학자들을 반박하지 않고, 성서와 과학 사이의 전통적인 조화를 보존하는 방법을 제시하지도 않는다. 오히려 창조과

---

38) Stephen Toulmin, "The Historicization of Natural Science: Its Implications for Theology", *Paradigm Change in Theology*, ed. Hans Küng, David Tracy (New York: Crossroad, 1989), p. 237.
39) Benjamin Farrington, *Francis Bacon, Philosopher of Industrial Science* (New York: Collier, 1961), p. 118. 이 인용문은 Jonathan Peik이 알려 준 것이다.

학이 수많은 복음주의자에게 설득력을 갖는 이유는, 성서를 존중하는 것처럼 보이기 때문이다. 창조과학은 모든 주제에 대한 기독교적 연구가 따라야 하는 모범적인 방식으로 과학을 연구하는 것처럼 보인다. 다시 말해, 성서가 무슨 이야기를 하는지 알아본 다음 그 결론을 이용하여 우리가 관심을 가진 주제를 연구하는 것처럼 보인다.

이런 식의 추론이 가진 문제점은 성서를 확신하지 않고 자신을 확신한다는 데 있다. 이 문제는 19세기 내내 베이컨주의적이며 민주적인 미국에서 '정상적이고' '평이한' '문자적' 해석에 대한 호소가 (대개는 인식되지 못했지만) 강력한 세력을 확보했다는 점 때문에 더욱 복잡해진다. 성서가 하나님이 주신 최고의 계시라면, 성서를 이해하는 최선의 방법은 모든 시대에 걸쳐 모든 남자와 여자, 어린아이가 사용할 수 있는 평범한 상식에 따라 해석하는 방법이라는 것이 자명하지 않은가? 이러한 19세기식의 틀을 따르는 물음에 대한 대답은, 성서에 대한 상식적인 해석이 자명해 보였을지 모르지만 사실 그것은 북미 복음주의 역사의 특별한 상황이 만들어 낸 결과물이었을 뿐이라는 것이다. 9장에서는 성서의 존재 이유에 대해 성서 자체는 어떻게 말하는가, 그리고 성서의 진리가 가장 뛰어난 지성을 이끌 수 있다는 점에 대해 성서는 어떻게 말하는가 하는 문제를 다룰 것이다. 여기서는 지난 시대 그리스도인들의 성서 해석 방법에 대해 매우 신중하게 사고했던 구름같이 둘러싼 허다한 증인들을 열거하는 것으로 충분하겠다. 이런 증인들을 소개하는 이유는, 근본주의를 거쳐 오늘날까지도 많은 복음주의자가 받아들이는 19세기 복음주의 미국의 습관적인 본능이 사실은 보편적이지도 자명하지도 않으며, 보편적 상식의 산물도 아니라는 것을 보여 주기 위해서다.

창조론자들이 성서를 신뢰하는 모습이 근본주의에서, 더 거슬러 올라가면 19세기 복음주의의 주장에서 자연스럽게 생겨났다는 것을 이해하기 위해서는, 먼저 성서에 대한 그들의 신뢰를 보여 주는 대표적인 선언문을 소개하는 것이 유익할 것이다. 이 선언적 주장은 윗콤과 모리스의 「창세기 대홍수」의 도입부에서 가져온 것으로, 그 의도는 전적으로 칭찬할 만하다.

여기에 제시된 연구의…목적은 이중적이다. 첫째로, 우리는 대홍수와 그와 관련된 주제에 대해 성서가 정확히 무엇을 말하는지를 확인하고자 한다. 우리는 성서의 신적 영감과 명료성(perspicuity)을 완전히 믿으며, 즉 성서를 바르게 주석함으로 성서가 다루는 모든 문제에 관한 진리(Truth)를 확정할 수 있다는 믿음으로 이 일을 수행하고자 한다. [여기서 두 저자는 성서가 진리를 말한다는 것이 무엇을 의미하는지 정의하기 위해 1893년에 출판된 워필드의 책을 인용한다.] 둘째 목적은, 대홍수에 관한 성서의 기록이 담고 있는 인류학적, 지질학적, 수문학적(hydrological, 육지에 있는 물의 성질, 현상, 분포, 법칙 등을 연구하는 학문—역주) 그리고 그 밖의 과학적 의미를 검토하는 것이다. 동시에 가능하다면, 우리는 이러한 성서적인 틀 안에서 과학의 자료를 바르게 정향(定向)하려고 노력할 것이다. 이를 위해 현재 이런 자료에 대한 해석을 지배하는 동일과정설[uniformitarianism: 지질학적 변화가 현재와 과거에 같은 방식으로 일어났을 것이라는 가설로, 지층과 화석이 큰 격변에 의해 한꺼번에 넓은 지역에 걸쳐 이루어졌다고 보는 격변설(catastrophism)에 반대하여 소규모의 매우 느린 속도로 오랜 기간 쌓여서 이루어진 결과라고 본다—역주]이나 진화론에 대해 중요한 수정을 가해야 한다면 그렇게 할 것이다.[40]

다시 말해, 윗콤과 모리스는 '단순하게' 성서의 말씀으로부터 지구의 나이와 그 밖의 지질학적 문제에 관한 과학자들의 검토로 넘어간다. 그러나 이 과정은 말처럼 단순하지 않다. 자기 비판이 부재하고 어떻게 상황이 지성을

---

40) John C. Whitcomb, Jr., Henry M. Morris, *The Genesis Flood: The Biblical Record and Its Scientific Implications* (Philadelphia: Presbyterian and Reformed, 1961), p. xx.

규정하는지를 인식하지 못할 때, "성서가 정확히 무엇을 말하는지를 확인"하는 일은 보기보다 자명하지 않다.

자명하고, 문자적이며, 평범하고, 단순하며, 상식적인 성서 해석을 그대로 과학의 영역에 적용할 때의 문제점에 대해서는 초대교회에서도 분명히 지적한 바 있다. 5세기에 아우구스티누스는 몇십 년 동안 성서 해석과 끊임없이 씨름하고 나서 생의 마지막 무렵 이 문제를 지적했다. 아우구스티누스는 「창세기의 문자적 의미」(The Literal Meaning of Genesis)에서 성서의 첫 책에 대한 자신의 이전 해석을 근본적으로 수정한다. 그는 그 시대의 지식인들과 계속해서 접촉한 후 이전에 자신이 했던 해석을 차분하게 되돌아본다. 여전히 그는 창세기를 (그가 규정하는 방식으로) '문자적으로' 해석해야 한다고 주장하면서도, 창세기의 첫 장들을 이용해 당시 최고의 과학과 모순되는 자연관을 조장하려 했던 이들을 가차없이 비판했다.

일반적으로 그리스도인이 아닌 사람도 지구와 하늘, 세상의 다른 요소에 대해, 별의 움직임과 궤도, 그 크기와 상대적인 위치에 대해, 예측 가능한 일식이나 월식에 대해, 해와 계절의 주기에 대해, 동물이나 나무, 돌 등의 종류에 대해 무언가를 알고 있다. 그리고 이런 지식은 이성과 경험을 근거로 확실하다고 주장한다. 그러므로 그리스도인이 성서의 의미를 해석하면서 이런 주제에 대해 말도 안 되는 소리를 하는 것을 이교도가 듣는다면 수치스럽고도 위험한 일이 아닐 수 없다. 사람들이 한 그리스도인이 드러낸 무지를 떠벌리며 이를 비웃고 경멸하는 당혹스러운 상황을 우리는 무슨 수를 써서라도 막아야 한다. 한 무지한 개인이 비웃음을 당해서 수치스러운 것이 아니라, 신앙 공동체 밖에 있는 이들로 하여금 거룩한 저자들이 그런 견해를 주장한다고 생각하게 만들기 때문에 수치스러운 것이다. 또 성서의 저자들이 무식한 사람으로 비판받고 거부당하여 결과적으로 우리가 구원하기 위해 애쓰는 그들에게도 큰 손실이 되기 때문에 수치스러운 것이다. 사람들이 그들 스스로 잘 아는 분야에 대해 오해하는 그리스도인을 만나고 우리의 책에 대해 자신이 가진 어리석은 견해를 주장하는 것을 그 사람이 듣는다면, 어떻게 그들이 죽은 자의 부활과 영원한 생명이라는 소망, 하나님 나라에 관한 이 책의 가르침을 믿을 수 있겠는가? 이 책이 자신들의 경험과 이성의 빛을 통해 배운 사실에 대해 온통 거짓말을 한다고 생각한다면 어찌 그들이 성서의 영적 진리를 믿을 수 있겠는가? 무모하고 무능한 성서 주석가는, 자신의 해롭고도 거짓된 견해에 사로잡혀 거룩한 책의 권위를 인정하지 않는 이들에게 질책을 당할 것이며, 그리하여 더 지혜로운 형제들에게 말할 수 없는 곤란함과 슬픔을 안겨 줄 것이다. 그렇게 되면 그는 **자신이 무슨 말을 하는지도 자신이 주장하는 주제에 대해 이해하지도 못하면서**[참고. 딤전 1:7], 너무나 어리석고 거짓임이 분명한 자신의 주장을 옹호하기 위해 성서를 증거로 제시하려 할 것이며, 심지어 기억하는 성서 구절 중에서 자신의 입장을 뒷받침한다고 생각하는 수많은 구절을 들먹이려 할 것이다.[41]

여기서 아우구스티누스는, 어떤 그리스도인이 우주론적 의미를 담고 있는 성서 본문을 해석하면서 "이성과 경험으로부터" 배울 수 있다는 것을 고려하지 않는다면, 성서를 **잘못 해석하게** 될 것이라고 주장한다. 아우구스티누스는 이런 경우 성서만을 보려 하면 성서를 잘못 읽게 된다고 말한다.

초기 근대 과학의 확립에 기여한 프랜시스 베이컨과 갈릴레오 갈릴레이 역시, 과학에 대해 적절히 비판을 가하면서도 과학의 도움을 받아 무오한 성

---

41) Augustinus, *The Literal Meaning of Genesis*, 2 vols., trans. John Hammond Taylor (New York: Newman Press, 1982), 1: pp. 42-43. Augustinus의 「창세기의 문자적 의미」에 있는 이 구절과 다른 구절들에 대한 논의로는, Davis A. Young의 두 논문 "The Contemporary Relevance of Augustine's View of Creation", *Perspectives on Science and Christian Faith* 40 (Mar. 1988): pp. 42-45와 "Theology and Natural Science", *Reformed Journal*, May 1988, pp. 10-16를 보라.

서를 해석해야 할 필요가 있다며 놀라울 정도로 유사한 주장을 했다. 개신교인이었던 베이컨과 가톨릭교도였던 갈릴레오 모두 경직된 성서 해석이 자연에 대한 이해를 통해 하나님께 영광을 돌리는 데 걸림돌이 된다고 생각했음에도, 성서가 하나님의 영감으로 기록된 말씀이라는 전통적인 견해를 기꺼이 받아들였다. 그 점에서 두 사람은 옳았다.

1623년 생의 끝 무렵에 베이컨은 「바람의 역사」(The History of the Winds)라는 책을 출판했는데, 이 책에서 그는 특히 유서 깊은 전통적인 사상의 뒷받침을 받고 있다면 (성서 혹은 다른 곳에서 취한) 전통적인 과학적 해석이 성서 자체의 단순한 의미를 드러낸다는 어리석은 생각에 빠지기가 얼마나 쉬운지에 대해 이야기했다.

> 의심할 나위 없이, 우리는 우리의 첫 부모가 지은 죄값을 치르며 그 죄를 따라 한다. 그들은 하나님처럼 되고 싶어 했고, 그 자손인 우리는 훨씬 심하게 하나님처럼 되고 싶어 한다. 우리는 세상을 만든다. 자연에 법칙을 강요하고 자연 위에 군림한다. 우리는 하나님의 지혜와 조화를 이루려는 것이 아니라, 우리의 어리석음과 어울리는 모든 것을 갖고 싶어 한다. 하지만 자연에서는 그런 것을 찾을 수 없다. 우리는 하나님의 피조물과 작품에 우리의 이미지를 각인하려 한다. 만물에 새겨진 하나님의 봉인을 발견하려고 열심히 노력하지 않는다.…그러므로 창조주를 향한 겸손함이 있다면, 그분이 하신 일을 존경하고 찬양하는 마음이 있다면, 인간을 향한 사랑과 인간의 곤궁과 가난을 줄여 보려는 열정이 있다면, 자연 속의 진리를 사랑하고 어둠을 미워하는 마음과 지성을 정화하려는 욕망이 있다면, 가설(hypotheses)보다 논증된 명제(theses)를 선호하며 경험을 불구로 만들어 버리고 하나님의 작품에 대해 군림하려 하는 변덕스럽고 터무니없는 철학을 거부하거나 적어도 보류한다고 사람들에게 거듭 호소해야 한다. 겸손하게 존경심을 가지고 피조물이라는 책에 다가가야 한다. 그 책에 머무르며 그 책을 묵상해야 한

다. 그렇게 씻기고 깨끗해진 사람들은 순결하고 정직한 마음으로 자신의 의견으로부터 돌이켜야 한다. 이것이 바로 세상의 끝까지 울려퍼진 그 말씀이며[시 19장], 바벨의 혼란을 겪지 않았던 언어다. 사람들은 이것을 배워야 한다. 다시 어린 아이가 되어 알파벳을 배우듯 겸손히 이것을 익혀야 한다.…[베이컨은 이 논문을 기도로 마무리한다.] 창조주이시며 우주를 보존하고 회복하시는 하나님, 인간을 향한 하나님의 자비와 사랑으로 이 일을 보호하고 이끄셔서 하나님의 외아들, 우리와 함께하시는 하나님을 통해 하나님께 영광을 올려드리고 아래로는 우리에게 유익이 되게 하소서.[42]

거의 같은 시기에 갈릴레오는, 성서에서 태양이 지구 주위를 돈다고 분명히 가르치기 때문에(전 1:5) 태양 중심적인 그의 우주관이 참일 수 없다고 주장하는 이들의 반대에 직면했다. 그에 대해, 갈릴레오는 성서가 하나님의 계시임을 온전히 신뢰할 때 연구자들은 자연 세계에 대해 감각으로 얻는 지식에 대한 확신이 약해지지 않고 오히려 강해진다고 주장했다.

성서의 참된 의미를 제대로 파악하는 한, 성서가 거짓을 말하지 않는다는 사실을 당연하게 받아들이는 것은 가장 경건하고 분별 있는 태도다. 그러나 성서의 참된 의미는 이해하기 어렵고 문자적 의미처럼 보이는 것과 전혀 다른 경우가 많다는 사실 역시 부인할 수 없다고 생각한다.…나는 자연 현상에 대해 논할 때는 성서 본문의 권위에서 시작하는 것이 아니라 감각 경험과 필요한 논증으로 시작해야 한다고 생각한다. 성서와 자연은 모두 똑같이 하나님(godhead)으로부터 온 것이기 때문이다. 하나님은 우리에게 성령의 구술(口述)로서 성서를, 가장 충실한 하나님의 명령의 집행자로 자연을 주셨다. 뿐만 아니라 보통 사람들이 이해

---

42) Farrington, *Francis Bacon*, pp. 118-119에서 재인용.

할 수 있게 하기 위해 성서는 (겉으로 보기에는 그리고 문자적인 의미에서는) 절대적인 진리와 일치하지 않는 많은 것을 말하기도 한다. 다른 한편으로 자연은 바뀌지도 않고 변하지도 않으며, 자연에 부과된 법칙을 위반하지도 않고, 자연이 운행되는 난해한 원인과 방식을 인간이 이해하든 못하든 상관하지 않는다. 그러나 성서의 모든 주장은 자연 현상만큼 엄격하게 구속을 받지 않는다. 마지막으로 하나님은 성서의 거룩한 말씀만큼이나 자연을 통해서도 탁월한 방식으로 자신을 계시하신다.…그러므로 감각 경험을 통해 우리 눈앞에 펼쳐진 혹은 필요한 논증을 통해 증명된 자연 현상에 대해, 그것과 다른 의미를 가지고 있는 것처럼 보이는 성서 구절이 있다고 해서 그것을 의문시하거나 거짓이라고 비난해서는 안 된다.

그러나 이렇게 말한다고 해서 성서 말씀에 가장 높은 권위를 부여해서는 안 된다는 뜻이 아니다. 자연에 관한 결론을 확신한 후에 우리는 성서를 바르게 해석하고 그에 담긴 진리를 연구하는 데 적절한 도움을 주는 자료로 삼아야 한다. 그것은 가장 참되며 증명된 진리와도 일치하기 때문이다.…나는 우리에게 감각과 언어, 지성을 주신 바로 그 하나님이 이런 것들을 사용하지 않으시고 이를 통해 얻을 수 있는 정보를 굳이 다른 방법을 통해 우리에게 주고 싶어 하시며, 그러므로 감각 경험이나 필요한 논증을 통해 자연 세계를 연구할 때 감각과 이성을 부인해야 한다고 생각하지 않는다.[43]

베이컨이나 아우구스티누스처럼 갈릴레오 역시, 자연과 성서에 관한 관찰 사이의 대화를 활용하지 않고 과학적인 문제와 관련한 성서를 해석할 수 있다고 생각할 때 성서를 **잘못 이해할** 수밖에 없다고 생각했다.

---

43) "Calileo's Letter to the Grand Duchess" (1615), *The Galileo Affair: A Documentary History*, ed. Maurice A. Finocchairo (Berkeley: University of California Press, 1989), pp. 92-94.

마지막으로 과학과 성서 해석의 관계에 대한 이런 관점을 제시한 사람은 워필드였다. 그의 견해는 우리와 가장 밀접하게 연관되어 있다. 왜냐하면 윗콤과 모리스도 워필드가 제시한 성서 무오성의 교리에서 단순하고 문자적인 방식으로 대홍수 지질학의 원리를 도출해 냈기 때문이다. 워필드가 성서 무오성의 의미를 정교하게 다듬었다면, 그가 자연 세계를 연구할 때도 분명 무오성의 개념이 중요했을 것이다.

그러나 워필드의 자연 세계 연구 결론은 대홍수 지질학을 주장하는 이들의 예상과 전혀 달랐다. 지구의 나이에 관한 문제에 대해 워필드는 단호했다. "인류가 얼마나 오래 전부터 존재했는가 하는 문제는 결코 신학적으로 중요하지 않다. 인간이 지구에서 얼마나 오랫동안 존재해 왔는가 하는 문제는 신학이 전혀 관심을 기울이지 않는 문제다.…성서는 인류의 역사가 짧다고 말하지 않는다. 확실한 근거가 전혀 없는 연구를 통해 성서의 자료를 특정한 방식으로 해석할 때만 이런 식의 주장을 할 수 있다. 과학은 인간이 지구상에 존재한 시간에 대해 터무니없는 주장을 하지 않는다."[44]

진화의 가능성에 대해서도 워필드는 마찬가지로 직설적이었다. 그는 1915년에 발표한 글에서 창조에 관한 칼뱅의 견해를 길게 논한 후 자신의 견해를 분명히 제시했다. "우리가 바르게 이해했다면, 칼뱅의 창조 교리는 인간의 영혼을 제외하고는 진화론이라고 말할 수 있다.…[현대 과학에 비추어 적절히 수정된 칼뱅의 견해는] 진화론일 뿐 아니라, 순수한 진화론이다.…이 모든 것을 우리는 매우 순수한 진화론의 체계라 부를 수 있다."[45]

---

44) B. B. Warfield, "On the Antiquity and the Unity of the Human Race", *Princeton Theological Review* 9 (1911): pp. 1-25, *The Works of Benjamin B. Warfield*, vol. 9: *Studies in Theology* (New York: Oxford University Press, 1932), pp. 235-236에서 인용.
45) B. B. Warfield, "Calvin's Doctrine of the Creation", *Princeton Theological Review* 13 (1915): pp. 190-225, *The Works of Benjamin B. Warfield*, vol. 5: *Calvin and Calvinism* (New York: Oxford University Press, 1931), pp. 304-305에서 인용.

워필드의 결론이 담고 있는 의미를 분명히 이해해야 한다. 일차적인 관심사는 워필드가 어떤 결론을 내리는가가 아니다. 지구의 나이나 물리적 세계의 창조에 관한 칼뱅의 견해, 자연 세계에 관한 자신의 결론 등에 대해 워필드는 옳을 수도 있고 그를 수도 있다. 그러나 성서의 무오성을 가장 강력하게 주장했던 워필드가 과학의 문제에서 윗콤이나 모리스와 정반대의 결론에 이르렀다는 사실은, 성서의 무오성에 대한 믿음으로부터 창조과학의 결론을 비롯한 과학의 특정 분야에 관한 결론으로 넘어가는 것이 결코 단순하고 상식적이며 직관적인 과정은 아님을 분명히 보여 준다.

우리는 한 가지 구체적인 사례를 통해, 아우구스티누스, 베이컨, 갈릴레오, 벤자민의 주장을 요약해 볼 수 있다. 만약 자연 세계의 자료를 들여다보는 데 평생을 바치는 현대의 과학자들이 하나같이 인간이 지구상에 매우 오랫동안 존재해 왔다고 말한다면, 인간이 오래되지 않은 과거에 창조되었다고 "성서가 가르친다"고 말하는 성서 해석자들은 어리석은 사람일 뿐이다. 이 말은 미래의 어느 때에 과학적인 연구 방법이 바뀌어 현재의 합의된 견해가 변경될 수도 있다는 뜻이 아니라, 성서에 충실하다고 말하면서 성서에 대한 순종의 증거로 인류가 오래되지 않은 과거에 창조되었다는 믿음을 요구하는 이들이 사실은 성서에 충실하지 않다는 뜻이다. 성서가 시편 19편과 여러 다른 곳에서, 하나님을 따르는 이들을 향해 하나님이 자연 세계를 통해 하시는 말씀에 귀를 기울여야 한다고 말하기 때문이다. 이는 지구의 나이나 인류의 탄생을 비롯한 다른 모든 문제에도 똑같이 적용된다. 19세기 중엽 찰스 핫지가 했던 말은 여전히 시의적절하다. "자연은 성서만큼 참된 하나님의 계시다. 그리고 우리는 과학에 의거해 성서를 해석할 때에야 비로소 하나님의 말씀으로 하나님의 말씀을 해석할 수 있다."[46]

---

46) 앞의 주 12를 보라.

1895년에—나중에 그는 진화론이 하나님이 창조하신 세상을 제대로 설명할 수 있다고 확신했지만 이때는 그만큼 확신하지 않았다—진화론에 관해 워필드가 내린 결론은 복음주의자들 대부분이 근본주의를 거치며 포기해 버린 과학에 대한 '더 나은 태도'를 더 분명히 진술하고 있다. 워필드는 이렇게 썼다. "진화론 교리와 관련해 정말로 중요한 물음은…이 새로운 교리와 옛 신앙이 공존할 수 있는가가 아니다.…옛 신앙이 진화론과 공존할 수 있다고 확신할 수는 없지만 옛 신앙을 진화론이 발견한 사실들에 동화시킬 수 있다고는 확신할 수 있다.…진화론과 관련하여 유일하게 중요한 물음은 그것이 참인가 하는 물음이다." 여기서 '참'이라고 말할 때 워필드는 성서 주석의 문제가 아니라 자연과학의 문제를 염두에 두고 있다. 문제는 "(1) 우리가 이론의 관점에서 알려진 모든 사실을 연역할 수 있으며, 그리하여 그 이론이 참이라고 증명할 수 있는가, 그리고 (2) 지금까지 알려지지 않은 새로운 사실들을 연역할 수 있는가, 그리하여 그 이론이 새로운 사실의 발견을 예측하고 이를 위한 도구로 사용될 수 있는가, 오직 그 이론의 예측에 근거하여 새로운 사실을 추구하고 관찰할 수 있는가"이다.[47] 워필드는 자연 세계에서 발견한 '사실'의 순수성에 대해 지나치게 낙관적일지도 모른다. 그러나 그는 복음주의적 사고를 증진하기 위해서는 성서라는 책과 자연이라는 책을 함께 읽어야 한다는 점을 분명히 알았다.

워필드의 성서관을 받아들이면서도 자연에 관한 그의 접근 방법은 포기했던 창조론의 영향력은 제2차 세계대전 이후 놀랍게 확대되었다. 진화론의 영향력이 커졌다는 사실은, 근본주의의 유해한 지적 성향이 여전히 복음주의권을 강하게 지배하고 있음을 분명히 보여 준다. 그러나 제2차 세계대전 이후

---

47) Benjamin B. Warfield, "The Present Status of the Doctrine of Evolution", *Presbyterian Messenger* 3:10 (Dec. 5, 1895), pp. 7-8.

적어도 일부 복음주의 과학자들 사이에서는, 복음주의와 과학에 대한 19세기적 종합의 마지막 대변자였던 워필드와 그의 세대가 물려준 이론적인 물음을 다시 한 번 다루려는 조짐이 나타났다. 다음 장에서는 이런 조짐과 다른 분야의 발전을 복음주의 사상의 결정적인 재부흥으로 볼 수 있는지에 대해 논의할 것이다.

4부

희망?

8

복음주의의 지적 부흥은 진행 중인가?

이 책에서 나는 현대 '복음주의 사상'은 미국적 가치관과 개신교 가치관의 19세기적 종합으로부터 생겨나 근본주의와 근대주의 사이의 투쟁이라는 외상(外傷)을 거친 일군의 지적 전제로 이해하는 것이 가장 적합하다고 주장했다. 이런 역사를 감안할 때, 20세기 말 복음주의 사상의 전망은 그리 밝지 않다. 19세기의 전제가 당시에는 지적인 결실을 맺을 수 있었지만, 20세기를 거치며 그 한계(특히 지적 행위가 비인격적이며 지극히 객관적인 성격을 지니고 있다는 믿음)가 점점 분명해졌다. 근본주의라는 여과장치 덕분에 무신론을 걸러내고 초자연적인 기독교의 핵심을 보존할 수 있었을지 모르지만, 지적인 측면에서 근본주의는 지성에 꼭 필요한 요소까지도 대부분 걸러내고 말았다.

1930년 당시 미국의 복음주의 지성은 고사 직전이었다. 적어도 리처드 니버(H. Richard Niebuhr)를 비롯한 통찰력 있는 논객들은 그렇다고 생각했다.[1] 미국의 대학교들은 복음주의자들에게 낯선 영역이었을 뿐 아니라, 가장 활발히 활동했던 복음주의자라 할 수 있는 근본주의자들의 경우는 아예 지성계를 멀리하는 것을 미덕으로 삼았다. 그러나 과거의 기독교 역사가 종종 그러했듯이, 겉으로 드러나는 모습은 진실과 달랐다. 미국의 복음주의 사상이 절망의 나락에 빠진 것처럼 보이던 그때, 새로운 생명이 약동하고 있었고 이것은 이윽고 지성을 더 적극적으로 활용하는 데 공헌하게 된다.

이 장에서는, 특히 제2차 세계대전 이후 복음주의 지성에 생기를 불어넣은 영향력들의 상호작용을 살펴볼 것이다. 큰 그림을 그린 다음에는 복음주의의 정치적 성찰을 갱신하기 위한 건설적 노력을 더 자세히 추적해 보고 복음주의적 과학과 철학에 대해 간략히 논평할 것이다. 복음주의 철학은 놀라운 성공을 거둔 반면, 복음주의 정치 사상은 평범한 정도의 성공밖에 거두지 못했고 복음주의 과학 사상은 거의 성공을 거두지 못했다는 사실은, 최근 복음주의 사상의 본질과 관련하여 근본적인 물음을 제기한다.

이 물음의 핵심은, 복음주의적 사고와 복음주의자들이 행하는 기독교적 사고의 차이, 즉 복음주의의 독특성이 주도하는 사고와 복음주의자들 사이에 뿌리내린 여타 기독교 전통으로부터 영감을 얻은 사고의 차이를 밝히는 데 있다. 이 차이를 밝히고 나면, 최근의 복음주의자들이 기독교적 사고를 위해 미국 복음주의의 독특한 유산을 포기해야만 했는지 물을 수 있다. 이 장의 결론적인 주장은, 적어도 1990년대에 이르면 실제로 복음주의적 사고의 갱신이 일어났으며, 대부분의 경우 복음주의자들이 복음주의의 유산이라는 장애를 극복하고 다른 기독교 전통에서 제시하는 사상적 틀을 스스로 활용할 수 있을 때에야 이런 갱신이 가능했다는 것이다. 그러나 이 책의 마지막 장에서는, 지성을 통해 주 하나님을 사랑하고자 할 때, 미국의 복음주의가 지닌 아직 개발되지 않은 자원들을 어떻게 활용할 수 있는지에 대해 살펴볼 것이다.

---

1) H. Richard Niebuhr, "Fundamentalism", *Encyclopaedia of the Social Sciences* (New York, 1937), 6: pp. 526-527.

복음주의 지성의 각성

1930년대와 1940년대에 네 가지 유사한 상황이 전개됨에 따라 복음주의적 사고가 뚜렷한 진보를 이룰 수 있는 여건이 마련되었다. 각각의 상황은 그 이전 복음주의의 몇몇 주요한 특징에 수정을 가함으로써 지성을 위한 여지를 만들어 주었다. 직관이라는 유산에 맞서 진전된 자기 비판이 나타났고, 단순한 성서주의에 반해 성서의 복잡성에 관한 인식이 확대되어 갔으며, 대중주의에 반해 고급 고등교육에 대한 갈망이 커져 갔고, 행동주의와 더불어 연구를 존중하는 분위기가 나타나기 시작했다.[2]

탈근본주의

맨 첫 이야기이자 가장 극적인 이야기는, 미국 근본주의 안에 지적으로 책임감 있게 기독교 신앙을 표현하려는 젊은 리더들이 출현했다는 점이다. 1920년대에 근본주의가 공적인 영역에서 퇴각했을 때는 보수적인 복음주의자들 사이에서 지적 활력도 곧 사라질 것처럼 보였다. 그러나 머지않아 근본주의자로 자라났지만 세대주의의 유산을 공공연히 거부하는 야심찬 젊은 설교자, 학자, 언론인들이 나타났다.[3] 이들은 열등한 분리주의, 묵시론적 성서주의, 대사회적 소극성에 환멸을 느꼈다. 풀러 신학교(Fuller Seminary)와 고든콘웰 신학교(Gordon-Conwell Seminary)의 총장이었던 해럴드 존 오켕가(Harold John

---

2) "Introduction: Modern Evangelicalism", *Christian Faith and Practice in the Modern World: Theology from an Evangelical Point of View*, ed. Mark A. Noll, David F. Wells (Grand Rapids: Eerdmans, 1988)에서도 복음주의 지성사에 관한 개괄을 시도한 바 있다.
3) 이 시기를 다룬 일반적인 연구로 가장 훌륭한 글은 Joel Carpenter의 "Revive Us Again: The Recovery of American Fundamentalism, 1930-1950"이다. '새로운 복음주의'의 초기에 반세대주의(antidispensationalism)의 중요성에 대해서는 Donald W. Dayton, " 'The Search for the Historical Evangelicalism': George Marsden's History of Fuller Seminary as a Case Study", *Christian Scholar's Review* 23 (Sept. 1993): pp. 12-33를, 이에 대한 Marsden과 다른 이들의 논평은 pp. 34-71를 보라.

Ockenga, 1905-1985)는, 전통적인 개신교의 정통을 고수하면서도 학문을 소중히 여기고 사회에 적극적인 관심을 기울이는 '새로운 복음주의'를 주창했다. 에드워드 존 카넬(Edward John Carnell, 1919-1967)은 미국 최고의 대학원에서 학문을 연구하고자 했던 이들의 리더 역할을 한 사람이었다. 그는 복음주의 학교에서 공부한 후 하버드 대학교와 보스턴 대학교 두 군데에서 박사 학위를 받고 새로 설립된 캘리포니아 주의 풀러 신학교에서 글을 쓰고 가르치며 행정을 맡았다.[4] 풀러에서의 교수 활동과 "크리스채너티 투데이"의 창간 편집인으로서의 활동을 통해 지적으로 책임감 있는 복음주의에 관한 관심을 표출했던 칼 헨리는 근본주의자들을 향해 미국 사회에 새롭게 참여하고 신학적 성찰에도 새로운 관심을 가질 것을 촉구했다.[5] 이들을 비롯하여 비슷한 생각을 가진 지도자들은 더 나은 교육, 더 나은 신학, 더 나은 문화적 분석을 위해 노력했다.

    복음전도자인 빌리 그레이엄은 복음주의의 지적인 각성을 촉구하는 데 매우 중요한 역할을 담당했다.[6] 그레이엄은 결코 학자인 척한 적이 없지만, 메인라인 개신교와 가톨릭의 전문지에 필적할 만한 복음주의권의 무게 있는 잡지를 만들겠다는 열망에서 "크리스채너티 투데이"를 창간하는 데 산파 역할을 했다. 또한 그레이엄은 자신의 명성과 영향력을 통해, 복음주의의 학문적 책임성을 재확립하고자 했던 몇몇 신학교와 대학을 돕기도 했다. 그러나

---

4) 근본주의로부터 탈피하면서 Carnell이 입장을 바꾸었다는 이유로 장기적으로 그의 영향력이 약해질 수밖에 없었던 까닭에 대해서는, John G. Stackhouse, "'Pioneer': The Reputation of Edward John Carnell"(M.A. thesis, Wheation College, 1982)을 보라.
5) Henry의 자서전 *Confessions of a Theologian: An Autobiography*(Waco, Tex: Word Books, 1986)는 그가 복음주의 운동에 관해 어떤 지적·신학적 열망을 품고 있었는지 잘 보여 준다.
6) John Pollock, *Billy Graham: Evangelist to the World* (San Francisco: Harper & Row, 1979)와 William C. Martin, *A Prophet with Honor: The Billy Graham Story*(New York: Morrow, 1991)는 훌륭한 전기다. 그러나 아직 그 누구도 Graham이 복음주의 운동 전반에 미친 영향력을 가늠해 내지 못했다.

지성계에 대한 그의 가장 중요한 공헌은 전 세계에 있는 다른 부류의 그리스도인들과 기꺼이 협력하려는 태도였다. 그가 보여 준 모범을 통해, 미국의 다른 복음주의자들도 근본주의의 마니교적 태도를 극복하기 시작했고, 미국의 문화적 전통이 복음 자체에 대해 절대적이지 않은 것처럼 지성에 대해서도 절대적이지 않다는 것을 깨닫기 시작했다. 그레이엄은 오켕가, 헨리, 그와 비슷한 생각을 지닌 지도자들과의 협력을 통해 진지한 지성에 대한 복음주의권의 승인이라 할 만한 것을 제공했다. 그레이엄은 복음주의 학자들을 복음주의 운동 특유의 반지성주의로부터 지켜내는 데 그 어떤 공적인 인물보다 큰 역할을 했다.

메인라인 개신교의 도움

두 번째 변화는 근본주의자가 되지 않았던 신학적 보수주의자들과 관계가 있다. 미국의 주요 교단에는, 전통적인 신앙 고백을 소중히 여기면서도 20세기 많은 전통적인 교회들의 신학적 근대주의 경향을 억제하려 했던 사람들이 있었다. 이들에게 중요한 변화는, 자신들과 마찬가지로 전통적인 성서 이해를 고수하지만 동시에 정치(精緻)한 신학적 논증도 소중히 여기는 근본주의자들이 존재한다는 것을 발견했다는 점이다. 근본주의와 근대주의 사이의 격렬한 갈등이 역사의 배경으로 저물어 가자, 이들 신학적 보수주의자들이 복음주의자들과 교류 관계를 자연스럽게 다시 확립할 수 있었다.

여러 오래된 교단에서 본보기가 될 만한 인물들이 나타났다. 침례교 역사가인 케네스 스캇 라투렛(Kenneth Scott Latourette, 1884-1968)은 예일에서 교수로 봉직하며 기독교 선교의 역사를 통해 탈근본주의자들과 교류했다.[7] 장로교

---

7) 이처럼 광범위한 네트워크가 마련되는 추세를 잘 보여 주는 사례로, Latourette이 원래 1937년에서 1945년까지 Harper and Brothers(New York)와 Eyre and Spottiswoode(London)를 통해 출판했던 *History of the Expansion of Christianity*가 다시 발간될 때는 복음주의 출판사인 Grand

역사가인 해리스 하비슨(E. Harris Harbison, 1907-1964)은 프린스턴에서 종교개혁과 역사학에 대한 기독교적 접근 방식에 관한 책을 통해 그런 교량 역할을 했다.[8] C. S. 루이스(Lewis)에 대한 관심 덕분에 성공회 목회자인 채드 왈쉬(Chad Walsh, 1914-1991)는 탈근본주의자들에게 환영을 받았다. 막연하기는 했지만 그 역시 그들에 대해 진지한 관심을 가지고 있었다.[9]

이민 교회의 성숙

세 번째는 동화(同化)에 대한 이야기다. 20세기 초 종교개혁 전통을 강력히 고수하는 유럽 출신의 개신교인들이 미국 내에 중요한 공동체를 세웠다. 그중 가장 큰 공동체는 루터교회였다. 칼 헨리와 같은 지도자들의 노력에도 불구하고, 미국의 '새로운 복음주의자'와 루터교회의 유대 관계는 상당히 미약했다. 그러나 여러 메노나이트 공동체와 또 다른 유럽의 고백주의 공동체인 네덜란드 개혁교회의 경우에는 상황이 달랐다. 특히 제2차 세계대전 이후 메노나이트 공동체는 복음주의권과 폭넓게 교류했고, 심지어 복음주의의 규범에 영향을 받아 메노나이트의 역사적 분리주의의 일부 요소에 수정을 가하면서까지 복음주의의 사회 윤리 형성에 중요한 영향을 미쳤다.[10]

네덜란드계 이민자들의 영향력은 훨씬 심대했다. 1930년대와 1940년대에, 네덜란드에서 최근에 이주한 사람이 다수를 차지한 교단이었던 북미개혁

Rapids의 Zondervan(1970, 1978)과 영국 Exeter의 Paternoster를 통해 출판되었다[국내에는 7권이 「현대 기독교 선교사: 폭풍을 넘어서」(한들)라는 제목으로 출간되었다—역주].

8) Harbison, *The Christian Scholar in the Age of the Reformation* (New York: Scribner, 1956; reprint, Grand Rapids: Eerdmans, 1983), *Christianity and History* (Princeton: Princeton University Press, 1964).

9) Walsh, *C. S. Lewis: Apostle to the Skeptics* (New York: Macmillan, 1941), *The Visionary Christian: 131 Readings from C. S. Lewis* (New York: Macmillan, 1981).

10) Perry Bush, "Anabaptism Born Again: Mennonites, New Evangelicals, and the Search for a Usable Past, 1950-1980", *Fides et Historia* 25 (Winter/Spring 1993): pp. 26-47.

교회(Christian Reformed Church)의 교인들은 제1차 세계대전 기간 중 열정적으로 시작했던 미국화의 노력을 지속해 갔다.[11] 복음주의자들은 이 네덜란드계 개혁교인들이 미국에 적응하는 과정에서 중요한 준거점을 제공했다. 미국의 복음주의자들처럼 이 네덜란드계 이민자들도 성서의 권위를 고백하고 실제적인 영성을 매우 귀하게 여겼다. 경건에 대한 그들의 기준은 유럽의 특징을 그대로 지니고 있었지만(예를 들어, 대부분의 미국 복음주의자와 달리 금주, 금연을 하지 않았다), 미국 경건주의자들의 영성을 수용할 수 있었다. 복음주의와 가까워지면서 네덜란드 개혁교회도 미국 복음주의에 진지한 학문 연구와 원숙한 철학적 추론이라는 중요한 유산을 나눠 주었다. 개혁교회는 고향인 네덜란드에 고등교육의 핵심 기관인 암스테르담 자유대학교를 세웠고, 정치 이론과 정치적 실천에도 중요한 공헌을 했다(그들의 지도자였던 아브라함 카이퍼는 1900년에서 1905년까지 네덜란드 총리였다). 그리고 그들은 그리스도인들이 예술과 문화 분야에 전면적으로 참여하는 것을 당연하게 생각했다.

네덜란드 개혁교회와 미국 복음주의자들 사이의 유대가 가장 분명히 드러난 분야는 출판계다. 1940년대 말 네덜란드 이민 공동체의 중심이었던 미시건 주 그랜드 래피즈에 소재한 몇몇 출판사는 칼 헨리, 에드워드 카넬, 그 밖의 다른 미국 복음주의자들의 책을 펴냈다. 특히 윌리엄 어드먼즈 출판사가 미국 복음주의자들 사이에서 새로운 저자를 발굴하고 시장을 개척하는 일에 적극적이었다.

대서양을 너머

어드먼즈는 미국 복음주의의 갱신과 관련한 네 번째 흐름에서 중요한 역

---

11) 이에 관한 가장 중요한 연구서는, James D. Bratt, *Dutch Calvinism in Modern America: A History of a Conservative Subculture* (Grand Rapids: Eerdmans, 1984)이다.

할을 했다. 1930년대부터 영국 국교회와 비국교회 교단에 속한 수많은 영국의 복음주의자들이 대학에서 영향력을 회복하려는 노력에 힘을 모았다.[12] 이 운동의 요람은 영국 기독학생회(IVF)였으며, 그 산파는 복음주의 신앙의 지적 정합성을 확신하던 대학원생과 젊은 교수들이었다. 마틴 로이드존스 같은 설교가와 F. F. 브루스와 존 웬함 같은 학자, 더글러스 존슨(Douglas Johnson) 같은 행정가가 이끈 영국 복음주의자는 비교적 단기간에 중요한 발전을 이루었다. 옥스퍼드, 케임브리지를 비롯한 여러 대학교에서 강력하고도 위엄 있는 설교 사역을 통해 학교 안에 복음주의자들이 생겨났으며 대학생들을 회심으로 이끌었다. 1940년대 말 기독학생회의 신학생 학생회(Theological Students Fellowship)는 복음주의적 성서 연구를 장려하기 위해 케임브리지에 틴들 하우스(Tyndale House)를 설립했으며, 얼마 지나지 않아 복음주의자들은 영국 주요 대학교의 성서학 분야에서 연구자와 교수로 활동하기 시작했다. 영국의 기독학생회출판부(Inter-Varsity Press)는 새로운 복음주의자들의 책을 많이 펴냈으며, 어드먼즈와 공동 출판을 하거나 어드먼즈에 미국 내 배급을 맡기는 경우도 많았다. 이처럼 출판을 통해 영국의 복음주의자들은 탈근본주의자, 메인라인 보수주의자, 미국화된 고백주의자 등 미국 내 다양한 분파의 그리스도인들과 유대 관계를 맺었다. 그뿐 아니라, 1950년대에 많은 미국의 복음주의자들이 비슷한 신앙을 가지고 있거나 자신들의 강조점에 대해 개방적인 학자들의 지도 아래 대학원 공부를 하기 위해 대서양을 건너 영국으로 갔다.

덧붙이자면, 20세기 미국 복음주의 지성계에 또 한 사람의 영국인이 매

---

12) 영국 내의 발전이 미국의 복음주의 사상에 미친 중요한 영향에 대해서는 Ian. S. Rennie, "Fundamentalism and the Varieties of North Atlantic Evangelicalism", *Evangelicalism: Comparative Studies of Popular Protestantism in North America, The British Isles, and Beyond 1700-1990*, ed. M. Noll, D. Bebbington, G. Rawlyk (New York: Oxford University Press, 1994), Mark A Noll, *Between Faith and Criticism: Evangelicals, Scholarship, and the Bible in America*, expanded ed. (Grand Rapids: Baker, 1991), chap. 4, "An Alternative: Great Britain, 1860-1937"을 보라.

우 중요한 영향을 미쳤다. C. S. 루이스는 자신이 자란 북아일랜드의 개신교가 지닌 복음주의적 특성을 신중하게 거부했고, 누군가 그에게 미국에서 '복음주의'라는 말이 가진 독특한 의미에 대해 설명해 주었을 때도 그 말의 용법을 이해하지 못했다.[13] 그러나 20세기 미국 복음주의자들에게 루이스의 저작은 가장 중요한 기독교적 사고로 수용되었다. 초자연적 기독교에 대한 옹호, 고급 문화를 활용하는 능력, 소설가로서의 모범, 신앙의 진리를 생생한 산문으로 표현해 내는 실력 등을 통해 그는 미국의 복음주의자들에게 엄청난 지적 자극이 되었다.

갱신의 징조

복음주의의 지적 갱신을 나타내는 흐름들이 어떻게 결합했는지에 대해서는 여러 가지로 설명할 수 있다. 학문적 교류 외에도 저명한 인사들과 연구 프로젝트, 기관 등도 나름의 기여를 했다. 빌리 그레이엄은 거의 보편적으로 인정받는 접촉점이 되었다. 그가 대중적인 전도 집회를 통해 복음주의의 네트워크를 세우는 일을 했다면, 영국에서는 마틴 로이드존스나 존 스토트 같은 대학교 '선교사들'이 더 엄격한 학문적인 집단 안에서 그런 일을 했다. 영국 기독학생회출판부의 「IVP 성경주석」(New Bible Commentary, IVP 역간)과 「새성경사전」(New Bible Dictionary, CLC 역간) 출판, "크리스채너티 투데이"를 통한 칼 헨리의 활동, 어드먼즈에서 추진한 여러 프로젝트 등은 대서양 양쪽의 다양한 교파 전통을 가진 복음주의 학자들이 함께 일할 수 있는 계기를 마련해 주었다. 그리고 미국 기독학생회나 로잔세계전도위원회(Lausanne Committee for World Evangelism)와 같은 기관은 여러 문화를 아우르는 복음주의권의 유대를

---

13) Sheridan Gilley, "A Prophet Neither in Ireland Nor in England (The C. S. Lewis Lecture)", *Journal of the Irish Christian Study Centre* 3 (1986): pp. 1-10.

강화하는 장이 되었다.

그 결과 미국과 영국, 캐나다, 그 외 다른 지역에서 풍성한 복음주의적 지성의 네트워크가 확립되었다. 영국 기독학생회의 폭넓은 인적 네트워크와 네덜란드 개혁교회 고백주의자들의 통찰력, 메노나이트의 윤리적 가르침, 루이스나 도로시 세이어즈(Dorothy Sayers) 같은 성공회 교인들의 문학적 자극, 고전적 개신교 유산을 존중하는 일치된 태도, 더 나아가서 역사적 기독교 전통에 대한 존중 등은 지난 50년 동안 복음주의 지성계가 상당한 개선을 이루었음을 보여 준다.

지적으로 더 적극적인 복음주의를 이끄는 지도자들은 학문 기관에 새로운 활력을 불어넣기 위해 노력했다. 이미 1930년대에 근본주의적 분리주의라는 외상을 거치며 복음주의적 신념을 지닌 몇몇 대학이 부상하기 시작했다. 고급 신학 연구에서는 훨씬 더 중요한 발전이 있었다. 1940년대에 풀러 신학교는 웨스트민스터 신학교와 더불어 전문대학원으로서 목회자 양성뿐만 아니라 신학 연구에도 힘을 썼다.[14] 그후로 20년이 채 지나지 않아, 애즈버리, 베델, 고든콘웰, 트리니티, 남침례교회와 안식일교, 그리스도의 교회들 소속의 몇몇 학교를 비롯한 다른 신학교들 역시 새로운 방식으로 학문적 엄밀성을 강조하게 된다. 그에 따른 학문적 갱신이 가장 두드러지게 나타난 분야는 성서학이었다. 이렇게 복음주의는 학문적 열정과 학문을 대하는 엄밀한 자세를 통해 지성계에 훨씬 더 진지하게 참여하게 된 것이다.

제2차 세계대전 이후 복음주의자들은 일련의 학문 단체를 조직하기도 했다. 그중 일부는 성서학과 신학에 초점을 맞추었지만, 점점 그 수가 늘던 철학, 역사, 문학, 사회학, 경제학, 그 밖의 다른 학문 분과의 전문가들을 위한

---

14) 이러한 노력의 지적 한계와 풀러 신학교의 역사에 대해서는, George M. Marsden, *Reforming Fundamentalism: Fuller Seminary and the New Evangelicalism* (Grand Rapids: Eerdmans, 1987)을 보라.

학회도 있었다. 기독교철학학회(Society of Christian Philosophers)를 제외하고, 이들 학회는 자기 분야에서 큰 영향력을 행사하지는 못했다. 그러나 이들 학회는 다양한 분야에서 지적인 관심이 새롭게 일어나고 있었음을 잘 보여 준다.

적어도 1970년대 이후에는 미국과 캐나다의 연구 중심 대학교에 재직하는 몇몇 탁월한 학자들의 협력 작업도 복음주의에 자양분이 되었다. 복음주의자이거나 다른 전통에 속해 있지만 복음주의에 공감했던 이 학자들이 자신의 학문 분야를 기독교적으로 연구하려 할 때 소속 대학교에서 직접적으로 지원하는 경우는 거의 없었다. 그러나 소수의 복음주의 대학들의 진지한 연구와 신학을 다른 영역에 적용하려는 복음주의 신학교들의 연구와 더불어, 이 학자들의 활동은 사실상 당대 최고급의 지적 이슈에 대한 복음주의의 대답을 규정한다 해도 과언이 아니다. (그중 일부만 소개하면) 하버드의 과학사, 온타리오 주 퀸즈 대학교의 역사학, UCLA의 역사학과 철학, 오타와 대학교와 시카고의 일리노이 대학교의 문학, 프린스턴과 버지니아의 사회학, 위스콘신의 철학과 경제학, 시라큐스와 예일의 철학, 심지어 (예일, 듀크, 아이오와의) 종교학 분야에 이런 학자들이 자리잡고 있다는 사실은, 큰 뜻을 품은 복음주의 대학원생들이 자신의 학문 분야를 연구하는 데 그리스도인으로서의 관심이 장애물이 되지 않을 만한 곳이 적어도 몇 군데는 있음을 뜻한다.[15] 노트르담의 경우는 가톨릭 학문을 양성하려는 소망이 폭넓게 공감을 얻고 있어서 일급의 복음주의 학자들의 연구를 지원할 정도다.[16]

요컨대, 근본주의-근대주의 논쟁 이후 복음주의자들의 지적 상황이 크게

---

15) 일반 대학교에서 대학원생들이 신앙 때문에 겪는 전반적인 어려움에 대해서는, John Desjarlais, "Graduate Teaching Assistants", InterVarsity, Spring 1993, pp. 4-7를 보라.
16) 노트르담에서 새로운 '퓨 복음주의 학자 프로그램'(Pew Evangelical Scholars Program)을 위한 기틀을 마련하여, 1991년 이래로 적지 않은 복음주의자들의 연구를 지원하는 기금을 제공해 왔다는 사실은, 기독교 학문에 대한 이 학교의 관심이 얼마나 폭넓은지를 잘 보여 준다.

개선되고 놀랍게 발전했다. 적어도 복음주의 일각에서는, 기독교적 사고의 필요성을 인식하기 시작했다. 신학만이 아니라 다른 분야에서도 기독교 지성을 증진하려는 의미 있는 노력이 이루어졌다. 그러나 그와 동시에 우리 복음주의자들이 지나치게 자기 만족에 빠지지 않는 것이 중요하다. 특정 분야에 대한 사고를 자세히 살펴보면, 최근의 개선된 상황이 잠정적인 성격을 가지고 있을 뿐 아니라 최근의 지적 활력은 많은 부분 복음주의 외부에서 온 것임을 알 수 있기 때문이다.

정치적 성찰 복음주의자들은 행동주의적 성향이 너무 강해서 정치에 관한 수준 높은 사상을 꾸준히 세워 가기가 어려울 수도 있다. 그러나 지난 25년 동안 복음주의권의 정치적 행동주의가 갱신되었음에도 불구하고(혹은 어쩌면 그 때문에), 주목할 만한 정치적 성찰이 꾸준히 나타나는 추세다. 정치 사상 역시 지성계 전반의 혁신과 궤를 같이한다. 그러나 이는 그런 발전이 일어나기 위해 과거 복음주의의 습성을 어떻게 극복해야 했는가를 보여 주는 사례가 되기도 한다.

사회 및 정치 사상에 대한 관심을 다시 일깨운 가장 대표적인 인물은 칼 헨리였다. 그는 1947년에 「복음주의자의 불편한 양심」을 통해 많은 사람에게 각성을 촉구했을 뿐만 아니라, 신학 교수로서, "크리스채너티 투데이"의 창립 편집인으로서 복음주의자들에게 현대 세계에 대한 반성적인 참여를 촉구했다. 그는 「기독교 개인 윤리」(*Christian Personal Ethics*, Eerdmans, 1957)와 「복음주의자들의 항의를 촉구한다」(*A Plea for Evangelical Demonstration*, Baker, 1971)에서 역사적 개신교에서 강조하는 성령에 의한 중생과 성화 교리에 근거하여 그리스도인은 정치에 참여할 의무가 있다고 주장했다. 「기독교 윤리학 사전」(*Baker's Dictionary of Christian Ethics*, Baker, 1973)과 같이 그가 편집한 참고문헌류의 책은 훨씬 중요한 기여를 했다. 예를 들어, 이 책에서 헨리는 "국제 질서"(International Order)라는 항목을, 앞서 살펴본 것처럼 정교회 교인이자 레바논의 외교관으로서 후에 복음주의자들에게 도전을 준 찰스 말릭에게 맡겼다. 말릭은 복음주의권의 독자들에게 눈에 보이는 정치 세계는 그리스도의 영원한 통치라는 참으로 중요한 영역의 반영일 뿐이라는 사실을 다시 한 번 일깨워 준다. 하지만 곧 이어서 '눈에 보이는 국제 질서'를 체계적으로 연구하는 것이 매우 중요하고도 기독교적인 일임을 이야기했다.[17] 헨리의 정치 사상은 자신이 인식한 것 이상으로 근본주의적인 사회관의 제약을 받았는지도 모른다.[18] 그럼에도 불구하고 그는 복음주의 정치학을 회복하는 데 아주 긍정적인 영향을 미쳤다.

칼 헨리의 영웅적인 노력보다 복음주의의 변화된 지형도가 정치 사상의 발전에 훨씬 큰 유익이 되었을지도 모른다. 즉, 이제까지는 고립되어 있던 보수적 개신교 단체들이 복음주의 운동에 더 적극적으로 참여하는 방향으로 선회하기 시작한 것이다. 특히 메노나이트와 네덜란드 개혁교회가 새롭게 참여함으로써 중요한 정치적 성과를 이루어 냈다. 메노나이트 교회는 제2차 세계대전의 격랑으로 인해 복음주의자들과 관계를 맺게 되었다. 이 전쟁으로 재세례파의 평화주의자들은 미국의 대중과 훨씬 더 전면적으로 접촉하게 되었으며, 교육과 목회 분야에서 메노나이트와 복음주의권의 관계망이 점점 확대되었다. 네덜란드 개혁교회의 경우는, 그랜드 래피즈의 출판사들이 복음주의권과 소통하는 통로가 되었다. 그 결과는, 이를테면 생산적인 이화수분(異花受粉)이었다. 메노나이트와 네덜란드 개혁교회는 미국의 복음주의자들과 조금

---

17) Charles H. Malik, "Intertnational Order", *Baker's Dictionary of Christian Ethics*, ed. Carl F. H. Henry (Grand Rapids: Baker, 1973), p. 332.
18) Dennis P. Hollinger, *Individualism and Social Ethics* (Lanham, MD: University Press of America, 1983)의 초기의 *Christianity Today*에 관한 연구를 보라.

더 비슷한 방식으로 이야기하기 시작했다. 그들 덕분에, 적어도 미국 복음주의자들 중 일부는 새롭고 때로는 거슬리는 사회 이론을 접하게 되었다. 복음주의자들은 이런 이론들이 성서에 뿌리를 내린 것임을 인정했다. 그러나 이 이론들은 관습적으로 직관에 의존하지도 않고 복음주의자들에게 익숙한 전통적이며 미국적인 형식과도 전혀 달랐다.

헨리와 같은 개인들의 노력과, 네덜란드 개혁교회와 메노나이트가 복음주의권으로 편입되는 종교계의 변화를 통해, 복음주의 정치 사상이 발전하기 시작했다. 새로운 기독교 우파(New Right)의 목소리[와 이들을 경계하는 반대자들의 목소리]가 대중의 관심을 사로잡았지만, 적어도 최근 복음주의 일각에서는 정치 원리에 대해 의식적으로 주의를 기울이기 시작했다. 미국 복음주의 역사에서 이런 식의 성찰은 존재한 적이 없었다. 일부 복음주의자들이 단순한 '미국적 가치관'에 대한 직관적인 헌신으로부터 멀어진 것은 미국에 대한 신념이 흔들리기 시작했기 때문일 것이며, 다시 그 원인은 1960년대의 문화적 봉기와 그후 몇십 년간 지속된 일상 생활의 정치화에서 찾을 수 있다. 그 원인이 무엇이든지, 최근의 복음주의 정치 사상은 본능이 아니라 진지한 신학과 체계적인 사회 분석에 기초하고 있다.

복음주의의 전형적인 방식대로, 직관에 의존하지 않는 정치학을 만들어 가려는 노력은 행동주의의 부산물이기도 했다. 로마 가톨릭교도들과 함께 낙태 시술소에서 피켓 시위를 하던 복음주의자들은 교황제에 대한 전통적인 반대에 더 이상 집착하지 않았다. 낙태와 핵무기 모두에 반대하는 활동을 전개했던 복음주의 성향의 이익 집단인 저스트라이프(JustLife)나, 순혈 복음주의자였지만 다른 모든 것을 반낙태운동의 대의보다 부차적인 것으로 취급하지는 않았던 미시건 주 공화당 하원의원 폴 헨리(Paul Henry)의 경우처럼,[19] 얼핏 모

---

19) 그의 입장에 대해서는, 그가 정치 입문 전에 쓴 Paul B. Henry, *Politics for Evangelicals* (Valley

순 같아 보이는 정치 현상은 동료 복음주의자들의 사고를 촉발시켰다. 복음 전도자이자 대중적인 변증가였던 프랜시스 쉐퍼(Francis Schaeffer)는 행동주의와 더불어 일반적인 문화 변화의 신학적 의미에 세심한 관심을 기울일 것을 촉구했다.[20] 그가 맡은 책임 중 일부는 찰스 콜슨이 넘겨받았다. 권력에 굶주린 정치 보좌관이었던 그는 회심을 통해 기독교의 정치적 정합성을 효과적으로 홍보하는 인물로 변신했다.[21]

이처럼 자각적인 복음주의 사상을 향한 첫 발걸음은 직접적인 이론적 뒷받침을 받기도 했다.[22] 1970년대 초부터 적어도 일부 복음주의자들은 정치에 대한 신학과 신학적으로 분석한 정치학을 개발하기 위해 열심히 노력했다. 신학 진영의 경우는, 복음주의권의 확대된 지형도 덕분에 유익한 성과를 거둘 수 있었다. 존 하워드 요더(John Howard Yoder)의 「예수의 정치학」(Politics of Jesus, 1972, IVP 역간)은 메노나이트 교인이 쓴 책이지만 메노나이트 교인이 아닌 독자를 겨냥했다. 철저한 기독교 평화주의를 주창하는 이 책은 복음주의자들 사이에서 압도적인 지지를 받지는 못했지만 예수의 삶을 정치적 행동의 규범으로 진지하게 고려해 보려는 획기적인 시도였다. 메노나이트의 정치 경제학을 주장하는 로날드 사이더(Ronald Sider)의 작업 역시 그와 같은 의미를 지닌다.[23] 사이더의 책들이 새로운 복음주의적 전범을 확립하지는 못했지만, 구약

Forge, PA: Judson, 1974)를 보라.
20) Schaeffer의 광범위한 영향력에 대해서는 Lane Dennis, ed., *Francis A. Schaeffer: Portraits of the Man and His Work* (Westchester, IL: Crossway Books, 1986)를 보라. 그에 대한 비판적인 평가로는 Ronald Ruegsegger, *Reflections on Francis Schaeffer* (Grand Rapids: Zondervan, 1986)를 보라.
21) 예를 들어, Charles W. Colson, *Against the Night* (Ann Arbor, MI: Vine, 1989)와 *The Body* (Waco, TX: Word, 1992, 「이것이 교회다: 세상에 희망이 되는 교회를 찾아서」, 홍성사)를 보라.
22) 이에 대해 복음주의권을 넘어서는 아주 유익한 분석으로는 James W. Skillen, *The Scattered Voice: Christians at Odds in the Public Square* (Grand Rapids: Zondervan, 1990)를 보라. 앞선 시기에 관한 유용한 연구로는 Robert Booth Fowler, *A New Engagement: Evangelical Political Thought, 1966-1976* (Grand Rapids: Eerdmans, 1982)이 있다.

의 실천과 신약의 이상에 그저 형식적으로 따르지 않고 실제적으로 헌신해야 한다는 주장은 복음주의권의 정치 담론을 풍성하게 만들어 주었다.

마찬가지로 리처드 마우(Richard Mouw)의 「정치와 전도」(*Political Evangelism*, 1973, 나비 역간)와 「정치와 성서의 드라마」(*Politics and the Biblical Drama*, 1976), 이사야 60장에 대한 묵상인 「미래의 천국과 현재의 문화」(*When the Kings Come Marching In: Isaiah and the New Jerusalem*, 1983, 두란노 역간)는 아브라함 카이퍼와 네덜란드 개혁교회의 유산에 기대어 더 넓은 복음주의권을 향해 이야기하는 자각적 개혁주의자의 모범을 보여 준다. 요더나 사이더와 마찬가지로 마우나 그와 비슷한 카이퍼주의자들의 작업이 복음주의 정치에 혁명적 변화를 불러온 것은 아니다.[24] 그러나 구원 역사라는 하나님의 위대한 행위에 근거하여 국가를 초월하는 규범으로서의 공의를 주장했던 이들의 작업은 복음주의 정치계에 새롭고 깊이 있는 통찰을 제공했다.

코넬리우스 반 틸(Cornelius Van Til)의 철학적 신학에 기초한 루서스 러쉬두니(Rousas Rushdoony)의 신학적 조망을 공공 영역에도 적용하려고 노력했던 신율주의자(Theonomists)나 재건주의자(Reconstructionists)들도 매우 다양한 정치 신학을 발전시켰다.[25] 그 기원이 네덜란드에 있든 미국에 있든, 신율주의는 대중

---

23) Ronald Sider, *Rich Christians in an Age of Hunger* (Downers Grove, IL: InterVarsity Press, 1977, 「가난한 시대를 사는 부유한 그리스도인」, IVP), *Christ and Violence* (Scottdale, PA: Herald Press, 1979).
24) 다른 예로는, Nicholas Wolterstorff, *Until Justice and Peace Embrace: The Kuyper Lectures for 1981 Delivered at the Free University of Amsterdam* (Grand Rapids: Eerdmans, 1983, 「정의와 평화가 입맞출 때까지」, IVP)와 공적 정의를 위한 캐나다 시민 연합(Canadian Citizens for Public Justice)의 활동이 있다.
25) 그 예로는 Rousas Rushdoony, *The Institutes of Biblical Law* (Nutley, NJ: Craig, 1973), Greg Bahnsen, *Theonomy in Christian Ethics*, 2nd ed. (Phillipsburg, NJ: Presbyterian and Reformed, 1984), Gary North, *The Dominion Covenant* (Tyler, TX: Institute for Christian Economics, 1985) 등이 있다. 이 운동을 비판적으로 평가한 책으로는 William S. Barker, W. Robert Godfrey, eds., *Theonomy: A Reformed Critique* (Grand Rapids: Zondervan, 1990), Richard John Neuhaus, "Why Wait for the Kingdom? The Theonomist Temptation", *First Things* (May 1990), pp. 13-21

적인 자유지상주의(libertarianism: 개인의 자유를 최대화하고 국가의 권력을 최소화하자는 주장-역주)와 매우 유사해 보인다. 그러나 정치적 행동에 대한 정교하게 공식화된 신학적 토대를 주장함으로써 통상적인 복음주의 전통보다는 자각적 정치 사상에 더 근접했다고 볼 수 있다.

정치에 대한 신학 외에 신학적인 정치학에도 새롭게 관심을 기울이게 되었다. 1970년대 초 이후 점점 더 많은 복음주의자가 현대의 정치 상황을 더 현실적으로 분석하고, 인간 본성이 정치의 가능성에 어떤 의미를 갖는지에 더 철저하게 주의를 기울이고, 정치 자체를 더 체계적으로 분석하기 위해 의식적으로 노력했다. 제임스 스킬렌(James Skillen), 로크니 맥카시(Rockne McCarthy), 공공정의센터(the Center for Public Justice)에서 주장하는 원칙에 입각한 다원주의에서 볼 수 있듯이, 이러한 새로운 정치적 주장들 중 가장 철저한 이론들은 여전히 미국 복음주의 전통 밖에 있는 자원에 의존하고 있다.[26] 그러나 정치적 현실주의라는 미국적 전통에 의해 훈련받은 다른 목소리들 역시 중요한 기여를 했다. 이런 학자들이 결집된 운동을 만들어 내지는 않았지만, 마크 앰스투츠(Mark Amstutz), 덕 밴도우(Doug Bandow), 앨버토 콜(Alberto Coll), 딘 커리(Dean Curry)와 같은 인물들의 신중한 보수적 현실주의에는 정치적 행동에 뛰어들기 전에 사고를 해야 한다는 바람이 두드러지게 나타난다. 이는 복음주의자들 사이에서는 흔히 볼 수 없는 태도다.[27] 유럽 대륙의 선례가 주는 경

등이 있다.

26) 예를 들어, Rockne McCarthy, James W. Skillen, William A. Harper, *Disestablishment a Second Time: Genuine Pluralism for American Schools* (Grand Rapids: Eerdmans, 1982)는 네덜란드 칼뱅주의의 통찰력을 원용한다.

27) 그 예로는 Mark R. Amstutz, *Christian Ethics and United States Foreign Policy* (Grand Rapids: Zondervan, 1987), Doug Bandow, *Beyond Good Intentions: A Biblical View of Politics* (Westchester, IL: Crossway, 1988), Alberto R. Coll, *The Western Heritage and American Values: Law, Theology, and History* (Washington, D.C.: University Press of America, 1982), Dean Curry, ed., *Evangelicals and the Bishops' Pastoral Letter* (Grand Rapids: Eerdmans, 1984) 등이 있다.

고에 귀를 기울이며 자각적인 기독교 정치 이론을 수립하기 위해 노력하는 해럴드 브라운(Harold O. J. Brown)의 정치 사상 역시 이와 같은 범주에 속한다.[28]

마지막으로, 정치적 행동에 관한 연구에서도 주목할 만한 발전이 있었다. 이번에도 복음주의자이거나 복음주의 운동에 동정적인 정치학자들이 이런 발전을 주도했다. 이들은 '복음주의'라는 용어를 면밀하게 정의하여 공적인 여론조사에서도 사용될 수 있게 하고, 정치 행위를 할 때 종교적 신념이 다른 요인들에 비해 얼마나 영향을 미치는지를 밝혀내며, 제2차 세계대전 이후 복음주의자들이 실제로 누구에게 표를 던졌는가 하는 단순한 (그러나 역사적으로 간과되었던) 물음에 답하고자 했다. 물론 이런 최근 연구를 통해 정치적 확신이나 행위 규범을 정의하려 한 경우는 거의 없었다.[29] 하지만 이들은 정교한 학문적 방법론을 사용함으로써 학계나 교회에서 그다지 주의를 기울이지 않은 주제, 즉 복음주의자들이 실제로 어떤 정치적 행동을 하는지 그리고 그것이 다른 종교 전통에 속한 이들의 정치적 행동과 어떻게 다른지를 해명할 수 있었다.

복음주의권의 다양한 분파들이 일관된 종교 운동에 참여하지 않는 것과 마찬가지로, 최근 복음주의가 가진 정치에 대한 신학이나 신학적 정치학도 일관된 정치적 성찰이라고 하기는 어렵다. 그러나 다른 한편으로는 이들의 연구를 통해 현재의 상황을 가늠해 볼 수 있다. 새로운 기독교 우파는 윌리엄

---

28) 예를 들어, Harold O. J. Brown, *The Reconstruction of the Republic* (New Rochelle, NY: Arlington House, 1977).
29) 최근의 연구로는 James L. Guth, John C. Green, eds., *The Bible and the Ballot Box: Religion and Politics in the 1988 Election* (Boulder, CO: Westview, 1991), Lyman Kellstedt, Corwin Smidt, "Measuring Fundamentalism: An Analysis of Different Operational Strategies", *Journal for the Scientific Study of Religion* 30 (Sept. 1991): pp. 259-278, James Guth, John Green, Lyman Kellstedt, Corwin Smidt "The Sources of Anti-Abortion Attitudes: The Case of Religious Political Activists", *American Politics Quarterly* 21 (Jan. 1993): pp. 65-80, David C. Leege, Lyman A. Kellstedt, *Rediscovering the Religious Factor in American Politics* (Armonk, NY: M. E. Sharpe, 1993) 등을 보라.

제닝스 브라이언의 정치를 복원하고자 하는 대중주의적 경향을 대표했다. 하지만 이처럼 행동주의가 급부상하는 동시에 복음주의 정치 사상도 함께 나타나기 시작했다.

최근의 정치적 성찰은 분명 역사적 복음주의가 가지고 있던 관심으로부터 나온 결과물이다. 그것은 1960년대 이래로 점점 더 많은 복음주의자가 느낀 정치적 위기감의 산물이다. 이러한 위기감 때문에 복음주의자들은 제2차 세계대전의 비관주의를 벗어나 이전의 미국 역사에서 보여 주었던 복음주의의 전형적인 행동주의로 되돌아갔다. 그러나 다른 측면에서, 복음주의의 정치적 성찰은 역사적 복음주의의 규범에 대한 거부 혹은 적어도 전통적인 지적 성향에 대한 신중한 경계라고 해석할 수도 있다. 예를 들어, 적어도 몇몇 복음주의자는 예전과 달리 '미국의 방식'이 승리할 것이라고 직관적으로 확신하지는 않았다. 어떤 이들은 더 이상 성서를 공적인 삶에 적용할 때 예측 가능한 혹은 통상적인 결과가 나오리라고 생각하지 않았다. 어떤 이들은 동료 그리스도인들에게 민주주의적인 다수의 관행을 거부하라고 촉구함으로써 전통적인 대중주의에 의문을 제기하기 시작했다. 복음주의자들의 이러한 움직임은 그들이 복음주의 정치 사상의 역사적 성격에 의문을 품고 있음을 보여 준다.

또한 복음주의 정치 사상의 갱신은 신학을 대하는 복음주의의 전통적인 태도를 탈피했다는 뜻이기도 하다. 이제 많은 복음주의 사상가는 올바른 생각을 가진 개신교인과 다른 사람들을 날카롭게 구분하는 관습적인 태도를 거부한다. 예를 들어, 가장 흥미로운 복음주의 정치학을 전개하는 사람들은 대륙의 개혁주의나 재세례파의 유산, 라인홀드 니버의 메인라인 개신교, 리처드 존 뉴하우스(Richard John Neuhaus), 마이클 노박(Michael Novak), 조지 와이글(George Weigel)의 가톨릭 신보수주의 등의 이론을 차용하는 데 문제를 느끼지 않는다. 대부분의 복음주의 정치 이론가에게는 오순절 신학과 성결 운동을 통해 자라난 분리주의와 경건한 반지성주의도 과거의 유물일 뿐이다. 성서에 대한 세대주의적 접근도 마찬가지다. 현대의 삶에 대한 성서의 적실성에 관해 신학적으로 어떤 결론을 내리든지, 세대주의는 현재에 대한 성서의 적실성을 제한하는 결과를 낳을 뿐이다. 구약의 이스라엘과 신약의 교회의 관계에 대해서는 신학적으로 더 논쟁할 가치가 있을 수도 있지만, 기독교 신앙을 정치 사상에 대한 지침으로 삼는 복음주의자들은 그저 성서 전체가 인류 역사와 경험 전반에 적실하다고 가정할 뿐이다. 이러한 가정으로부터 나온 결과물은 결코 동일한 모습을 띠지 않는다. 구약의 희년과 안식일, 신약의 산상설교를 정치에 적용하는 재세례파, '그리스도의 통치'를 강조하는 카이퍼주의자, 신명기 율법을 현대에 적용하려 하는 신율주의자, 국가에 관한 바울의 가르침을 통해 정치를 바라보는 신보수주의자 등 성서에 대한 다양한 접근 방식으로 인해 복음주의 정치 사상은 다양한 입장을 취하게 되었다. 그러나 이렇게 정치를 진지하게 성찰하려는 노력들의 공통점은, 과거 성서의 시대를 오늘날에 억지로 끼워맞추려고 하는 세대주의적인 태도를 거부한다는 것이다. 비록 일부 복음주의 사상가들은 여전히 종말론적인 태도를 고수하지만, 그들 역시 종말에 대한 관심이 현재에 대한 관심을 압도해 버리는 세대주의의 방식은 거부한다.

요컨대, 아직은 복음주의의 정치적 성찰을 큰 비라고 말하기 어렵지만, 손바닥 만한 작은 구름 이상의 의미는 지닌다. 그러나 최근 정치 사상의 발전에 기여한 요소들 중 역사적 복음주의에서 기원한 것은 일부에 불과하다.

과학계와 철학계의 상황 현대 사상의 모든 분야에서 복음주의적 사고의 최근 발자취를 정리하자면 내가 가진 지혜와 시간, 정력으로는 턱없이 부족할 것이다. 그러나 정치적 성찰에 관한 논의를 통해 전반적인 상황을 개략적으로 이해할 수는 있다. 복음주의자들이 특정한 근본주의 신학이나 근본주의 영성을 포기한 분야에서는 사상에 진보가 있었다. 복음주의자들이 근본주의 신학과 영성으로부터 전통적 기독교의 정통을 가려 낸 분야, 다른 기독교 전통의 도움을 받을 수 있었던 분야, 더 일반적으로는 세상의 학문을 활용할 수 있었던 분야에서는, 하나님의 영광을 위해 사고할 수 있다. 이런 주장을 완벽히 논증하려면 책을 한 권 더 써야 할 것이다. 그러나 과학과 철학 분야에 대한 최근 복음주의의 사고를 간략히 살펴보기만 해도 이런 주장이 충분히 개연성이 있음을 알 수 있다. 이 두 분야를 통해 각각 현재의 상황이 어떤 위험과 전망을 보여 주는지 알 수 있다.[30]

과학

특히 과학 분야에는 근본주의의 영향이 강하게 남아 있다. 아마도 과학적 이슈가 성서와 가장 직접적으로 연관되고, 응용 과학의 경우에는 복음주의권에서 깊은 관심을 기울이는 도덕의 문제와 분명히 맞닿아 있기 때문일 것이다. 근본주의의 영향 때문에 자연에 대한 기독교적 의미에 관해 복음주의자들은 여전히 지지부진한 상태에 머물러 있다. 분명 미국의 복음주의자들은 자연 과학에 대해 성찰하려는 시도를 소중하게 생각해 왔고, 외국 학자들의

---

30) 다른 분야에 대해 기독교적으로 사고하는 것에 필수적으로 지원하는 것만큼 중요한 복음주의 신학에 대한 전망에 관해서는 최근 몇몇 학자가 잘 정리한 바 있다. 비관적인 전망으로는 David F. Wells, *No Place for Truth; or, Whatever Happened to Evangelical Theology?* (Grand Rapids: Eerdmans, 1993, 「신학 실종」, 부흥과개혁사)가 있으며, 낙관적인 전망으로는 Gabriel J. Fackre, *Ecumenical Faith in Evangelical Perspective* (Grand Rapids: Eerdmans, 1993)가 있다. 다른 분야에 대해서도 그 나름대로 전문적인 연구가 필요하다. 다양한 분야에 관한 최근의 기독교적 사고의 징후에 대해서는, "Life of the Mind", *Twentieth-Century Evangelicalism: A Guide to the Sources*, ed. Edith L. Blumhofer, John A. Carpenter (New York: Garland, 1990), pp. 187-239, Keith E. Yandell, ed., *A New Agenda for Evangelical Thought* (= Christian Scholar's Review 17 [June 1988]), 기독교칼리지연맹(Christian College Coalition)에서 HarperCollins를 통해 "Through the Eyes of Faith"라는 제목으로 펴낸 다양한 분과의 입문서를 보라(이 시리즈는 「신앙의 눈으로 본 시리즈」로 IVP를 통해 번역 출간되었다).

몇 가지 주장에 대해서는 열성적으로 수용하는 태도를 보이기도 했다.[31] 미국 과학협회에서도 과학과 복음주의 신학의 관계에 대해 심도 있고 진지한 논의를 발전시키고 있다. 뿐만 아니라, 많은 기독교 칼리지가 다양한 분야에서 존경받는 과학자들을 임용하고 있으며, 연구 중심 대학교와 정부 기관, 기업체 등에서도 복음주의자들이 일급의 과학적 연구를 수행하고 있다. 그러나 그 업적이 아무리 칭송받을 만한 것이라 할지라도, 이런 연구와 더불어 자연 세계의 의미나 과학적 방법의 강점과 약점에 관한 성찰은 꾸준히 이루어지지 않는다. 기독교 신앙의 가장 심오한 원리를 염두에 둔 과학 연구를 통해, 복음주의권에 영적 가르침을 제공하고 더 나아가서는 과학계의 논의를 주도하는 데는 이르지 못한다.

뿐만 아니라, 많은 복음주의 과학자가 다양한 재능을 가지고 있음에도 불구하고 분명히 기독교적이면서 과학적으로 책임 있는 연구가 제대로 이루어지지 못하는 원인은, 바로 복음주의 운동의 대중주의와 성서주의 때문이다. 제2차 세계대전 이후 의미 있는 결실을 맺을 수도 있었던 시도들이 대중주의적인 반대에 부딪혀 좌절되고 말았다는 사실은 안타깝기 그지없다. 1950년대에 미국과학협회에서 진화론의 개념을 기독교적으로 활용할 수 있는 가능성

---

31) 예를 들어, 미국 학자들의 경우로는 Charles E. Hummel, *The Galileo Connection: Resolving Conflicts Between Science and the Bible* (Downers Grove, IL: InterVarsity Press, 1986, 「과학과 성경, 갈등인가, 화해인가?」, IVP), Del Ratzsch, *Philosophy of Science: The Natural Sciences in Christian Perspective* (Downers Grove, IL: InterVarsity Press, 1986, 「과학 철학: 자연 과학에 대한 기독교적 조망」, IVP), Howard J. Van Till, Davis A. Young, Clarence Menninga, *Science Held Hostage: What's Wrong with Creation Science and Evolutionism* (Downers Grove, IL: InterVarsity Press, 1988), Howard J. Van Till, Robert E. Snow, John H. Stek, Davis A. Young, *Portraits of Creation: Biblical and Scientific Perspectives on the World's Formation* (Grand Rapids: Eerdmans, 1990) 등이 있다. 외국 학자들의 사례로는 영국의 Donald M. Mackay, *Clockwork Image* (Downers Grove, IL: InterVarsity Press, 1974, 「현대과학의 기독교적 이해」, 전 파과학사)와 Colin A. Russell, *Cross-Currents: Interactions Between Science and Faith* (Grand Rapids: Eerdmans, 1985), 네덜란드의 R. Hooykaas, *Religion and the Rise of Modern Science* (Grand Rapids: Eerdmans, 1972, 「근대 과학의 출현과 종교」, 정음사) 등이 있다.

에 대해 신중히 검토했을 때, 대중의 불만과 대학 당국의 압력으로 인해 복음주의 대학에서 가르치던 이들은 사실상 침묵을 강요당했다.[32] 1984년 기독학생회출판부가, 낙태반대론자(antiabortion)였지만 일부 낙태반대운동(pro-life) 진영의 전부 아니면 전무 식의 태도에 이의를 제기했던 뉴질랜드 학자의 책을 출간했을 때, 조직적인 대중 선동으로 인해 출판사는 그 책을 회수할 수밖에 없었다.[33] 1980년 중반, 그 전까지 그리스도인으로서의 솔직한 간증과 소아 수술 분야의 선구자로 복음주의권의 영웅으로 각광받던 미국 군의감 에버렛 쿠프(C. Everett Koop)가 후천성면역결핍증의 위험을 알리는 캠페인을 지휘했을 때, 일부 복음주의자들은 이를 도덕적 타협이라 생각했으며 쿠프를 존경하던 이들 중 일부는 그를 신랄하게 비난하기도 했다. 또한 1980년대 말 캘빈 칼리지의 교수들이 사실상 벤자민 워필드가 다룬 주제에 약간의 수정을 가해 우주론을 논한 책을 출판했을 때, 그들은 이단이라는 비방을 받았으며, 이로 인해 북미개혁교회는 분열 직전까지 갔다.[34]

이 각각의 경우, 지성사를 연구하는 역사가가 보기에 논점은 새로운 사상이 옳으냐 그르냐가 아니다. 중요한 것은, 자기 확신으로 가득찬 성서주의와 대중주의적인 정치 선동이 결합하여 의미 있는 결실이 기대되는 과학 논쟁을—완전히 봉쇄하는 정도는 아니더라도—크게 제한하고 말았다는 점이다.

---

32) Ronald L. Numbers, *The Creationists: The Evolution of Scientific Creationism* (New York: Knopf, 1992), pp. 158-183를 보라.
33) D. Gareth Jones, *Brave New People: Ethical Issues at the Commencement of Life* (Downers Grove, IL: InterVarsity Press, 1994). 이 책과 관련된 공적 논쟁에 대해서는 Jones, "The View From a Censored Corner", *Journal of the American Scientific Affiliation* 37 (Sept. 1985): pp. 169-177를 보라.
34) Howard J. Van Till, *The Fourth Day: What the Bible and the Heavens Are Telling Us about the Creation* (Grand Rapids: Eerdmans, 1986). 이에 관련된 근본적인 문제점에 대한 새롭고 유용한 논의로는 Howard J. Van Till, Phillip E. Johnson, "God and Evolution: An Exchange", *First Things* 34 (June/July 1993): pp. 32-41를 보라.

이런 논쟁에서는 열이 빛을 거의 다 대체하고 말았다. 그렇지 않았다면 그 빛을 통해 수정하고 확장하고 정교하게 다듬고 방향을 바로잡을 수도 있고, 새로운 주장이 보여 주는 탁월한 지적 통찰을 더욱 발전시킬 수도 있었을 것이다.

과학에 관한 복음주의적 사고의 사회적 실체를 그대로 확인할 수 있는 또 한 경우는 지질학을 전문적으로 연구한 한 복음주의자가 내린 결론과 복음주의권 전반의 확신을 대조해 보는 것이다. 성서의 영감을 옹호하는 그리스도인 데이비스 영(Davis Young)은 노련한 지질학자로서 자신의 과학적 연구에 근거하여 이런 결론을 내렸다.

> 우주는 몇천 년보다는 훨씬 더 오래되었다.···인간이 출현하기 훨씬 전에 동식물들이 지구상에서 죽었다.···인류는 지구상에 수만 년 혹은 어쩌면 수십만 년 동안 존재해 왔다.···지질학에서는 전 지구적인 규모의 홍수가 있었다는 증거를 전혀 찾을 수 없다.···고생물학과 생물지리학에 의하면 전 세계에서 온 동물이 방주로 들어가 거기서부터 다시 퍼져나가는 것은 불가능하다.···고생물학과 생물학의 증거에 따르면 시간이 지남에 따라 생명체가 진보해 왔을 가능성이 매우 높다. 원한다면 이런 개념을 생물학적 진화론이라고 부르라. 그렇지만 아직도 진화론이 완벽히 설득력 있는 설명을 제시하지 못하고 있음은 분명하다.···[그러나] 완벽히 설득력 있는 설명을 제시하지 못한다고 해서 생명체가 진화한다거나 공통 혈통에 의해 기관들이 서로 연결되어 있다는 증거가 효력을 잃어버리는 것은 아니다.[35]

그러나 복음주의자로서 영은 이런 결론을 소개한 뒤 곧바로, 어떻게 성서

---

35) Davis A. Young, "Theology and Natural Science", *Reformed Journal*, May 1988, pp. 14-16. Young이 과학의 결론과 창세기 앞부분에 대한 해석을 조화시키는 전통적인 방법을 포기한 까닭은 "Scripture in the Hands of Geologists (part two)", *Westminster Theological Journal* 49 (1987): pp. 1-34, 257-304에 잘 소개되어 있다.

와 자연 세계 모두를 읽어야 하는가에 대해 전혀 다른 개념들이 존재하는 상황에서 그런 결론이 기독교의 본질을 위배하지는 않는다고 주장한다. 예를 들어, 1990년 갤럽의 여론조사에 따르면, 미국인 중 "성서가 참된 하나님의 말씀이며 문자적으로 받아들여야 한다"고 믿는 사람들(31퍼센트)이 "성서가 하나님의 영감으로 기록된 말씀이며 그 안에는 오류가 없지만, 일부 구절은 문자적으로 받아들이기보다는 상징적으로 받아들여야 한다"고 믿는 사람들(24퍼센트)보다 많았다.[36] 복음주의자들에 관해서는, "크리스채너티 투데이"의 독자를 대상으로 한 최근의 조사에 따르면 70퍼센트가 "무오한 성서를 믿는다면 창세기 1장과 2장의 창조 이야기를 문자적인 역사로 받아들여야 한다"고 믿었고, 63퍼센트는 "창조과학은 정당한 과학 이론으로서 학교에서도 생물학이나 지질학과 같은 자격으로 이를 가르쳐야 한다"고 믿는다고 말했다.[37]

자연 세계를 연구하는 것을 직업으로 하는 전문적인 훈련을 받은 과학자들과 성서의 의미에 대해 확고한 믿음을 지닌 대다수 복음주의자들 사이의 입장 차이가 이 정도로 크다는 사실을 감안한다면, 복음주의권에서 하나님과 자연 세계의 관계에 대한 사고가 이토록 더디게 발전한다는 사실은 전혀 놀랍지 않다. 마찬가지로 복음주의자들이 자연 세계에 대한 연구를 진지하게 받아들이려 하지 않는 태도에 대해 영과 같은 과학자들이 절망감을 느끼는 것도 당연하다. 영은 이 문제에 대해 이렇게 이야기한다.

현대의 복음주의 교회는 창세기 1-11장에 관련된 과학적 이슈에 대해 공개적으로 논의하는 것에 극도로 민감하다. 그 논의의 결과를 두려워하는 그리스도인들이 너무나 많기 때문에 누구라도 이런 이슈를 건드렸다가는 교회 안에서 위험에

---

36) George Gallup, Jr., Robert Bezilla, *The Role of the Bible in American Society* [Princeton: Princeton Religion Research Center, (1990)], p. 6.
37) 미간행 *Christianity Today* 독자 조사 보고서, 1992년 9월 14일.

처하고 만다. 두려움이 너무 팽배해서 이런 이슈에 대해 논의하려는 시도 자체가 봉쇄당한다. 인류의 기원에 관한 문제는 특히나 민감하다. 교회는 고인류학을 연구하기를 두려워하는 듯하다. 인류의 물리적 역사에 호기심을 갖는 사람이 어디 있는가? 창세기에 대해 주석한 수많은 복음주의자 중에서 고인류학의 문제를 다룬 사람은 거의 없다. 지질학은 종종 논의된다. 일부 주석가들은 국지적 홍수의 가능성을 인정한다. 반면 다른 이들은 아직도 지질학적 발견의 정당성을 확신하지 않는다. 그러나 거의 모든 주석가가 홍수가 인류에게 보편적인 영향을 미쳤을 것이라고 전제하면서도 홍수가 인류에게 미친 영향과 관계된 고고학적·고인류학적 자료는 다루지 않는다. 마치 전 세계에 있는 수백 개의, 어쩌면 수천 개의 고대 인간 유적지가 존재하지 않는 것처럼 이야기한다.[38]

역사적인 경험과 밀접하게 연관된 이유 때문에, 과학에 관한 복음주의의 사고는 하나님과 자연, 기독교 신앙에 대해 마땅히 연구해야 하는 것 중 극히 작은 부분밖에 다루지 않는다.

철학

지난 몇십 년간 미국에서는 정통 개신교의 철학이 놀라운 발전을 이루었다. 복음주의의 과학적 성찰을 계속 저해한 근본주의 사상이 철학계에는 거의 영향을 미치지 못했다. 복음주의 철학자들은 대중의 시야에서 벗어나 연구 활동을 수행하는 호사를 누리고 있다. 하지만 이런 호사가 그들에게 유익하지 않을지도 모른다. 예를 들어, 교인들 중에서 존재론적 신 증명에 관심을 갖는 사람은, 그 지역 고등학교에서 우주론을 어떻게 가르치는지에 대해서나 낙태 허용 혹은 낙태 금지 법안에 관한 논쟁에 관심을 갖는 사람보다 그 수가

---

38) Young, "Theology and Natural Science", p. 13.

훨씬 적다. 과학 철학의 경우는, 학문의 성격상 미국 복음주의의 대중주의적·행동주의적 성격의 도움을 받을 가능성도 없고, 그로 인해 손해를 입을 가능성도 거의 없다. 뿐만 아니라 철학자들은 성서 해석의 특수한 문제에 대해서도 정치학자나 과학자들만큼 직접적인 관련은 없는 듯하다. 하나님의 존재, 인간 악의 본질과 같이 철학자들이 다루는 문제는 성서 말씀과 구체적인 연관이 있다기보다 일반적인 연관이 있다.

설령 복음주의권의 일반적인 상황이 과학이나 정치에 대해 사고하는 이들보다 철학자들에게 더 유리했더라도, 일반적인 상황만으로는 최근 기독교 철학계의 부흥을 설명할 수 없다. 그것은 제2차 세계대전 이후 복음주의적 사고 전반의 혁신을 추동했던 요인들이 복합적으로 작용한 결과였다.[39] 첫째 요인은, 근본주의자와 복음주의자들은 철학에 관심이 거의 없었고 일부 복음주의자들은 성서에 대한 신뢰를 이성에 대한 신뢰로 대체하는 것 아니냐며 불편해했음에도 불구하고, 일부 탈근본주의자들이 철학에서 자신들의 소명을 추구하겠다고 결단한 것이다. 이런 탈근본주의자들 중 대표적인 인물은, 1954년 휘튼 칼리지에서 연례 철학 학회를 시작한 아더 홈즈였다. 이 학회는 지금까지 최고의 복음주의 철학자들과 복음주의자는 아니지만 기독교 공동체가 관심을 가질 만한 연구 활동을 하는 수많은 학자를 소개했다.[40]

둘째로, 복음주의 철학은 종교적 현대성(religious contemporaneity)에 환멸을

---

39) 최근 기독교 철학의 역사에 대한 참여-관찰자의 개관으로는, Kenneth Konyndyk, "Christianity Reenters Philosophic Circles", *Perspectives* (Nov. 1992), pp. 17-20가 있다.
40) Holmes의 책들은 다른 복음주의자들이 신중한 이성적 추론의 정당성과 창조 영역의 중요성을 깨닫는 데 큰 도움을 주었다. *Christian Philosophy in the Twentieth Century* (Nutley, NJ: Craig, 1969), *All truth is God's truth* (Grand Rapids: Eerdmans, 1977, 「모든 진리는 하나님의 진리다」, 크리스챤다이제스트), *Contours of a World View* (Grand Rapids: Eerdmans, 1983), ed., *The Making of a Christian Mind: A Christian World View and the Academic Enterprise* (Downers Grove, IL: InterVarsity Press, 1984), *The Idea of a Christian College*, rev. ed. (Grand Rapids: Eerdmans, 1987, 「기독교칼리지의 이념」, 기독교칼리지설립동역회) 등을 보라.

느껴 전통적인 기독교 신앙을 되돌아보기 시작한 윌리엄 앨스턴(William Alston), 로버트 애덤스(Robert Adams), 매릴린 애덤스(Marilyn Adams), 엘리어노어 스텀프(Eleonore Stump)와 같은 메인라인 개신교인들 덕을 보았다. 이들이 전통적인 기독교에 관심을 기울이자, 신학적으로 다른 입장을 가지고 있지만 같은 목표를 향해 나아가는 복음주의자들도 그들과 교류하게 되었다.

셋째로, 네덜란드계 미국인들의 개혁교회 공동체가 복음주의 철학의 부흥에 큰 기여를 했다. 신세계로 이주해 온 네덜란드 이민자들은 철학을 꾸준히 발전시켰다. 이 이민자들은 모국과 분리되고 미국적인 방식에 완전히 동화되지도 못했기에 상대적으로 고립되었지만, 네덜란드계 미국인들의 기독교 철학은 제2차 세계대전 전후 몇십 년간 정교한 발전을 이루어 냈다. 복음주의 공동체는 부스마(O. K. Bouwsma), 윌리엄 프랜케나(William Frankena), 해리 젤레마(Harry Jellema) 같은 인물들이 존재했다는 사실조차 몰랐지만, 그들의 활동은 기독교 철학의 전통에 꾸준한 활력을 주었고 결국 네덜란드 개혁교회 전통을 넘어 훨씬 광범위한 기독교계에도 영향을 미치게 했다. 다음 세대의 네덜란드계 미국인 철학자들은, 점점 더 많은 복음주의자가 전통적인 미국 복음주의보다 지적으로 만족스러운 방식으로 철학적인 문제를 연구할 수 있는 방법을 모색하던 시기에 연구 활동을 시작했다. 캘빈 칼리지의 철학자들, 특히 앨빈 플랜팅가(Alvin Plantinga)와 니콜라스 월터스토프(Nicholas Wolterstorff)가 이끄는(두 사람 모두 나중에는 캘빈을 떠나 다른 대학교에서 가르치게 된다) 네덜란드 개혁교회의 사상가들은 복음주의 철학계 전체에 큰 자극이 되었으며, 심지어 일반 철학계에까지 영향을 미쳤다. 이 개혁주의 철학자들은 지성을 더 철저하게 사용하려고 애썼던 복음주의자들을 한껏 고무시켰다. 역사적 기독교 신앙을 대담하게 고백하면서도 정교한 철학적 논증을 통해 새로운 이론까지 제시했기 때문이다. 특히 이 철학자들은 '토대주의'(foundationalism)—그리스도인의 믿음과 같은 신념은 중립적이며 보편적이고 과학과 유사한 공리에 기초해

야 한다는 생각―를 공격하면서 역사적 기독교를 현대 철학의 논장으로 다시 불러들였다.[41]

마지막으로, 전후 시기에 소수의 영국 철학자들도 북미의 경우만큼이나 어려운 상황을 이겨내고 전통적인 기독교와 최고의 철학적 추론이 양립 가능하다는 주장을 고수했다. 배즐 미첼(Basil Mitchell)과 같은 인물들이 이끌던 이 철학자들 역시 그들의 목소리가 교회와 대학교에서 더 많이 존중받기 시작했던 1980년대까지는 비교적 소외된 환경, 즉 학계의 경멸과 교회의 무관심 속에서 연구를 했다.

그러므로 이러한 다양한 진영에서 전후 몇십 년간 힘을 길러 온 결과 1980년대에 이르면 주목할 만한 무언가가 진행된다는 것을 확연히 알게 된다. 고전적 기독교의 가르침이 바른 사고와 바른 행동의 기초라고 직설적으로 주장하는 학문적, 대중적 철학 저술이 등장하기 시작한다.[42] 일부 철학 학술지에서는 고전적 기독교 교의를 옹호하는 논문이 집중적으로 부각되기도 했다. 1978년에는 기독교철학학회가 조직되었다. 얼마 후 이 학회에서는 "신앙과 철학"(Faith and Philosophy)이라는 계간지를 발간하기 시작했고, 금세 종교

---

41) 개관을 위해 참고할 만한 논문으로는 Merold Westphal, "A Reader's Guide to 'Reformed Epistemology'" *Perspectives* (Nov. 1992), pp. 10-13, Nicholas Wolterstorff, "What Reformed Epistemology is Not", 같은 책, pp. 14-16가 있다. Wolterstorff, *Reason Within the Bounds of Religion* (Grand Rapids: Eerdmans, 1976, 「종교의 한계 내에서의 이성」, 성광문화사)은 개혁주의 철학자들이 중요하게 다루는 주제들에 관해 논의한 초기 저작이다. Plantinga의 영향력에 대해서는 Dewey J. Hoitenga, *Faith and Reason from Plato to Plantinga* (Albany: State University of New York Press, 1991)를 보라.

42) 대표적인 예로는 학술지인 *Faith and Philosophy*와 많은 심포지엄에서 발표된 논문들이 있다. 그 중에서 Thomas V. Morris가 편집한 책들이 특히 유익하다. *The Concept of God* (New York: Oxford University Press, 1987), *Philosophy and the Christian Faith* (Notre Dame, IN: University of Notre Dame Press, 1988), *Divine and Human Action: Essays in the Metaphysics of Theism* (Ithaca: Cornell University Press, 1988). C. Stephen Evans가 편집하고 InterVarsity Press에서 펴낸 "Contours of Christian Philosophy"라는 대중적인 시리즈도 있으며, 많은 철학자가 써 낸 학술 논문들도 있다.

철학 분야를 주도하는 학술지로 자리잡았다. 이 학회의 지역 모임과 전국 모임도 상당한 지적 자극을 불러일으키는 계기가 되었다. 요컨대, 학계에서 기독교 철학자들의 존재는 다른 어떤 분야의 지식인들보다도 뚜렷이 부각되었다.

기독교 철학이 재부상하는 데 기여한 이들 중 다수는 복음주의자들이었다. 처음부터 애즈버리 칼리지는 "신앙과 철학"을 재정적으로 후원했고, 휘튼 칼리지의 철학학회는 가장 흥미로운 최신의 연구를 소개하는 장이 되었다. 복음주의 대학에서 철학을 공부한 후 중·상급 과정에 진학해 철학을 전문적으로 연구하는 사람도 점점 늘어났다. 많은 복음주의자가 신뢰받는 학술지와 최고의 학술 서적 출판사를 통해 철학에 관한 자신의 연구 결과를 발표했다.

그러나 기독교 철학의 부흥에 복음주의자들이 전면적으로 참여했음에도 불구하고, 미국 복음주의의 독특성은 이러한 부흥에 거의 기여하지 못했다. 이 점은 기독교철학학회의 창립을 준비하기 위해 시카고에서 열린 오찬에 참석한 이들의 면면을 볼 때 더욱 분명해진다. 이 회의에 참석한 열 명 중 한 명은 로마 가톨릭, 세 명은 성공회, 네 명은 북미개혁교회 출신이었고, 두 명은 탈근본주의적 복음주의자였다.[43] 이러한 인적 구성은 기독교 철학의 재부흥에 대한 상대적인 지적 공헌도를 잘 보여 준다. 복음주의자들이 많은 인원을 동원했을지는 모르지만, 새로운 사상 대부분은 미국 복음주의 전통 외부로부터 온 것이었다.

철학자들이 철학자로서 진보를 이루고자 한다면, 복음주의의 독특한 기풍에 해당하는 요소는 일단 보류해야 한다. 다시 말해서, 철학자들이 기독교의 행동주의에 찬성할 수도 있지만, 그들의 일은 행동이 아니라 생각이다. 지적인 연구 활동에 대해 그들은 직관적이어서는 안 된다. 철학의 본질은 전제와 가정에 대해 치열하게 고민하는 데 있기 때문이다. 기독교 철학자들은 앞

---

43) Konyndyk, "Christianity Reenters Philosophic Circles", p. 18.

선 시기의 복음주의 사상 대부분을 규정했던 대중주의나 성서주의의 방식대로 연구 활동을 해서도 안 된다. 그들의 연구는 본질상 언제나 난해했고, 그렇기 때문에 다른 학문 분야의 복음주의자들처럼 대중주의적인 정치 선동에 쉽게 동원될 수도 없었다. 성서에 대한 미국 기독교 철학자들의 관심은 일반적이고 역사적이었다. 기독교 진리를 새롭게 조망하려는 그들은 전통적인 주요 교의에 초점을 맞추었으며, 이를 위해 아우구스티누스, 안셀무스, 토마스 아퀴나스, 칼뱅, 파스칼, 조나단 에드워즈 등 고전적 기독교 사상가들의 주장을 선별적으로 되살려냈다.

복음주의자들이 기독교 철학을 부흥시키는 데 미국 복음주의 **사상**이 상대적으로 중요한 역할을 하지 못했다는 사실은, 복음주의 지성의 근본적인 구조를 생각해 보아도 분명해진다. 데이비드 베빙턴이 잘 정의한 대로(앞의 1장을 보라), 복음주의가 지적으로 강조하는 주제는 회심, 성서, 십자가 중심성 등이다. 그러나 기독교 철학의 갱신을 이끈 주요 지적 자극에는 이런 요소들이 적어도 복음주의적인 방식으로 드러나지는 않았다. 네덜란드 개혁주의 전통은 기독교 철학의 갱신에 가장 중요한 지적 자원이었다. 그러나 네덜란드 개혁교회는 회심을 그렇게 강조하지 않는다. (오히려 그들은 유아세례를 받은 어린이가 점점 더 성숙한 그리스도인으로 자라가기를 바란다.) 그들은 그리스도의 사역을 강조하지만, 그리스도의 구원 사역과 지금 이 시간 삶의 모든 영역을 다스리시는 그분의 주권을 균형적으로 강조하려 한다.[44] 물론, 네덜란드 개혁교회는 성서에 매우 충실하고자 했다. 그러나 미국 복음주의자들처럼 성서를 읽지는 않았다. 그들의 해석학은 문자주의가 아니었고, 성서의 통일성에 대한 세대주의

---

44) 전후 시기에 Abraham Kuyper를 존경하는 미국인들은 그의 주장을 되풀이하는 경우가 많았다. "모든 창조 영역 중에 예수 그리스도께서 '거기도 내 것이다! 나에게 속했다!'라고 외치지 않으시는 곳은 단 한 곳도 없다." [Richard J. Mouw, *Uncommon Decency: Christian Civility in an Uncivil World* (Downers Grove, IL: InterVarsity Press, 1992, 무례한 기독교, IVP), p. 145에서 재인용]

적 관점에 경도되지도 않았으며, 결코 전천년설을 신봉하지도 않았다. 기독교 철학의 갱신에 중요한 공헌을 했던 로마 가톨릭교도들과 메인라인 개신교인들도 복음주의의 전통적인 강조점에 대해서는 입장을 달리한다.

요약하자면, 견실하며 학문적으로 존경을 받고 기독교 전통에도 충실한 학문으로서 기독교 철학이 재부상하는 데 복음주의자들은 매우 중요한 역할을 했다. 그러나 이런 기여를 하기 위해 복음주의자들은 거의 2세기 동안 미국 복음주의권을 규정했던 지적 성향을 폐기하거나 무시해야 했다.

결론 정치, 과학, 철학에 관한 최근 복음주의 사상을 간략히 살펴보기만 해도 다음과 같은 결론을 피할 수 없다. 현재 복음주의자들은 지난 몇십 년간 북미에서 진행되는 기독교적 사고의 갱신에 전면적으로 참여하고 있다. 철학과 같은 특정 분야에서 기독교적 사고는 '르네상스'라 할 만한 전기를 맞고 있으며, 정치 사상과 같은 다른 분야에서도 분명 주목할 만한 발전을 이루었다. 그러나 대부분의 경우 이러한 기독교적 사고의 부흥을 이끈 지적 활력은 미국 복음주의의 역사적 자원으로부터 나온 것이 아니다.[45]

과학에 대한 복음주의의 성찰이 보여 주는 당황스러운 상황 때문에 견실한 기독교적 사고를 위해서는 미국 복음주의를 포기해야 한다고 결론 내릴지도 모른다. 그러나 정치학과 철학 분야에서는 상황이 그렇게 나쁘지 않다. 이런 분야에서 복음주의 전통은 활력과 관심, 열정을 보여 준다. 또한 복음주의 전통에서 인적 자원을 제공하고 다른 기독교 전통에서 사상적 기반을 제공하

---

45) 문학 분야에서도 같은 결론을 내릴 수 있다. 복음주의자들이 문학 비평을 발전시키기는 했지만, 영국의 성공회 교인들(C. S. Lewis, Charles Williams, Dorothy L. Sayers)이나 로마 가톨릭교도들(J. R. R. Tolkien, G. K. Chesterton)을 모방하는 데 그치는 경향이 있다. 또한 이 존경할 만한 인물들 중 그 누구도 회심주의, 성서주의, 행동주의, 전통적인 미국 복음주의의 십자가 중심주의를 공유하지 않았다.

는 전략적인 제휴를 한다고 볼 수도 있다.

그러나 복음주의의 과거가 사고를 통해 하나님을 영화롭게 하는 데 장애물이 되지 않았던 분야에서도, 북미에서 형성된 복음주의가 지성에 기여할 만한 근본적인 요소를 가지고 있는가 하는 의문은 여전히 남는다. 역사적으로 보았을 때, 특히 20세기의 역사를 돌아볼 때, 그런 요소를 찾아보기 어렵다. 복음주의에 대한 일부 지식인들의 헌신을 설명해 주는 우연적인 개인사를 제외하고는, 지성을 추구하는 데 도움이 될 만한 것이 복음주의 전통 안에는 거의 없는 것처럼 보인다.

여기서 이 책을 마무리할 수도 있다. 복음주의 지성의 스캔들을 생각할 때 복음주의로부터는 지성이라는 것이 도무지 나타날 수 없는 것처럼 보인다. 하나님은 행동만이 아니라 사고를 통해서도 우리가 그분을 경배하기 원하신다고 믿는 복음주의자들이 그대로 복음주의자로 남아 있을 수도 있다. 그러나 고백주의 개신교인이나 메인라인 개신교인, 로마 가톨릭교도, 혹은 동방정교회 교인들이 계발한 사상 속에서 깊이 있는 지적 자원, 즉 지성을 통해 하나님을 찬양하는 방법을 찾아야 할 것이다. 이것이 이 책에서 약술한 역사를 살펴본 후 내릴 수 있는 유일한 결론일지도 모른다. 설령 이런 결론이 복음주의 지식인을 개인적인 부조화 상태에서 벗어날 수 없게 하고, 복음주의 전통을 지적 피상성에 그대로 빠져 있게 둔다 하더라도, 이제까지의 역사를 볼 때 이런 결론을 피할 수 없는 듯하다.

그러나 북미의 복음주의는 믿음과 소망과 사랑이라는 역설로 유명한 기독교의 한 형태에 불과하기 때문에, 더 할 말이 남아 있을지도 모른다. 어쩌면 그런 역사에도 불구하고 복음주의 안에 적어도 더 나은 방향을 가리키는 단서가 있을 수도 있다. 미국의 복음주의자들도 지성으로 하나님을 예배할 수 있으리라는 희망은, 궁극적으로 우리의 최근 역사가 아니라 우리가 고백하는 종교의 본질에서 찾을 수 있다.

9

십자가라는 걸림돌

미국 복음주의로부터 기독교 지성을 계발할 수 있을까? 20세기의 역사적 선례만을 근거로 한다면 그럴 수 없을 것처럼 보인다.

그러나 복음주의는 그리스도의 십자가를 핵심으로 삼는 기독교의 한 형태일 뿐이다. 사도 바울의 말처럼 십자가는 믿지 않는 이들에게는 '걸림돌'(skandalon)이다. 그러나 하나님의 부르심을 받은 사람들에게는 "하나님의 능력이요 하나님의 지혜"다(고전 1:23-24). 이 구절은 흥미로운 가능성을 제기한다. 지성에 대한 책임을 외면하여 스캔들이 된 복음주의와 근본주의가 또 다른 의미에서, 즉 십자가에 달리신 하나님이라는 기독교의 메시지가 믿지 않는 사람들에게 거리낌이 된다는 의미에서 지적인 스캔들이 될 수 있을까? '십자가라는 스캔들'은 하나님이 인간 존재의 영역을 얼마나 진지하게 다루시는지 말해 준다. 이 영역은 구속이 전시되는 극장, 하나님이 자신을 가장 온전하게 드러내기로 작정하신 무대다. 하나님이 죄인을 구속하기 위한 대가를 치르실 정도로 창조 영역을 사랑하셨다면, 그 영역에서 구원을 누리는 죄인이 구속주를 예배하기 위해서는 그 영역의 실체를 헤아리려는 노력을 더 열심히 해야 하지 않겠는가?

이런 가능성은 단순한 말장난에 그치지 않는다. 많은 복음주의자가 하나님이 우리를 이 세상**으로부터** 구원하시기 위한 방법이라고 생각하는 구속은, 이 세상 **안에서** 실행되었다(그리고 지금도 실행된다). 그렇다 해서 천상의 영원한 존재라는 더 큰 실체의 비중을 축소해서는 안 된다. 그와 반대되는 극단적인 태도를 취하며 세상이 작동되는 방식을 이해하는 것 자체를 목적으로 삼는 것도 잘못이다. 장 칼뱅은 "인간의 지성은…끊임없이 우상을 만들어 내는 대장간이다"라고 말하며 이런 위험을 잘 지적했다.[1] 그러나 우상에 대한 해결책은 우상을 만들 수 있는 모든 재료를 파괴하는 것이 아니라 우상을 만들 수도 있는 재료를 구속의 실체에 적합한 방식으로 다루는 것이다. 우상을 만드는 재료인 나무와 돌은 예배의 대상이 될 자격이 없다. 그러나 하나님이 그것을 만드셨기 때문에 나무와 돌은 그 자체로 연구할 가치가 있다.

핵심적인 주장을 한 번 더 되풀이해야겠다. 지성이 인간이 추구하는 다른 영역보다 우월한 것은 아니다. 그러나 인간이 마땅히 추구해야 할 영역임은 분명하다. 지성을 추구하는 그리스도인은 예언자 예레미야의 말에서 절대로 이탈해서는 안 된다.

나 주가 말한다.
"지혜 있는 사람은 자기의 지혜를 자랑하지 말아라.
    용사는 자기의 힘을 자랑하지 말아라.
    부자는 자기의 재산을 자랑하지 말아라.
오직 자랑하고 싶은 사람은 이것을 자랑하여라.

---

1) John Calvin, *Institutes of the Christian Religion*, 1.11.8. 「기독교 강요」(크리스챤다이제스트).

나를 아는 것과,

나 주가 긍휼과 공평과 공의를 세상에 실현하는 하나님인 것과,

내가 이런 일 하기를 좋아한다는 것을,

깨달아 알 만한 지혜를 가지게 되었음을 자랑하여라."

나 주의 말이다.[2]

이 말씀이 학문을 추구하는 그리스도인들에게 지침이 될 때 올바른 기독교 학문이 가능해진다. 학문을 추구함으로써 주를 자랑할 기회를 얻을 수 있다.

복음주의자들 가운데서 지성을 구해 낼 가치가 있다면, 무엇을 해야 할까? 그 답은 복음주의에, 복음주의 학자들에게, 복음주의 지성 자체에 있다.

복음주의   미국 복음주의자들은 문제에 부딪혔을 때 행동하는 경향이 있다. 기독교적 사고를 위해서는 이런 경향을 억제해야 한다. 미국 복음주의권의 기독교적 사고의 문제 중 실용적인 차원의 문제는 극히 일부에 불과하다. 일차적으로 그것은 조직화, 제도화, 인적 구성, 인재 발굴, 동원, 기금 마련의 문제가 아니다. 사실 이런 것들이 복음주의자들이 자랑할 만한 것이기는 하다. 그러나 복음주의적 사고의 문제는 의도의 문제다. 활동을 더 많이 하는 것만으로는 우리가 물려받은 행동주의의 지적 취약성을 극복할 수 없을 것이다. 그리스도를 위해 지성을 사용하는 목적과 의도를 분명히 하고 꾸준히 노력할 때에야 비로소 필요한 균형을 이룰 수 있다.

변화된 태도에서 나오는 프로그램이나 제도라면 성공할 가능성이 있다.

---

[2] 앞에서 언급한 Calvin의 책에 인용된 이 구절과 이 책과 관련된 많은 내용에 대한 탁월한 논의로는 Alan Flavelle, "The Importance of the Christian Mind in Ireland Today", *Journal of the Irish Christian Study Centre* 1 (1983): pp. 3-10를 보라.

복음주의자들이 지성을 추구하고자 할 때 가장 시급히 고쳐야 할 태도는 자신의 독특성, 잘못된 이분법적 경향, 지적 직관주의의 유산 등과 관련된 태도다.

독특성 대 본질

첫째로, 북미와 전 세계를 역사적으로 연구하거나 여행할 때 복음주의자들은 미국 복음주의의 **독특성** 중 많은 것이 기독교의 **본질**에 해당하지 않는다는 사실을 깨달을 수 있을 것이다. 기독교 지성계를 발전시킬 가능성은 복음주의의 독특성을 얼마나 기독교의 본질에 종속시킬 수 있는가에 달려 있다.

복음주의자들의 행동주의는 독특하다. 그러나 하나님께 깊이 감사드리는 태도는 기독교의 본질에 해당한다. 하나님에 대한 감사를 통해 행동주의가 나올 수도 있다. 그러나 그것은 연구와 묵상처럼 다른 형태로 표출될 수도 있다. 하지만 북미에서는 그런 경우가 드물었다.

복음주의자들이 성서에 대해 갖는 믿음은 독특한 모습을 띤다. 문자적 해석, 18세기 계몽주의에 의해 형성된 성서 본문에 대한 '과학적' 접근 방식, 성서 무오성의 교리에 대한 몰두, 묵시론의 세부적 항목에 대한 열중 등이 바로 그 특징이다. 그러나 기독교의 본질에 해당하는 것은, 우리를 구원자께로 향하게 하고 우리의 존재 전체를 하나님을 섬기는 삶으로 이끄는 성서에 대한 뿌리 깊은 신뢰다. 성서의 목적에 대해서는 성서 자체가 분명히 말하고 있다. 요한복음 20:31은 "그런데 여기에 이것이나마 기록한 목적은 여러분으로 하여금 예수가 그리스도요 하나님의 아들이심을 믿게 하고 또 그렇게 믿어서 그의 이름으로 생명을 얻게 하려는 것이다"라고 말한다. 성서가 "하나님의 영감으로 [되었다고]" 말하는 디모데후서 3장의 고전적인 본문도, 성서는 세부적인 지식의 직접적인 자료의 역할을 하기보다는 사람들을 구원하고 삶의 방향을 알려 주는 목적을 가지고 있음을 강조한다. "[바울이 디모데에게 쓰고 있다] 그러나 그대는 그대가 배워서 굳게 믿는 그 진리 안에 머무십시오. 그대는 그것을 누구에게서 배웠는지를 알고 있습니다. 그대는 어려서부터 성서를 알고 있습니다. 성서는 그리스도 예수를 믿는 믿음으로 말미암아 그대에게 구원에 이르는 지혜를 줄 수 있습니다. 모든 성서는 하나님의 영감으로 된 것으로서 교훈과 책망과 바르게 함과 의로 교육하기에 유익합니다. 성서는 하나님의 사람을 유능하게 하고, 그에게 온갖 선한 일을 할 수 있게 하는 것입니다"(14-17절). "예수를 믿는 믿음으로 말미암아 구원에 이르는 지혜"를 설명하고 "온갖 선한 일을 할 수 있게 하는" 것이 무엇인지를 보여 주기 위해 더 일관된 태도로 성서를 사용할 때, 복음주의자들은 비로소 성서의 본질에 집중할 수 있을 것이다. 그리고 복음주의 지성의 발전을 기대할 수 있을 것이다.

위기형 회심(crisis conversion)도 복음주의자들의 독특성 중 하나다. 그러나 기독교의 본질은 믿음이 시작되어 죽을 때까지 온 삶을 하나님께 바치는 것이다. 어떤 사람들은 위기형 회심을 통해 믿음의 삶을 시작한다고 한다. 또 다른 이들은 그와 다른 종류의 회심을 이야기한다. 지성에 더 많은 여지를 허락하는 믿음의 삶에 관한 통찰은 후자에 속한 이들로부터 나올지도 모른다.

요컨대, 독특성이 본질의 한 요소일 수도 있지만, 반드시 그런 것은 아니다. **독특성**과 **본질**을 혼동한다면, 삶을 변화시키는 기독교 신앙의 능력이 축소되고, 기독교 지성의 갱신도 어려워질 것이다.

잘못된 이분법

복음주의자들이 기독교 사상의 여지를 마련하기 위해서는, 역사적으로 그들의 독특성 때문에 나타난 잘못된 이분법도 버려야 한다. 예를 들어, 기독교 지성을 계발하려는 노력은 행동주의의 타당성을 부인하지 않지만, 행동주의 외에 연구할 수 있는 여지를 허용해야 한다. 마찬가지로 회심주의와 함께 평생에 걸친 영적 성장에 대해서도 고민하고, 성서에 대한 신뢰를 유지하면서도 다른 자료가(특히 하나님이 만드신 세상이) 주는 지혜를 비판적으로 활용할 수 있어야 더 나은 미래를 기대할 수 있다. 복음주의의 마니교적 성향을 바로잡으면 행동주의에만 일방적으로 열정을 쏟기가 어려워질지 모른다. 그러나 지성으로 하나님을 예배하기 위해서는 그럴 만한 가치가 있다. 아일랜드의 시인 에반젤린 패터슨(Evangeline Paterson)은 엄격한 세대주의자로 자라났다. 나중에 그녀는 하나님의 영광을 위해 시를 쓰게 된 과정을 돌아보면서 복음주의를 괴롭히는 잘못된 이율배반에 대해 이야기한다. "나는 하나님을 최고로 높여드려야 하기 때문에 다른 어떤 것도 중요하지 않다고 생각하는 기독교 환경에서 자라났다. 결국 나는 이런 생각을 극복하고 하나님이 계시기 때문에 모든 것이 의미가 있다고 생각할 수 있게 되었다."[3]

직관을 넘어

마지막으로, 지성을 계발하고자 한다면, 복음주의자들은 직관주의적 성향, 즉 첫인상에서 최종적인 결론을 곧바로 내리는 태도를 바꾸어야 한다. 수많은 현대의 복음주의자들이 불과 몇십 년 전만 해도 다른 그리스도인들을 상대하지도 않으려 했지만 이제는 그들의 말에 귀를 기울이려 한다. 그리고 이런 모습은 차이를 통해 사고하고자 하는 모습을 보여 준다. 복음주의자들이 서로의 목소리를 더 주의 깊게 들으려 한다면(남침례교 교인들이 북미개혁교회 교인들의 말을 존중하고, 메노나이트 교인들이 은사주의자들의 충고에 귀를 기울이고, 복음주의 좌파와 복음주의 우파가 대화한다면), 더 광범위한 기독교 담론으로부터 유익을 얻을 수 있는 길이 열릴 것이다. 이를 위해 로마 가톨릭교도와 다른 개신교인들, 정교회 교인들의 생각을 받아들이고, 대화의 범위를 더욱 확장하여 '선한 뜻을 가진 사람들' 모두를 끌어안는 것도 필요할 것이다. 다른 이들로부터 배우기

---

[3] Joy Alexander, "In Conversation with Evangeline Paterson", *Journal of the Irish Christian Study Centre* 4 (1989): p. 42.

위해서는, 먼저 지난 2세기 동안 복음주의권에 널리 퍼져 있던 직관주의를 부분적으로라도 보류해야 한다. 영적인 실체에 대한 직접적인 이해와 그 실체에 대한 역동적이며 대중주의적인 표현이 없다면 그것은 더 이상 복음주의가 아닐 것이다. 그러나 그런 직관을 더 나은 신학으로 바로잡지 못한다면, 복음주의적 사고는 복음주의 신앙의 활력에 걸맞은 기여를 결코 할 수 없을 것이다.

다른 기독교 전통은 깊이 있는 신학적 통찰로부터 사고의 원리를 발전시켜 왔다. 복음주의자들은 이런 원리에 대해, 그 원리로부터 배워야 한다. 예를 들어, 루터교회는 그리스도인은 언제나 의인인 동시에 죄인(simul iustus et peccator)이라는 루터의 믿음을 통해 복음주의자들에게 하나의 문제를 여러 관점에서 바라보는 법을 가르쳐 줄 수 있다. 마찬가지로 아브라함 카이퍼가 말한 '대립'(antithesis)과 '일반 은총'(common grace) 사이의 균형으로서의 협력(concursus)이라는 칼뱅주의적 개념이나, 레오 13세가 「새로운 사태」에서 효과적으로 사용했던 가톨릭의 자연법 사상에서도 그런 종류의 가르침을 얻을 수 있다. 공부를 통해 직관을 확장시킨다면, 일반적인 목적을 위해 복음주의 유산에서 기원한 사상, 즉 '교회의 영적 특성'(the spirituality of the church)이라는 개념(형식적인 조직으로서의 교회는 정치나 사회적 이슈를 직접적으로 다루기보다 교인들이 그리스도인으로서 살아가도록 도와주어야 한다는 생각)을 되살려낼 수도 있다. 노예제를 옹호하는 근거로 사용되었던 이 사상의 수동성을 제거해 낸다면, 이 교리는 교회 밖에서는 세상이 받아들일 수 있는 규범에 따라 행동하더라도 교회 안에서는 특별한 복음 진리를 선포할 수 있는 흥미로운 방법이 될 수도 있다.[4]

그러나 여기 제시된 각각의 경우에 행동과 더불어 성찰이 필요하다. 각각의 경우 복음의 풍성함을 전달하기 위해서는 시급한 이슈로부터 어느 정도

---

[4] 이에 대해서는 John H. Leith, "Spirituality of the Church", *Encyclopedia of Religion in the South*, ed. Samuel S. Hill (Macon, GA: Mercer University Press, 1984), p. 731에서 간략히 논의하고 있다.

거리를 둘 필요가 있다. 이런 식의 이중적인 시각을 갖지 못한 점, 신앙 공동체의 내외부에서 동시에 통용될 수 있는 언어로 말할 수 없었던 점이 복음주의를 괴롭힌 약점이었고 근본주의의 특수한 문제점이었다. 루터교회와 개혁교회, 가톨릭의 사례는 종교적 직관을 넘어 신학적 성찰로 나아가기 위해 무엇이 필요한지 보여 준다. 그들은 복음주의자들도 언젠가 그들처럼 해낼 수 있다는 희망을 갖게 해준다.

복음주의 지식인

복음주의 지식인들은 자기 할 일을 제대로 해내야 한다. 시카고 대학교의 총장이었던 로버트 허친스(Robert M. Hutchins)가 모든 학자의 덕목으로 칭송했던 것은 복음주의권에서 학자를 지망하는 이들에게도 권면할 만하다. "높은 학문적 기준, 공부하는 습관의 함양, 그리고 연구."[5] 복음주의 전통이 지성을 무시해 왔다면, 그 사실을 한탄하는 것만으로는 아무런 유익이 없다. 잠시 한 걸음 물러나 전체를 관망하는 데 도움이 필요한 드문 경우를 제외하고는, 「복음주의 지성의 스캔들」과 같은 제목을 단 책이 복음주의권 저자와 독자들의 시간을 빼앗아서는 안 된다. 실제로 연구를 할 때 중요한 것은 '복음주의 지성'이나 '기독교적 사고' 같은 개념이 아니다. 중요한 것은, 연구가 필요한 구체적인 주제, 더 심층적인 사고가 필요한 쉽게 풀리지 않는 문제, 연구자가 속한 학계의 최근 동향 등이다.

복음주의자들은 한 세기 전 존 라이트 주교(Bishop John Wright)가 로마 가톨릭 학자들에 대해 묘사했던 모습을 그대로 보여 준다.

---

5) Robert M. Hutchins, "The Integrating Principle of Catholic Higher Education" (1937), John T. Ellis, *American Catholics and the Intellectual Life* (Chicago: Heritage Foundation, 1956), p. 43에서 재인용.

지적으로 재능이 있는 가톨릭교도들은 교회에 대해 '넋두리를 늘어놓는' 경향이 많다. 그들은 충분히 인정을 받거나 격려를 받지 못한다고 탄식한다. 동료 가톨릭교도들이 자신의 소명에 무관심하다고 호되게 꾸짖는다. 그리스도인들, 특히 다른 이들보다 더 예리한 통찰력과 이해력을 지닌 그리스도인들이 스스로 순교자가 되는 것에 대해 항의한다는 사실은 흥미로운 역설이 아닐 수 없다. 신약 성서와 교부들, 바울부터 토마스 모어(Thomas More)에 이르는 성인들의 역사를 돌아볼 때, 진정으로 탁월한 지성인들에게 세상으로부터든 이해력 부족한 그들의 형제로부터든 반대와 끊임없는 시련이 아닌 다른 운명이 약속된 적이 있던가?[6]

쉽지 않은 운명을 맞으리라 예상하는, 곧 복음주의권에서는 자신들의 일에 거의 관심을 기울이지 않거나 조롱하고 꾸짖고 비난하기 위해서만 관심을 기울일 것이라 생각하는 복음주의 학자만이 현실주의자라 할 수 있을 것이다. 전에도 이렇게 무시를 당해 왔다는 말은 그다지 위안이 되지 못할 테지만 계속 연구를 하도록 재촉하기에는 충분할 것이다. 이런 식의 위안으로 부족하다면, 복음 자체에 내재된 다른 이유를 통해 다른 사람에게 인정받지 못하고 스스로도 회의에 빠지는 학자들을 격려할 수 있다. 넉넉하지 않은 자원과 아직 계발되지 않은 잠재력으로 인정도 받지 못하며 연구하는 복음주의 학자들은 복음 자체의 약점과 어리석음을 가장 잘 이해할 수 있는 사람들이다. 샘퍼드의 윌리엄 헐(William E. Hull)은 이런 약점이 주는 장점에 대해 이렇게 말했다. "남은 전략에 따르면, 기독교의 진리 이해는 전체주의처럼 우격다짐으로 받는 인정이 아니라 자기 확신을 통해 격려를 받아야 할 것이다. 신약 성서가 생생히 보여 주는 것처럼, 기독교는 겸손할 때 가장 잘 해 내는 것 같다. 그런

---

6) John J. Wright, Bishop of Worcester, "Prefatory Note", John T. Ellis, *American Catholics and the Intellectual Life* (Chicago: Heritage Foundation, 1956), pp. 9-10.

자세는 그리스도인으로 하여금 겸손한 태도를 유지하게 한다. 그리고 그것이 바로 종의 자세에서 나오는 역설적인 힘이다. 뿐만 아니라 박식한 반대자들 덕분에 정직한 대화를 이어 갈 수 있고, 기독교 변증가는 자기 만족과 권위주의라는 이중적인 위험에 빠지지 않을 수 있다."[7]

기독교 학문에 중요한 것은 일반 문화에서 확립된 기준에 따라 인정을 받는 것이 아니라 지성으로 하나님을 찬양하는 것이다. 그런 노력을 통해 지적 탁월함에 이르고 때로는 인정을 받을 수도 있다. 그러나 그렇게 인정받는 것은 그리스도인에게 사소한 부산물일 뿐이다. 정말로 중요한 것은 하나님이 만드신 모든 것을 존중하고, 그분이 말씀하신 것처럼 '선하다'고 믿고, 하나님의 아들이 "육신이 되어 우리 가운데 사셨다"는 말씀이 무슨 뜻인지를 온전히 밝혀내는 것이다. 궁극적으로 이러한 지적 작업은 그 자체가 보상이다. 이를 통해 오직 한 분께 집중하기 때문이다. 우리는 오직 그분께 인정받는 것만이 중요하며, 그분을 향해 온 마음을 연다.

복음주의권 전체가 기독교 지성을 발전시키기 위해 가장 필요한 것은, 새로운 대학원의 설립이 아니라 태도의 변화다. 복음주의 학자들도 마찬가지다. 중요한 것은 연구다. 상부구조, 즉 좋은 기관, 활기 넘치는 학술지, 적절한 기금 조성, 학문적 존경, 의미 있는 영향력은 중요하지 않다. 이런 문제에도 마땅히 관심을 기울여야 하지만, 지성을 갖고 싶다면 마음으로부터 출발해야 한다.

---

7) William E. Hull, "Toward Samford as a Christian University-Occasional Papers of the Provost", Samford University, Birmingham, AL, July 15, 1990, pp. 5-6.

복음주의와 지성계

복음주의 내부의 자원을 통해 학문을 진흥하기 위한 방법을 논하려면 여러 권의 책이 필요하겠지만, 여기서는 개략적인 논의만 소개하려 한다. 그러나 이것만으로도 복음주의 지성에 희망이 있다는 것을 보여 줄 수 있을 것이다. 복음주의 지성의 역사를 뒤돌아봄으로써가 아니라 복음주의의 더 일반적인 특징을 살펴봄으로써 그런 희망의 실마리를 발견할 수 있을 것이다.

가장 중요한 희망의 징조는 복음 자체에 있다. 기독교적 사고는 그리스도인을 전제한다. 복음주의적 열정은 많은 경우 사고를 방해하는 것처럼 보이지만 실상은 기독교 지성에 필수적인 요소다. 이런 관점에서, 복음주의 사상에 손해를 입힌 듯 보이는 운동들—성결 운동, 오순절주의, 세대주의—이 부차적인 관심의 이면에 가장 중요한 것을 숨기고 있다고 말할 수 있다. 과도한 초자연주의가 복음주의적 사고에 어떤 손해를 입혔든 간에, 바로 그 초자연주의 덕분에 초월에 대한 자각을 생생히 유지할 수 있었으며 다음 세대에 의미 있는 복음주의적 사고를 위한 중요한 출발점을 물려줄 수 있었다. 하나님의 성령이 복음주의자들 가운데 계속 거하신다면, 성령께서 심어 놓으신 생명을 통해 가치 있는 인간의 모든 노력과 함께 사고도 다시 살아날 가능성은 언제나 존재한다. 세대주의와 그 끈질긴 영향력 때문에 사고가 말살되었다면, 같은 의미에서 성서에 대한 세대주의자들의 열심은 새로운 시대에 대한 소망을 생생하게 유지할 수 있게 해주었다.

현재는 복음주의자들에게 지적으로 내놓을 것이 별로 없다. 우리는 한 세기 이상을 허비했고, 이를 벌충하려면 많은 노력이 필요하다. 우리는 많은 도움이 필요하며, 영성 훈련의 일환으로 꾸준한 지적 활동을 해 온 다른 기독교 전통(재세례파, 동방정교회, 루터교회, 개혁교회, 로마가톨릭)으로부터 그런 도움을 얻을 수 있을 것이다. 복음주의자도 되돌려 줄 것이 있을까?

9. 십자가라는 걸림돌   317

어쩌면 우리도 완전히 빈손은 아닐지 모른다. 우리 복음주의자들은 구원이 얼마나 절실하게 필요한지 아는 사람들이기 때문이다. 무분별하게 시대의 유행을 따라 구원의 기쁨을 표현함으로써 그 기쁨을 많이 손상시키긴 했지만, 구원의 기쁨을 알고 있다. 우리에게는 약간의 생명과 약간의 영적 활기, 그리고 비록 제대로 준비를 갖추지는 못했어도 수많은 인적 자원이 있다. 이런 관점에서 우리는 복음주의자를 낮은 수인 2번 카드라고 생각할 수 있다. 틀림없이, 대부분의 게임에서 전부 2번 카드만 받고 싶어하지는 않을 것이다. 그러나 듀스 와일드[deuce wild: 2번 카드(듀스)를 와일드 카드로 사용하는 포커 게임—역주]로 포커를 한다면, 2번 카드가 좋은 패를 훨씬 더 강하게 만들어 줄 수도 있다. 지성에 대해서도 마찬가지다. 우리가 복음주의라는 2번 카드를 더해 가톨릭의 자연법을 스트레이트로 만들 수 있다면, 혹은 그것을 루터교의 두 왕국설(Two Kingdom theory)이라는 투 페어나 개혁주의적 고백주의의 에이스 트리플에 더할 수 있다면, 우리는 복음주의자로서 행동뿐만 아니라 사고에도 기여할 수 있을 것이다.

그리스도에 대한 인격적인 신앙은 기독교 지성의 필수 조건이다. 살아 있는 것만이 발전할 수 있기 때문이다. 복음주의가 기독교 신앙을 살아 있게 하는 한, 때로는 자기도 모르게 기독교적 사고의 가능성에 적지 않은 공헌을 하는 셈이다.

마찬가지로 성서에 대한 복음주의의 애착 역시 지적이기보다는 토템 숭배에 가까운 경우가 많았을지 모른다. 그러나 성서에 대한 애착은 좋은 출발점이다. 지성을 위해, 복음주의자들은 성서를 광범위하게 사용하는 경향이 있었다. 즉, 우리 시대가 제시하는 학문의 문제에 대해 성서 본문이 **직접적으로** 답변하게 하려고 노력해 왔다. 그러나 성서를 이렇게 광범위하게 사용하는 태도는 둑을 넘쳐 범람하는 강물과도 같다. 그 결과 비옥한 퇴적물을 퍼뜨리기는 하지만 큰 혼란을 초래하고 일상적인 활동을 중단하게 만들기도 한다.

성서가 협소하다는 사실("그런데 여기에 이것이나마 기록한 목적은, 여러분으로 하여금 예수가 그리스도요 하나님의 아들이심을 믿게 하고")을 깨달을 때 성서를 더 깊이 파고들 수 있다. 거기서 물을 긷는 사람은 마치 파고 또 파도 물이 솟아나는 우물처럼 삶의 모든 영역에서 새로운 힘을 얻을 것이다. 육신이 되신 하나님을 계시하는 성서를 연구할 때, 우리는 그리스도만 발견하는 것이 아니라, 그리스도께서 창조하신 세상, 그분이 친히 동화되신 인류, 그분이 몸소 보여 주신 아름다움을 발견한다. 성서에 대한 광범위한 읽기로부터 깊은 읽기로 이동하는 것은 어려운 일일지 모른다. 그러나 성서를 집어드는 것이 훨씬 더 힘들었다.

복음주의의 행동주의 역시 북미 복음주의 역사가 제시하는 것보다 지성을 위한 더 큰 잠재력을 가지고 있다. 이 점에서 복음주의는 매우 구체적인 공헌을 했다. 개신교 선교의 추진력을 제공한 것이 바로 복음주의의 행동주의였기 때문이다. '새로운 그리스도인들'이 선교사를 파송한 교회에 가르쳐 주기 시작한 가장 중요한 교훈 중 하나는 복음이 문화적으로 내재되어 있다는 사실이다. 예를 들어, 감비아인인 라민 사네(Lamin Sanneh)는 성서를 지역 언어로 번역할 때 수많은 예기치 못한 결과가 나타난다는 것을 보여 주었다. 성서 번역을 통해 흔들리던 지역 문화가 안정되기도 하고, 그 지역에 새로운 활력을 불어넣기도 한다. 그러나 성서를 번역한 선교사들을 당황케 하는 기독교를 만들어 내기도 한다.[8] 지역에 따라 다양한 방식으로 수용된 기독교는 필연적으로 다양한 지역 문화의 특성을 받아들이고 그에 적응하게 된다. 때로는 그 결과가 선교사들을 깜짝 놀라게도 하지만, 장기적으로는 교회를 더욱 튼튼하게 만들어 준다. 많은 경우 복음주의자들에 의해 훈련을 받고 그들의

---

8) Lamin Sanneh, "Gospel and Culture: Ramifying Effects of Scriptural Translation", *Bible Translation and the Spread of the Church: The Last 200 Years*, ed. Philip C. Stine (Leiden: E. J. Brill, 1990), pp. 1-23, *Translating the Message: The Missionary Impact on Culture* (Maryknoll, NY: Orbis Books, 1989) 「선교신학의 이해」(대한기독교서회).

후원을 받는 선교학자들은, 복음주의자들이 다른 문화권에 복음을 전할 때 어떤 일이 일어나는지 연구함으로써 놀라울 정도로 신학적으로 깊이 있는 통찰을 발견하게 된다. 예를 들어, 복음주의 선교학자들은 "개신교란 본질적으로 북부 특유의 기독교"임을 분명히 깨닫게 된다. 그들은 여러 사회를 비교 연구함으로써 복음은 언제나 "문화의 포로이자 해방자"라는 것을 보여 준다.[9] 다시 말해 그들의 작업은, 복음주의권에 오랫동안 필요했던 기독교의 독특한 문화적 표현과 기독교의 본질적 표현을 구별해 줄 유용한 관점을 제시했다. 복음주의권의 선교 활동이 이룬 가장 중요한 성과는, 선교사를 파송한 복음주의자들에게 그들이 선포하는 복음을 어떻게 사고의 수단으로 사용할지 알게 해준 것일지도 모른다. 그리고 이것은 아이러니라기보다 합당한 결과다.

그러나 궁극적으로 복음주의 사상에 대한 가장 큰 희망은 그리스도의 십자가에 대한 복음주의의 핵심적인 메시지에 있다. 복음주의자들이 그리스도의 사역이 지성에 어떤 의미를 갖는지를 체계적으로 무시해 왔다 하더라도, 그들은 여전히 계속해서 예수에 대해 이야기하고 있다. 그 이야기에는 도저히 가늠할 수 없는 잠재력이 숨어 있다.

성육신이라는 위대한 진리는, 하나님의 아들이 육신이 되셔서 우리 가운데 거하셨다는 사실이다. 이 기본 진리를 통해 우리는 그분이 인자이심을 강조할 수도 있고, 그분이 육신을 취하시고 우리 가운데 거하셨음을 강조할 수도 있다. 복음주의자들을 저주하는 스캔들은, 그들이 이 둘째 강조점과 그것이 육신의 영역에 관한 사고의 가능성에 가지는 의미를 완전히 무시해 왔다는 것이다. 그러나 그들을 속량하는 스캔들은, 그들이 첫째 강조점을 아직도 잊지 않았다는 것이다.

---

9) Andrew F. Walls, "The Translation Principle in Christian History", in *Bible Translation and the Spread of the Church: The Last 200 Years*, ed. Philip C. Stine (Leiden: E. J. Brill, 1990), Walls, "The Gospel as the Prisoner and Liberator of Culture", *Missionalia* 10 (1982): pp. 93-107.

근본주의자이며 복음주의자인 우리 모두에게 지적으로 가장 중요한 물음은, 가장 중요한 순간에 관한 물음이다. 십자가가 성육신하신 구원자의 죽음을 드러내는가? 하나님의 아들은 정말로 동정녀에게서 나셨으며 참으로 인간의 본성을 입고 성육신하셨는가? 성육신하신 하나님의 아들 예수 그리스도께서는 정말로 이 땅에서 사셨는가? 정말로 예수님이 죽으셨는가? 정말로 그분은 무덤에서 육체로 부활하셨는가? 성령은 성육신하신 그리스도의 은혜를 이생에서 회개한 죄인들에게 나누어 주시는가?

복음주의자들이 이런 사실을 믿는다면 지성도 깨어날 수 있을 것이다. 성육신이라는 기독교 교리는, 하나님이 이 세상을—영성만이 아니라 물질성에 의해 규정되는 세상, 신적 실체만이 아니라 인간적 제도에 의해 움직이는 세상을—택하셔서 택함 받은 이들의 구원을 성취하시는 무대로 삼기로 작정하셨다고 말한다. 속죄라는 기독교 교리는, 하나님이 장차 올 세상에서의 삶뿐만 아니라 이 세상에서의 삶을 위해 그분의 백성을 속량하셨다고 말한다. 신자들의 육신의 몸이 "그리스도의 지체"(고전 6:15)이며 신자들은 "너희 몸을 하나님이 기뻐하시는 거룩한 산 제물로 [드려야]"(롬 12:1) 한다는 것을 알기에 우리는 하나님이 물질 세계도 소중히 여기신다는 것을 안다. 그리고 복음은 모든 인류에게 보편적으로 주어지는 은혜이므로, **이 세상에서** 모든 인간이 존엄하며 그들이 **이 세상에서** 하는 모든 일에 잠재적인 가치가 있다는 것을 안다. 복음주의 지성의 단초는 언제나 존재해 왔는지도 모른다. 십자가라는 스캔들이 복음주의 지성의 스캔들을 해결할 수 있을 것이다. 버지니아 오인즈(Virginia Owens)의 생생한 표현처럼, 그야말로 그리스도의 삶으로 대칭을 이루는 의미의 세계가 존재한다. "피투성이 구유 안에서의 탄생은 피투성이의 공개적인 죽음을 예견했다."[10]

---

10) Virginia Stem Owens, "A Hand in the Wound", *Reformed Journal*, Apr. 1981, p. 15.

마지막으로, 기독교적 사고의 문제는 뿌리 깊은 영적 문제다. 우리는 어떤 하나님을 예배하는가? 이 물음을 통해 우리는 지성과 관련된 가장 중요한 문제로 되돌아간다. 요한복음에서는, 육신이 되시고 우리 가운데 거하시며 영광스러운 은혜와 진리가 충만한 말씀은 만물―자연의 모든 현상, 인간이 풍성하게 상호작용하는 모든 능력, 모든 종류의 아름다움―이 그로 말미암아 창조된 그 말씀이기도 하다고 말한다. 그 말씀을 마땅히 경배하기 위해, 복음주의자들은 그리스도와 그분이 만드신 모든 것을 알아야 한다.

삶에 대한 기독교적 관점을 추구하는 것, 즉 우리의 가족과 경제, 여가 활동, 운동, 몸과 의료에 대한 태도, 소설과 회화를 감상하는 일, 교회와 특히 그리스도인으로서의 활동에 관한 기독교적 관점을 추구하는 것은 단순히 학문적인 연구를 하는 것이 아니다. 오히려 그리스도인답게 생각하려고 노력하는 것은, 자신이 창조한 세상을 다스리시는 하나님의 주권, 세상을 구속하기 위해 죽으시고 세상을 다스리시는 그리스도의 주되심, 매순간 세상을 지탱하시며 세상을 주관하시는 성령의 능력을 진지하게 받아들이려고 노력하는 것이다. 이런 관점에서, 진정으로 그리스도인답게 생각하는 지성을 추구하는 일은 궁극적인 의미를 갖는다. 기독교 지성을 추구하는 것은 결국 지성을 찾는 것이 아니라 하나님을 찾는 것이기 때문이다.

감사의 말

야코프 한들(Jacob Handl)의 모테트 "미라빌레 미스테리움"(*Mirabile mysterium*)을 부른 앤 하이더(Ann Heider)와 히즈 매저스티즈 클럭스(His Majestie's Clerkes)에게 감사한다.

현대 근본주의를 연구하는 사람으로서 중복되는 내용 없이 책 한 권을 써 내는 것은 쉬운 일이 아니었다. 따라서 이 책에는 원래 다른 목적을 위해 썼던 단락이나 문장을 사용하기도 했다. 적지 않은 부분을 다시 사용하게 되었을 때는, 감사하는 마음으로 주석에 출처를 밝혀 두었다.

이 책을 쓰기 위한 시간을 낼 수 있었던 것은 퓨 자선 기금(Pew Charitable Trusts)의 넉넉한 지원 덕분이었다. 이 책을 쓰는 동안 동료 데이비드 웰즈와 닐 플랜팅가(Neil Plantinga)에게 큰 도움을 받았다. 퓨 기금의 지원으로 열린 세 차례의 회의에는 약 40명의 지식인이 참여하여 이 책의 제목이 담고 있는 전면적인 비판에 대해 논의했다.

윌리엄 어드먼즈 출판사의 존 포트(John Pott)의 안내와 격려에 감사하며,

북미의 기독교적 사고를 위해 오랫동안 기여해 온 어드먼즈 출판사에도 감사한다.

이 책의 여러 부분은 다양한 형태로 공개 토론회에서 발표했던 것이다. 이런 기회를 통해 지적인 자극을 얻을 수 있게 해준 베델 신학교와 윤리와 공공 정책 센터, 복음주의기독교출판협의회 연례 회의, 고든콘웰 신학교, 아이오와 대학교, 메시아 칼리지, 무디 성서 학교, 노스웨스턴 칼리지, 휘튼 칼리지의 몇 그룹의 청중에게 감사한다. 휘튼에서 나는 맥매니스 기독교 사상 교수직(McManis Professorship of Christian Thought)으로 몇 년간 봉직할 수 있었으며, 이 책을 쓸 시간을 허락받았다. 이에 대해 리처드 체이스(Richard Chase), 데이비드 존스턴(David Johnston), 워드 크리그봄(Ward Kriegbaum), 패트리샤 워드(Patricia Ward)에게 깊이 감사한다.

이 책의 일부 주제를 다룬 초기의 글에 대해 수많은 사람이 유익한 논평을 해주었다. 더 명확하게, 더 그리스도인답게 사고하도록 자극을 준 허드슨 아머딩(Hudson Armerding), 토머스 보레인(Thomas S. Baurain), 데이비드 베너(David Benner), 보즈먼, 게리 버그(Gary Burge), 도로시 채플(Dorothy Chappell), 케네스 크밀(Kenneth Cmiel), 마크 패클러(Mark Fackler), D. G. 하트(Hart), 제럴드 호손(Gerald Hawthorne), 앨런 제이콥스(Alan Jacobs), 월터 카이저(Walter Kaiser), 로저 런딘(Roger Lundin), 리처드 뉴하우스, 조지 롤릭(George Rawlyk), 밥 로버츠(Bob Roberts), 존 스택하우스(John Stackhouse), 조지 와이글, 제이 우드(Jay Wood), 그리고 이름이 기억나지 않는 다른 몇 사람에게 감사한다.

가족들—조지 놀(George Noll), 크레이그 놀(Craig Noll), 메리 놀(Mary Noll), 특히 매기 놀(Maggie Noll)—역시 이 책을 쓰는 데 도움을 주었다. 매번 책을 쓸 때마다 인내하며 도와준 그들에게 깊이 감사한다.

나의 '대학교'는 수년간 미국복음주의연구소(Institute for the Study of American Evangelicals)에 참여하며 교류한 역사가들의 네트워크다. 기독교적 사고의 모범을 완벽하게 보여 준 그들에게 보잘것없는 보답밖에 안 되겠지만, 이 역사가들—랜들 발머(Randall Balemr), 대니얼 베이즈(Daniel Bays), 이디스 블럼호퍼(Edith Blumhofer), 짐 브랫(Jim Bratt), 래리 에스크리지(Larry Eskridge), 대릴 하트(Darryl Hart), 조지 롤릭, 해리 스타우트(Harry Stout), 그랜트 웨커(Grant Wacker), 그리고 다음 단락에서 언급한 사람들—에게 진심으로 감사한다.

네 명의 지식인, 조얼 카펜터(Joel Carpenter), 나단 해치, 데이비드 리빙스톤(David Livingstone), 조지 마스덴은 이 책을 쓰는 데 특별한 도움을 주었다. 혹시 그들이 이 책을 읽을 시간이 있다면, 내 삶이 그들과의 우정에 빚진 것만큼이나 이 책도 그들에게 큰 빚을 지고 있음을 알 것이다.

해설

정성욱
(덴버 신학교 조직신학 교수)

마크 놀은 북미의 복음주의권에 속한 저명한 역사가다. 그는 같은 대학에서 봉직 중인 조지 마스덴과 함께 복음주의권의 학문적 탁월성을 고양시킨 학자로 주목받고 있다. 특히 최근에는 복음주의 운동의 역사와 관련된 주요 연구서를 출간하여, 영국의 데이비드 베빙턴, 알리스터 맥그래스(Alister E. McGrath)와 더불어 복음주의 운동의 역사에 대한 가장 탁월한 전문가로 인정받고 있다.

「복음주의 지성의 스캔들」에서 마크 놀은 북미 복음주의 운동에 드러나는 최대의 실패와 약점을 통렬하게 파헤치고 있다. 놀에 의하면, 북미 복음주의가 보여 주는 지성적인 피상성과 편협성은 거의 스캔들이라고 불릴 정도로 심각한 상태에 도달해 있다. 특히 북미 복음주의 운동이 감성을 자극하는 면에서 고도의 순발력을 발휘한 데 비하면, 그 운동의 지성적 곤궁 상태는 너무도 수치스러운 스캔들일 수밖에 없다는 것이다. 더 나아가 복음주의자들이 의지를 움직여 선교와 구제와 사회정의를 추구하도록 이끈 점에서 놀라운 역동성을 보여 준 데 비하면, 그 지성적 표피성은 탄식과 애가를 불러일으키기에 충분하다는 것이다.

마크 놀이 '스캔들'이라는 단어를 사용하면서까지 북미 복음주의 운동의 지성적 실패를 지적하는 이유는 무엇인가? 그것은 무엇보다도 "네 마음[지성]을 다해 하나님을 사랑하라"는, 하나님이 인간에게 주신 대계명에 대한 불순종이기 때문이다. 사랑하라고 명령하실 때, 하나님은 우리의 감성과 의지뿐 아니라 지성을 다해서, 즉 우리의 지성을 온전히 그리고 철저하게 사용해서 사랑하라고 명령하신 것이다. 우리의 지성을 불필요하거나 무가치한 것으로 치부하면서 지성을 사용하여 하나님을 사랑하는 일을 거부한다면, 복음주의가 지향하는 본질적인 가치에 대한 반역일 수밖에 없다는 것이다. 다시 말하면, 지성을 무시하면서 하나님을 사랑하는 일이란 기껏해야 반쪽짜리 사랑에 불과하며, 더 심하게 말한다면 참 사랑이 아니라 거짓된 몸짓에 불과하다는 것이다.

그렇다면 마크 놀이 말하는 복음주의 지성이란 무엇인가? 그가 복음주의 지성을 그토록 신랄하게 비판하는 것은 과연 근거가 있는가? 20세기 동안 복음주의 운동을 견인해 온 수많은 탁월한 신학자들을 고려할 때, 놀의 비판은 너무 지나친 것처럼 보이며, 허수아비를 세워놓고 근거 없는 비난을 쏟아 붓는 것 같기도 하다. 존 스토트, 제임스 패커, 알리스터 맥그래스, 데이비드 웰즈, 클락 피낙, 토머스 오든, 도널드 블뢰쉬, 칼 헨리, 밀러드 에릭슨, 스탠리 그렌츠, 톰 라이트 등 수많은 복음주의 신학자가 자신의 지성을 사용해서 탁월한 신학적 업적을 남기지 않았던가? 그리고 이 신학자들의 학문적 노력으로 말미암아 소위 자유주의권에 속한 신학자들도 더 이상 복음주의 신학의 학문적 탁월성과 신뢰성을 무시하지 못하는 시대가 도래하지 않았는가? 그렇다면 마크 놀이 '스캔들'이라는 단어를 사용하여 복음주의의 지성적 실패를 언급하는 것은 너무 지나친 자기 폄하가 아닌가?

이를 위해서는 마크 놀이 복음주의 지성을 어떻게 정의하는가를 정확하게 파악하는 것이 중요하다. '복음주의 지성'이라는 표현을 사용할 때, 그가 복음주의 신학만을 의미하지 않는 것은 분명하다. 도리어 그가 말하는 '복음주의 지성'이란 복음주의 신학을 포함하면서도 복음주의 신학을 넘어서는 훨씬 더 포괄적이고 총체적인 어떤 것이다. 그것은 삼위일체 하나님과 성서 진리의 관점에서 창조 세계의 모든 영역에 대해 사고하며 해석하고, 그 사고와 해석의 결과를 삶의 전 영역에서 적용해 내는 성향이나 능력을 뜻한다.

창조 세계는 매우 다양한 영역으로 나뉘어 있다. 문학, 예술, 과학, 사회, 정치, 교육, 경제, 윤리, 미디어와 같은 큰 영역들이 있으며, 이 각각의 영역들은 다시 세부적인 영역으로 구분될 수 있다. 복음주의 지성은 모든 영역에 대해 성서적인 사유와 해석을 추구해야 한다. 모든 진리는 하나님의 진리라는 대전제 하에 모든 영역의 본질과 의미와 가치에 대한 총체적이고, 입체적이며, 심오한 사고를 추구해야 한다. 이러한 사고와 해석이 그것으로만 머무는 것이 아니라, 그리스도인의 삶 속에 구체적으로 체화되는 통합적 적용(integrative application)으로 나아가야 한다. 바로 이것이 마크 놀이 정의하는 복음주의 지성이다. 이러한 지성적 작업은 신학자만의 일이 아니라, "네 지성을 다해 하나님을 사랑하라"는 명령을 받은 모든 평범한 복음주의 그리스도인이 일상에서 평생토록 추구해야 할 삶의 방식이어야 한다고 마크 놀은 주장한다.

마크 놀의 논의와 주장을 논리적으로 따라가 보면, 결국 북미 복음주의 지성의 스캔들은 가공적이고 허상적인 어떤 것이 아니라 실재하는 문제임이 분명해진다. 그것도 매우 심각한 문제임이 드러난다. 마크 놀은 북미 복음주의 운동의 미래가 그 편협성과 피상성으로 인해 결코 밝지 않으며, 지성을 회복하지 않으면 북미 복음주의는 천박한 감정주의에 함몰되어 점점 몰락해 갈 수밖에 없으리라고 경고한다. 더 나아가 북미 복음주의의 몰락은 결국 하나님 나라의 퇴보라는 심각한 결과를 초래할 것임을 지적한다.

이제 논의를 대한민국으로 돌려보자. 21세기 초 대한민국이라는 상황 속에서, 미국학자가 북미 복음주의 지성 운동의 문제점을 파헤친 책을 읽어야 하는 이유는 무엇인가? 마크 놀의 이 책은 우리에게 어떤 가치와 의미를 지니는가? 우선 한국의 복음주의 운동이 북미, 특히 미국 복음주의 운동에 결정적인 영향을 받았음을 기억할 필요가 있다. 그렇다면 이 책은 북미 복음주의뿐 아니라 한국 복음주의 운동의 현주소에 대한 의미 있는 진단을 제시할 수 있을 것이다. 더욱이 한국의 복음주의 운동 역시 창조 세계의 모든 영역에 대해 성서의 관점에서 깊이 사고하고, 그 결과를 총체적인 삶의 영역에 구체적으로 적용하는 지성 운동의 영역에서 심각한 결핍을 보이지 않는가?

125년이라는 한국 기독교의 역사는 상대적으로 짧다. 그리고 그 기간 동안, 무속신앙과 불교, 유교와 같은 전통 종교가 지배적인 한국의 토양에서 한국 기독교는 극단적인 감정주의가 지배적인 흐름이 되었다. 또한 복음주의적 정체성에 대한 분명한 확인과 뚜렷한 복음주의적 자의식을 가진 지성 운동이 시작된 것은 얼마 되지 않는다. 한국의 복음주의 지성 운동은 지난 80년대 이후에야 싹트기 시작했다. 이와 대조적으로 북미 기독교의 역사는 이미 500년이 넘었고, 18세기 복음주의 대각성이 일어난 지도 거의 300년이 되었다. 이런 상황에서 우리는 이 책을 통해 한국 복음주의 지성 운동의 현 상황을 정확하게 분석할 해석의 틀을 확보할 수 있으며, 이 운동이 앞으로 나아가야 할 바른 방향에 대한 교훈을 얻을 수 있다. 이것이 바로 이 책이 우리에게 제공할 수 있는 큰 유익이다.

하나님을 사랑하되 우리의 감성과 의지뿐 아니라 지성을 다해서 사랑해야 하며, 그런 의미에서 복음주의 운동은 지성 운동의 성숙을 추구해야 한다는 마크 놀의 예언자적 외침을 우리는 반드시 귀 기울여 듣고, 책임 있게 반응해야 한다. 이 책은 우리가 공동으로 실천해야 할 과제들이 무엇인지 알려주며, 그 실천을 위한 결단을 촉구하는 매우 요긴한 선물이다.

인명 찾아보기

Aberhart, William   222
Abraham, Willian   33
Adams, Marilyn   300
Adams, Robert   300
Ahlstrom, Sydney   126 주.5, 154 주.2
Alexander, Archibald   133 주.19, 135, 237, 250 주.25
Allen, C. Leonard   112 주.20, 138 주.34, 139 주.35
Allen, Richard   216 주.32
Alston, William   300
Amstutz, Mark   289
Appleby, Joyce   114 주.22
Aqunias. Thomas Aquinas   71, 78-79, 209, 211, 303
Aristotle   79, 257-258
Asbury, Francis   31

Bach, J. S.   72, 186
Backus, Isaac   102
Bacon, Francis   54, 140, 258, 262-263, 265
Bahnsen, Greg   288 주.25
Bandow, Doug   289
Barker, William S   288 주.25
Barnard, John   156 주.4
Barnhouse, Donald   218
Bass, Clarence B   162 주.10
Baumer, Franklin L   83 주.32
Beale, David O   159 주.6
Bebbington, David   35, 167, 303
Beecher, Willis J   148
Bellamy Joseph   136
Berens, John F   142 주.44
Bilhartz, Terry D   99 주.4
Blaising, Craig A   162 주.10, 163, 176

Blamires, Harry 31-32
Bledstein, Burton J 155 주.3
Bloch, Ruth H 142 주.44, 210 주.27
Bloesch, Donald 33
Bloom, Allan 60 주.1
Blumhofer, Edith Waldvogel 161 주.9
Bock, Darrell L 162 주.10, 163
Boles, John B 99 주.4
Boudinot, Elias 134
Bouwsma, O. K. 300
Bouwsma, Williams 70
Bowman, John Wick 171
Boyer, Paul 41-43, 192
Bozeman, Theodore Dwight 126 주.5, 133, 173 주.25
Bradford, William 75
Bradstreet, Anne 75
Bratt, James D. 279 주.11
Braudel, Fernand 46
Breckinridge, Robert 141
Briggs, Charles A 147
Bright, Bill 45
Brookes, James 181, 183 주.41
Brooks, Phillips 233
Brown, Colin 68 주.7
Brown, Harold O. J. 290
Bruce, F. F. 280
Bruce, Steve 226 주.54
Bryan, William Jennings 40, 200-218, 225, 245, 291, 308
Bunyan, John 75
Burwash, Nathaniel 187-188
Bushnell, Horace 233

Calhoun, Daniel 105 주.11
Calhoun, Robert M 131 주.13, 200 주.1
Calvin, John 69-71, 79, 95, 100, 266
Campbell, Alexander 112-113, 137, 138, 141
Carey, Patrick W 210 주.28
Carnell, Edward John 171, 276
Carpenter, Joel A 45 주.18, 180 주.35, 219 주.37, 223 주.50, 275 주.3, 293 주.30
Carwardine, Richard J 200 주.1
Chafer, Lewis Sperry 162 주.10, 163, 175, 182, 185
Chalmers, Thomas 186
Cherry, Conrad 116 주.25, 137 주.30
Chesterton, G. K. 78, 304 주.45
Clark, Joseph 237
Clifford, N. K. 40
Coll, Alberto 289
Colletta, Paolo E. 201 주.2
Collinson, Patrick 73 주.20
Colson, Charles 287 주.21
Copeland Kenneth 98
Croly, George 193
Cromartie, Michael 225 주.52, 226 주.54
Cromwell, Oliver 75, 107
Crutchfield, Larry V. 178 주.33
Curry, Dean 289
Curry, Thomas J. 101 주.8

Dana, James 240
Darby, John Nelson 162
Darwin, Charles 156. 233-236
Davis, Edward 242
Dawson, Christopher 77 주.27

Dawson, John William 240
Dayton, Donald W. 36 주.7, 161 주.9, 167 주.16, 275 주.3
Deason, Gary 71 주.14
Dennis, Lane 287 주.20
Derrida, Jacques 46
Descartes 258
Desjarlais, John 283 주.15
Desmond, Adrian 234 주.3
Dieter, Melvin Easterday 160 주.7
DiSouza, Dinesh 60 주.1
Dobson, Ed 225 주.52
Dollar, George W. 154 주.2
Duffield, John T. 234
Durkheim, Emile 46
Dwight, Timothy 99, 132, 134, 136
Dyer, Charles 41 주.14

Edwards, Jonathan, Jr. 30, 35, 54, 84-85, 96-97, 116-121, 123, 126-127, 186, 206, 303
Eliot, Charles 155
Eliot, George 192 주.54
Eliot, T. S. 186
Ellingsen, Mark 159 주.6
Evans, C. Stephen 16, 301 주.42

Fackre, Gabriel 33
Falwell, Jerry 45, 98, 225
Fanning, Tolbert 141
Farmer, James Oscar, Jr. 200 주.1
Farrington, Benjamin 258
Ferré, Nels 179
Fickett, Harold 186
Fiering, Norman 116 주.25, 128

Finke, Roger 100 주.5, 103, 104 주.10
Finney, Charles Grandison 98, 139 주.36
Flavelle, Alan 309 주.2
Fowler, Robert Booth 287 주.22
Francke, August Hermann 82
Frank, Douglas 145 주.50, 167
Frankena, William 300
Freud, Sigmund 46
Friedman, Milton 46
Fuller, Charles 218
Fuller, Daniel P. 162 주.10

Gaebelein, Arno 218
Galilei, Galileo 262-265
Gauvreau, Michael 95
Gay, Craig M. 226 주.53
Gilson, Etienne 78 주.28
Godfrey, W. Robert 288 주.25
Goodwin, William 124
Gook 243
Gould, Stephan Jay 251
Graham, Billy 98, 276, 281
Grant, George Monro 31, 188
Grave, S. A. 125 주.3
Gray, Asa 233-234
Gray, James 218
Green, John C. 36 주.8, 213 주.29, 290 주.29
Green, William Henry 148
Greene, John C. 125주.4, 233주.1
Grenville, Andrew 37주.9
Griffioen, Sander 71주.13
Groenewoud, Gerben 71주.13
Guinness, Os 53
Guth, James L. 36 주.8, 213 주.29, 290

주.29
Guyot, Arnold   240

Hamilton, Michael   30 주.1
Handy, Robert T.   154 주.2, 215
Harbison, E. Harris   278
Harper, William A. 289 주.26
Harrell, David Edwin   161 주.9
Harris, Thomas   64
Hart, Darryl G.   157 주.5, 324, 325
Hatch, Nathan O.   30 주.1, 45 주.18, 100 주.6, 111, 140 주.37, 142 주.44, 193 주.55, 206 주.16, 241 주.14
Hempton, David   276, 278, 281, 284-286, 328
Henry, Carl F. H.   206
Henry, Joseph   240
Henry, Paul   286
Hill, Christopher   73 주.20
Hindson, Ed   225 주.52
Hitler, Adolf   228
Hodge, A. A.   147
Hodge, Charles   31, 127, 141
Hofstadter, Richard   38-39
Hoitenga, Dewey A.   301 주.41
Holifield, E. Brooks   16, 126 주.5
Holl, Karl   69 주.9
Hollinger, Dennis P.   285 주.18
Holmes, Arthur   76 주.26
Hont, Istvan   125 주.3
Hood, Fred J.   126 주.5
Hooykaas, R.   257 주.37, 294 주.31
Hopkins, Samuel   136, 138, 146
Houghton, Will   218
Hovenkamp, Herbert   125 주.4

Howe, Daniel Walker   126 주.5, 129 주.10, 131
Hughes, Richard T.   112 주.20, 138 주.34, 139 주.35, 180 주.35, 210 주.28
Hull, William E.   50-51, 315
Hume, Daivd   124
Hummel, Charles E.   294 주.31
Hutcheson, Francis   125
Hutchins, Robert M.   314
Hutchinson, John   249
Hutchison, William R.   145 주.48, 158 주.5, 236 주.7
Huxley, Thomas H.   156, 254

Ignatieff, Michael   125 주.3
Irving, Edward   169
Iverach, James   240

Jackson, Andrew   210
Jefferson, Thomas   125, 210
Jellema, Harry   300
Johnson, Douglas   280
Johnson, Phillip E.   254, 295 주.34
Johnston, Robert K.   36 주.7, 167 주.16
Jones, D. Gareth   295 주.33

Kant, Immanuel   83 주.32
Kellstedt, Lyman   36 주.8, 213 주.29, 290 주.29
Kelly, J. N. D.   90
Kelvin, Lord   240
Kennedy, D. James   225
King, Martin Luther, Jr.   68-69, 79, 95, 207, 313

Kissinger, Henry　228
Klaaren, Eugene　257 주.37
Klapwij, Jacob　71 주.13
Knowles, David　77 주.27
Knox, Ronald　38-39, 185
Konyndyk, Kenneth　299 주.39
Koop, C. Everett　295
Kraus, C. Norman　162 주.10
Kuhn, Thomas　46
Kuklick, Bruce　134 주.22, 135, 136 주.27, 138, 155 주.3
Kuyper, Abraham　186, 279, 288, 313

Lamar, James S.　142
Latourette, Kenneth Scott　277
Le Duc, Thomas H. A.　156 주.4
Lee, Sang Hyun　116 주.25
Leege, David C.　290 주.29
Leith, John H.　221, 313 주.4
Lemmel, Helen H.　194
Leo XIII (교황)　200, 204 주.14
Letterman, David　65
Levine, Lawrence W.　203 주.10
Lewalski, Barbara　72
Lewis, C. S.　278, 281-282
Lincoln, Abraham　16
Lindberg, David C.　71 주.14, 89 주.37, 234 주.4, 244 주.18
Lindsey, Hal　164, 188
Livingstone, David N.　233 주.1, 235 주.6, 244 주.18, 252 주.31, 325
Lloyd-Jones, Martyn　62, 98, 169, 280, 281
Locke, John　114, 119, 124
Longfield, Bradley J.　157 주.5, 209 주.23
Lovelace, Richard　121 주.31

Lucas, George　65
Luther, Martin　68-69, 79, 95, 207

McCarthy, Rockne　289
McCosh, James　235
McGready, James　99
McInerny, Ralph M.　78 주.28
McKim, Donald K.　146 주.52
McKinley, William　217
Machen, J. Gresham　66
Mackay, Donald　294 주.31
Macloskie, George　240
Madison, James　125
Magnuson, Norris　215, 216 주.31
Mahan, Asa　138
Malik, Charles　56-57, 285
Mao Tse-tung　193
Marsden, George　35 주.7, 67 주.5, 134 주.24, 144 주.46, 145 주.49, 154 주.2, 157 주.5, 173 주.25, 216, 226 주.54, 236 주.8, 241 주.14
Marshall, Robert　100
Marty, Martin E.　145 주.50, 154 주.2
Marx, Karl　46
Mathews, Mark　218
Maury, Matthew Fontaine　240
May, Henry　124
Menninga, Clarence　294 주.31
Meyer, D. H.　126 주.5, 127 주.6, 131
Midgley, Mary　241
Miller, Hugh　240
Miller, L.　68 주.7
Milton, John　75
Mitchell, Basil　301
Moody, D. L.　98, 151

Moore, James R. 89 주.37, 233 주.1, 234 주.3·4, 242 주.16
Moore, R. Laurence 158 주.5
More, Thomas 315
Morgan, Edmund S. 73 주.20
Morgan, John 74
Morris, Henry M. 247, 260 주.40
Morris, Thomas V. 301 주.42
Mouw, Richard 33, 288
Mullins, E. Y. 187
Murray, Iain H. 62 주.3, 116 주.25, 170 주.20
Mussolini 219, 228

Napoleon 228
Nash, Gary B. 133 주.21
Needham, George 183
Nelson, Shirley 186
Neuhaus, Richard John 110 주.15, 200 주.1, 225 주.52, 288 주.25, 291
Newman, Francis 171 주.21
Newman, John Henry 171 주.21
Newton, Sir Isaac 119, 124-125, 127, 130, 140, 249, 258
Niebuhr, H. Richard 273
Niebuhr, Reinhold 291
Noll, Mark 34 주.5, 43 주.16, 68 주.6, 76 주.26, 107 주.14, 124 주.1, 126 주.5, 129 주.9, 134 주.24, 135 주.26, 146 주.52, 154 주.2
North, Gray 288 주.25
Novak, Michael 291
Numbers, Ronald L. 40-43, 251

Ockenga, Harold John 275-276
Oden, Thomas C. 33
Oleson, Alexandra 144 주.47
Orr, James 245
Oswald 137
Owens, Virginia 321

Packer, J. I. 33, 328
Paine, Tom 124, 134
Paley, William 132
Palmer, Mrs. Phoebe 161
Pals, Daniel 98
Park, Edwards Amasa 137
Pascal, Blaise 303
Paterson, Evangeline 186, 312
Pelikan, Jaroslav 72 주.17
Peretti, Frank 189
Peter the Hermit 208
Pinnock, Clark 33
Piper, John 121 주.31
Plantinga, Alvin 300
Poythress, Vern 162 주.10
Price, George McCready 245

Ramm, Bernard 247
Ratzsch, Del 294 주.31
Rauschenbusch, Walter 215
Rawlyk, George A. 324
Reid, Thomas 125, 128 주.8
Rennie, Ian S. 280 주.12
Ribuffo, Leo 166
Riley, William Bell 218
Rimmer, Harry 243, 246
Roberts, Jon H. 233 주.1
Roberts, Oral 45, 98

Robertson, Pat 45
Rogers, Jack B. 146 주.52
Roosevelt, Theodore 217
Rousseau 124
Royal, Robert 204 주.14
Rudwick, Martin J. S. 234 주.4
Ruegsegger, Ronald 287 주.20
Russell, Colin A. 294 주.31
Ryken, Leland 73 주.20
Ryrie, Charles Caldwell 162 주.10, 163, 178 주.33

Sagan, Carl 251
Sandeen, Ernest 159 주.6
Sanneh, Lamin 319
Saucy, Robert 162 주.10
Saussure, Ferdinand 46
Sayers, Dorothy L. 282, 304 주.45
Schaeffer, Francis 287
Schleiermacher, Friedrich 83
Schlesinger, Arthur 60 주.1
Schreiner, Susan E. 69 주.10
Schwehn, Mark 60
Scofield, C. I. 163-164, 172, 174, 175, 182, 195
Sellers, Charles G. 114 주.22
Shaw, Luci 186
Shedd, William G. T. 240
Sher, Richard B. 125 주.3
Shields, T. T. 218
Shipps, Kenneth W. 45 주.18
Sider, Ronald 33, 287, 288 주.23
Skillen, James 287 주.22, 289
Smidt, Corwin 36 주.8, 290 주.29
Smith, Henry Boynton 187

Smith, Joseph 210
Smith, Page 60 주.1
Smith, Samuel Stanhope 130, 131
Smith, Timothy 217
Smith, W. Robertson 148
Smith, Wilson 131
Smylie, James H. 133 주.21
Snow, Robert E. 294 주.31
Solzhenitsyn, Aleksandr 189
Spencer, Herbert 157
Spener, Philipp Jakob 82
Stackhouse, John G., Jr. 33 주.4, 276 주.4, 324
Stek, John H. 294 주.31
Stewart, Dugald 125, 128 주.8
Stoeffler, F. Ernest 82 주.31
Stone, W. Barton 99
Stott, John 98, 281, 328
Stout Harry S. 97, 325
Strong, A. H. 187
Stuart, Moses 31, 140
Stump, Eleonore 300
Sunday, Billy 98, 215 주.30
Swaggart, Jimmy 98
Sweeny, Douglas A. 35 주.7
Sweet, Leonard 202
Synan, H. Vinson 160 주.7
Szasz, Ferenc Morton 151 주.57

Taylor, Edward 75
Taylor, Nathaniel William 134
Thomas Aquinas 71, 78-79, 209, 211, 303
Thompson, E. P. 46
Thompson, J. 100
Tocqueville, Alexis de 105, 143 주.45

Tolkien, J. R. R.　304 주.45
Torrey, R. A.　148
Toulmin, Stephen　257
Trollinger, William Vance, Jr.　159 주.6

Van Die, Marguerite　33 주.4, 153 주.1
van Ruisdael, Jacob　186
Van Til, Cornelius　288
Van Till, Howard J.　294 주.31, 295 주.34
Veysey, Laurence R.　144 주.47
Voltaire　124
Voss, John　144 주.47

Wacker, Grant A.　145 주.51, 161 주.8, 187 주.47, 325
Waggoner, Paul M.　217 주.36
Walford, John　72 주.18
Walsh, Chad　278
Waltke, Bruce　255
Walvoord, John F.　41 주.14, 252 주.30
Ward, W. R.　82 주.31
Warfield, Benjamin B.　147, 168 주.19, 187
Watson, David　250
Waugh, Evelyn　186
Weber, Max　46
Weber, Timothy　166, 167 주.16, 181 주.37, 220 주.42
Webster, Charles　71 주.14
Weed, Michael R.　139 주.35
Weigel, George　200 주.1, 204 주.14, 291
Weld, Theodore Dwight　208
Wells, David F.　33
Wesley, John　30, 35, 126
Westphal, Merold　301 주.41
Whitcomb, John C., Jr.　247

White, Ellen G.　41
Whitefield, George　35, 97, 126
Wiebe, Robert H.　151 주.57
Wilde, C. B.　249 주.24
Wilkin, Robert　68 주.7
Williams, Charles　304 주.45
Willimon, William　33
Willis, David L.　247 주.20
Wills, Garry　125 주.4, 201
Wilson, Dwight　229 주.56
Wilson, Robert Dick　149
Wilson, Woodrow　213, 216-217
Winchell, Alexander　240
Winrod, Gerald　222
Winthrop, John　75
Witherspoon, John　130, 131, 132, 133 주.19
Wolterstorff, Nicholas　300
Wood, Gordon S.　111 주.16, 114
Woodbridge, John D.　146 주.52
Woods, Leonard, Jr.　140, 141 주.39
Wright, George Frederick　235
Wright, John　314, 315 주.6
Wuthnow, Robert　46

Yandell, Keith E.　293 주.30
Yoder, John Howard　287
Young, Davis A.　262 주.41, 294 주.31, 296

Zinzendorf, Nicholas von

주제 찾아보기

6월 전쟁(1967년)[June War(1967)] 228
「IVP 성경주석」(*New Bible Commentary*) 280

가인(Cain) 87
가톨릭 사도 교회(Catholic Apostolic Church) 169
가톨릭교도(Catholics) 15, 17, 36, 37, 75, 81, 109, 113, 159, 215, 263, 286, 304, 305, 312, 315
    반미국적이라는 의심(suspected as anti-American) 109-110, 215, 216
    복음주의에 대한 기여(as contributing to evangelicals) 313-314
    의 학문적 깊이(intellectual depth of) 283, 302, 305
    청교도와의 관계(relation of, with Puritans) 75
    또한 '새로운 사태', 'Neuhaus, Richard John', 'Novak, Michael', 'Weigel, George'을 보라
가톨릭교회(Catholicism) 68, 80, 204, 207
가현주의(Docetism) 86, 89-90
간격 이론(창조에 관한)[gap theory(of creation)] 246 또한 '창조론'을 보라
감리교회(Methodists) 99 또한 '성결', '케직', '완전주의', 'Asbury, Francis', 'Burwash, Nathanael'을 보라
개혁교회(Reformed) 30, 186, 278-279, 282, 285
    복음주의에 대한 기여(as contributing to evangelicals) 313-314
    또한 'Edwards, Jonathan', 'Mouw, Richard'를 보라

갤럽 여론조사(Gallup poll) 297
건국 부조(Founding Fathers) 103
걸프전(1991년)[Gulf War(1991)] 41, 189, 221
경건주의(Pietists) 81-84 또한 'Francke', 'August Hermann', 'Spener, Philipp Jakob'을 보라
경제(economics) 17, 34, 85, 282-284
  자유주의적 경제관(liberal views of) 114-116, 150
  또한 '자본주의'를 보라
계몽주의(Enlightenment) 95, 123-152
  신학에 미친 영향(effect on theology) 135-138, 310
  의 계승자로서 복음주의자(evangelicals as heirs of) 95-96
  스코틀랜드의(Scottish) 127
  또한 '상식 철학'을 보라
"계시"(*Revelation*) 219
고든콘웰 신학교(Gordon-Conwell Seminary) 324
곡(Gog) 229
공공정의센터(Center for Public Justice) 289
공산주의(Communism) 152, 177, 189, 229
과학(Science)
  에 대한 복음주의 견해의 변천(changing evangelical view of) 143-144, 231-232
  에 대한 세대주의의 견해(dispensational view of) 173-177

초기 개신교인 과학자들(early Protestants in) 71
에 관한 최근 복음주의의의 사고(recent evangelical thought on) 293-298
또한 '베이컨주의', '창조론', '과학자'를 보라
과학자(scientists)
  유기적 진화론의 수용(accept organic evolution) 233-235, 244, 253
  로서의 초기 개신교인들(early Protestants as) 71, 257
  와 계몽주의(and Enlightenment) 125
  로서의 복음주의자(evangelicals as) 231-232, 240, 246-247, 267, 293-294, 297-298
  또한 '창조론'과 '과학'을 보라
교회와 국가의 분리(separation of church and state) 96, 101-105, 209
교회의 시대(age of the church) '세대주의'를 보라
교회의 영적 특성(spirituality of the church) 221, 223, 313
구세군(Salvationists) 222
「구약 성서에 대한 과학적 연구」(*A Scientific Investigation of the Old Testament*, Wilson) 149
국교 폐지, 와 부흥운동(disestablishment, and revivalism) 103-104, 120
국제연맹(League of Nations) 219, 228
국제연합(United Nations) 189, 228
그랜드 래피즈의 출판사들(publishing house of Grand Rapids) 279, 285

그레이스 신학교(Grace Theological Seminary) 247
그레이스 형제단(Grace Brethren) 247
그리스도의 교회들(Churches of Christ) 113, 141, 210, 218, 282 또한 '환원 운동'을 보라
그리스도인의 교회들(Christian Churches) 113, 141 또한 '환원 운동'을 보라
근대주의, 신학적(modernism, theological) 144
근본주의-근대주의 논쟁(fundamentalist-modernist controversy) 283
"근본 진리"(*The Fundamentals*) 244
금주법(prohibition) 213, 215, 221
「기독교 개인 윤리」(*Christian Personal Ethics*, Henry) 284
기독교생활위원회(Christian Life Commission) 227 주.5
「기독교 윤리학 사전」(*Baker's Dictionary of Christian Ethics*) 284
「기독교적 과학관과 성서관」(*The Christian View of Science and Scripture*, Ramm) 247
기독교철학학회(Society of Christian Philosophers) 283, 301-302
기독교칼리지연합(Christian College Coalition) 45
기독교칼리지협회(Christian College Consortium) 45
기독학생회(미국)[InterVarsity Christian Fellowship(U.S.)] 281
기독학생회(영국)[Inter-Varsity Christian Fellowship(Britain)] 280, 281, 282
기독학생회출판부(미국)[InterVarsity Press(U.S.)] 295
기독학생회출판부(영국)[Inter-Varsity Press(Britain)] 280, 281

나사렛교회(Church of the Nazarene) 161
나이애가라 예언 사경회(Niagara Prophecy Conferences) 181
나이애가라온더레이크[Niagara-on-the-lake(Ontario)] 163
낙태 금지 운동(pro-life cause) 227, 298 또한 '낙태'를 보라
낙태(abortion) 248, 286 또한 '낙태 금지 운동'을 보라
날-시대 이론(day-age theory) 246 또한 '창조론'을 보라
남감리교회(Methodist Episcopal Church, South) 222
남북전쟁[Civil War(U.S.)] 200
남침례교회(Southern Baptists) 187, 212, 218, 227, 282 또한 '침례교회', 'Morris, Henry M.', 'Mullins, E. Y.'를 보라
낭만주의(Romanticism) 210 주.28
네덜란드 개혁교회(Dutch Reformed) 278, 279, 282, 285-286, 288, 300, 303 또한 '북미개혁교회'를 보라
네덜란드(Netherlands) 81
  의 개혁교회(Dutch Reformed in) 278-279, 285
  와 종교개혁이 사고에 미친 영향(and effect of Reformation on thinking) 71

네브래스카(Nebraska) 201
노벨상(Nobel Prizes) 86
노아(Noah) 244-245
노예제 폐지 운동(abolition) 208
노트르담 대학교(Notre Dame University) 283
"뉴 옥스퍼드 리뷰"(New Oxford Review) 43
"뉴욕 북리뷰"(New York Review of Books) 44
"뉴욕 옵저버"(New York Observer) 238
"뉴욕 타임즈 선데이 매거진"(New York Times Sunday Magazine) 44
뉴헤이븐(코네티컷)[New Haven(Conn.)] 73
뉴헤이븐신학(New Haven Theology) 134

대각성운동(Awakening)
 제1차(First) 30, 97, 116, 205 주.15
 제2차(Second) 97, 99
 두(the two) 208
대공황(Great Depression) 152, 218
대영제국(British Empire) 107
대영제국(Great Britain) 37, 49, 102, 110, 128, 156, 200
 과 복음주의권의 지적 네트워크(and evangelical intellectual network) 282
 에서의 창조론의 영향(influence of creationism in) 248
 과 미국 복음주의권(and U.S. evangelicals) 167-170
「대 유성 지구의 종말」(Late Great Planet Earth, Lindsey) 188
대위임령(Great Commission) 104
대중 매체(mass media) 64
대중주의, 복음주의의 성격으로서의 (populism, as evangelical characteristic) 59, 140, 199, 211, 275, 291
대학교(universities) '학계'를 보라
대홍수지질학회(Deluge Geological Society) 246
댈러스 신학교(Dallas Theological Seminary) 164
더 나은 성결의 삶 운동(Higher Life movement) 54 또한 '성결 운동', '케직'을 보라
덴버(Denver) 216
도덕적 다수(Moral Majority) 225
도미니크 수도회(Dominicans) 78
독립선언서(Declaration of Independence) 113, 129
독립전쟁(War for Independence) 96, 110, 111,
독소불가침조약(Nazi-Soviet Pact) 228
독일(Germany) 156, 219
 과 종교개혁이 사고에 미친 영향(and effect of Reformation on thinking) 71
 과 경건주의 운동(and pietistic movement) 81-82, 186
동구 공산권(Soviet Bloc) 229
동방 정교회(Eastern Orthodox) '정교회'

를 보라

동정녀 탄생(Virgin Birth) 321

두 왕국설(Two Kingdom theory) 318 또한 '루터교회'를 보라

듀크 대학교(Duke University) 283

디모데(Timothy) 310

라디오, 복음주의자들의 사용(radio, evangelicals' use of) 30

라팔로 조약(Rapallo Treaty) 228

러일전쟁(Russo-Japan War) 228

렉싱턴과 콩코드(Lexington and Concord) 110

로 대 웨이드 사건(Roe v. Wade) 212, 224

로드 아일랜드, 와 교회-국가의 분리(Rhode Ireland, and separation of church and state) 102

로마 가톨릭(Roman Catholic) '가톨릭'을 보라

로마 제국(Roman Empire) 228

로마(Rome) 210

로스앤젤레스, 와 아주사 거리의 부흥운동(Los Angeles, and Azusa Street revival) 161

로잔세계전도위원회(Lausanne Committee for World Evangelism) 281

루이지애나, 와 창조과학(Louisiana, and creation science) 248

루터교 미주리 시노드(Lutheran Church-Missouri Synod) 246

루터교회(Lutherans) 30, 278-279

복음주의에 대한 기여(as contributing to evangelicals) 313-314
또한 '두 왕국설', 'Bach, J. S.'를 보라

리디머 칼리지(Redeemer College) 46

리버티 대학교(Liberty University) 47

리젠트 칼리지(Regent College) 44 주.17

"리폼드 저널"(Reformed Journal) 44

마니교(Manichaeism) 81, 86-87
창조론자들의(of creationists) 253
근본주의자들의 태도로서의(as fundamentalist attitude) 243, 312
페레티의 소설에서의(in Peretti novels) 189-190

매디슨 가(Madison Avenue) 65

매사추세츠(Massachusetts) 110
와 국교제도(and establishment of religion) 102

메노나이트(Mennonites) 212, 278, 282, 285 또한 '재세례파', 'Yoder, John Howard'를 보라

메시아 칼리지(Messiah College) 46

메시아(Messiah) 229

메인라인 개신교(Protestants, mainline) 36, 60, 215, 277-278
와 복음주의 철학(and evangelical philosophy) 299-300
의 지적 깊이(intellectual depth of) 305
또한 'Niebuhr, Reinhold'를 보라

모르몬교(Mormons) 112, 210

무디성서학교(Moody Bible Institute) 219

무천년설(amillennialism) 252 또한 '전

천년설'을 보라
묵시론(문학)[apocalyptic(literature)] 192
문자주의, 성서 해석에서의(literalism, in biblical interpretation) 165, 170, 246, 251
문화혁명(Cultural Revolution) 193
미국 혁명(Revolution, American) '독립전쟁'을 보라
미국과학협회(American Scientific Affiliation) 19, 246, 254, 294,
미국복음주의협회(National Association of Evangelicals) 224
미국산업부흥국(National Recovery Administration) 220
「미국의 계몽주의」(The Enlightenment in America, May) 124
「미국의 민주주의」(Democracy in America, Tocqueville) 105
「미국의 반지성주의」(Anti-Intellectualism in American Life, Hofstadter) 38
「미래의 천국과 현재의 문화」(When the Kings Come Marching In, Mouw) 288
미래주의(futurism) '세대주의'를 보라
미시건 주립대학교(Michigan University) 155
미시건(Michigan) 278, 286
민주당 전국대회(Democratic National Convention) 200
민주당(Democratic party) 200, 227

「바람의 역사」(The History of the Winds, Bacon) 263

바벨(Babel) 264
바울(Paul) 61-63, 74, 87-91, 292, 306, 310, 315
반세대주의(antidispensationalism) 275 주3 또한 '세대주의'를 보라
반유대주의(anti-Semites) 220, 222
반종교개혁(Counter-Reformation) 82
반지성주의(anti-intellectualism)
  복음주의자/근본주의자들의(of evangelical/fundamentalists) 37-39, 53, 54, 56, 160, 169-171, 173, 175
  종교개혁의(of the Reformation) 68, 95
방언(tongues speaking) 34, 161, 165 또한 '오순절파'를 보라
밴더빌트 대학교(Vanderbilt University) 64
밸퍼레이조 대학교(Valparaiso University) 60
버몬트의 연방 가입(Vermont, joining the Union) 101
버지니아 대학교(Virginia University) 283
버지니아와 교회-국가의 분리(Virginia, and separation of church and state) 102
벙커 힐(Bunker Hill) 110
베네딕트 수도회(Benedict) 77
베델 신학교(Bethel Seminary) 324
베를린(Berlin) 82
베이컨 칼리지(Bacon College) 141
베이컨주의(Baconianism) 174-175, 232
  와 진화론(and evolution) 235-236
  와 근본주의자(and fundamentalists) 242-243, 247, 254-258

와 새로운 과학(and the new science) 143, 156-158
의 원리(principles of) 255
또한 '창조론', '과학'을 보라
벨직 신앙고백(Belgic Confession) 88
변증학(apologetics) 79, 104,
보스턴 대학교(Boston University) 276
보스턴 차 사건(Boston Tea Party) 110
보스턴(Boston) 73, 110
「보이지 않는 전쟁」(Piercing the Darkness, Peretti) 189
복음주의의 성격(evangelicalism, characterized) 34-37, 120, 303 또한 '행동주의', '반지성주의', '성서주의', '회심주의', '십자가중심주의', '세대주의', '대중주의'를 보라
「복음주의자들의 항의를 촉구한다」(A Plea for Evangelical Demonstration, Henry) 284
「복음주의자의 불편한 양심」(The Uneasy Conscience of Modern Fundamentalism, Henry) 206, 284
「부흥론」(Lectures on Revivals of Religion, Finney) 139
부흥운동(revivalism) 95-101, 213
과 국교제도 폐지(and disestablishment) 103-104, 120
에드워즈, 휫필드, 웨슬리의(of Edwards, Whitefield, and Wesley) 120, 126
피니의(of Finney) 139
북대서양조약기구(NATO) 228
북미개혁교회(Christian Reformed) 278, 295, 302, 312 또한 '네덜란드 개혁교회'를 보라
북아일랜드(Northern Ireland) 281
북침례교회(Northern Baptists) '침례교회', 'Strong, A. H.'를 보라
불가지론(agnosticism) 108, 144, 258
브라운 대학교(Brown University) 126
브레스트-리토프스크 조약(Treaty of Brest-Litovsk) 228
빌리 그레이엄 센터(Billy Graham Center) 55 또한 '휘튼 칼리지'를 보라

사탄(Satan) 108, 109
에 대한 세대주의의 견해(dispensationists' view of) 165
에 관한 강조(heightened language concerning) 190
에 대한 청교도의 견해(Puritan view of) 73
사회복음(Social Gospel) 215
사회적 진화론(social Darwinism) 157-158, 245
산상 설교(Sermon on the Mount) 292
삼위일체론(Trinity)
경험주의에 의한 변론(defended by empiricism) 133
과학적 가르침에 대한 옹호로서의(as support for science teachings) 249
과 기독교의 체계(and systems of Christian) 178
상식 철학(common-sense philosophy) 54, 128, 129, 137, 150

과 계몽주의(and the Enlightenment) 125
새로운 기독교 우파(New Christian Right)
  190, 225-226, 286, 290
새로운 기독교 좌파(New Christian Left)
  226
새로운 복음주의(new evangelicals) 276,
  278
「새로운 사태」(Rerum Novarum, Leo XIII)
  200
「새로운 지질학」(The New Geology, Price)
  245
「새성경사전」(New Bible Dictionary) 280
"새터데이 이브닝 포스트"(Saturday
  Evening Post) 219
샘퍼드 대학교(Samford University) 46,
  50, 315
선교 활동(missionary efforts) 78, 110
선교단체(parachurch communities) 29
"선데이 스쿨 타임즈"(Sunday School
  Times) 219
설계 논증(design, argument from) 235,
  258 또한 '목적론적 논증'을 보라
성결(Holiness) 186, 191
  과 반지성주의(and anti-intellectualism)
    291, 317
  운동(movement) 166, 169-170, 179
  신학(theology of) 154, 170, 189-190
  또한 '퀘직', '감리교회', '완전주의'를
    보라
성공회 교인(Episcopalians) 282 또한
  'Brooks, Phillips', 'Walsh, Chad'를
  보라

성공회(Anglicanism) 30, 34, 98, 186, 233,
  249, 278, 282, 302
성공회교인(Anglicans) '영국 국교회',
  'Eliot, T. S.', 'Hutchinson, John',
  'Lewis, C. S.', 'Sayers, Dorothy L.',
  'Whitefield, George'를 보라
성서 무오성(biblical inerrancy) 168, 181,
  310
  과 하지(and Hodge) 238
  과 워필드(and Warfield) 266-267
  또한 '성서'를 보라
성서 비평(biblical criticism) 124, 145-146,
  149, 171, 234 또한 '성서'를 보라
"성서 연구와 프린스턴 리뷰"(Biblical
  Repertory and Princeton Review)
  237
성서 읽기(Bible reading)
  근본주의자의(of fundamentalists) 181,
    183
성서(Bible) 82, 111-112, 148-149, 151-
  152, 191
  에 대한 계몽주의적 접근방법(Enlight-
    enment approach to) 123, 139-142
  환원주의적 사용(Restorationist use of)
    141-142
  또한 '오직 성서만으로', '성서 읽기',
    '성서 비평', '성서 무오성'을 보라
성서관(Bible, as viewed by)
  알비파의(Albigenses) 81
  세대주의의(dispensationalists) 164-165
  복음주의의(evangelicals) 30, 36, 297,
    310-311

근본주의의(fundamentalists) 181-183,
    254-269
영지주의의(Gnostics) 87
자유주의적 개신교의(liberal Protestants)
    158
청교도의(Puritans) 74
「성경의 교의: 성경은 무엇을 가르쳐 주
    시는가?」(What the Bible Teaches,
    Torrey) 148
「성서의 논리학, 혹은 귀납적 성서 해석
    방법」(Organon of Scripture, Lamar)
    142
성서주의(biblicism) 35, 98, 212, 214,
    216-217, 220-221, 223, 275, 294-295,
    303
  와 계몽주의(and Enlightenment) 141
성육신(Incarnation) 90, 108, 158, 320,
    321
세계교회일치운동(Interchurch World
    Movement) 219
세대주의(dispensationalism) 54, 154,
    162-168, 178-185, 191, 194, 220
  과학적(scientific) 252
  정의(defined) 163-165
  역사주의적인(historicist) 167, 188-189,
    228
  와 최근 복음주의(and recent evan-
    gelicals) 291-292
  지적 채무로서의(as intellectual liability)
    186, 317
  진보적인(progressive) 162 주.10, 163-
    164, 178 주.33

또한 '반세대주의', '전천년설'을 보라
「세대주의」(Dispensationalism, Chafer) 174
「세대주의의 바른 이해」(Dispensationalism
    Today, Ryrie) 175
세례(baptism)
  성령 세례(of Holy Spirit) 161, 191
  성서의 세례(of Scripture) 216
세속주의(secularism)
  에 대한 브라이언의 두려움(Bryan's
    fear of) 203
  에 대한 근본주의의 거부(fundamen-
    talist rejection of) 231
소득세(income tax) 212
소련(USSR) 250
소르본(Sorbonne) 57
속죄(Atonement, the) 136, 321
수도원 운동(monastic movement) 77-79
수에즈 위기(Suez Crisis) 228
스코틀랜드 교회(Church of Scotland)
    168 또한 '스코틀랜드 장로교회'를
    보라
스코틀랜드 장로교회(Kirk) 107
스코틀랜드(Scotland) 130
  의 칼뱅주의자들(Calvinists of) 107
  와 종교개혁이 사고에 미친 영향(and
    effect of Reformation on thinking)
    71
  도덕적 계몽주의의 원천으로서의(as
    source of didactic Enlighten-ment)
    125-128, 135
  또한 '상식 철학'을 보라
스코필드 관주 성서(Scofield Reference

Bible) 174, 182, 195
스콥스 재판(Scopes trial) 217-218
스탈린주의(Stalinism) 223
스탠퍼드 대학교(Stanford University) 155
스튜벤빌 칼리지(Steubenville College) 46
스푸트니크 호(*Sputnik*) 250
「시간이 끝나는 날」(*When Time Shall Be No More*, Boyer) 41
시라큐즈 대학교(Syracuse University) 283
시온주의 운동(Zionist movement) 220
시원주의(primitivism) 210 또한 '환원 운동'을 보라
시카고 대학교(Chicago University) 155, 314
시카고(Chicago) 200, 201, 283, 302
신복음주의(neo-evangelicals) '새로운 복음주의'를 보라
신생(new birth) 35, 183
"신앙과 철학"(*Faith and Philosophy*) 301, 302
"신앙의 눈으로 본"(Through the Eyes of Faith) 293 주30)
신유(healing) 161 또한 '오순절파'를 보라.
신율주의자(Theonomists) 288, 292
신자의 제사장직(priesthood of believers) 69, 82
신학생 학생회(Theological Students Fellowship, IVF) 280
실증주의, 순진한(positivism, naive) 256
십자가 중심주의(crucicentrism) 35 또한 '십자가(그리스도의)'를 보라

십자가(그리스도의)[Cross(of Christ)] 35
스캔들로서의(as scandal) 55, 307, 321

아담(Adam)
타락과 죄(fall and guilt of) 108, 137
세대의 시작으로서의(as start of a dispensation) 164
아시아, 출신의 미국 이민자들(Asia, U.S. immigrants from) 113
아이오와 대학교(Iowa University) 282, 324
아일랜드, 로부터 온 미국 이민자(Ireland, U.S. immigrants from) 113
아주사 거리의 부흥운동(Azusa Street revival) 161
아칸소, 와 창조과학(Akansas, and creation science) 248
안식일, 재세례파 사상 속의(Sabbath, in Anabaptist thought) 292
안식일교회(Adventists) 111, 245-246. 또한 '제칠일안식일예수재림교회'를 보라
알비파(Albigenses) 80-81
암스테르담 자유대학교(Free University of Amsterdam) 279
암흑기(Dark Ages) 78
애즈버리 신학교(Asbury Seminary) 282
애즈버리 칼리지(Asbury College) 302
"애틀랜틱"(*Atlantic*) 44
앤도버 신학교(Andover Theological School) 140
앨버타[Alberta(Canada)] 222

「어둠의 권세들」(*This Present Darkness*, Peretti) 189
어드먼즈 출판사(Eerdmans Publishing Company) 279, 280
언약, 청교도 사상에서의(covenant, in Puritan thinking) 74
언제나 의인인 동시에 죄인(*simul iustus et peccator*) 313 또한 'Luther, Martin'을 보라
에스겔서(Ezekiel, book of) 219
엠티비(MTV) 65
역사주의(historicism) '세대주의'를 보라
연방헌법 수정조항 제1조(Amendment, First) 101, 103 또한 '헌법(미국)'을 보라
「열광주의」(*Enthusiasm*, Knox) 38
열정, 과 기독교 지성(zeal, and the Christian life of the mind) 73, 317
영국 국교회(Church of England) 109, 128, 280 또한 '성공회'를 보라
영지주의(Gnosticism) 86-87, 89-90, 169, 180
"예수께 눈을 돌리라"(Turn Your Eyes upon Jesus, Lemmel) 194
「예수의 정치학」(*Politics of Jesus*, Yoder) 287
예일 대학교(Yale University) 155, 283
예일 신학교(Yale Divinity School) 47, 277
예일 칼리지(Yale College) 99, 126, 132, 155
오벌린 칼리지(Oberlin College) 161, 235

오순절 운동(pentecostalism) 161-162, 164-166, 170, 180
 과 영지주의(and gnosticism) 180
 과 지적 결핍(and intellectual sterility) 186, 291
오순절파(pentecostals) 34, 37, 190, 221, 222 또한 '은사주의', '신유', '성결', '이적을 행하는 은사', '방언'을 보라
오직 성서만으로(Bible-onlyism) 68, 140, 151, 182, 212
오타와 대학교(Ottawa University) 282
옥스퍼드 대학교(Oxford University) 280
완전주의(perfectionism) 217 또한 '성결', '케직'을 보라
요한복음(John, Gospel of) 322
욤 키푸르 전쟁(Yom Kippur War) 228
우파(Right) '새로운 기독교 우파'를 보라
웨스트민스터 신학교(Westminster Seminary) 282
웨슬리파(Wesleyans) '감리교회', 'Palmer, Phoebe'를 보라
위스콘신 대학교(Wisconsin University) 40, 155, 283
유니테리언(Unitarians) 116, 134
유대인(Jews) 36, 159, 220, 229
유럽경제공동체(Common Market) 228
유럽방위공동체(European Defense Community) 228
은본위제(silver standard) 208
은본위제를 지지하는 민주당원들(Silver Democrats) 208
은사주의(charismatics) 91, 227, 312 또

주제 찾아보기 349

한 '오순절파'를 보라
음모 이론, 과 예언(conspiracy theory, and prophecy) 230
의회(Congress) 72
의회(Parliament) 102-103, 129
「이성의 시대」(Age of Reason, Paine) 133
이스라엘(Israel)
　과 교회(and the church) 163, 292
　의 회복(restoration of) 229
　또한 '세대주의'를 보라
이슬람 교육, 과 창조론(Islamic education, and creationism) 248
이슬람교인(Muslims) 78
이신론자(deists) 108
이원론(dualism) '마니교'를 보라
이적을 행하는 은사(sign gifts) 34, 191
　또한 '오순절파'를 보라
이탈리아(Italy) 219
일리노이 대학교(시카고)[Illinois, University of(Chicago)] 20, 283
일본(Japan) 229
잉글랜드(England)
　와 종교개혁이 사고에 미친 영향(and effect of Reformation on thinking) 71
　와 경건주의 운동(and pietistic movement) 81
　와 청교도(and the Puritans) 72-73

자발주의(voluntarism) 114, 208-209
자본주의(capitalism) 114, 157 또한 '경제'를 보라
자연법(natural law) 312, 318

자유주의(Liberalism)
　경제적(economic) 114
　민주주의적(democratic) 143
　신학적(theological) 83, 149
장로교 구파(Old School Presbyterians) '장로교회', 'Warfield, B. B.'를 보라
장로교 신파(New School Presbyterians) '장로교회', 'Smith, Henry Boynton'을 보라
장로교(Presbyterianism) 34
　스코틀랜드(Scottish) 186
장로교인(Presbyterians) 133, 141, 188, 201 또한 'Breckinridge, Robert', 'Bryan, Williams Jennings', 'Chalmers, Thomas', 'Duffield, John T.', 'Grant, George Monro', 'Harbison, E. Harris', 'Hodge, Charles', 'Machen, J. Gresham', 'Rimmer, Harry'를 보라
재건주의자(Reconstructionists) '신율주의자'를 보라
재림(Second Advent) 161
재세례파 교인(Anabaptists) '침례교회'와 '메노나이트'를 보라
재세례파(Anabaptism) 187, 285, 291-292, 317
저스트라이프(JustLife) 286. 또한 '낙태', '핵무기'를 보라
적그리스도(Antichrist) 109, 219, 228
전천년설, 세대주의적(premillennialism, dispensational) 54, 166-167, 180, 218, 221, 251
　과 네덜란드 개혁교회(and Dutch

Reformed) 304
또한 '세대주의', '종말론', '천년왕국
론'을 보라
절제 운동(temperance) '금주법'을 보라
정교회(Orthodox) 34, 285
의 지적 깊이(intellectual depth of) 305
또한 'Malik, Charles'를 보라
「정치와 성서의 드라마」(Politics and the Biblical Drama, Mouw) 288
「정치와 전도」(Political Evangelism, Mouw) 288
제1차 세계대전(World War I) 228, 279
제2차 세계대전(World War II) 212, 228, 285
제네바(Geneva) 69 또한 'Calvin, John'을 보라
제자들(그리스도의)[Disciples(of Christ)] 111, 113, 141, 210 또한 '환원 운동'을 보라
제칠일안식일예수재림교회 교인(Seventh-day Adventists) 164
창조론의 기원으로서(as source of creationism) 245
또한 '제칠일안식일예수재림교회', 'Price, George McCready'를 보라
제칠일안식일예수재림교회(Seventh-day Adventism) 40, 246
제헌 회의(Constitutional Convention) 103
조나단 에드워즈(Edwards, Jonathan) 136, 206, 303
라는 난제(conundrum of) 97, 116-121
와 계몽주의(and Enlightenment) 123, 127
와 지적 유산의 결핍(and lack of intellectual legacy) 54, 84-85
대각성운동 지도자로서의(as leader of awakening) 30, 35
의지론(theory of the will) 134, 137
「조직신학」(Systematic Theology, Chafer) 174
「조직신학」(Systematic Theology, Hodge) 141
존스 홉킨스 대학교(Johns Hopkins University) 146, 155
존재론적 논증(ontology argument) 298
또한 '설계 논증'을 보라
종교개혁(개신교)[Reformation(Protestant)] 67-71, 74, 75-77, 79, 82, 95, 112
종말론(eschatology) 292
과 다비(and Darby) 171
과 다른 세대주의자들(and other dispensationalists) 184
또한 '세대주의', '천년왕국론', '전천년설'을 보라
「종의 기원」(The Origin of Species, Darwin) 156, 233
좌파(Left) '새로운 기독교 좌파'를 보라
주의 만찬(Lord's Supper) 79
중국(China) 229
중동(Middle East) 41, 189, 220
중세 시대(Middle Ages) 68, 77-80
즉각주의, 대각성의 결과로서(immediatism, as fruit of awakening) 97-99
"진노하시는 하나님의 손 안에 있는 죄인"

(Sinner in the Hands of an Angry God) 121, 206
「진리의 말씀을 옳게 분별하며」(Rightly Dividing the Word of Truth, Scofield) 182
진정한 휘그파(real whigs) 108
진화론(evolution)
　브라이언의 반대(Bryan's opposition) 203-204
　복음주의자들의 반응(evangelical's response to) 233-236, 296-298
　워필드의 견해(Warfield's view of) 187, 266-267

차르(Czars) 229
찬송가, 복음주의권의(hymnody, evangelical) 193
「창세기 대홍수」(The Genesis Flood, Whitcomb and Morris) 248, 260
「창세기의 문자적 의미」(The Literal Meaning of Genesis, Augustine) 261
창조론(creationism) 245-269 또한 '반지성주의', '베이컨주의', '과학'을 보라
「창조론자들」(The Creationists, Numbers) 40
천년왕국(millenium) 192 또한 '종말론', '전천년설'을 보라
천년왕국론(millenarianism) 171 또한 '전천년설'을 보라
철학, 최근 복음주의권의 연구(philosophy, recent evangelical work in) 298-304
청교도(Puritans) 95, 107-109, 205, 210

지적 활동에 대한 견해(view of intellectual activity) 30, 72-76
　또한 'Bradstreet, Anne', 'Bunyan, John', 'Cromwell, Oliver', 'Milton, John', 'Taylor, Edward', 'Wilson, Woodrow'를 보라
침례교회(Baptists) 99, 102, 126, 217, 222
　또한 '재세례파', '북침례교회', '남침례교회', 'Latourette', 'Kenneth Scott'을 보라

카타리파(Cathari) 80
칼뱅주의(Calvinism) 17, 98, 107, 134, 136-137, 186-187, 313
칼뱅주의자(Calvinists) '청교도', 'Dwight, Timothy', 'Kuyper, Abraham', 'van Ruisdael, Jacob', 'Waugh, Evelyn', 'Whitefield, George'를 보라
캐나다(Canada) 36, 37, 95, 216, 282
　미국과의 비교(compared with United States) 32, 153 주.1
　와 복음주의의 지적 네트워크(and evangelical intellectual network) 282
캘리포니아 대학교 로스앤젤레스(UCLA) 60
캘리포니아(California) 276
캘빈 칼리지(Calvin College) 47, 295, 300
컬럼비아 대학교(Columbia University) 155
컴벌랜드 장로교회(Cumberland Presbyterian) 112
케임브리지 대학교(Cambridge University) 280

케직, 성결(Keswick, Holiness) 170, 218
   운동(movement) 54, 220
   사경회[retreat center(England)] 161
   영성(spirituality) 160
   또한 '성결', '감리교회', '완전주의'를 보라
켄터키(Kentucky)
   의 장로교회들(Presbyterians in) 112
   의 부흥운동가들(revivalists in) 100
코네티컷, 과 국교제도(Connecticut, and establishment of religion) 102
코넬 대학교(Cornel University) 20, 155
퀘이커교도(Quakers) 75
퀸즈 대학교(온타리오)[Queen's University (Ontario)] 283
"크라이시스"(*Crisis*) 43
"크리스채너티 투데이"(*Christianity Today*) 44, 224, 276, 281, 284, 297
크림 전쟁(Crimean War) 229
클루니 수도원[Cluny(France)] 77
킨지 홀(Kinsey Hall, UCLA) 60

탈근본주의(postfundamentalism) 206, 275-277, 299, 302 또한 '새로운 복음주의'를 보라
터키인(Turks) 229
텔레비전, 복음주의자들의 사용(television, evangelicals' use of) 59, 206
토대주의(foundationalism) 300
튀빙엔(Tuebingen) 57
트리니티 신학교(Trinity Seminary) 282
틴들 하우스(케임브리지)[Tyndale House (Cambridge)] 280

팔레스타인 전쟁(Palestine War) 228
"평화의 왕"(The Prince of Peace, Bryan) 203
평화주의(pacifism)
   와 브라이언(and Bryan) 213
   와 메노나이트(and Mennonites) 287
푸른 독수리(Blue Eagle) '미국산업부흥국'을 보라
풀러 신학교(Filler Theological Seminary) 275-276, 282
프란체스코 수도회(Franciscans) 77
프랑스 대혁명(Revolution, French) 132
프랑스(France) 109
   와 알비파(and Albigenses) 80
   미국과의 비교(compared with United States) 106, 142-143
   와 경건주의 운동(and pietistic movement) 80-81
프랑스-인디언 전쟁(French and Indian Wars) 109
"프레스비테리언 리뷰"(*Presbyterian Review*) 147
"프로 에클레시아"(*Pro Ecclesia*) 43
프린스턴 대학교(Princeton University) 47, 155, 235, 278, 283
프린스턴 신학교(Princeton Theological Seminary) 135, 138, 148, 235, 237, 245
프린스턴 칼리지(Princeton College) 126, 130,

플리머스 형제단(Plymouth Brethren) 162, 169 또한 'Darby, John Nelson'을 보라
플리머스(매사추세츠)[Plymouth (Mass.)] 72
필라델피아(Philadelphia) 107, 219

"하나님의 성령이시여, 내 마음에 내려오소서"(Spirit of God, Descend upon My Heart) 193
하버드 대학교(Harvard University) 47, 57, 126, 146, 155, 156, 234, 251, 276, 283
학계(academy, the) 34, 46, 50-51, 60, 65, 143, 175, 193, 241, 290, 301, 314
할레 대학교(Halle University) 186
할레(독일)[Halle(Germany)] 82
할리우드(Hollywood) 65
해석학(hermeneutics) 41-42, 184, 310
  창조론의(of creationists) 251, 254-255
  세대주의의(of dispensationalists) 163-164, 175, 176
  네덜란드 개혁교회의(of Dutch Reformed) 303
핵무기(nuclear arms) 286
행동주의(activism) 35, 40, 59, 101, 190, 214, 219, 223-224, 226, 228, 275, 286, 287, 291, 299, 302, 304, 309-312, 319
  도덕적(moral) 150, 211-212, 225
  정치적(political) 217, 220, 220-222, 284

헌법(미국)[Constitution(U.S.)] 101, 103, 107, 114, 129
혁신주의 시대(Progressive Era) 215
협력(*concursus*) 313 또한 'Kuyper, Abraham'을 보라
형제교회(Church of the Brethren) 222
홍수, 전 세계적(flood, worldwide) 244, 245, 253, 260, 296
환원 운동(Restorationist movement) 112, 139, 141, 221 또한 '그리스도인의 교회들', '그리스도의 교회들', '그리스도의 제자들', 'Campbell, Alexander', 'Fanning, Tolbert', 'Lamar, James S.', 'Stone, W. Barton'을 보라
"황금 십자가"(브라이언)["Cross of Gold"(Bryan)] 201-211
회심주의(conversionism) 35, 311
회중교회 교인(Congregationalists) 102, 133, 140, 234 또한 'Bushnell, Horace', 'Gray, Asa', 'Stuart Moses', 'Woods, Leonard, Jr.'를 보라
회중교회(Congregationalism) 99, 126, 128, 135, 138, 233
후천년설(postmillennialism) 252 또한 '전천년설'을 보라
후천성면역결핍증(AIDS) 295
휘튼 칼리지(Wheaton College) 46, 47, 55
  철학학회 302
휴거(교회의), 은밀한[rapture(of church), secret] 192
흑인 민권운동(civil rights movement)

224
흑인(blacks) 36, 113, 224
　복음주의 역사에서(in evangelical history) 207

흠정역(King James Version) 163
희년, 재세례파 사상 속의(Jubilee, in Anabaptist thought) 292

성구 찾아보기

창세기
1   *203, 245*
1-2   *297*
1-3   *251*
1-11   *297*
1:1   *245*
1:1-2:3   *255*
1:2이하   *245*
2:4-25   *88 주36*
4   *87*

출애굽기
19:1-8   *182*
31:1-11   *88 주36*

사무엘상
18:7   *202*

열왕기하
17:1-18   *182*
25:1-11   *182*

시편
19   *264, 267*
19:2, 4   *88*
119:18   *60*

전도서
1:5   *264*

이사야
60   *288*

다니엘
9:24   *172*

마태복음
11:25-26   *61*

요한복음
1:14   *22, 90*
20:31   *310*

사도행전
2:22, 23   *182*
7:51, 52   *182*
17   *87*

로마서
1:20   *89*
3:19, 20   *182*
10:5   *182*
12:1   *321*

고린도전서
1:23-24　*307*
1:26　*90*
1:26-28　*62*
6:15　*90, 321*
12:14-26　*63*
14:20　*70*

갈라디아서
3:10　*182*

데살로니가전서
4　*192*

디모데전서
1:7　*262*

4:1-5　*88*

디모데후서
3:14-17　*311*

요한계시록
20　*229*

옮긴이 박세혁은 서울대학교 서양사학과를 졸업하고 연세대학교와 에모리 대학교에서 신학을 공부했으며, Graduate Theological Union에서 미국 종교사로 박사과정을 공부했다. 「하나님 나라를 욕망하라」, 「하나님 나라를 상상하라」, 「배제와 포용」, 「복음주의자의 불편한 양심」, 「복음주의와 세계 기독교의 형성」, 「과학신학」, 「소비사회를 사는 그리스도인」, 「가치란 무엇인가」(이상 IVP), 「목회자란 무엇인가」, 「목회의 기초」(이상 포이에마), 「이렇게 답하라」, 「예수 왕의 복음」(이상 새물결플러스), 「습관이 영성이다」(비아토르), 「세계관 그 개념의 역사」(도서출판CUP) 등을 우리말로 옮겼다.

복음주의 지성의 스캔들

초판 발행_ 2010년 6월 30일
초판 3쇄_ 2020년 5월 10일

지은이_ 마크 놀
옮긴이_ 박세혁
펴낸이_ 신현기

펴낸곳_ 한국기독학생회출판부
등록번호_ 제313-2001-198호(1978.6.1)
주소_ 04031 서울시 마포구 동교로 156-10
대표 전화_ (02)337-2257 팩스_ (02)337-2258
영업 전화_ (02)338-2282 팩스_ 080-915-1515
홈페이지_ http://www.ivp.co.kr 이메일_ ivp@ivp.co.kr
ISBN 978-89-328-1154-3

ⓒ 한국기독학생회 출판부 2010

책값은 뒤표지에 있습니다.
무단 전재와 복제를 금합니다.